저항하는 섬, 오끼나와

Resistant Islands: Okinawa Confronts Japan and the United States

by Gavan McCormack and Satoko Oka Norimatsu
First published in 2012 in the United States
by Rowman & Littlefield Publishers, Inc., Lanham, Maryland U.S.A.
All rights reserved.
Korean translation ⓒ 2014, Changbi Publishers, Inc.
This Korean edition is published by arrangement
with Rowman & Littlefield Publishers, Inc., Lanham, Maryland U.S.A.

미국과 일본에 맞선 70년간의 기록

저항하는 섬, 오끼나와

RESISTANT ISLANDS

개번 매코맥 · 노리마쯔 사또꼬 지음

정영신 옮김

창비
Changbi Publishers

한국어판 서문

이 책은 2012년에 미국에서 먼저 출판되었다(Rowman & Little-field). 2013년에는 개정된 일본어판이 쿄오또(京都)에서 출판되었고(法律文化社), 2014년에는 한국어판과 비슷한 시기에 중국어판이 베이징에서 출간될 예정이다(社會科學文獻出版社). 우리는 이 책을 한국어로 출판하게 되어 매우 기쁘며, 특히 창비와 번역자에게 감사한다.

오끼나와(沖繩)는 한국에서도 주목할 필요가 있는 지역이다. 한국과 오끼나와는 아시아대륙의 동쪽 바다를 함께 접하고 있으며, 역사적·현실적으로도 유사하다. 두 나라는 16세기 후반부터 중국과 일본 사이에서 벌어진 역내의 패권경쟁으로 인한 압력 때문에 고통을 받았고 또 그에 맞섰다. 16세기 말, 조선은 일본의 침략을 저지했지만 끔찍한 댓가를 치러야 했고, 당시의 류우뀨우왕국(琉球王國)은 조선 침략을 지원하라는 토요또미 히데요시(豊臣秀吉)의 명령을 거절한 댓가로, 1609년에 막부의 명령을 받은 사쯔마(薩摩)번의 침략을 받아 일본의 준-지배체제에 종속되었다. 270년 뒤에는 다시 한번 처벌('류우뀨우 처분')을 받아 근대적인 일본국가의 한 현(縣)으로 흡수되었다. 그로부터 약 25년 뒤에는 한국 역시 동일한 운명을 맞았다. 일본이 류우뀨우와 조선 두 왕조의 역사적 무대를 일소해버린 것이다.

하지만 장기적으로 보았을 때, 한국은 독립을 회복하고 언어를 되찾은 반면 오끼나와는 여전히 일본 안에 남아 있으며 오끼나와어는 '소멸위기'나 '심각한 소멸위기'에 처한 언어로 지정될 만큼 위축되었다. 오끼나와는 1945년 오끼나와전쟁으로 끔찍한 고통을 받았으며, 1972년 일본으로 '복귀'한 이후에는 일본에 의해 미국의 군사식민지로 제공되고 있다. 1972년의 복귀는 괴상한 빈껍데기를 쓴 '복귀'(reversion)였다. 일본은 〔오끼나와 반환협상 과정에서〕 미국이 오끼나와의 미군기지를 거점 삼아 전세계적으로 자유롭게 활동하도록 했고, 그에 더해 돈까지 지불했던 것이다. 그때부터 오끼나와는 이중적인 식민지적 통치체제하에 놓이게 되었다. 오끼나와는 일본의 한 현이지만, 주일미군의 4분의 3이 주둔하고 있으며, 또다른 주요 군사시설이 〔오끼나와 북동부의 헤노꼬邊野古에〕 들어서기로 예정되어 있기도 하다. 한마디로 오끼나와의 존재이유(raison d'être)는 오래전부터 미국의 군사적 목표에 봉사하기 위한 것이었다.

2009년, 오끼나와는 다시금 용기를 냈다. 미국과 동등한 입장에서 미일관계를 재협상하려고 시도했고, 중국이나 한국에는 동아시아공동체 구상을 내놓았으며, 오끼나와에 후뗀마기지 현외(縣外) 이전을 공약한 하또야마 유끼오(鳩山由紀夫) 정부가 출범한 것이다. 하지만 워싱턴은 그와의 대화조차 거부하면서 온갖 협박과 모욕을 퍼부었고, 하또야마의 관료들은 미국과 결탁하여 그를 끌어내리려 했다(하또야마는 이 책의 자신의 정권에 대한 서술〔6장〕을 읽고 정부를 운영할 당시보다 미일관계에 대해 훨씬 더 많은 것을 알게 되었다고 언급했다).

10개월에 걸친 하또야마 정부의 실험은 비참한 실패로 끝났지만, 그것은 오끼나와를 자극했다. 이 책에는 새로운 기지 건설을 반대하고 기존 기지 철거를 주장하는 오끼나와인들의 기나긴 투쟁이 상세히 묘사되어 있다. 오끼나와인들의 투쟁은 국지적이며 산발적인 반대운동에서 현 전체에 걸친 저항으로 진화하고 있다.

2012년에 영어판이 출간된 직후, 미국과 일본은 압도적인 반대를 무릅쓰고 12기의 MV-22 오스프레이(Osprey, 회전익을 가진 수직이착륙기)를 오끼나와에 배치했다. 모든 항의가 무시되자, 막 태동하기 시작한 '전(全)오끼나와' 운동은 2013년 1월에 특별사절단을 토오꾜오(東京)로 급파했다. 오끼나와 시정촌(市町村)의 수장들, 시정촌 의회와 오끼나와 현의회의 의원들 및 국회의원들은 엄중하게 요구사항을 두가지 전달했다. 오스프레이를 철수하고, 오끼나와 현내에 대체시설을 짓지 않고 후뗀마비행장을 무조건적으로 폐쇄하고 반환하라고 요구한 것이다.

미국과 일본정부는 꿈쩍도 하지 않고 오스프레이 배치를 두배로 증가시켰을 뿐만 아니라(훈련 임무를 본토로까지 확대했고), 아베 신조오(安倍晋三)의 자민당정부(2012년 12월 집권)는 나까이마 히로까즈(仲井眞弘多) 지사에게 헤노꼬기지 건설안의 첫 단계인 오오우라 만(灣) 매립 승인을 공식적으로 요구했다. 오끼나와 인구의 4분의 3 이상이 이러한 기지 건설 계획을 반대하고 있음에도 불구하고 토오꾜오는 문제없이 진행될 것이라며 워싱턴을 안심시켰고, 양정부는 헤노꼬안이 "유일하게 실행 가능한 해결책"이라는 데 동의했다.

2013년 한해 동안, 아베 정권은 '전오끼나와'의 저항을 매수·분열·파괴하기 위한 압력을 더해갔다. 2013년에 아베 정권은 몇가지 주목할 만한 승리를 쟁취했다. 11월에는 오끼나와 현의회의 자민당의원들을 압박하여 (오끼나와 현내에서의 어떠한 새로운 대체기지 건설에도 반대한다는) 2010년에 채택했던 입장을 포기하도록 했고, 12월 말에는 나까이마 오끼나와 현지사의 입장을 바꾸도록 설득하여 헤노꼬곶의 매립을 승인하도록 했다.

하지만 이야기는 끝나지 않았다. 2014년 1월, 오끼나와 현의회는 지사를 질책하면서 사임을 요구하는 결의안을 통과시켰고, 지사를 해임할 공식적인 절차('소환')까지 논의하고 있다. 나고(名護)시에서는 "땅과 바다 어디에도" 기지 건설을 용납하지 않겠다고 맹세한 현직 시장이 재선에 성공했다. 또 오끼나와의 시정촌에서는 지사의 행동을 비난하는 결의안이 채택되고 있다. 중앙정부는 나고시에 위협을 가하기 시작했으며, 오끼나와현의 수락을 강제하기 위해 법적 압박이나 경찰 혹은 군대 동원도 검토하고 있다.

이러한 충돌은 일본국가(및 미일관계와 지역 전체)에 전례없는 위기를 초래하고 있다. 토오꾜오나 오끼나와(특히 나고) 어느 한쪽은 양보해야 한다. 하지만 누구도 그렇게 할 준비가 되었다는 신호를 보내지 않고 있다.

한국과 오끼나와는 중요한 측면들에서는 서로 매우 다르지만, 시민민주주의가 상대적으로 진전된 동아시아지역에서 전략적으로 중요한 거점이다. 즉 한국과 오끼나와는 민주적이며 협력적인 전후(post-war) 및 패권 이후의 질서가 이 지역 전체에 뿌리를 내리고 자라나갈 수 있을 것이라는 전망을 보여준다. 더 작고 취약한 오끼나와 시민사회는 오끼나와 자체의 군사화에 대한 저항뿐만 아니라 동중국해의 여러 민족들을 연결하는 평화와 협력의 질서를 구축하고, 〔센까꾸/댜오위제도를 비롯한〕 섬들과 인접한 바다를 '평화허브'(peace hub)로 만드는 데 있어서 한국의 연대와 지지를 받을 만하다. 오끼나와 헤노꼬의 기지 건설 반대운동과 한국 제주도 강정의 해군기지 반대운동 사이에 가동되고 있는 연계망은 평화허브 프로젝트의 일부로 확대될 수 있는 시민적 협력의 한 모습을 보여준다.

우리는 현대 일본과 미일관계의 전례없는 드라마 속에서 서로 격돌하고 있는 세력들과 쟁점들을 이해하는 데 이 책이 필수적인 안내서가 될 것이라고 믿는다. 창비가 이 책의 한국어판을 출간하기로 결정한 것은 우리 저자들에게는 크나큰 영광이다.

끝으로 한국의 독자들에게 웹저널 두곳을 소개하고자 한다

(우리는 두 저널에 최신의 오끼나와 문제에 대해 지속적으로 분석을 제시하고 있다). *The Asia-Pacific Journal: Japan Focus*(http://japanfocus.org/)와 *Peace Philosophy Centre*(http://peacephilosophy.com/)에는 오끼나와와 미일관계에 관해 저명한 연구자들과 현장 활동가들의 논문과 기사가 게재되고 있다.

개번 매코맥과 노리마쯔 사또꼬

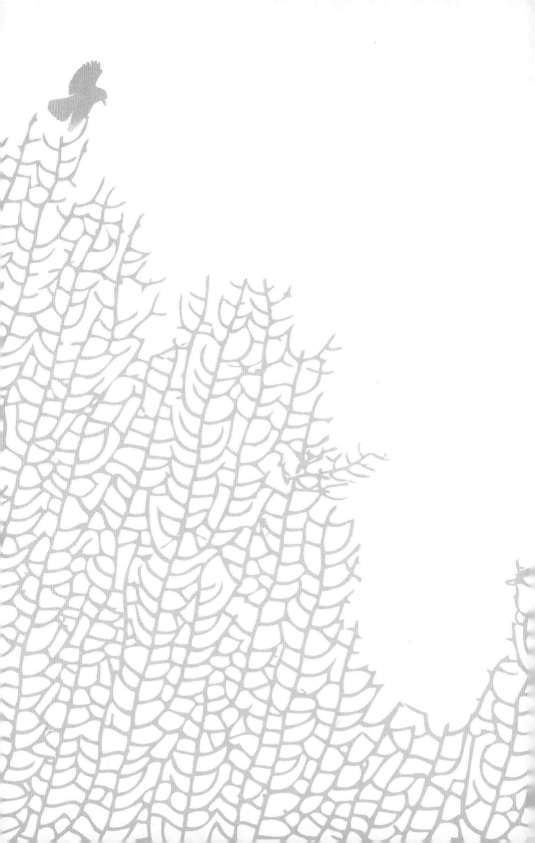

차례

일러두기

이 책은 2012년 출간된 영문판(*Resistant Islands: Okinawa Confronts Japan and the United States*, Rowman & Littlefield 2012)을 저본으로 하되, 2013년 일부 개정출간된 일본어판(『沖繩の〈怒〉: 日米への抵抗』, 法律文化社 2013)을 참고했다. 옮긴이의 추가 설명은 본문에서는 〔 〕 안에, 주에는 '옮긴이 주'로 표시했다.

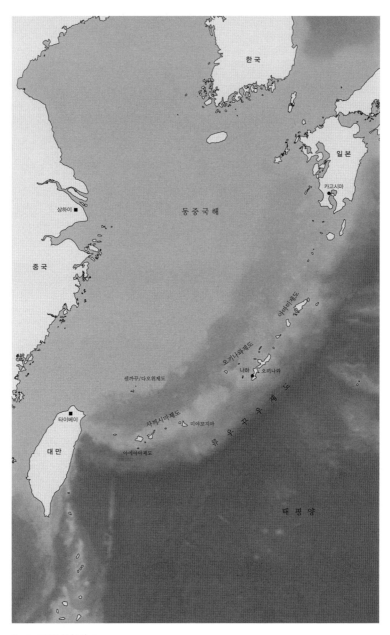

0-1. 오끼나와 지도

■는 자위대 기지

북부훈련장
쿠니가미촌
오꾸마휴양소(rest center)
이에지마 보조비행장
나끼진촌
야에다께 통신소
모또부정
히가시촌
게사시 통신소
나고시
오오기미촌
캠프 슈워브
헤노꼬탄약고
헤노꼬지역
캠프 한센
■온나 보조기지(항공)
기노자촌
■시라까와 보조기지(육상)
온나촌
카데나 탄약고지구
킨정
킨 블루비치 훈련장
킨 레드비치 훈련장
텐간 잔교(棧橋)
육군 저유(貯油)시설
토리이 통신시설
캠프 코트니
요미딴촌
캠프 맥투리어스
카데나 비행장
우루마시
캠프 실즈
육군 저유(貯油)시설
우끼바루지마 훈련장
캠프 쿠와에
카데나정
오끼나와시
■오끼나와기지대(해상)
자딴정
화이트비치 지구
■카쯔렌 보조기지(육상)
캠프 즈께란
아와세 통신시설
키따나까구스꾸촌
쯔껜지마 훈련장
마끼미나또 보급지구
기노완시
후뗀마비행장
우라소에시
니시하라정
나하항만시설
■나하항공기지
(해상)
나하시
요나바루정
■지넨 보조기지(항공)
하에바루쵸
■나하주둔지
(육상)
토미구스꾸시
난조우시
■지넨 보조기지(육상)
■나하 고사(高射)
교육훈련장(항공)
야에세정
■요자 보조기지(육상)
■나하기지(항공)
■미나미요자 보조기지(육상)
■나하병원
이또만시
■요자다께 보조기지(항공)
■시마지리분주소(分駐所)

0-2. 오끼나와의 미군기지 위치

0-3. 후뗀마비행장

01
RESISTANT ISLANDS

류우뀨우/오끼나와:
처분에서 저항으로

모호한 섬들

27년에 걸친 미군의 직접 지배가 끝난 1972년 5월, 류우뀨우(琉球)제도는 '오끼나와(沖繩)'라는 이름 아래 일본의 한 현(縣)으로 복귀했다. 2012년은 그 40주년이었다.

오늘날 오끼나와의 역사를 돌아보면 다음과 같다. 중국의 명·청 왕조와 긴밀한 관계를 맺었던 독립왕국 시대(1372~1874), 중국과 일본 양쪽과 관계했지만 사실상 일본 남부의 사쯔마(薩摩)번의 지배를 받았던 반(半)-독립왕국 시대(1609~1874), 근대 일본의 한 현이 었던 시기(1872~1945), 초기에는 미국의 군사점령지, 1952년 이후 에는 대일강화조약에 의한 군사식민지였던 시기(1945~72), 그리고

1972년부터 오늘날까지는 다시 일본의 현이 되었지만 여전히 미군에 의해 점령되어 있는 상태다. 미일관계의 중심이 되는 최근의 논쟁들을 이해하기 위해서는 일본의 안과 밖을 넘나든 이 지역의 굴곡진 역사를 이야기해볼 필요가 있다.

오끼나와제도는 사람이 살고 있는 60여개의 섬과 더 많은 수의 무인도로 이루어져 있으며, 일본의 카고시마(鹿兒島)현과 대만(臺灣) 사이의 서태평양을 따라 1,100킬로미터에 걸쳐 있다. 제일 크고 주민이 가장 많은 섬은 길이가 약 100킬로미터에 폭은 4킬로미터에서 28킬로미터에 이른다. 그리고 전체 섬들의 면적의 합은 하와이의 약 7분의 1에 이른다. 이 섬들은 약 100만년 전까지는 광대한 아시아대륙에 연결되어 있었다. 하지만 아주 깊고 위험한 해협에 의해 분리되어온 덕택에 상대적으로 고립되어 독특하고 풍부한 동식물뿐 아니라 인간환경이 보존될 수 있었다. 오늘날 오끼나와 사람들은 한편으로는 표준 일본어를 어느정도 구사하는, 민족국가 일본을 구성하는 '일본인'이지만 다른 한편으로는 한세기 전의 조상들만 해도 방언이라기보다는 별개의 언어에 가까운 말을 사용한 '비(非)-일본인'이기도 하다. 오늘날에도 여전히 외딴섬들을 중심으로 사용되는 오끼나와말 중 다섯가지는 유네스코에 의해 '소멸위기' 혹은 '심각한 소멸위기'에 놓인 언어로 등재되어 있다.[1]

2008년 유엔의 시민권·정치권 위원회(Committee on Civil and Political Rights)는 오끼나와 사람들을 선주민(先住民, indigenous inhabitants)으로 인정했다. 그리고 일본정부에도 오끼나와인들을 선주민으로 인정할 것과 "오끼나와의 문화적 유산과 전통적인 생활

방식을 보호·보존·증진할 특별한 조치를 취하고 그들의 토지소유권을 인정하라"라고 요청했다.[2] 또 "류우뀨우/오끼나와 어린이들이 정규 교육과정에서 그들의 언어와 문화에 대해 배울 수 있도록" 적절한 기회를 제공할 것을 요청했다. 하지만 3년 뒤에도 일본정부는 아무런 조치를 취하지 않았다.

오끼나와는 온난한 아열대성기후와 적절한 강수량 그리고 풍부한 해양 산호초 생태계를 누리고 있다. 중국해안을 따라 남쪽으로는 베트남(Vietnam), 시암(Siam)과 해상무역을 하면서 15세기 이래로 번영하는 독립왕국이었던 류우뀨우왕국은 명나라를 중심으로 한 '조공' 세계의 일원이었다. 주류 역사에서는 사실상 지워졌지만, 전근대 오끼나와는 활발하고 독립적인 경제적·문화적·정치적 체제를 이루었고, 근대 초기에는 아시아·태평양의 변경에서 번성했다. 오끼나와의 음악과 공연예술 및 칠기, 염색직물, 도자기를 포함한 공예품은 널리 알려져 그 진가를 인정받았다. 하지만 15세기부터 16세기까지 번성했던 이 해상왕국은 16세기 후반에 시작되어 20세기 중반까지 지속된 전지구적인 지정학적 균형의 거대한 변동으로부터 크게 영향을 받았다.

17세기부터 19세기까지 유럽의 해상팽창은 새로운 상업로를 열었고, 이를 통해 새로운 사상과 기술을 확산시켰으며 국가들의 해체와 개조에 기여했다. 전쟁과 기술로 뒷받침된 17세기 유럽의 자본주의와 민족주의는 아프리카를 약탈하고 아메리카를 식민화했으며 아시아를 침략했다. 일본은 오랜 내전에서 벗어났지만 1590년대 아시아를 발밑에 두려던 시도가 실패하면서 쇄국정치로 후퇴했다. 그러나 일본은 1609년에 최후의 팽창주의적 침공을 개시했다. 토요또미 히데요시(豊臣秀吉)의 대륙침공 계획에 저항적인 태도를 보였던 것에 대한 보복으로 장총으로 무장한 3천명의 사무라이들이 류우뀨우왕국을 정복하기 위해 침공한 것이다. 며칠 만에 궁정은 굴복했고, 쇼오네이(尙寧, 1564~1620) 국왕과 측근들은 카고시마로 이송되었다.[3]

주술적이며 의례적인 궁정세계를 대체하여 새롭게 강요된 질서는 더 '근대적'이며 합리화된 그리고 관료제적인 것이었다. 새 질서는 매우 가혹한 것이었는데, 660킬로미터 떨어진 사쯔마번의 수도 카고시마에서 결정된 기본정책에 따른 것이었다. 국왕과 궁정은 유지되었지만 국왕은 더이상 주권을 지니지 못했다.

오끼나와/류우뀨우는 뽀뜜낀(Потёмкин)과 같은 '극장국가'가 되었다.[4] 류우뀨우인들은 중국과의 조공관계를 유지하기 위해 그들이 일본체제에 병합되었다는 사실을 중국사신들에게 감추어야 했고, 중국으로 오가는 류우뀨우의 사절단은 일본적인 모든 것을 숨기라고 명령받았다. 동시에, 일본의 에도(토오꾜오東京)로 가는 류우뀨우의 사절단은 일본식 예복이 아닌 독특한 복장을 하라고 요구받았다. 따라서 외관으로는 독립적인 것처럼 보였지만 일본과 중국 사이의 무역통로는 일본의 통제를 받는 류우뀨우의 대중국 조공사절단에 의해 유지되었으며, '외국'[풍의 류우뀨우] 사절단이 충성을 맹세함에 따라 일본막부의 위신은 고양되었다.

외관상으로는 베이징의 중국황실에 부속되어 있었지만, 류우뀨우는 사실상 일본의 식민지가 되었다. 국왕은 일본의 사쯔마번에 속박되었고, 이를 통해 에도의 일본국가에 속박되었다. 이러한 양속(兩屬)체제는 이후 수세기를 특징지었다. 류우뀨우의 관료들은 정치적 권위의 소재와 그 성격을 숨기는 연극을 하도록 요구받았으며, 류우뀨우 국왕의 거처였던 슈리(首里)성은 세심하게 건설된 무대와도 같았다.

이 특이한 무대의 막은 19세기 중엽까지 내려오지 않았다. 짧은 기간 동안 류우뀨우의 상황은 좋은 조짐을 보였다. 그 무렵, 일본이나 중국, 류우뀨우 근해에는 통상과 포교를 목적으로 한 서구의 선박이 나타나기 시작했다. 일본 에도질서의 위기가 깊어짐에 따라 평소보다 자유롭게 행동하는 것이 가능했고, 류우뀨우왕궁은 독립적인 왕국으로서 미국(1854), 프랑스(1855) 및 네덜란드(1850)와 근대적인 '개방' 조약을 체결할 수 있었다.[5] 방문자들은 감명을 받았다. 1853년 흑선(黑船)을 타고 일본의 문호개방을 위한 항로 개척에 나섰던 미해군의 매슈 C. 페리(Matthew C. Perry) 제독이 루추(Loochoo)로 알려져 있던 류우뀨우에 도착했을 때, 페리의 과학고문들은 류우뀨우를 토지가 비옥하고 사람들은 친절한, 번영한 국가라고 보고했다. 이들의 보고에 따르면, 류우뀨우는 "매우 부유하고 농촌은 잘 경작되어" 있으며, 원예와 유사한 농업이 있고 "거의 손볼 곳이 없는 농촌체계"를 갖추고 있었다. 또 마을들은 "매우 낭만적이고 지금까지 본 적이 없는 아름다움"을 지녔다고 적고 있다.[6] 1858~61년에 나하(那覇)에 머문 프랑스의 선교사 퓌레(Furé)는 마을들이 "아름다운 영국식 정원을 닮았다"라고 묘사했다. 그러나 이때 이미 류우뀨우는 16세기에 이루었던 번영의 정점에서 내리막길을 걷고 있었다. 두개의 강력하고 민감한 이웃, 즉 북쪽으로는 사쯔마번(일본의 국가구조에 느슨하게 연결되어 있던 영지로 카고시마 중심부에 위치)과 서쪽으로는 베이징의 청왕조를 향해 조심스러운 존경을 표함으로써 위태롭게 유지되던 자율성도 축소되고 있었다. 오끼나와의 왕들은 두 강력한 이웃국가들에 대한 이중적 종속 상태 속에서 상대적 자율성을 보존하기 위해서 멀리 떨어져 있다는 지리적 이점과 외교술에 의존해왔다. 하지만 류우뀨우의 모호한 이중 주권 지위는 탐욕스럽게 팽창하는 무장한 근대국가 및 경쟁적인 제국들의 '신세계 질서'와 양립할 수 없었다. 쎄인트헬레나(Saint Helena) 섬에 유배된 나뽈레옹 보나빠르뜨(Napoléon Bonaparte, 1769~1821)가 지나가던 선원에게 들은 전설의 왕국, 즉 무기도 없고 전쟁도 모르는 왕국이 바로 류우뀨우왕국이다. 당시 나뽈레옹은 믿을 수 없다는 반응을 보였다고 한다. 류우뀨우의 엘리뜨들은 1853년 페리 제독이 방문했을 때 '어머니의 나라' 중국과 '아버지의 나라' 일본에 이중적으로 속한 류우뀨우의 지위를 설명하기 위해 분투했다. 하지만 새로운 일본의 근대 민족국가를 지배하던 토오꾜오의 지배 엘리뜨들은 주권은 절대적이고 분리 불가능하며 국경의 안전이 보장되어야 한다는 엄격한 근대의 법률주의적 시각을 적용했다. 1872년 류우뀨우 본도에 처음으로 일장기가 게양되었고 1873년에는 주변의 쿠메지마(久米島), 이시가끼지마(石垣島), 미야꼬지마(宮古島), 이리오모떼지마(西表島), 요나구니지마(與那國島)와 같은 섬들에도 게양되었다.

류우뀨우왕궁은 해결 불가능한 딜레마에 직면했다. 중국과 일본의 이중적 지배는 아무리 집착하더라도 지속 불가능했다. 청왕조는 태평천국의 난과 내전의 참화로부터 더디게 회복하던 중이었고 '중화질서'가 중앙아시아와 인도차이나, 한반도 때문에 이미 위태로운 상태였기 때문에 류우뀨우를 도울 수 있는 상황이 아니었다. 베이징은 류우뀨우가 단지 "작은 섬나라 왕국"일 뿐이라며 상대적으로 덜 중요하게 평가하고 있었다.[7] 고군분투하던 슈리왕조는 1879년에 미약한 저항을 끝으로 종식되었다.[8] 메이지(明治)국가의 새로운 질서에 미온적으로 응한 죄로 류우뀨우는 토오꾜오의 '처벌'에 굴복해야 했다. 일련의 근대적인 '처분(處分)' 혹은 '처리'(disposals)를 통해 슈리성이 넘어갔고 쇼오타이(尙泰, 1843~1901) 왕은 유배되었다. 근대 일본국가로 류우뀨우가 병합된 과정은 처벌(처분)의 일환으로 수행되었다는 점에서 독특했으며, 그 방식은 "일방적이며 강압적"이었다. 이에 따라 류우뀨우/오끼나와는 '보이지 않는 식민지'(unrecognized colony)가 되었으며, 이후에 일본 내에서 오끼나와의 지위는 끊임없는 의심, 차별, 그리고 강제적인 동화정책으로 특징지어졌다.[9]

전해지는 이야기에 따르면, 1879년 쇼오타이 왕이 메이지정부에 슈리성을 넘길 때, "생명이야말로 보물(命どぅ寶, 누찌 도오 타까라)"이라고 말했다고 한다. 이 말은 1945년 오끼나와전(沖繩戰)의 참화에서 살아남은 오끼나와 사람들의 지혜를 보여주는 격언으로 취해졌으며, 오끼나와 도덕적 가치의 정수를 보여주는 말로 이해되어왔다. 압제, 군국주의 그리고 식민주의로 점철된 역사 속에서 오끼나와 사람들은 죽음보다 생명, 전쟁보다 평화, 총보다 산신(三線, 오끼

나와의 전통악기)이 더 소중하다는 이상을 지키기 위해 싸워왔다.

민족국가의 중압

이렇게 해서 오끼나와는 일본국가에 종속적인 지위로 병합되었다. 토오꾜오의 새로운 중앙정부는 이 섬들을 국가적 공동체의 필수적인 요소보다는 국방에 핵심적인 요소로 파악했다. 이는 1879년부터 이어진 중국과의 교섭 과정에서 잘 드러난다. 일본은 중국 내에서 '최혜국' 무역권을 인정받는 댓가로 이 섬들을 둘로 분리해서 가장 멀리 있는 미야꼬와 야에야마(八重山)를 중국에 양도하려 했다. 이것을 분도·증약안(分島·增約案)이라고 한다. 이에 대해 중국은 류우뀨우를 세 부분으로 분리해서 〔미야꼬와 야에야마 등〕 남쪽은 중국영토로, 〔아마미 이북의〕 북쪽은 일본영토로, 그리고 본도에는 류우뀨우왕국을 회복시키는 '류우뀨우 삼분할안'을 제안했다. 일본은 이를 거부하고 분도·증약안으로 교섭을 진행했지만, 결국 조약은 조인되지 않았다.[10] 청일전쟁의 발발과 1895년 시모노세끼조약하에서, 중국은 류우뀨우제도에 대한 일본의 주권을 공식적으로 인정했고 대만 역시 일본에 할양했다.[11]

역사가인 니시자또 키꾜오(西里喜行)는 이 과정에 대해 분별있는 평가를 내리고 있다.

'류우뀨우 해방운동'을 벌였던 류우뀨우인들이 조공질서를 절대적인 것으로 취급하는 대신에, 조선이나 하와이왕국[12] 및 베트남과의 유대를 형성하고 진전시키는 방안으로, 우에끼 에모리(植木枝盛)와 곽숭도(郭嵩燾)[13]의 제안을 고려하면서 새 시대의 여명에 대응했더라면, 새로운 길을 찾을 수 있었을지 모른다. 그러나 류우뀨우 해방운동에 뛰어든 류우뀨우인들은 전통적인 조공질서를 절대적인 것으로 생각했고, 청 당국에 류우뀨우왕국을 회복시켜달라고 도움을 요청했을 뿐이었다. 그것은 그들의 역사적 한계였다.[14]

이것은 오늘날 거의 잊혔지만 매우 교훈적인 이야기다. 21세기 초, 일본 본토보다 중국(과 대만)에 가까운 일본의 현에 살고 있는 오끼나와인들은 동아시아공동체와 같은 것을 형성함으로써 두 나라와 평화롭게 공존하고 협력할 수 있는 길을 찾고 있다. 불행하게도 국제체제의 지배적인 패러다임은 17세기와 19세기 류우뀨우인들의 열망과 공존할 수 없었다. 하지만 민족국가들이 자신들의 권위를 초국가적 제도에 양보하고 지역적 및 전지구적 협력을 지향하는 경향에 따라, 탈냉전의 21세기 초에는 (미국의 부분적인 쇠퇴와 중국의 부상이라는 맥락에서) 미국의 군사력과 미일의 공동지배가 쇠퇴할 것이라는 더 나은 전망이 가능할지도 모른다.

근대 일본국가에 뒤늦게 병합되면서, 오끼나와인들은 '일본인'이 되기 위해 자신들의 독특한 언어와 문화, 즉 '오끼나와다움'을 버리는 자기부정을 강요당했다. 자신의 언어로 말하면 처벌을 받는 상황에서, 그들은 일본 천황에게 충성하고 본토의 신화와 의례에 참여하는 식으로 자신의 정체성을 새롭게 순응시켜야 했다. 이러한 정체성 변동이 시작된 지 70년이 지나지 않은 1945년, 오끼나와는 미군의 일본 '본토' 공격을 저지하고 '국체'(國體, national polity), 즉 천황제를 사수하기 위해 희생당했다. 일본의 전쟁은 가공할 만한 오끼나와전으로 귀결되었고, 이 과정에서 오끼나와 인구의 4분의 1에서 3분의 1에 해당하는 12만명이 죽었다. 1945년 3월부터 6월까지 몇달의 경험은 전무후무한 것이었다. 지금도 오끼나와에서는 수면 아래에 살아 있는 당시의 참상에 대한 기억이 현재와 미래에 관한 고뇌의 원천이 되고 있다.

1945년 3월 말, 오끼나와전이 시작되자 오끼나와와 주변 (남서제도의) 섬들은 미태평양함대 사령관 체스터 W. 니미츠(Chester W. Nimitz) 제독에 의해 일본으로부터 분리되었다.[15] 몇개월 뒤, 북위 30도선이 분단선으로 지정되었다.[16] 전쟁의 참화가 끝나고 오끼나와가 일본 본토로부터 분리되면서, 오끼나와는 미국의 "태평양의 요석"(Keystone of the Pacific)으로 전환되었다. 일본의 히로히또(裕仁, 1901~89) 천황은 오끼나와의 분리와 미군에 의한 장기적인 군사점령을 희망했다. 1947년 5월, 모든 정치적 권한을 박탈당한 상태에서 신헌법에 공식적으로 서명한 며칠 뒤, 히로히또는 점령군 사령관 더글러스 매카서(Douglas MacArthur)에게 "일본의 안전보장을 도모하기 위해서는 앵글로색슨을 대표하는 미국이 주도권을 쥘 필요가 있으며, 매카서 원수의 지원을 기대하고 있다"라고 말했다. 1947년 9월에는 "미국의 오끼나와 군사점령은 일본에 주권을 남겨둔 상태로 장기──25년 내지 50년, 혹은 그 이상──조차(租借)

의 의제(擬制)에 근거해야 한다고 생각하고 있다"라는 오끼나와에 관한 '천황 메시지'를 전달했다.[17] 그의 메시지는 미 당국자들에게 토오꾜오 전범재판 기간 동안 천황을 전범자로 재판에 회부하지 않고 그의 집무실을 유지하는 쪽이 더 좋겠다고 결정한 자신들의 현명함을 확증해주었음에 틀림없다.

일본의 신헌법은 제9조를 통해 국제문제에서 "무력에 의한 위협이나 무력의 사용"을 부인했다. 매카서는 오끼나와에 대한 미국의 군사적 통치를 일본이 장기간 수용할 것이라는 점을 근거로, 신헌법 제9조에 근거한 일본 본토의 비군사화가 가능하다고 확신했다. 그럼에도 불구하고, 천황은 매카서 휘하의 대규모 병력만이 일본의 안보를 보장할 수 있다고 확신했다. "25년 내지 50년, 혹은 그 이상"이라는 조건에서 "그 이상"이 얼마나 될지 몰랐지만, 매카서에게 보낸 천황의 메시지는 잊히지 않고 있다.

고위층 간의 합의를 통해, 일본 본토는 헌법상 '평화국가'(peace state)가 되었고 오끼나와는 '전쟁국가'(war state)가 되었으며, 둘은 미국의 아시아·태평양 냉전기지제국(Cold War Empire of Bases) 속에서 상징적으로 결합되었다. 일본 본토에서 미국의 점령은 1952년에 종식되었고, 류우뀨우 본도에서 최북단에 위치한 아마미에서는 1953년 12월에 종식되었다. 그러나 오끼나와와 부근의 섬들 및 미야꼬와 야에야마제도에서 미국의 점령은 1972년까지 지속되었다.

1972년 이 섬들이 미국의 직접 군사지배를 받는 상태에서 일본으로 시정권(施政權)이 반환됨에 따라, 중국풍의 류우뀨우라는 이름은 일본식의 오끼나와로 변경되었고, 그 이전과는 다른 형태의

'극장국가'의 막이 올랐다. 무대에 등장한 모든 것들의 본질은 그 외관과는 완전히 달랐다. 첫째, 오끼나와 반환은 '돌려주기'와는 거리가 멀었고, 간단히 말해서 사실상〔일본이 미국에 거액을 지불했다는 의미에서〕'매입'이나 마찬가지였다. 둘째, 미군이 점령을 계속했고 비옥한 토지, 바다와 하늘을 자유롭게 사용했기 때문에, '반환'은 '비−반환'(non-return)과 다름없었다. 셋째, 구매자와 판매자의 역할이 뒤바뀐 이 이상한 거래에 뒤이어, 일본은 오끼나와에 주둔하던 미군 대부분을 유지하는 것을 국가정책으로 채택했다. 미군이 실질적으로 감축되는 것을 방지하기 위해, 일본은 미군의 주둔경비를 부담하고 부담액을 해마다 증가시켰다. 일본은 또한 오끼나와 반환 거래의 진실을 은폐하기 위한 책략을 마련했으며, 비밀의 장막을 걷어올리려는 사람들을 가혹하게 탄압했다.

오끼나와인들은 무력지배로부터의 해방, 비옥한 토지의 반환, 그리고 기지 없는 평화로운 섬이라는 오래된 이상을 회복할 수 있는 복귀를 추구했다. 그래서 많은 사람들은 1972년에 실현된 복귀의 실제 조건에 실망하고 분노했다. 복귀기념식이 열렸던 바로 그날, 오끼나와에서 새로 선출된 일곱명의 국회의원 가운데 아무도 토오꾜오의 기념식에 참석하지 않았다. 복귀조건에 항의하기 위해 공식기념식보다 오끼나와 나하의 요기(與儀)공원에 더 많은 사람들이 모였다. 그들에게 5월 15일은 '굴욕의 날'이었다. 오끼나와 최초의 민선지사이자 복귀의 주요 지지자였던 야라 초오뵤오(屋良朝苗, 1902~97)는 복귀의 조건에 대해 "우리의 열렬한 바람이 들어 있다고는 말할 수 없다"라고 언급했다. 그럼에도 불구하고 그는 "오끼나와가 항상 수단으로서 이용되어온 역사를 극복하고 희망을 가질 수 있는 새로운 현 만들기에 전력을 다할 결의"를 피력했다.[18]

공식문건과 권력기구는 17~18세기 양속체제하에서 중국과 일본에 대해 류우뀨우가 보여주었던 조공과 충성의 표현만큼이나 기만적이고 혼란스러운 것이었다. 1972년 이후, 오끼나와는 일본의 주권, 헌법상의 평화주의, 현 단위의 자치, 지방적 자율성을 누렸다. 하지만 실제로 주권은 부분적으로만 반환되었고, 오끼나와 미군기지에 대한 미국의 군사적 주권은 손상되지 않았다. 미일안보조약은 실질적으로는 헌법을 초월하고 부정하는 핵심 헌장으로 기능했으며, 주요한 결정권은 모두 토오꾜오와 워싱턴이 가졌다. 명목상으로는 일본국 헌법에 명시된 평화국가 일본으로 통합되었음에도 불구하고, 오끼나와는 미국의 군사식민지로서 군사기지화되었고, 일본과 미국의 이중 식민지로 종속되었다.

일본은 오끼나와에 '군사 우선' 정책을 강요하면서 헌법보다 미일동맹을, 시민적·민주주의적 원리보다 군사를, 오끼나와 민중들의 이해보다 민족국가의 이익을 우선했다. 그래서 군사기지화와 본토로부터의 차별에 반대해온 오끼나와의 저항의지를 불식시킬 필요가 있었다. 따라서 오끼나와의 일본 복귀는 사기와 협잡, 부패와 거짓 위에서 성사되었다. 일본은 오끼나와 사람들을 대규모로 현혹하고 설득하기 위해 사기극을 꾸몄다.

'복귀' 20년이 지난 후, 냉전이 끝났다. 오끼나와 미군기지들이 겨냥했던 적은 붕괴했지만, 기지들은 유지되었다. 기지들은 유지되었을 뿐만 아니라, 오끼나와 사람들에게는 실망스럽게도, 미일 양 정부는 기지의 강화를 주장했다. 걸프전쟁과 이라크전쟁 그리고 아프가니스탄전쟁에서 미국은 일본에 점차 군사적 역할의 강화를 요구했고, 일본정부는 오끼나와를 중추로 삼아 최대한 순응했다. '동맹의 심화'는 일본의 굴종과 그에 따른 무책임성의 강화를 의미했다. 2012년에도 오끼나와 본도 총면적의 약 20%를 미군기지가 점령하고 있었다. 일본 전체 면적의 0.6%에 불과한 오끼나와현에 주일미군기지의 약 75%가 있는 것이다. 미군기지의 밀도가 본토에 비해 대략 500배나 높다는 의미다.

오끼나와 사람들은 복귀를 통해 전쟁과 점령으로 얼룩진 군사주의의 섬을 일본 헌법에 나타난 평화 중심의 섬으로 변화시키길 기대했다. 그러나 탈냉전질서 속에서 오끼나와에 부여된 역할은 서태평양에서 중앙아시아까지 미국이 지배하는 질서를 유지하기 위해 군사력을 투여하는 요새였다. 1972년의 복귀와 1990년대의 냉전 종식 이후, 오끼나와를 규정하는 핵심적인 헌장은 헌법이 아니라 미국과의 군사적 관계였다.

이러한 사태에 대한 대중적인 불만이 끓어넘쳤을 때, 특히 1995년 세 명의 미군에 의한 여학생 성폭행 사건 직후, '복귀/반환'의 새로운 기회가 약속되었다. 기노완(宜野灣)시의 인구밀집지대에 주둔하던 미해병대의 후뗀마(普天間)비행장을 비롯한 몇몇 기지들의 새로운 '반환'이 1996년에 약속되었던 것이다. 하지만 또다시 기만이 판을 쳤다. 1972년의 '복귀'가 미군기지의 유지(와 구매)를 의미했다면, 1996년의 사태는 미군기지의 대체, 근대화와 팽창을 의미했다. 오끼나와 본도의 무수한 기지 가운데 후뗀마비행장 이외에는 아무것도 반환이 추진되지 않았다. 미일 양 정부는 후뗀마 반환을 약속함으로써 1995년의 위기를 봉쇄하려 했고, 그것도 대체시설이 먼저 건설되어야 한다는 조건을 달았다. 그들은 오끼나와 사람들에게 그런 해법을 내놓는 것이 가능할 것이라고 생각했다. 이 과정이 '반환'이라 불리면서 그 본질을 흐렸듯이, 새로운 기지를 '헬리포트'(heliport, 헬리콥터 이착륙장)로 부르고, 사태 전체에 '정리·축소'라는 표현을 사용함으로써 신기지의 광대한 규모 역시 은폐되었다.

탈냉전적 전환의 시대에 일본은 종속적이며 반(半)주권적인 국가에서 완전한 '속국'(client state)으로 변해야 했다.[19] 대개의 경우 일본 본토 사람들에게 미국과 일본 사이의 이러한 후견국–속국 관계(clientelism) 및 미국과의 군사적 관계에 국가적 우선성을 부여하는 것은 눈감아줄 수 있는 일이었다. 그들의 일상생활에 거의 아무런 영향도 미치지 않기 때문이다. 그러나 오끼나와에서 그것은 엄청난 중압이며 인내하기 힘든 일이다. 보통 이러한 저항운동은 여러곳으로 분산되어 쉽게 봉쇄되지만, 오끼나와에서는 점진적으로 증가하고 있다. 또 오끼나와인들은 본토인들이 볼 수 없는 사태들을 파악할 수 있었다. 경제적으로나 정치적으로, 특히 21세기 초에 미국이 벌인 불법적이며 침략적인 전쟁이나 고문·암살 같은 전술의 채택이 보여주는 비도덕성 등 거의 모든 방면에서 미국의 신뢰도가 추락하고 있음에도 불구하고, 갈수록 미국은 일본의 굴종을 집요하게 요구하고, 일본은 미국의 헤게모니질서를 지원하고 있다는 사실 말이다.

16세기 말에서 17세기 초까지의 시기와 19세기처럼, 오늘날 구질서는 또다시 붕괴하고 있다. 미국 주도의 군사동맹에 의해 유지되는 신자유주의 국가들 사이의 전지구적 연합 역시 한때는 흔들리지 않을 것처럼 보였지만, 이제는 자신들이 구축한 질서가 무너져 내리는 것을 목도하고 있다. 오끼나와에 이러한 지정학적·경제적 흐름은 위협이자 기회이기도 하다. 착취당하고 조작당하던 지위로 다시 전락할 것인지, 아니면 역사의 행위자로서 고유한 역할을 주장할 수 있을 것인지 말이다. 오끼나와는 400여년 동안 일본의 '안'과 '밖'을 오고 갔으며, 그 이전에도 역시 400여년간——이 두 시기는 중첩되기도 했다——중국 중심의 '조공 세계'의 불가결한 일원이었다. 오끼나와인들은 군사 블록과 민족국가를 넘어설 수 있는 길을 마련하고, 한중일과 아시아·태평양을 연결시킴으로써 동아시아 혹은 동북아시아 공동체의 진화 과정에서 주역이 될 기회가 현재의 위기 속에 숨겨져 있음을 느끼고 있다.

저항국가, 오끼나와

오끼나와인들은 전근대와 근대의 굴곡진 400년 역사를 일련의 연속적인 '처분'이라는 시각에서, 즉 압도적인 외부세력에 의해 자신들의 주체성을 빼앗기고 군사주의라는 맹독을 주입당했던 역사로 되돌아보는 경향이 있다. 이 연속적인 '처분'이란 1609년부터 시작된 사쯔마번의 지배, 1879년부터 시작된 근대 일본국가의 지배,

1945년부터 1972년까지 지속된 미국의 군사지배, 그리고 1972년 이후 일본의 명목상 지배를 말한다. 과거의 '처분'에는 속수무책이었지만, 1996년부터 균형추가 이동하고 있다. 거의 깨닫지 못했지만, 오끼나와는 지역적 및 전지구적 씨스템에서 점점 더 핵심적인 역할을 수행해왔다. '저항국가'(state of resistance)가 되고 있는 것이다.

하지만 역사적 상황들이나 오랜 희생의 기록 어디에서도 오늘날 오끼나와의 가장 특징적인 모습, 즉 그 뿌리 깊고 한결같은 저항을 설명해주는 요인을 찾을 수 없다. 오끼나와인들은 자신들의 열망이나 자치가 거부당해온 만큼 섬의 운명뿐만 아니라 미국과 '속국' 일본이 부과한 지역적 및 전지구적 질서 자체를 지탱하는 기둥에 도전하고 있다. 이 책은 오끼나와에 대한 이와 같은 처분, 억압, 그리고 소외가 마침내 저항으로 전환된 과정에 대한 해명을 시도하려 한다.

따라서 통상 하나의 기지를 건설하는 문제를 둘러싼 갈등으로 알려져 있지만, 후뗀마 해병대기지와 그것을 대체할 기지 건설 계획을 둘러싼 논쟁은 그 이상의 의미가 있다. 오끼나와 공동체는 일본과 미국이라는 두 민족국가에 맞서 싸우고 있는 것이다. 뒤에 상세하게 살펴보겠지만, 2012년 오끼나와는 헌법상의 주권재민 원칙을 필사적으로 주장하고 있는데, 놀랍게도 오끼나와가 우위에 있는 듯하다. 21세기 초두에 전세계적으로 일어나고 있는 민주화운동의 맥락에서 이해해볼 만한 일이다.

일본이 미국에 대한 자신의 의존성을 일본 국내의 질서 형성에도 응용함에 따라, 보조금으로 반대파를 매수하고 합의를 사들이는 메커니즘이 발전했다. 이 틀 속에서 오끼나와는 몇가지 이유로 더욱 의존체제에 갇히고 있다. 첫째, 1인당 GDP나 다른 경제지표에서 오끼나와가 일본에서 가장 뒤처졌기 때문에 "따라잡기"를 해야 한다는 것이다. 둘째, 중앙부처의 관료들은 '진흥(振興)'을 위한 교부금이 의존 체질을 강화해서 반기지운동이나 환경운동의 동력을 잃게 할 최선의 수단이라고 생각한다. 따라서 '진흥 계획'은 종종 경제적으로 퇴행적이고 생태적으로 심각한 손상을 입히며 부채와 의존성만 키우는 공공사업에 집중되는 경향이 있다(일본은 각지에서 저항적인 지역공동체들을 억눌러 핵발전소를 건설하기 위해 동일한 전략을 추진해왔다). 이 과정에서 자연은 무제한적으로 '정비'할 대상으로 인식된다. 이와 같은 '토건국가'식 발전이 이미 일본 각지에서 비판받고 있음에도 오끼나와의 자연환경은 이런 식으로 파괴되고 있는 것이다.[20]

오늘날 오끼나와를 찾는 평범한 방문객들에게, 오끼나와 본도 북부에서 산호를 비롯한 풍부한 자연이 남아 있는 오오우라(大浦)만에 대규모 군사기지를, 얀바루 숲에는 헬리패드(헬리콥터 이착륙장이라고 하지만 실제로는 오스프레이Osprey 이착륙대)를 건설하고 남부에서는 인공해변을 조성하기 위해 (오끼나와의 '열대우림'인) 아와세(泡瀨) 갯벌을 점진적으로 매립·간척하고 있는 것보다 더 슬픈 광경은 없을 것이다.[21] 기지 유지를 위한 진흥책은 본토보다 20년 늦게 재현된 '토건국가'의 가장 나쁜 모습이며, 오끼나와현의 경제와 생태계에 치명적인 결과를 가져오고 있다. 그러나 이러한 흐름은 변하고 있다. 예컨대, 2010년 나고(名護)시의 시민들은 이 기만적인 정책을 꿰뚫어보고 명확히 이를 거부했다.

1609년에 사쯔마번이 침공하기 이전에는 작은 규모나 강대국들로부터의 지정학적 고립은 오끼나와의 강점이었다. 1609년 이후, 서로 경쟁하면서 힘을 겨루는 민족국가들로 이루어진 베스트팔렌(Westfalen) 체제하에서, 오끼나와의 이런 점들은 약점이 되었다. 일본국가(와 그 보호자 미국)은 여전히 오끼나와의 위치를 일본 본토의 방위뿐만 아니라 자신들의 이익을 추구하기 위해 지역적 및 전지구적으로 군사력을 투입하기 위한 요석으로 보고 있다. 오끼나와인들은 자신들의 역사를 통해 군대가 사람들을 지키지 않는다는 것을, 그리고 진정한 안보는 이웃나라들과 가깝고 친밀하며 협력적인 유대를 형성하는 데 달려 있다는 것을 알고 있다. 그러한 안보를 달성하기 위해서는 아시아·태평양에서 미국의 권력을 보장하기 위해 고안된 오끼나와의 '전쟁 준비' 기능이 '평화 구축' 기능으로 전환되어야 한다. 오끼나와의 지리적 위치와 다문화적 역사는 평화 구축의 중심이자 중일 간의 가교로서, 동북아시아 국가협력기관의 유치 장소로서, 다시 말해 룩셈부르크나 브뤼셀과 같은 역할을 아시아에서 담당하기에 매우 적합하다.

그런 의미에서 이 책은 거대한 두 강대국 사이의 관계를 상대적으로 먼 변방의 시각에서, 그리고 그 속에서도 상대적으로 중심부에서 거리가 먼 마을과 만(灣)의 입장에서 바라보려는 시도라고 할 수 있다. 우리는 이런 방식으로 수도와 국가권력의 중심지로부터 초점을 이동시킴으로써 많은 것을 배울 수 있다고 생각한다. 오끼나와, 헤노꼬(邊野古), 오오우라 만의 미래와 관련한 당장의 이슈를 넘어서, 현재 진행 중인 저항투쟁들은 몇가지 커다란 질문을 제기한다. 만약 일본 헌법에서 보장하는 주권재민, 기본적 인권, 평화와 같은 권리가 오끼나와에서는 적용되지 않는다면, 그것이 일본 본토에 의미하는 바는 무엇인가?[22] 주요 국가들 사이의 관계, 특히 '동맹'관계라는 맥락에서, 2009~10년 오끼나와 기지문제를 둘러싼 미국과 일본 사이의 대립 과정에서 일어난 권력 남용과 협박이 결국 일본정부의 붕괴로 귀결된 상황을 어떻게 이해해야 하는가? 그리고 오늘날의 오끼나와처럼 하나의 지역이, 그것도 모든 현민이 한마음으로 중앙의 정권과 전세계적 패권국가에 'No'라고 말하고 있는 현상은 일본역사 속에서 어떤 의미인가? 그러한 불협화음은 현존하는 국가 씨스템 내에서 해결될 수 있는가, 아니라면 오끼나와는 일본국가로부터 준독립 혹은 완전한 독립으로 나아가야 하는가?

이 모든 문제들은 근대 일본, 미국, 아시아·태평양을 전공한 학자뿐만 아니라 관련된 세계시민 모두에게 중대한 의미를 가진다. 이 책에서 그 문제들을 해결할 것이라고 주장하지는 않는다. 그러나 독자들이 이에 관해 더 나은 판단을 내릴 수 있도록 충분한 자료를 제공하려고 한다.

무엇보다도 이것은 일본역사에서 처음으로 풀뿌리 민주주의 세력이 주도권을 잡고 긴 시간 동안 역사를 결정할 핵심 주체로 등장하는 이야기다. 그들이 일본과 미국정부에 보내는 메시지는 간단하다. 새로운 기지 건설 프로젝트에 'No!' 이것은 'No'라는 부정적인 요구지만, 그 속에는 일본과 미국뿐만 아니라 주변의 모든 나라들에 보내는 메시지, 지금까지와는 다른 미래에 관한 긍정적인 비전이 포함되어 있다. 그 핵심은 "생명이야말로 보물"이라는 정신이다.

02
RESISTANT ISLANDS

전쟁, 기억,
그리고 기념

오끼나와만큼 전쟁의 계획과 실행에 덜 공헌한 현은 없었다. 하지만 오끼나와만큼 광범위한 비극 속에서 인명과 재산을 잃고 최종적으로는 군사점령하에 방치되어 고통받은 현도 없었다.

- 조지 H. 커(George H. Kerr)[1]

약 70년 전에 오끼나와에서 일어났던 사건, 즉 오끼나와전(1945.3. 26~9.7)의 충격과 공포를 대면하지 않고 현대 오끼나와를 이해하는 것은 불가능할 것이다. 따라서 근현대 오끼나와를 이해하기 위한 이 책의 이번 장에서는 오끼나와전의 사건과 맥락, 그리고 오끼나와전이 기억되고 기념되는 방식에 관해 상술해볼 것이다. 오늘날 오끼나와 사람들이 전쟁을 증오하고, (미군이건 일본의 자위대이건) 군대를 불신하며, (토오꾜오나 워싱턴의) '국방'이라는 의제에 동의하기를 거부하고 있다면, 그 근저에는 무엇보다도 오끼나와전의 경험과 기억이 있을 것이다. 탄지 미유메(丹治三夢)가 말했던 것처럼, 직접적인 전쟁경험은 전후의 기지 반대운동의 '사상적 양식'이 되어왔다.[2] 전쟁에 동원되었다가 이용당하고, 속임을 당하고, 종국에는 버림받으면서 오끼나와는 상상할 수 없는 재앙으로 고통을 받았다. 당시에 오끼나와 사람들이 방어하도록 강요받았던 것은 자신들의 생명이나 재산이 아니라 본토 일본, 특히 '국체'라고 불리던 천황제였다. 가망 없는 명분에 희생당한 것에 대한 보상을 받는 대신에, 〔1951년 대일강화조약을 체결하는 과정에서〕 그들은 다시 한번 버려졌고, 27년 후에 일본으로 '반환'될 때에도 '국가의' 방위를 위해서 희생해야 한다는 이야기를 들었다.

오늘날 오끼나와 사람들은 어떠한 새로운 기지의 건설도 반대하면서 투쟁하고 있으며, 또한 그만큼의 열정과 투지로 오끼나와전의 대재앙을 부정하거나 왜곡하려는 시도들에 맞서 싸우고 있다.

오끼나와전: 아이스버그 작전과 철의 폭풍

제국적 주체

오끼나와가 일본 제국주의를 위해 동원되었던 역사는 1870년대에 류우뀨우왕국이 근대 일본국가에 오끼나와현으로 병합되었던 시기로 거슬러올라간다. 곧이어, 중국황실과의 길고 긴밀했던 유대가 끊어졌고, 일본 남서부의 쿠마모또(熊本)에서 파견된 일본육군 제6사단이 주둔하기 시작했다. 이 역사적 과정은 '류우뀨우 처분'이라는 말로 잘 알려져 있다. 오끼나와 최초의 군사기지는 오끼나와인들을 겁박하고 억압하기 위해 고안되었다. 오끼나와전을 경험했으며, 오끼나와 현지사를 역임한 오오따 마사히데(大田昌秀)는 다음과 같이 말한다.

사실 이것이 일본정부가 오끼나와를 군사기지로 전환하는 과정의 시작이었으며, 뒤에 미국정부는 선례를 따랐던 것이다. 말할 필요도 없이, 이것은 태평양전쟁에서 오끼나와가 당한 비극의 진정한 원인이었다.[3]

뒤를 이어, 오끼나와인들을 제국적 주체로 세뇌시키고 동화시키는 황민화 정책이 시작되었다. 조선이나 다른 식민지들의 식민지 주체들과 마찬가지로, 오끼나와인들은 일상생활에서 사용하던 오끼나와말 대신에 새로이 국어로 지정된 일본어를 배우고 쓰도록 강요받았다. 학교에서 오끼나와말을 사용한 학생들은 나무로 만든 '방언찰(方言札)'을 목에 걸고 다녀야 했다. 또 일본정부는 독특한 오끼나와식 이름 대신에 일본식 이름으로 개명하도록 재촉했다. 천황 중심의 국가신도(國家神道)가 도입되어 오끼나와인들이 신성시하던 우따끼(御嶽) 앞에 신사가 건립되었고, 학교에는 '살아 있는 신'으로 숭배되었던 천황의 사진을 모시는 봉안전(奉安殿)이 세워졌다. 교사나 학생들은 학교행사가 있을 때마다 천황 중심의 교

육원칙을 강제하기 위해 만들어진 교육칙어(敎育勅語)를 암송해야
했다.

'유혈의' 전투

미군역사에는 아이스버그 작전(Operation Iceberg)으로 기록되는
오끼나와전은 태평양전쟁에서 가장 많은 피가 흐른 전투 가운데
하나로 불린다. 그 비참한 스토리를 암울한 통계수치로 요약할 수
있을지 모르겠다. 오끼나와전은 54만 8천명의 미군(돌격대인 상륙부
대와 해병대 18만 3천명과 나머지는 호위부대)과 11만명 이상의 일본군(그
가운데 약 2만 5천명은 방위대나 학도병 등으로 소집·동원된 오끼나와 주민들)
사이에서 벌어졌지만, 40만명 이상의 지역 주민들이 다양한 방식
으로 동원되었다. '철의 폭풍'(Typhoon of Steel)이라고 불리는 맹렬
하고 무차별적인 포격과 폭격이 3개월 동안 이어졌고, 오끼나와 본
도 남부에 떨어진 포탄의 수는 주민 한사람당 50발이 넘는 어마어
마한 양이었다.[4] 이 과정에서 전투에 참여하지 않은 수많은 여성,
어린이, 고령자 등 민간인들이 살해당했다. 오끼나와전은 21만명
이상의 사망자를 낳았고, 여기에는 12만명 이상의 오끼나와인(당시
오끼나와 전체 인구는 46만명)도 포함되어 있다.[5] 대략 9만 4천명으로
추정되는 오끼나와의 민간인 사망자들은 오끼나와방위군으로 동
원되었던 오끼나와인의 수(28,228명)를 훨씬 넘는다. 오끼나와전에
서는 일본의 다른 현에서 온 65,908명의 일본군 병사와 12,520명의
미군 병사 외에 다른 국적의 병사들도 여럿 사망했다.[6] 또 일본군
에 징용당한 남성뿐만 아니라 일본군 성노예가 된 여성을 포함한

수천명의 조선인들도 사망했다(사망한 조선인은 1만명에 이르는 것으로 추산된다).

전쟁, 태평양을 건너다

오끼나와에 폭격과 침공이 시작되기 전부터 오끼나와의 민간인들은 이미 심각한 전쟁피해를 입고 있었다. 빈곤으로 오끼나와인들은 1920~30년대부터 남태평양 섬들을 비롯한 세계 각지로 이주했기 때문이다. 1940년까지 5만 7천명이 넘는 오끼나와인들이 일본의 국경 밖에서 살고 있었다.[7] 싸이판(Saipan)에 25,772명, 팔라우(Palau)에 4,799명, 포나페(Ponape)에 1,145명이 살고 있었고, 남양제도로 이민한 오끼나와인은 일본인보다 더 많았다.[8]

1944년 2월, 트루크(Truk) 섬에 미군의 항공폭격이 시작되었고 싸이판과 티니언(Tinian)에 폭격이 이어졌다. 전쟁이 일본에 다가오고 있다는 명백한 신호였다. 1944년 3월 22일, 오끼나와에 살고 있던 비-오끼나와인들이 소개(疏開)되었고, 오끼나와 방위를 위해서 일본제국 육군 제32군이 창설되었다. 남태평양의 섬들이 전장이 되자, 오끼나와와 일본에서 온 이주민을 포함하여 많은 사람들이 포로로 잡히거나 죽었다. 1944년 7월, 싸이판의 함락은 오끼나와의 앞길에 무엇이 놓여 있는지를 보여주는 전조였다. 1만 5천명의 일본인 이민자들이 죽었는데, 그 가운데 1만 3천명이 오끼나와인이었다. 많은 사람들이 문자 그대로 '옥을 산산조각 낸다'는 의미의 '옥쇄(玉碎)'를 강요받았는데, 이는 천황을 위해 자살한다는 의미였다.

이미 1943년 9월에 일본군 대본영은 본토를 지키기 위해, 큐우슈우 남부에서부터 오끼나와를 거쳐 대만의 동부에 이르는 남서제도의 방어를 강화하기로 결정했다. 오끼나와현의 전역에 항공군사기지 건설이 계획되어 "일어나서 움직일 수 있는 모든 사람들은 한명도 빠짐없이 동원"되었다.[9]

1944년 4월 이후, 중국과 일본 본토에서 출발한 전투부대가 오끼나와에 도착하기 시작했다. 병사(兵舍)가 너무 부족해서, 학교건물이나 마을의 민가가 병사, 군수저장시설, '위안소'로 사용되었다. 이처럼 군인과 민간인이 섞여 있어 주민 사상자가 늘어나는 원인이 되었다. 또한 군사기밀이 민간인, 특히 일본군이 신뢰하지 않도록 교육받았던 오끼나와 주민들에게 노출되면서, 미육군의 상륙 이후에는 일본군들이 오끼나와 주민들을 학살하는 이유가 되기도 했다.

주민 피난과 쯔시마마루호 침몰 사건

1944년 7월, 싸이판이 함락되면서 일본군 대본영 통합참모본부는 연합군의 상륙에 대한 대책을 수립하기 시작했고, 류우뀨우를 비롯한 여러 섬들에서 여성, 어린이, 노약자를 소개시키라는 명령이 내려졌다. 그러나 이 계획은 가족들이 뿔뿔이 흩어지는 것에 저항하면서 차질을 겪었고, 미군 잠수함이 출몰할 가능성이 있는 항로를 가로질러야 했기 때문에 안전 문제를 두고 주민들의 분노가 고조되었다.[10] 1944년 8월 22일, 쯔시마마루(對馬丸)호가 1,788명(학생 834명, 교사와 성인 827명, 선원 127명)을 태우고 일본 본토 최남단 항구인 카고시마로 출항했다. 쯔시마마루호는 미군 잠수함 보편

(USS Bowfin)의 어뢰에 침몰했다. 1,418명이 사망한 것으로 확인되었는데, 그 가운데 어린이가 775명이었고, 교사와 보모가 29명, 성인이 569명, 선원이 21명 있었다. 이 사건은 오끼나와에서 민간인 대량학살로 기억되고 있다. 오끼나와전이 시작되기 전까지 고작 10만명의 오끼나와인만 피난할 수 있었고, 나머지 49만명은 도망칠 곳도 없는 섬에 남겨졌다.[11]

1944년 10월 10일, 미군의 오끼나와 공중폭격(10·10 폭격)으로 오끼나와현의 주도인 나하시의 90%가 파괴되었고 군인과 민간인을 합쳐 668명이 사망했다. 미군은 군사시설은 물론 항만·도로·촌락 등을 폭격하여 내년으로 다가온 오끼나와전에 대비했던 것이다. 지상전이 다가오자, 일본군은 오끼나와인들에게 "군대·정부·민간인은 같이 살고 같이 죽는다(軍官民共生共死の一體化)"라는 원칙을 심는 데 주력했다. 이 원칙은 오끼나와전에서 민간인들이 희생자로서 얼마나 고통을 받았는지 이해하는 열쇠가 된다.[12]

천황의 지시

1945년 2월, 전 총리대신이자 천황의 측근이던 코노에 후미마로(近衛文麿)는 패전을 피할 수 없으며('敗戰必至') 공산화를 막고 국체를 보호하기 위해서 조기화평의 길을 찾아야 한다고 천황에게 조언했다. 히로히또 천황은 동의하지 않았다. 그는 "한번 더 전과(戰果)를 거둔 뒤가 아니면" 어렵다고 대답했다.

일반적으로 일본 본토에서 패전을 논할 때는 1945년 8월 15일에 천황이 포츠담선언을 수락하고 항복한, 이른바 '성단(聖斷)'이 주목을 받는다. 그러나 오끼나와에서는 반대로, 천황이 이 '코노에 상주문(近衛上奏文)'에도 불구하고 이미 패배한 전쟁을 속행하기로 한 것에 방점이 두어진다. 이 결정에 댓가를 지불한 사람은 오끼나와인들만은 아니었다. (히로시마와 나가사끼의 희생자를 포함하여 대략 50만명으로 추정되는[13]) 일본 본토 민간인 희생자의 대부분이 천황이 코노에의 조언을 거부한 이후에 발생했다. 사회학자 하야시 히로후미(林博史)는 특히 천황의 전쟁책임과 관련해서는 오끼나와인들이 전쟁경험을 통해 독립적인 사고와 행동의 기초를 발전시킨 반면, 본토인들은 이러한 사고가 뒤처져 있다고 주장한다.

지상전을 경험했는지 아닌지의 커다란 차이가, 전쟁의 경험을 통해 집합적 주체성을 길러온 오끼나와와, 천황제의 저주로부터 자신을 진정으로 해방시키지 못하고 또 그러한 사실을 정직하게 직시하지도 못한 채 패전을 맞이한 일본 본토(야마또)를 갈라놓았다. 오끼나와전에서 살아남은 사람들과, 살고 싶어했지만 살아남지 못한 사람들을 연구할수록, 나는 문제의 근원은 일본 본토에 있지 오끼나와에 있지 않다는 것을 절감할 수밖에 없다.[14]

케라마제도

1945년 3월 23일의 공습과 다음 날의 해상포격에 이어, 3월 26일 미군은 나하에서 서쪽으로 40킬로미터 떨어진 케라마(慶良間)제도에 상륙했다. 전투가 시작되자 일본군 장교들은 고립되고 공포에 질린 주민들을 소환하여 집단자결을 강요했다. 즉, 그들은 항복하는 대신에 자기 자신과 가족들의 목숨을 끊도록 명령받았던 것이다. 일본군은 오끼나와인들이 미군의 스파이가 될지 모른다고 두려워했으며, 오끼나와인들에게 항복은 수치스러운 짓이며 남자는 학살되고 여자는 강간당한 후 살해당할 것이라고 세뇌시켰다. 수류탄이 배급되었고, 수류탄이 모자란 경우엔 밧줄, 칼, 낫, 면도칼, 돌 등이 이용되었다. 이 '강제집단자결'(forced mass suicides) 혹은 '옥쇄'는, '집단자결'(collective suicide) 혹은 '강제집단사'(forced collective deaths)로 알려지게 되었다. 3월 26일~28일, 케라마제도에서는 수백명이 이런 식의 죽음을 맞이했다.[15]

오끼나와 본도

1945년 4월 1일, 미군은 오끼나와 본도 중부의 요미딴(讀谷)과 차딴(北谷) 사이에 있는 서해안에 상륙했고, 이어서 부대를 둘로 나누어 각각 북쪽과 남쪽으로 진격했다. 일본군의 전략은 미군의 본토 공격을 지연시키는 것이었기 때문에 상륙지점에서의 전투를 피하는 지구전에 맞춰져 있었고, 덕분에 미군은 '무혈상륙'할 수 있었다. 일본군은 남은 공격력을 큐우슈우(九州)와 대만의 기지로 돌려 '카미까제 특공대'로 미군 전함에 자살공격을 2천여회 수행했다. 미군의 군사력이 1,400~1,500여척의 전함과 (18만 3천명의 상륙부대와 호위부대를 포함하여) 병사만 54만 8천여명에 달했던 반면, 일본의 병력은 약 10만명(육군 69,000~86,400명과 해군 8,000~10,000명) 정도였다. 13세에서 70세까지의 주민들이 방위대, 의용대로 동원되었고, 남녀 중등학교학생, 여자 구호반, 취사반 등을 포함하면

2-1. 오끼나와전의 민간인 희생자

동원된 주민의 수는 11~12만명에 이른다.[16) 미군은 숫자뿐만 아니라 현대적 병기에서도 일본군을 압도하여, 제해권과 제공권을 장악했다.

4월 8일, 남하하던 미군은 일본군의 저지선과 마주했다. 일본군의 격렬한 저항 때문에 미군은 전선을 돌파하는 데 50여일을 소요했고, 5월 11일이 되어서야 일본군 사령부가 있던 슈리 부근에서 전면적인 공격을 펼칠 수 있었다. 일본군은 아사또(安里)의 슈거로프힐(Sugar Loaf Hill)과 운따마무이(ウンタマムイ) 숲에서 필사적인 저항을 펼쳤지만, 전력의 7할을 상실한 제32군은 5월 말에는 슈리 사령부를 포기하고 남쪽으로 달아났다. 제32군의 우시지마 미쯔루

(牛島滿) 사령관은 남부의 마부니(摩文仁) 언덕에 새로운 사령부를 설치하고 남은 3만여 병력을 끌어모아서 전투를 계속할 계획이었다. 일본은 오끼나와를 일본 본토를 사수하기 위한 '방파제' 혹은 '사석(捨石, 바둑에서 버릴 셈 치고 작전상 놓은 돌)'으로 취급하고 있었고, 천황제를 유지하면서 평화협상에 나설 수 있는 시간을 벌어주기를 기대했다.[17] 1945년 4월 20일, 일본군 대본영 육군부가 발령한 '국토결전교령(國土決戰敎令)'의 조문은 다음과 같다.

적은 주민과 부녀자를 방패 삼아 전진함으로써 우리의 전의를 꺾으려 하지만, 그런 경우에도 우리 동포(주민)들이 자신의 생명보다 황국의 전승을 바랄 것이라고 믿으며, 적들을 섬멸할 것을 주저해서는 안 된다.[18]

오끼나와 남부의 일본군은 슈리와 마부니 사이에서 이 교령을 충실히 따랐다. 남쪽 퇴로에 위치한 이 지역에는 많은 수의 여성, 어린이, 노인들이 피난해 있었고, 일본군은 전투의 마지막 단계에서 이들을 방패막이로 사용했다. 오끼나와인들은 이 경험을 통해서 군대가 주민들을 보호하기는커녕, 공격물로 내세우거나 자살하도록 강요하며 때로는 직접 살해하기까지 한다는 것을 배웠다. 민간인 살해와 집단적인 자살은 일본군이 있는 곳에서만 발생했던 것이다.

오끼나와 본도 남부에서 지역 주민들은 자연적으로 형성된 석회암 동굴인 가마(ガマ)를 피난처로 택했다. 중부에서 후퇴해 온 일본

2-2. 마루끼 이리(丸木位里)·마루끼 토시(丸木俊) 그림 「오끼나와전」

군 부대들이 이 동굴들을 차지하면서 지역 주민들을 내쫓아 죽음에 이르게 했다. 일부 주민들은 스파이 혐의를 받고 살해당했다. 집중 포격과 공습, 화염방사기의 목표물이 되었던 일본군 부대와 민간인들이 나하, 슈리, 오끼나와 중부로부터 피난해 왔고, 남부는 혼돈의 전장이 되었다. 미군은 가마에 숨어든 일본군과 민간인들을 죽이기 위해 동굴의 입구에 기마자세로 서서 폭발물을 던져넣거나 화염방사기로 공격하는 이른바 '기마전술'을 감행했다.

6월 22일 제32군의 사령관인 우시지마 중장과 그의 참모장 초오 이사무(長勇)가 자살하면서[19] 일본군의 조직적 작전은 종결되었다.[20] 하지만 우시지마의 마지막 명령은 마지막까지 싸우라는 것이었으며, 이에 따라 이후에도 많은 군인과 민간인들이 목숨을 잃었다. 제32군의 공식적인 항복문서는 천황이 항복을 발표한 3주후에, 그리고 토오꾜오 만에서 공식적인 항복기념식이 열린 지 닷새가 지난 1945년 9월 7일에 가서야 서명되었다.

오끼나와 남부의 오로꾸(小祿)반도를 방어하고 있던 일본해군 사령관 오오따 미노루(大田實) 장군 역시 1945년 6월 13일 해군의 지하사령부에서 자살했다. 그는 죽기 일주일 전에 남긴 최후의 전문에서 오끼나와 주민들에게 전투에 헌신하라고 명령하고 "오끼나와 현민들은 이렇게 싸웠다. 그러니 오끼나와 현민에 대해 후세에 특별한 고려를 해주기를"요청했다.[21] 오끼나와 주민들이 겪었던 고통에 대한 인정과 '특별한 고려'를 요청한 덕에, 오오따는 우시지마에 비해 호의적으로 기억되고 있다. 그러나 후에 오오따의 아들, 오오따 히데오(大田英雄)는 부친의 말이나 인품을 찬미하는 배경에는 군국주의를 다시 추진하려는 관료나 정치가의 의도가 있는 것이 아닐까 하는 의문을 제기하였다.[22]

전쟁에 희생된 오끼나와인들

배신

오끼나와전은 처음부터 희망이 없는 싸움이었다. 연합군의 일본 본토 상륙을 지연시키기 위한 것일 뿐이었다. 오끼나와는 진정한 일본의 일부로 간주되지 않았기 때문에, 일본군은 오끼나와 주민들을 보호하는 일에는 거의 아무런 관심도 없었다. 이 때문에 오끼나와의 기억에는 적군인 미군보다 '우군'인 일본군의 손에 의해 피난처에서 쫓겨나거나 식량 강탈, 전투 중 탄약 운송 등의 노역, 스파이 혐의에 의한 살육, 투항을 허락하지 않고 죽음을 강요한 것, 군인과 민간인이 섞여 있는 상황에서 유아 살해 등이 더 큰 비중을 차지하고 있다. 오끼나와인들은 일본인이 되라고, 천황에게 충성하는 신민이 되라고 교육을 받았고, 실제로 평등하게 대우받기 위해 일본인보다 더 일본인처럼 되려고 노력했다. 때문에 이러한 전쟁경험은 더욱 큰 트라우마를 남겼다. 일본적 가치를 내면화했던 경험이 일본군의 행위가 초래한 배신감을 심화시켰던 것이다.

총력 동원

1937년 일본은 중국과 전쟁을 확대했고, 내부적으로는 '총력전체제'를 수립했다. 총력전체제에서 전시라는 척도에서 일상생활의 모든 측면은 물론 문화·사회·경제 및 인적 자원들이 천황과 내각의 명령하에 엄격하게 통제되었다. 오끼나와는 병사와 노동자, 식량을 공급해야 했다. 남자는 군대로 징집되었고, 여자는 (종종 본토의 공장에) 노동자로 차출되었다. 1942년 제32군의 배치와 더불어 지역 주민들에 대한 전면적인 동원과 착취가 시작되었고, 1944년 10월의 대규모 공습 이후에는 민간인 동원이 더욱 강화되었다. 17세에서 45세 사이의 남자는 처음에는 비행장 건설을 위해, 1945년 1월 이후에는 병력보충을 위해 징집되었다.

어린이들의 죽음

1945년 3월 말, 제32군은 오끼나와의 모든 중학생을 군인과 군속으로 동원했다. 14세부터 19세까지의 중학생 가운데 적어도 1,787명이 '철혈근황대(鐵血勤皇隊)'로 배속되었고, 그 가운데 반수 이상(921명 이상)이 사망했다.[23] 여학생들은 종군간호대에 배속되어 24시간 내내 야전병원이나 동굴의 임시병원에서 근무하면서 부상병을 돌보았고, 수술을 보조하면서 절단된 사지를 처리하기까지 했다. 간호대로 동원된 717명의 소녀들 가운데 283명이 오끼나와전에서 사망한 것으로 알려져 있다. 학생 사상자 수는 전체 유아와 어린이 사상자 수의 극히 일부에 불과하다. 자위대의 어느 자료에 따르면, 14세 이하의 어린이 11,483명이 오끼나와전에서 사망했는데, 이것은 전체 민간인 희생자 수의 10% 이상이다. 어린이 사망자의 90%는 일본군 병사들을 위한 공간을 만들기 위해 어린이들을 동굴에서 내쫓아 전쟁의 위험에 노출시켰기 때문에 발생했다. 다른 어린이들은 음식을 만들거나 구조작업, 음식이나 물자를 운송하는 등 군대를 위한 잡역을 수행하는 과정에서 사망했다. 300여명의 어린이들은 '강제집단사'의 희생자들인데, 이들은 적들의 사냥감이 되는 것을 막으려면 그렇게 해야 한다고 믿었던 가족들에 의해 살해당했다. 14명의 어린이는 일본군에게 사살당했다. 요약하면, 압도적인 다수가 일본군의 보호책임 방기나 일본군의 직접적인 폭력 때문에 사망했던 것이다. 11,483명의 어린이 사망자 가운데 절반에 가까운 5,296명이 다섯살 이하의 영유아였다.[24]

2-3. 오끼나와 코자의 굶주린 아이들(1945.8.4)

군대의 민간인 살해

오끼나와에 도착한 수만명의 일본군 부대는 섬에 식량과 무기가 명백히 부족했음에도 주민들에게서 물자를 약탈했다. 군인과 주민이 같은 전장에서 '공생공사'하는 상황이 되자, 일본군은 군사기밀이 주민들에게 누출되는 것, 특히 투항한 주민이 적군에게 기밀을 누설할 것을 두려워했다. "오끼나와말로 이야기하는 자는 누구라도 간첩으로 처분하라"라는 명령도 하달되었다.[25] 투항을 촉구하는 미군의 '삐라'를 가지고 있거나 다른 사람에게 투항을 권유하는 주민은 그 자리에서 처형되었다. 또 오끼나와전 내내 미군에 의한 전쟁포로 살해나 강간도 적지 않게 발생했다.[26]

쿠메지마에서의 학살

오끼나와 본도에서 일본군의 패배가 확실해진 1945년 6월 13일, 미군은 나하에서 서쪽으로 약 100킬로미터 떨어진 쿠메지마의 주민 세명을 납치했다. 쿠메지마의 일본해군 수비대장은 지역 지도자들에게 납치당한 사람들이 돌아오면 즉시 연행하고 적기에서 산포한 삐라는 회수하여 당국으로 가져오라고 명령했다. 그리고 이를 어기는 자는 스파이로 간주하여 처형할 것이라고 협박했다. 6월 26일, 미군의 상륙과 더불어 피랍자 세명 가운데 두명이 집으로 돌아왔지만, 전황이 혼란스러웠고 주민들이 수비대장을 찾을 수 없었기 때문에 그들의 귀환을 보고할 수 없었다. 이윽고 해군 수비대원들이 그들을 발견했고, 군인들은 피랍자와 그 가족, 그리고 마을의 지도자 아홉명을 총검으로 찔러 죽이고 주택을 불태웠다. 당시 오끼나와전의 조직적인 전투는 끝난 상황이었지만, "최후의 1인까지 싸우라"라는 우시지마 사령관의 명령이 있었기 때문에 일본군의 저항이나 지역 주민들에 대한 폭력이 계속되고 있었다. 쿠메지마에서의 학살은 천황이 항복을 선언한 8월 15일 이후에도 계속되었다. 8월 20일에는 일가족 일곱명이 조선인이라는 이유로 스파이로 몰려 수비대에게 학살당하기도 했다.[27]

강제집단사

미군의 폭격과 포격이 끝나자, 케라마제도 주민들의 가장 큰 공포는 수백명이 강제집단사로 숨진 뒤에 숨어 있던 일본군이 벌인

'스파이 사냥'이었다.[28] 강제집단사는 오끼나와전과 관련한 서사에서 가장 두드러진 소재다. 이것은 쿠메지마 주민학살과 같이 일반적으로 오끼나와 민간인들에 대한 군대의 폭력이라는 맥락 속에서 발생했다. 이시하라 마사이에(石原昌家)가 강조하는 것처럼, 지역 주민들의 살육과 강제집단사는 항복과 정보유출을 방지한다는 목적에서 자행되었다.

두손을 들고 항복하는 사람들은 총살을 당하고, 포로로 잡힐 경우에 남자는 사지를 찢어서 죽이고 여자는 강간한 후에 살해한다고 하는 등, 일본군은 오끼나와 주민들의 마음속에 강한 공포심을 심어주었다. 주민들은 이미 일본군에 의해 심리적으로 죽음으로 내몰리고 있었던 것이다. 정부에서 말하는 '집단자결'은 주민들이 천황과 국가를 위해 죽었다는 것을 의미하지만, 실제로는 일본군이 주민들로부터 군사기밀이 유출되지 않도록 적에게 붙잡히기 전에 주민들이 서로 죽이도록 명령·강제하고 지도·유도·설득했던 것이다.[29]

강제집단사는 3월 26일과 6월 21일 사이에 일어났으며 알려진 학살현장만 30곳이다. 각 사건의 규모는 몇명에서 수백명에 이르기까지 다양하다. 규모가 큰 사건은 3월 26~28일의 케라마제도(토까시끼지마渡嘉敷島 329명, 자마미座間味 234명, 게루마慶留間 53명), 4월 1일 요미딴의 치비찌리가마(チビチリガマ, 83명), 4월 22일 이에지마(伊江島)의 아하자가마(アハヅャガマ, 100여명) 등, 모두 미군이 상륙한 직후

일본군이 있던 장소에서 발생했다.[30) 케라마제도 가운데 군대가 없었던 섬에서는 가족들이 서로 죽이거나 스파이로 몰려 살해당하는 일이 일어나지 않았다.[31) 여기에서는 두가지 사건을 살펴본다.

  토까시끼지마   많은 강제집단사 생존자들은 오랫동안 자신들의 경험을 이야기하지 않았다. 당시 16세였던 킨조오 시게아끼(金城重明)는 몇 안 되는 증언자 가운데 한사람이다. 미군이 섬으로 상륙해 왔을 때, 이 어린 소년은 죽음을 피할 수 없을 것이라고 생각했다. 일본군은 이미 적들과 조우하면 스스로 죽어야 한다며 마을 지도자들과 청년들에게 수류탄을 나눠 준 상태였다.[32) 미군이 상륙하자 일본군 진지 부근으로 사람들이 모여들었고, 촌장이 "천황폐하 만세!"라고 외치자 집단사가 시작되었다.[33) 수류탄이 충분치 않았고 불발탄이 많았기 때문에 사람들은 손에 잡히는 대로 서로에게 건네기 시작했다. 킨조오는 어떤 사람이 나뭇가지를 꺾어서 자기 부인과 아이를 때려 죽이는 것을 보았다.[34) 다른 사람들은 면도칼이나 낫을 사용해서 목을 그었고, 밧줄로 목을 조르거나 매달았다. 킨조오와 그의 형은 어머니의 키모노 끈을 이용해서 남동생과 여동생, 어머니의 목을 졸랐다. 돌멩이도 사용했다.[35) "어머니를 도와주었을 때, 비통한 나머지 눈물이 쏟아졌다"라고 킨조오는 기록한다.[36) "사랑하는 사람을 방치해두는 것은 그들을 악마나 짐승과 같은 미국과 영국(鬼畜米英) 병사들의 손에 넘겨서 참혹한 죽음을 당하게 내버려둔다는 것을 의미했기 때문이다."[37) 킨조오와 그의 형이 서로를 죽이려는 순간에, 누군가 달려와서 어차피 죽을 거라면 적들을 한명이라도 죽이라고 했다. 생존자가 자신들뿐이라고 생각했던 킨조오 형제는 나무토막으로라도 적을 죽이겠다는 의지로 그 장소를 벗어났다. 그러나 길을 가는 도중에 전멸했을 것이라고 생각했던 일본군을 만났고, 우군이라고 생각했던 군대에 깊이 실망하고 배신감을 느꼈다. 킨조오는 결국 미군에 붙잡혔다.[38) 전쟁이 끝난 후, 킨조오는 감당하기 힘든 죄책감과 트라우마를 안고 살아가야 했다. 깊은 절망 속에서, 그는 기독교에서 희망을 발견하고 목사가 되었다.

치비찌리가마 4월 1일, 미군이 요미딴에 상륙한 날, 상륙지점 근처의 치비찌리가마에는 지역 주민들이 140명 피난해 있었다. 미군이 가마의 입구에서 항복을 권유했을 때, 남자 둘이 죽창을 들고 달려나갔다가 총격을 받고 중상을 입었다. 다음 날, 비무장한 미군이 동굴에 와서 다시 한번 항복을 권유했지만, 주민들은 마을 연장자의 명령에 따라 응하지 않았다. 미군이 떠난 후, 긴장이 고조되고 집단사가 시작되었다. 140명 가운데 83명이 숨졌고, 그 가운데 47명은 15세 이하였다. 나머지 네명은 사살되었고, 53명이 탈출하여 살아남았다. 그 가까이에 있던 시무꾸가마(シムクガマ)에서는 해외 거주 경험이 있는 주민 한명이 항복해도 살해당하지 않는다고 사람들을 설득해서 모두가 살아남을 수 있었다.[39)

전쟁이 끝난 후, 수치심과 심적 충격, 그리고 공포심에 시달린 주민들은 수십년 동안 치비찌리가마 사건에 대해 입을 닫고 있었다. 논픽션 작가인 시모지마 테쯔로오(下嶋哲朗)는 수년간의 설득 끝에 생존자와 그 가족들을 인터뷰할 수 있었다. 1987년, 살아남은 가족들과 마을 사람들은 조각가인 킨조오 미노루(金城實)의 도움을 받아 치비찌리 동굴 입구에 "치비찌리가마의 비극을 잊거나 숨기지 않고 세대를 이어 전승하려는 의지"를 새긴 기념조각상을 건립했다.[40] 하지만 이 조각상은 7개월 뒤 국수주의자에 의해 파괴되었다. 일장기 대신에 헌법 제9조를 내걸어왔던 요미딴촌에서 스포츠 대회를 계기로 처음으로 일장기가 게양되자, 조각상 건립을 주도했던 치바나 쇼오이찌(知花昌一)가 일장기를 소각한 사건에 대한 보복이었다. 주민들은 조각상을 덮개로 덮고 다시 입을 닫았다. 2년 뒤, 주민들은 덮개를 걷고 입을 열었다. "두번 세번 얻어맞더라도, 우리는 다시 일어설 것이다."[41] 이후 조각상은 복원되었다.[42]

죽음의 요인들　하야시 히로후미는 강제집단사에 뒤얽힌 요인으로 다음과 같은 것들을 거론한다. (1) 포로로 잡히는 것은 치욕이며 천황의 이름으로 용감하게 죽는 것이 미덕이라고 배운 것, (2) 미군에게 잡히면 남자는 참살당하고 여자는 강간당한 후에 살해당한다고 선전·교육을 받은 것, (3) 항복해서 포로가 되려는 자는 죽일 것이라는 일본군의 위협(실제로 많은 사람들이 이 이유 때문에 죽었다), (4) '군관민 공생공사의 일체화'라는 개념이 오끼나와 주민의 마음에 깊이 각인되어, 군이 '옥쇄'하면 자기들도 그렇게 해야 한다고 생각했던 점, (5) 극단적인 상황에서 일본군 병사들이 수류탄을 주민들의 손에 쥐어주면서 그것을 이용하여 자살하도록 명령·지시한 것, (6) 토까시끼나 자마미의 경우 자살하라는

'군령'이 하달되었다고 사람들이 들었다는 것이다. 즉 언제 누가 말했는지 불명확했음에도 불구하고 주민들은 그것을 군령이라고 이해했고, 주민들은 언제나 군령이 내려지면 죽어야 한다고 들어왔고, 그것을 믿고 있었던 것이다.[43] 포로와 수용소에 수용된 민간인들을 대상으로 조사를 실시했던 미국의 분석에 따르면 두번째, 즉 붙잡힐 경우에 잔인한 방법으로 살해당한다는 공포가 가장 중요한 요인이었다고 한다.[44] 이것은 오끼나와전에서 싸웠던 구 일본군 병사들의 증언과도 일치한다. 많은 병사들이 오끼나와전 이전에 참전했던 중국전선에서 일본군에 의한 주민학살·강간·약탈이 당연시되었기 때문에 미군도 같은 방식으로 행동할 것이라고 생각했던 것이다.[45]

조선인 희생자들

당시 식민지 조선에서 수천명의 사람들이 '군부(軍夫)'라는 이름으로 모집되어 비행장이나 진지 건설, 탄약 수송, 항구에서 하역 등에 동원되었다. 일본 본토에서 내지인과 식민지 조선인은 하나라는 구호 '내선일체(內鮮一體)'에도 불구하고 조선인은 차별을 받았다. 가혹한 노동환경과 처우, 영양실조로 사망자가 속출했다. 당시 케라마제도의 아까지마(阿嘉島)에 있던 한 군부는 "너무 배가 고파서 들판에 있던 벼와 감자를 뜯어서 먹었는데, 그 때문에 많은 동료들이 총살당했다"라고 증언한다.[46] 아까지마에서는 12명이 살해당했다. 일본군의 학대를 견디지 못한 조선인 노동자들은 차례차례 미군에 투항했다.[47]

1975년에 건립된 오끼나와 평화기념공원 안의 조선인 위령탑에는 '1만여명'의 조선인이 전사하거나 학살되었다고 되어 있지만, 1995년에 건립된 '평화의 초석'에 이름이 새겨진 조선인은 447명에 불과하다(2012년 6월 23일 기준).[48] 이 차이를 메울 필요가 있다. 1999년 6월에 2,815명의 조선인 노동자 명단이 한국에서 발견되었다. 그 가운데 650명만 생존했다고 알려져 있으며, 273명은 사망이 확인되었고, 1,872명은 "미확인 상태로, 아마도 전쟁과 관련한 질병이나 부상으로 사망했을 것으로 추정된다." 그렇다면 노동자의 70%가 전쟁 동안에 죽거나 실종된 것이다.[49]

전시 성폭력과 '위안소'

일본군이 가는 곳마다 이른바 '위안부' 혹은 '일본군 성노예'들이 있었다. 조선, 일본, 중국, 필리핀 등지에서 차출된 수천명의 여성들이 일본군이 조직적으로 관여한 성노예제도 아래에서 체계적으로 성노예 생활을 강요받았다. 전 일본군 병사의 증언에 따르면, "부대가 이동할 때 군간부들이 가장 먼저 하는 일은 마을 지도자들을 만나서 위안소를 세우는 일"이었다고 한다.[50] 오끼나와 역시 예외가 아니었다. 오끼나와 본도와 주변의 섬들을 포함해서 130개가 넘는 위안소가 있었다. 거기에는 오끼나와와 일본의 여성뿐만 아니라 조선인 여성 수백명이 '위안부'로 연행되어 왔다. 조선인 여성들은 여공으로 일하거나 병사들의 시중을 드는 일을 한다고 속아서 온 사람이 많았다.[51] 일본군 스스로 위안소를 지은 경우도 있지만, 대부분 민가를 접수하여 위안소로 삼았다. 철혈근황대의 일원이었던 오오따 마사히데는 다음과 같이 회상한다.

> 오끼나와의 경우, 슈리성의 지하사령부에는 '조센삐'라고 불
> 리면서 차별받던 여성들이 20~30명 정도 있었습니다. 우리 학생
> 들은 격렬한 전장과 어울리지 않는 그 존재를 기이하게 느껴 이
> 런저런 얘기를 했던 것입니다.[52]

일본군이나 미군 병사들은 지역 여성들을 강간하기도 했다.[53]

최근에 오끼나와에 있었던 '위안소'의 역사를 기록하고 기억하
려는 움직임이 일었다. 2008년에는 미야꼬지마에 위안부 추모비가
건립되었고, 비문에는 12개국어로 "전세계 전시 성폭력 피해자를
추모하며, 다시는 전쟁이 없는 평화로운 세계를 염원한다"라고 새
겨져 있다.[54] 2012년 나하에서는 '오끼나와전과 일본군 위안부' 전
시회가 개최되었다. 오끼나와 현내에서의 전시로는 최초였지만 이
문제에 대한 현민들의 관심이 매우 높아서 1일 방문객 수가 평소의
네배에 달했다.[55]

이도(離島) 주민의 퇴거명령과 전쟁 말라리아 피해

전쟁의 참화는 미군이 상륙한 장소에서만 벌어진 것이 아니었
다. 오끼나와제도 남쪽의 미야꼬·야에야마제도 등지는 미·영 양국
공군의 공습피해를 받았다. 특히 야에야마제도 가운데 두번째로
크고 가장 인구가 많은 이시가끼지마(石垣島)에서는 하루 평균 2천
명의 주민과 600명의 조선인 노동자가 비행장 건설에 동원되었고,

강제로 군대에 쌀과 가축을 바쳐야 했다. 당시 인구가 약 3만 1천명이던 야에야마에는 일본군이 약 1만명, 인구가 대략 6만명이던 미야꼬에는 일본군이 약 3만명 상륙해 왔다. 비행장이나 기지, 진지 등을 건설하기 위한 농지 약탈, 식량 공출, 강제 노동에 더해서, 가장 큰 문제로 부상한 것은 전쟁 말라리아 피해였다.[56]

　말라리아는 산간으로 강제이주를 당한 주민들 사이에서 집중적으로 기승을 부렸다. 야에야마제도에서는 인구의 반수 이상인 1만 7천명 가까이가 말라리아에 걸렸고, 그 가운데 3,647명이 숨졌다. 가장 남쪽의 섬인 하떼루마지마(波照間島)에서는 주민 대부분이 병에 걸렸고(1,590명 가운데 1,587명), 그 가운데 3분의 1인 477명이 죽었다.[57] 말라리아 발병지역이라는 것을 알고도 수많은 주민을 강제로 이동시키고, 죽어가는 것을 방치했던 것이다. 그토록 많은 주민들을 산지의 발병지역으로 대피시킨 이유는 확실하지 않지만, 섬의 모든 식량공급원을 몰수하려는 의도 외에, 일본군은 주민들이 미군의 포로가 되는 것을 방지하고 싶었는지도 모른다.[58] 오끼나와 본도에서는 종전 후 말라리아 감염 사망자나 환자가 나오지 않았지만, 미야꼬나 야에야마에서는 종전 후 1년에서 1년 반 정도 이후까지 사망자나 환자가 발생했다.

강제난민수용소

　오끼나와 주민은 전투 개시 직후부터 일본군의 항복 후까지 미군의 수용소에 수용되었다. 일본군 병사와 민간인들에게 항복을 권유하는 삐라를 400만매 넘게 살포하는 등의 미군 심리작전은 효과를 거두었다. 오끼나와전이 시작된 3월 27일부터 6월 말까지 10,740명(군인 7,401명과 노무자 3,339명)이 전쟁포로가 되었고, 285,272명의 민간인이 수용소에 구금되었다.[59] 오끼나와전 포로 수는 전사자 수의 18% 정도인데, 이것은 1~2%에 그친 태평양의 다른 섬들에 비해 매우 높은 수치다.[60] 투항 혹은 포획된 뒤에는 민간인과 군인으로 나뉘어 조사가 이루어졌고, 민간인은 난민수용소에, 군인은 포로수용소에 구금되었다. 민간인은 수용소 내에 오두막을 짓거나 텐트를 설치해서 생활했다. 미군이 식량·의복·약품 등을 지급하기도 했지만, 많은 사람들이 말라리아나 영양실조로 죽었다. 미군 병사에 의한 강간도 자주 일어났다.[61]

가족들과 함께 수용소에 있었던 오끼나와의 언론인 요시다 켄세이(吉田健正)는 다음과 같이 회상한다.

저는 네살이 되기 직전에 피난해 있던 자연동굴에서 집 뒤편의 대피소로 돌아왔습니다. 그후에 미군이 총으로 위협하며 저와 가족들을 수용소로 끌고 갔습니다. 방위대원이었던 아버지는 하와이로 연행되었고, 할머니와 남동생은 영양실조 때문인지 수용소에서 죽고 말았습니다. 논밭에는 함포사격의 흔적이 남아 있었고, 탄약이나 인골이 흩어져 있었으며, 불발탄이 터져 죽는 사람도 끊이지 않았습니다. 저는 소년기를 심각한 식량부족과 불결한 위생환경 속에서 보냈습니다. 전후에 가족들 가운데 기형아를 낳거나 요절하는 사람도 있었습니다.[62]

전쟁의 상흔

전쟁은 많은 오끼나와인들에게 치유할 수 없는 상처를 남겼다. 철혈근황대의 일원이었던 오오따 마사히데는 자신의 학우들이 "인간으로서 죽는 것이 아니라 벌레처럼" 죽어가는 것을 거의 매일 보았다. 오오따의 학우 386명 중 226명이 전쟁에서 죽었다. 굶주림과 부상, 절망 속에서도 그는 마부니 해안의 바위틈에 숨어서 전쟁의 마지막 몇개월을 살아남았다. 그리고 일본이 공식적으로 패배한 지 2개월 후인 1945년 10월 23일에 투항했고, 야까(屋嘉)에 있는 수용소에 들어가게 되었다. 하지만 그는 전쟁을 잊을 수 없다. 1945년 5월, 일본군이 슈리의 사령부를 버리고 남쪽으로 후퇴할 때, 한 부상병이 "학생! 학생!" 하고 외치면서 자기를 데려가달라고 애원했다. 오오따는 60년이 지나서도 여전히 그 병사의 외침이 들린다고 호소한다.[63] 주변 사람들이 미군을 도발하는 행위라고 우려하며 만류했음에도 불구하고, 그는 전쟁이 끝난 후 몇달을 전장에 남아 있는 유골을 수집하여 유족들에게 돌려주는 사업을 하면서 보냈다. 최종적으로 18만구가 넘는 희생자 유골이 수집되었지만,[64] 여전히 수천구의 시신은 발견되지 않고 있다. 아직 폭발하지 않은 불발탄도 섬 도처에 있어 모두를 처리하는 데 40~50년이 걸릴 것으로 예상된다.[65]

오오따는 묻는다. "오끼나와전은 아직 끝나지 않았다. 그런데도 왜 벌써 전쟁 준비를 하는 것인가?"[66] 이것은 오끼나와인들의 광범위한 공감대다. 미군기지에 대한 섬 주민들의 저항은 전쟁에 대한 형언할 수 없는 공포와 떼어놓고 생각할 수 없다. 오끼나와에서 또다른 전쟁이 일어나는 것을 원하지 않을 뿐만 아니라, 많은 오끼나와인들은 자신들의 토지가 군사기지로 사용되고 있기 때문에 미국이 이라크와 아프가니스탄과 벌인 전쟁에 자신들이 간접적으로 관여했다는 사실에 대해 책임감을 느끼고 있다.

헤노꼬의 연좌시위 텐트 안에 걸려 있는 양탄자에는 다음과 같은 시가 있다.

> 오끼나와의 전쟁이 끝났을 때
> 산은 불타고, 마을도 불타고, 돼지도 불타고
> 소도 불타고 닭도 불타고
> 땅 위의 모든 것이 불탔다.
> 남아 있는 먹을 것이라고는
> 오직 바다의 선물뿐.
> 그 은혜를 갚는 길이
> 바다를 파괴하는 것일 리 없다.
>
> —오끼나와의 우민추(어부) 야마시로 요시까쯔(山城善勝)

끝나지 않은 기억의 전쟁

강제집단사의 기억과 용어를 둘러싸고

오끼나와전 사상자의 전체 규모에 비하면 강제집단사로 죽은 사람은 상대적으로 적다고 할 수 있다.[67] 그리고 강제집단사는 오끼나와에서만 일어난 것도 아니다. 그런 형태의 죽음은 싸이판을 포함한 태평양 각지와 만주에 있던 오끼나와와 일본 민간인들에게도 일어났다. 하지만 전후 오끼나와와 일본에서 강제집단사는 역사논쟁의 중심이 되어왔다. 최근에는 제3차 이에나가 교과서 재판(1965~97), 이와나미출판사와 오오에 켄자부로오(大江健三郎)의 (일본군이 내린 집단자결 명령의 유무를 둘러싼) 명예훼손 재판 (2005~11), 그리고 2006년도 역사교과서 검정(檢定)에서 강제집단사의 군 관여를 삭제한다는 문부과학성의 '검정의견'을 발단으로 오끼나와 섬 전체 규모의 철회요구운동으로 발전한 '교과서 검정 문제'(2006~7)와 같은 역사논쟁이 벌어졌다. 이미 서술한 것처럼 강제집단사는 일본군의 현지 주민에 대한 가해행위지만, 군의 책임을 최소화하거나 부정하는 사람들은 이 강제집단사가 피해자 자신의 책임하에 수행된 행위이며, 순국의식의 발로였다고 의미를 부여해왔다.

용어 자체도 논쟁적이다. 전쟁 중에는 카미까제 특공대나 목숨을 걸고 무모하게 적군에 돌진하던 병사를 가리키던 '옥쇄'라는 말이 이러한 시민들의 죽음을 지칭하는 경우에도 사용되기 시작했다. '집단자결'이라는 용어는 1945년 7월에 지방신문인『후꾸시마 민보(福島民報)』에서 등장했는데, 중상을 당한 병사가 동료들에게 부담을 주지 않으려고 자살을 택하는 것을 지칭하는 용도였다.[68] 그후, 이 용어는 1950년에 오끼나와타임스사에서 발행한『철의 폭풍(鐵の暴風)』에서 사용되어 정착되기 시작했다. '자결(自決)'은 문자 그대로는 '스스로의 결정'을 의미하지만 이 경우 자살을 뜻하기 때문에 문제적인 용어가 되었다. '집단자결'이라는 용어는 (책임을 지고) 스스로 선택한 죽음이라는 의미이기 때문에, 실제로는 군에 의해 강제된 죽음임에도 불구하고, 군의 역할을 축소하거나 부정하려는 세력에게 이용되었다.

군대가 명령을 내렸는지 여부는 이에나가 교과서 재판과 오오에/이와나미 재판 및 역사교과서를 둘러싼 갈등에서 논쟁의 초점이 되었다. 제3차 이에나가 교과서 재판은 이러한 죽음을 주민학살과 엄격히 구별하기 위해 교과서에 '집단자결'로 고쳐 쓰도록 요구한 문부성과, 이 죽음을 주민학살의 일환으로 파악한 원고 간의 분쟁이었다. 이 법정 논쟁에서 원고 측 증인으로 법정에서 증언한 역사가 아니야 마사아끼(安仁屋政昭)와 이시하라 마사이에는 이들의 죽음이 자발적이었다는 오해를 방지하기 위해 '자결' 대신에 '집단사'라는 개념을 제기했다.[69]

이 문제를 해결하기 위해 어떤 사람들은 이 단어가 함의하는 바와 현실이 달랐다는 점을 암시하기 위해 '집단자결'에 괄호를 쳐서 사용하고 어떤 사람들은 문자 그대로 "강제된 집단적 죽음"이라는 뜻으로 행위의 강제성을 강조하기 위해 '강제집단사'라는 용어를 사용하기도 하며, 양자를 병기하기도 한다. 뒤에서 다시 서술하겠지만, 1950년대 후반부터 오끼나와전 민간인 피해자들에게도 '전상병자·전몰자 유족 등원호법'(이하 원호법)을 적용하기 위해 '전투참가'의 형태 가운데 하나로 '집단자결'이라는 개념이 사용되어왔다. 이시하라 마사이에는 이 용어 자체가 많은 주민이 죽임을 당하고 죽음으로 내몰렸던 오끼나와전의 체험을 날조하고 있기 때문에, 사용하지 않아야 한다고 강력하게 주장한다.[70) 아라시로 요네꼬(安良城米子)는 본질을 더 정확하게 표현하는 '강제집단사'는 자발적인 죽음을 의미하는 '집단자결'과 함께 쓰일 수 없으므로 병기는 불가능하다고 논한다.[71) 한편에서는 군이 죽음을 강제했다는 것을 알면서도 '집단자결'이라는 용어가 상용되어왔기 때문에 사용한다는 사람도 있다. 하야시 히로후미는 '집단자결'이라는 용어 사용 자체가 야스꾸니(靖國)사상에 근거한 것이라고 비판하는 것이나 '자결'인가 아닌가를 단순히 군과 민으로 나누는 것은 너무 논의를 단순화시키는 것이라고 비판한다.[72)

야까비 오사무(屋嘉比收)는 강압적인 환경에서의 자살이 지닌 모순적 성격을 고찰하면서 '강제적 집단자살'(compulsory group suicides)이라는 개념이 그러한 행위의 구조적 복잡성을 가장 잘 표현한다고 보았다.[73) 이 용어는 노마 필드(Noma Field)가 제기한 것으로 "한편에는 2개국 군대의, 또다른 한편에는 일본황민을 만들어내기 위한 장기간의 교화와 훈련이라는" 이중의 강제하에서 이루어진 것이기 때문에 '강제적 집단자살'이라고 표현했던 것이다.[74) 이시하라 마사이에는 더 나아가, 사회심리학에서 괴롭힘 등에 의한 자살을 '사회적 타살'로 부르는 데 준거해, 일본군의 작전에 의한 '군사적 타살'로 부르고 있다.[75) 이 책에서는 이상의 관점들을 고려하면서, 군의 강제를 명백히 표현하면서 이미 통상적으로 사용하는 용어인 '강제집단사'라는 단어를 사용하고 있다.

일본군의 관여를 둘러싼 역사교과서 논쟁

오끼나와전 강제집단사에 군의 강제가 있었다는 것을 부정하려는 움직임은, 지난 60년에 걸쳐 정부와 관료 및 우익조직이 교과서나 미디어에서 일본의 전쟁책임을 부정하려 했던 흐름 속에서 이해해야 한다. 이외에도 일본군 성노예, 난징학살, 731부대의 생물학전과 같은 것들이 논쟁의 대상이 되고 있다. 역사가이며 교과서 집필자인 이에나가 사부로오(家永三朗)는 32년간 3차에 걸친 재판에서 역사를 왜곡하는 세력과 싸워왔다.[76] 오랜 시간에 걸친 이에나가의 노력은 보수세력의 교과서 지배를 저지하고 일본의 가해역사를 배울 수 있는 교육환경을 양성하는 데 기여해왔다. 그러나 1990년대 중반 이후, 이러한 경향에 위기감을 느낀 사람들이 '새로운 역사교과서를 만드는 모임'(이하 새역모)을 결성하여 압력을 가속시키고 있다. 오끼나와전 강제집단사 문제는 이들의 주요 목표가 되어왔으며, 공론장과 교육매체(교과서) 양쪽에서 이들의 압력은 점점 강해지고 있다.[77]

오오에/이와나미 재판

2005년, 오오에 켄자부로오의 『오키나와 노트』(沖繩ノート, 한국어판은 삼천리 2012)의 오끼나와 자마미지마와 토까시끼지마 강제집단사에 관한 서술을 둘러싸고, 자마미지마 일본군 지휘관이었던 우메자와 유타까(梅澤裕)와 토까시끼지마 지휘관이었던 아까마쯔 요시쯔구(赤松嘉次)가 집단사를 명령했다는 것은 허위라며 두 지휘관의 동생이 오오에와 이와나미출판사를 명예훼손혐의로 고발했

다. 원고의 청구는 2008년에 오오사까(大阪) 지방재판소와 고등재판소에서 거부되었다. 상소 역시 2011년 4월에 최고재판소에서 기각되었다. 이 결정으로 노벨문학상 수상자인 오오에 켄자부로오와 이와나미출판사는 6년에 걸친 소송에서 승리할 수 있었다. 이 소송은 다음에 서술할 2006~7년의 역사교과서 논쟁과 직접적으로 연결되어 있다. 원고와 원고의 지지자들이 고등학교 교과서에서 강제집단사와 관련한 기술을 삭제하려는 세력이었던 것이다.[78]

2006~7년 교과서 검정 문제

2006년 12월, 문부과학성은 교과서 검정에 제출된 고등학교 역사교과서 8종 가운데 7종에 대해 오끼나와 주민 집단사에 군의 강제에 관한 기술이 "오끼나와전의 실태를 오해할 우려가 있는 표현이다"라는 검정의견을 첨부했다.[79] 이는 앞에서 서술했던 강제집단사 배경의 구조적인 문제는 주목하지 않고, 군이 직접 명령했다는 증거가 없으니 군의 강제는 없었다고 주장하면서 오오에/이와나미 재판에서의 원고 측 주장을 그대로 재생산한 것에 지나지 않았다. 교과서 집필자들은 군의 강제에 관한 표현을 순화시키도록 요구받았다. 예를 들면, "일본군에게 집단자결을 강제받은 사람도 있었다"라는 표현은 "집단자결로 내몰린(追い込まれた) 사람들도 있었다"로 바뀌게 되었다. 강제를 명확하게 강조하는 문장은 피하도록 했고, 주어가 삭제되었다.[80]

오끼나와 강제집단사의 본질인 '강제'에 대해 공격이 가해졌던 것은 제2차 세계대전 중에 일본군이 행한 가해행위 기록에 덧칠을 하려는 조직적인 움직임의 일부였다. 자국민과 아시아 인민에 대한 일본군의 전쟁범죄 책임에서 벗어날 수 있다면, 현재 일본의 지도자들이 노리고 있는 군비강화와 미국과의 동맹 심화는 더욱 용이해질 것이다. 역사를 왜곡하려는 세력들은 "난징학살, 종군위안부 강제연행설, 오끼나와전 집단자결 군명령설은 일본군을 폄하하는 세 기둥"이라며 이 문제들에 가장 큰 중점을 두고 있다.

교과서 검정 과정에서 문부과학성으로부터 교과서 기술을 변경하라는 압력을 받았던 집필자 가운데 한사람인 이시야마 히사오(石山久男)에 따르면, '새역모'는 이 세가지의 중점 분야 가운데, 먼저 '위안부' 문제를 중학교 교과서에서 거의 완전히 삭제하고, 다수의 교과서에서 난징학살 사건의 사망자 수를 삭제하는 데 성공한 뒤, 그동안 손대지 못했던 오끼나와 문제를 목표로 삼았다고 한다.[81] 2006년부터 2007년에 걸쳐 진행된 캠페인의 목표는 "오끼나와전의 중요한 교훈인 '군대는 주민을 지키지 않는다'라는 인식을 사람들의 의식에서 소거시키고, 천황군대의 '명예'를 지킴으로써, 국가와 군대에 봉사하는 국민을 양성하고, 국민을 다시금 전쟁에 동원하는 것"이었다.[82]

오끼나와의 반응은 재빨랐다. 평화단체, 교직원조합, 지역신문으로부터 비난의 폭풍이 몰아쳤다. 오끼나와 현의회와 시정촌의 의회는 검정의견 철회를 요구하는 결의를 차례로 내놨다. 2007년 9월 29일에 초당파적으로 개최된 '검정의견 철회를 요구하는 현민대회'에는 11만 7천명이 운집했고, 1972년 오끼나와 반환 이후 최대 규모의 집회가 되었다.[83] 강제집단사의 생존자지만 한번도 자신의 체험을 이야기한 적이 없는 사람들도 이 집회에서는 침묵을 깨고 증언을 시작했다. 한 고교생 대표는 "두툼한 교과서에서 이것은 단지 한 문장, 한 어구일지도 모릅니다. 하지만 그 속에는 잃어버린 수많은 귀중한 생명이 있습니다."라고 말했다.[84] 이 현민대회에서는 "오끼나와전에서 '집단자결'이 일본군의 관여 없이 일어났을 리가 없었다는 것은 틀림없는 사실이며, 이번의 삭제·수정은 수많은 체험자들의 증언을 부정하고 왜곡하는 것이다"라는 문장을 포함한 결의문이 채택되었다.[85]

문부과학성은 유례없이 대규모의 항의가 일자 정정 요구에 응하는 자세를 보이면서 교과서 집필자나 전문가와의 교섭을 진행했지만, 검정의견 자체는 철회하지 않는다는 입장을 유지했다. 2007년 말에 승인된 정정 신청에서는 강제를 암시하는 단어를 인정하기는 했지만, '강제'라는 단어 자체는 인정되지 않았다.[86] 이로부터 5년이 경과한 2011년 4월, 오오에/이와나미 재판에서 최고재판소가 원고의 상소를 기각했음에도 불구하고 문부과학성은 아직까지 2007년의 검정의견을 철회하지 않고 있다. 오끼나와의 고교생들은 지금도 문부과학성의 잘못된 검정의견을 반영한 교과서를 학습하고 있는 것이다.

강제집단사와 관련한 교과서 검정의견 항의집회가 이전의 어떤 반(反)기지 집회보다 더 많은 사람을 끌어모았다는 사실은 오끼나와인들이 기지문제보다 역사문제를 더 강하게 의식하고 있음을 보여준다. 물론, 두 문제는 서로 연관되어 있지만, 강제집단사에 관한 일본군의 강압을 인정하지 않는 것은 분명히 오끼나와인들, 특

히 생존자나 희생자의 가족들에게 참기 힘든 일이다. 전오끼나와
에 걸친 강력한 반발은 중앙에서 통제하는 교과과정에 대한 저항
을 나타내며, 젊은 세대에게 가르쳐야 할 자신의 역사는 스스로 결
정하겠다는 결의를 보여준다.

과녁이 된 국경의 섬

2007년의 검정의견 문제가 여전히 미해결인 와중에 2011년 중반
에는 새로운 교과서 문제가 발발했다. 야에야마제도의 교과서채택
협의회(이하 교과서협의회)가 두개의 '새역모' 계열 교과서회사 가운
데 이꾸호오샤(育鵬社)의 공민교과서를 채택한 것이다.

야에야마제도는 이시가끼, 타께또미(竹富), 요나구니의 세 교육
위원회로 나뉘어 있다. 인구는 모두 합쳐 약 5만 5천명 정도이며,
오끼나와현 전체의 약 4%에 불과하다. 그러나 오끼나와의 두개 지
방지는 이들 이도(離島)의 교과서 선정 과정을 연일 대대적으로 보
도했고, 일본 본토의 언론도 주목했다.

2001년에 '새역모' 계열의 교과서가 문부과학성의 검정에 처음
으로 합격했을 때, 전시 중 일본에 피해를 입었던 나라들의 비판이
쇄도했고, 최초 몇년 동안 채택률은 1%에도 미치지 못했다. 그러
나 2011년 여름, 중학교 공민교과서에서 이 비율은 약 4%에 이르
렀다.[87] 오끼나와 현내의 교육위원회가 '새역모' 계열의 교과서를
채택한 것은 이것이 처음이었다. '새역모' 계열의 역사교과서는 강
제집단사에 일본군의 관여를 아예 언급하지 않고 있다. 일본국 헌
법은 미점령군에 의해 강요된 것이었다고 주장하고 있으며, 인민

주권·평화·인권 등의 원리에 관한 토론도 제공하고 있지 않다. 이 꾸호오샤의 공민교과서 표지에 그려져 있는 일본지도에는 오끼나와가 포함되어 있지 않으며, 미군기지에 대한 언급도 부록에 있을 뿐이고, 오끼나와가 기지피해로 고통받아왔다는 것도, 후뗀마기지 이전 문제에 관한 언급도 없다.

이런 교과서를 오끼나와의 학교가 채택하는 것은 일반적으로 생각도 할 수 없는 일이지만, 야에야마에서는 교과서협의회의 회장이던 이시가끼시 교육장이 현지와 일본 본토 보수세력을 배경으로 이꾸호오샤의 교과서가 채택되도록 교묘한 조작을 했던 것이다. 독단으로 교과서협의회의 규약을 개정하여 위원을 교체하고, 교과 내용에 정통한 조사원이 수행한 교과서 조사연구와 보고를 무시하며, 이꾸호오샤 교과서를 채택했다(2011.8.23). 요나구니정과 이시가끼시는 교과서협의회의에 따라 이꾸호오샤판 교과서로 결정했지만, 타께또미정 교육위원회는 이를 부결하고 토오꼬오서적(東京書籍)판으로 결정했다. 그후에 세 교육위원회가 협의하여 토오꼬오서적판으로 통일하기로 결정(2011.9.8)을 내렸음에도 불구하고, 문부과학성은 이를 인정하지 않고 타께또미정에 대한 토오꼬오서적판 교과서의 무상배포를 거부했다. 이 문제를 조사하고 취재해온 마에다 사와꼬(前田佐和子)는 이것을 일본국 헌법 제26조[88]의 이념을 짓밟은 '역사적 폭거'라고 부른다. 문부과학성의 교육행정에 자민당이나 '일본의 전도와 역사교육을 생각하는 의원연맹'의 우익의 원들이 노골적으로 개입한 정황도 보고되고 있다. 2012년 4월, 타께또미정은 주민들의 기부로 토오꼬오서적판 교과서를 어린이들에게 제공했다. 토오꾜오서적판의 무상배포를 호소하는 다양한 주민운동의 일환으로 2011년 말에는 야에야마의 주민들이 세 교육위원회 전원협의의 확인을 요구하며 재판소에 제소하기에 이르렀다.[89]

야에야마의 교과서 문제는 중국이나 대만과의 국경 근처에 있는 섬들에서 일본과 미국이 군비강화를 시도하려는 움직임, 특히 2010년 가을 센까꾸/댜오위제도를 둘러싼 중국과 일본 사이의 분쟁 이후의 정세 속에서 파악할 필요가 있다. 교과서 문제는 예전이나 지금이나 그 시점에서의 정치적 상황과 밀접히 관련되기 때문이다. 1980년대 나까소네 야스히로(中曾根康弘) 총리가 일본을 미국의 '불침항모(不沈航母)'라고 불렀던 시기, 그리고 2000년대 아베 신조오(安倍晋三) 총리가 일본은 신헌법 등의 '전후체제'로부터 벗어나야 한다고 요구했던 시기는, 오끼나와전이 쟁점이 되었던 제3차 이에나가 교과서 재판이나 '새역모' 교과서가 대두된 시기와 겹친다. 한 오끼나와 비평가의 견해에 의하면,

이것은 단순히 역사왜곡만이 아니라, 일본의 국방과 밀접히 관련되어 있다. (…) 역사수정주의는 일본의 재군비에 따라 국민의 국방의식을 육성하기 위한 일본정부의 시책으로서 출현했다.[90]

1954년에 자위대가 발족한 직후, 내각조사실의 『조사월보(調査月報)』에 「국민의 국방의식」이라는 논문이 게재되었는데, 이렇게 서술되어 있다.

국민에게 남아 있는 전쟁피해의 기억이 평화사상이 되어 국민의 국방의식 육성을 저해하고 있다. 국민의 애국심·국방의식을 기르기 위해 전쟁피해의 기억을 제거하고, 피해의 기억이 없는 청소년층에게 대담하게 호소하자.[91]

오끼나와 대 야스꾸니

조각가인 킨조오 미노루는 오끼나와의 카쯔렌(勝連)반도에서 조금 떨어진 작은 섬, 하마히가지마(浜比嘉島)에서 1939년에 태어났다. 그의 아버지 세이쇼오(金城盛松)는 어머니 아끼꼬(金城秋子)와 결혼한 지 1년 뒤에 지원병이 되었고, 1944년 3월 쏠로몬(Solomon)제도의 부건빌(Bougainville) 전투에서 24세의 나이로 사망했다. 아버지의 머리카락과 손톱만이 돌아왔다. 킨조오는 아버지의 죽음을 "개죽음"이었다고 말한다. 킨조오가 이렇게 말하면 어머니는 격노했다. 어머니는 남편의 죽음을 자랑스러워했고, 남편이 야스꾸니신사(靖國神社)에 안치되었다는 것에 위안을 얻었다. 킨조오는 말한다. "아버지의 죽음을 개죽음이었다고 말하지 않으면, 오끼나와전(의 진실)이 보이지 않는다."[92]

킨조오는 코이즈미 준이찌로오(小泉純一郎) 총리의 야스꾸니신사 참배가 정교분리를 규정한 헌법 제20조 위반이라며 2002년 9월 나하 지방재판소에 제소한 '오끼나와 야스꾸니 위헌소송'의 94인의 원고 가운데 1인이다. 유족들은 참배의 공무성(公務性)과 위헌성을 따지고, 정교분리 위반에 따른 원고의 법적 권리 침해를 고발했으며, 일본군과 함께 야스꾸니신사에서 참배를 받는다는 정신적 고통에 대해 배상을 청구했다. 2005년 초, 나하 지방재판소에서 판결을 내릴 시점에 이미 판결이 나와 있던 일본 본토의 야스꾸니 참배 위헌소송 다섯건에서는 배상청구가 기각되었다. 하지만 후꾸오까(福岡) 지방재판소의 2004년 4월 판결은 총리대신 참배의 위헌성을 인정했고, 오오사까(1차), 후꾸오까, 치바(千葉)의 지방재판소에서도 총리대신 참배가 〔개인적인 참배가 아니라〕 공무의 일환이라는 판단을 내렸다.[93] 오끼나와 소송에서 나하 지방재판소는 남부 전적지에서 이례적으로 현장검증을 실시했음에도 불구하고, 2005년 1월 28일의 판결에서 원고의 청구를 전면 기각했고 총리대신 참배의 공무성 여부나 위헌성 여부도 판단하지 않았다.[94]

오끼나와 소송은 원고의 대부분이 오끼나와전 체험자나 유족이라는 점에서 독특했다. 원고들은 가족이나 오끼나와전의 피해자들이 일본군과 함께 영령으로 모셔지는 것에 대해 반대했던 것이다. 그들의 일차적인 동기는 배상이라기보다는 수없이 많은 오끼나와인과 일본인의 생명을 헛되이 죽게 만든 천황의 전쟁에 관한 진실을 사람들에게 알리는 것과 함께, 전쟁의 공격적인 성격을 부정하고 전쟁을 찬양하는 종교기구에 국가의 지도자가 방문하는 것을 문제시하는 데 있었다.

또한 킨조오는 2008년 3월에 야스꾸니신사와 국가를 상대로 합사철회를 요구하는 소송 원고단 5인 가운데 한사람이었다. 이 소송은, 가족에게 알리거나 가족의 동의도 없이 야스꾸니에 합사시킨 사람들의 합사철회를 요구하는, 더 큰 민족적·국제적 운동의 일부였다. 이 소송의 원고단에는 한국인과 대만인뿐만 아니라 종교적 이유로 다른 신앙을 실천하는 곳에 가족 구성원을 모시는 것을 반대하는 사람들도 포함되어 있었다.

민간인 합사자들

야스꾸니는 원래 천황을 위한 전쟁에서 죽은 군인과 군속을 제사 지내는 장소이며, 같은 전쟁에서 죽은 사람이라도 공습이나 원폭으로 죽은 수십만명의 민간인은 합사하지 않았다. 그러나 5만 5천명 이상의 오끼나와 민간인들은 '전투협력자'로 야스꾸니에 합사되어 있다. 오끼나와의 민간인 사망자들은 '원호법'이라고 불리는 '전상병자·전몰자 유족 등원호법'하에서 원호 대상이 되도록, 일반인임에도 전투에 참가한 것으로 간주하여 '준군속' 취급을 받았던 것이다. 1952년에 제정된 '원호법'은 군인·군속 가운데 전상병자나 전사자 유족의 생활을 돕고 보살피는 법이다. 1953년에는 미군 통치하에 있던 오끼나와의 구 일본군 군인·군속에게도 적용되었다. 1958년에는 '유일하게 지상전을 치렀다'라는 이유 때문에 오끼나와의 민간인에게도 적용되었다. 당시 후생성은 '전투참가 개황표'를 작성하여, 전쟁피해자가 어떻게 '전투에 참가'했는가를 정의하는 20개 항목을 설정했다. 일본군에 의해 참호에서 쫓겨나 전화(戰禍)의 한가운데 방치되었던 사람들은 '참호 제공', 식량을 강탈당한 사람은 '식량 제공' 항목에 해당되었다. 앞에서 언급한 바와 같이, '집단자결'은 이 시점부터 일본군에 의한 강제사를 전투협력으로 정의하기 위한 행정용어가 되었고, '스파이 혐의에 의한 참살'마저도 전투협력의 일종으로 분류되었다.[95] 이렇게 민간인 피해자가 '준군속'으로 취급을 받게 되면, 유족에게 승낙을 얻지 않고도 '야스꾸니신사 합사예정자 명부'에 기재되며, 오끼나와에 있는 일본정부의 출장기관에서 후생성을 거쳐 명부가 제공되었다.[96]

이렇게 해서 아이들까지 포함하여 약 5만 5천명의 오끼나와 민간인 전쟁피해자들이 야스꾸니에 합사되었다. '원호법'은 "일본이 오끼나와인에게 저지른 죄를 은폐하는"[97] 데, 그리고 오끼나와전의 진실을 왜곡하는 데 사용되었다. 이러한 역사의 왜곡은 훗날 교과서 문제에도 영향을 미쳤다.[98] 1950년대에 원호법 적용이 시행되던 당시에는 많은 유족들이 경제적으로 곤궁했고, 원호법 적용 신청도 대필로 이루어진 사례가 많았으며, 전쟁에서 살해된 가족이 '전투에 참가'해 죽은 것으로 바뀌었다는 것을 알아차리지 못한 경우가 대부분이었다. 그런 상황에서, 킨조오와 다른 원고들은 감히 야스꾸니신사와 국가에 맞설 결심을 한 것이다. 전후에 미점령군은 야스꾸니신사에 대한 국가 관리를 폐지했고 야스꾸니는 민간 종교법인이 되었지만, 거기에 '신'으로 모셔져 있는 사람들에 대한 합사철회 요구에 응하지 않았다. 킨조오를 비롯한 원고단의 소송도 2010년 10월에 나하 지방재판소에서, 2011년 9월에는 후꾸오까 고등재판소에서 이러저런 이유로 기각되었다. 원고들에게 이 재판의 의의는 배상을 받는 것이 아니라, 두살배기 어린이도 포함된 오끼나와전의 민간인 피해자를 '전투참가자'로 합사한 잘못을 바로잡는 것이었다. 하지만 2012년 6월, 최고재판소가 상고를 기각하여 패소가 결정되었다.

킨조오가 차별받지 않기 위해서라도 자식을 일본인으로 확실하게 교육시키고 싶어했던 아버지의 죽음이 무의미하다고 처음부터 생각한 것은 아니었다. 그러나 어떻게든 일본인이 되려고 해도, 참호에서 쫓겨나고 학살당하고 집단사를 강요당한 것을 생각하면, 오끼나와인은 속아서 개죽음을 당했다고 결론지을 수밖에 없었다. 결국, 킨조오의 어머니 아끼꼬도 코이즈미 참배 위헌소송에 합류하여, 아들을 지지하게 되었다.[99)]

오끼나와와 야스꾸니는 '생'과 '사'라는 양극의 사상을 체현하고 있다고 할 수 있다. 전자는 생명을 찬미하고 전쟁을 부정하지만, 후자는 죽음을 찬미하고 전쟁을 긍정한다. 오끼나와와 야스꾸니의 싸움은 계속되고 있다. 킨조오 미노루에게 야스꾸니 재판과 기지 건설 반대운동은 동전의 양면과 같다. "미군에게 잡힐 바에는 죽으라고 했던 오끼나와전과, 후뗀마기지를 오끼나와 현내로 이전하는 것은 똑같은 것"이라고 킨조오는 말한다.[100)]

기억의 장

일본은 과거의 전쟁을 전시하는 장소인 '평화박물관'의 열도라고 할 수 있다. 전세계에 약 200개 있다는 평화박물관 가운데 3분의 1이 일본에 있다.[101)] 그중에는, 아시아 이웃나라들을 지배하고 전쟁을 벌였던 일본의 책임은 무시하거나 축소하면서 일본의 도시들이 받은 공습, 히로시마(廣島)와 나가사끼(長岐) 원폭, 그리고 전쟁 중의 빈곤 등을 강조하면서 일본을 전쟁의 희생자라고 강조하는 박물관들도 포함되어 있다.

오끼나와에는 특히 평화기념관과 박물관이 많은 편이다. 전쟁

의 끝까지 격전지였던 오끼나와 남부를 중심으로 전역에 평화기념
관이 매우 많다. 오오따 마사히데는 오끼나와현립 평화기념자료관
중앙에 전시된 '진술문'이 전쟁에 대한 오끼나와인 다수의 시각을
보여준다고 말한다.[102]

오끼나와전쟁의 진실을 돌아볼 때마다
그곳에는 잔혹함만 있었다고 생각합니다.
전쟁만큼 부도덕한 일도 없습니다.
이 충격적인 체험 앞에서는
아무도 전쟁을 옹호하거나
이상화하지 못할 것입니다.
전쟁을 시작한 것은 인간입니다.
하지만 그 이상으로
전쟁을 막아야 하는 것 역시 인간이 아닙니까?
우리는 모든 전쟁을 혐오합니다.
평화로운 섬을 만들기 위해 오랜 시간을 보냈습니다.
바로 이것을
얻기 위해서,
값비싼 댓가를 치른 우리의
확고한 원칙입니다.[103]

이또만(絲滿)시만 해도 큰 평화박물관이 두개,[104] 위령탑이 250여
개 있다.[105] 야에야마와 미야꼬제도를 포함한 오끼나와 전체에는

기념물이 400개 이상 존재한다. 대표적으로 사자(死者)의 이름을 국적을 불문하고 새긴 '평화의 초석', 전후 오끼나와 최초의 위령탑인 '혼백의 탑',[106] 주로 마부니 언덕에 건립된 각 도도부현(道都府縣)의 위령탑, 한반도 출신의 사망자 위령탑, 남녀학도대, 강제집단사로 죽은 사람들이나 전쟁 말라리아 피해자, 의료인이나 언론인을 위령하는 기념물, 그리고 일본군 '위안부' 추모비 등이 있다. 그외의 기념물들도 마을이나 촌락 단위로 건설되어 있다.[107] 1만 4천명 이상의 미국인이 '평화의 초석'에 각명되어 있으며, 다른 기념물들도 미10군의 싸이먼 B. 버크너(Simon B. Buckner) 장군, 언론인 어니 파일(Ernie Pyle), 이시가끼지마에 비행기가 불시착한 뒤에 일본해군의 고문을 받고 살해당한 미군 조종사 세명 등을 기리고 있다.

야스꾸니 재판의 원고였던 사끼하라 세이슈우(崎原盛秀)와 그의 가족들은, 매년 어머니와 형을 기리기 위해 '혼백의 탑'을 찾는다. 그는 어머니와 형이 야스꾸니에 합사된 것에 분개하면서, "우리는 야스꾸니와 아무런 관계가 없다. 우리는 그냥 여기에 온다."라고 말한다.[108] 사끼하라와 처지가 비슷한 많은 사람들에게, '혼백의 탑'은 그들이 겪고 있는 고통과 슬픔의 상징이며, 그런 의미에서 야스꾸니의 대척점에 있다고 할 수 있다.

그럼에도 불구하고, 오오따 마사히데는 재군비를 위해 일본정부나 산업 및 자위대 지도자들이 오끼나와전의 기억을 수정하려고 시도함에 따라 평화의 철학이 사라지고 있는 데에 대해 우려를 표시한다.

그들은 오끼나와전에서 20만명 이상이 죽었다는 데에 아무런 주의도 기울이지 않는다. 그리고 이웃나라들에 2천여만명 이상 의 사상자를 내게 한 것에 대한 책임이 대두될 때마다, 문제를 무 시할 뿐만 아니라 사실 자체를 부정하기까지 한다. 이런 환경이 라면, 오끼나와 전역에 건설된 기념물들의 의의는 곧 사라지고 말 것이다.[109]

'기억의 전쟁'은 여전히 격렬하게 전개되고 있다. 1979년부터 2년 에 걸쳐 오끼나와 위령탑의 비문을 조사한 단체에 의하면, 조사대 상이 되었던 기념비 140개 가운데 37개의 비문, 특히 일본 본토에 서 온 퇴역군인들과 일본유족회에서 기념비를 제작하기 시작한 1960년대부터 건설된 기념비의 비문은 '전쟁과 전사(戰死)의 긍 정·찬양' 및 '애국우국의 심정'을 강조하지만, 전쟁에 참여한 것을 후회하는 표현은 발견할 수 없었다.[110] 각 현을 대표하는 기념비 가운데, 오직 두개만 오끼나와 주민들의 희생을 언급하고 있다.[111] 매년 관광객 200만명이 오끼나와를 방문한다. 많은 관광버스들은 일본 본토의 각 현에서 온 일본군 병사들을 추모하는 기념비가 세 워져 있는 마부니 언덕과 '여명의 탑'을 방문한다.[112] 제32군의 우 시지마 사령관과 초오 참모장을 위령하는 여명의 탑은 마부니 언 덕의 꼭대기에서 자랑스럽게 바다를 내려다보고 있다. 반면에 그 보다 몇계단 아래에는 철혈근황대로 동원되었다가 반수 이상이 죽 은 젊은이들을 위령하는 '오끼나와사범학교 건아의 탑'이 있다. 바 로 뒤편의 진지는 철혈근황대로 동원되었던 사범학교 학생 오오따 마사히데가 부상을 당해서 누워 있던 장소다. 식량 관리나 취사를 위해 동원되었던 10대의 여성들이 소이탄에 맞아 무참히 죽어가는 것을 그저 바라볼 수밖에 없었던 곳이기도 하다.[113] 언덕 꼭대기와 아래에 선 두 탑은 수십년이 지나도 여전한, 비극의 책임자와 그 희생자 사이의 거대한 지위와 권력 격차를 상징적으로 보여준다.

오오시로 마사야스(大城將保)는 위령의 '야스꾸니화'에 대해 경종을 울리고 있다. 관광가이드에 널리 퍼져 있는 서사는 전쟁피해를 순국미담으로 이야기하면서 피해의 실태나 일본군의 가해는 보지 않으려 하고 있다.[114]

오끼나와현립 평화기념자료관 전시를 둘러싼 논쟁

1999년 오끼나와에 '오끼나와현립 평화기념자료관 전시 개찬(改竄) 사건'이 일어났다. 오끼나와 남부 마부니에 있는 오끼나와현립 평화기념자료관은 1975년에 열었는데, 기획 자체가 중앙정부의 오끼나와 일본 복귀 관련 사업의 일환이었기 때문에 오끼나와현민의 의견을 반영할 기회가 없었다. 따라서 야스꾸니신사에 부속된 기념관처럼 군사자료관이나 다름이 없었기 때문에 비판의 목소리가 고조되었다. 오끼나와의 지식인과 전문가를 중심으로 운영협의회가 발족했고, 1978년에는 오끼나와 주민의 시점을 반영해 자료관이 다시 개관되었다.[115]

1990년부터 1998년까지 이어진 오오따 마사히데의 현정(縣政)에서 평화행정의 세 기둥은 평화기념자료관의 확충과 내용을 충실하게 보완하는 것, '평화의 초석' 건립, 그리고 국제평화연구소를 만드는 일이었다. 평화의 초석은 1995년에 완성했지만, 국제평화연구소 설립은 오오따가 1998년에 세번째 현지사 선거에서 패배한 뒤에 후임으로 당선된 이나미네 케이이찌(稻嶺惠一) 지사 시기에 사실상 중단되었다. 자료관과 관련해서는, 전시 내용이 감수위원회도 모르는 사이에 변경된 사건, 즉 '전시 개찬 사건'이 일어났다. "일본군 병사의 잔혹성이 너무 강조되지 않도록 배려"한다는 새로운 현정의 방침에 따라 전시 내용이 변경된 것이다.[116] 일본군 병사가 가마에 피난해 있는 주민에게 울고 있는 아기를 조용히 하라며 총을 겨누고 있는 실물 크기의 모형을 전시하기로 되어 있었지만, 오끼나와현 담당자에 의하면, 이나미네 지사가 "자료관이 현립이라는 것을 강조한 뒤에, 정부를 자극하는 듯한 전시 내용을 피하도록 은근히 요구했다"는 것이다.[117] 1999년 7월에 감수위원회 위원이 제작 중이던 가마를 확인했을 때, 일본군 병사가 빈손이라는 것을 알게 되었다. 담당자는 일본군 병사의 총이 없어진 것과 청산칼리가 들어간 가당연유로 부상병에게 자살을 강요하는 위생병이 없어진 것을 인정했다.[118] 이후에 전문가나 보도 관계자들이 입수한 오끼나와현의 구체적인 변경 항목은 적어도 18가지에 이르렀다. 예컨대, '학살'을 '희생'으로 바꿔 쓰고, "일본군 병사의 잔혹성이 너무 강조되지 않도록 배려한다"라는 방침도 있었다. 변경 내용에는 오끼나와 주민에 대한 일본군의 폭력뿐만 아니라 아시아 이웃나라들에 대한 가해도 있었다. '위안소' 지도 전시를 없애고, '15년전쟁'은 '아시아태평양전쟁'으로 변경하며, 일본군의 가해행위를 보여주는 사진들도 삭제한다는 등이었다.[119]

이나미네 현정의 '개찬 사건'은 본도에서 멀리 떨어진 섬들에도 영향을 미쳤다. 오오따 현정하에서 기획되었다가 1998년에 건물이 완성된 이시가끼지마의 '오끼나와·야에야마 평화기념관'에서도 사진 설명문의 문구를 중심으로 내용이 대폭적으로 변경됐다. 전쟁 중에 일본군이 말라리아가 창궐하는 것을 알면서도 주민들을 산간지대로 이동시킨 일을 '강제퇴거'로 표현했던 것에서 '피난'으로 바꾼 것이다. 비행장 건설에 현지의 주민과 조선인이 대거 동원된 것도, 전쟁 말라리아 피해도 그 실상을 희석하는 간결한 표현으로 변경되었다.[120]

'자료관 전시 개찬 사건'은 1999년 8월부터 10월까지 두개 오끼나와 지방지의 지면을 독점했고, 현 전체의 여론이 들끓었다. 이나미네 지사는 개찬을 지시했다는 것을 인정하지 않은 채 "감수위원회에 맡긴다"라고 표명했으며, 결과적으로 당초의 계획과 비슷하게 수정되었다. 오끼나와현립 평화기념자료관은 2000년 4월, 오끼나와·야에야마 평화기념관은 11월에 개관했다.[121]

오끼나와전의 기억과 기록을 둘러싼 논쟁은 아직 끝나지 않은 것으로 보인다. 나까이마 히로까즈(仲井眞弘多) 현정하인 2012년 2월, 구 일본군 오끼나와수비대 제32군의 사령부 진지 앞에 설치 예정이던 설명문에서 '주민학살'과 '위안부'라는 단어가 삭제되었다. 2월 24일, 나까이마 현지사는 현의회에서 문구 삭제를 철회하지 않겠다고 표명했다. 나아가 영어·한국어·중국어 번역문에서 오끼나와전의 본질을 보여주는 열쇳말인 '사석' 표현이 삭제되었다. 이시하라 마사이에는 이것은 종래의 오끼나와전 체험에 대한 날조일 뿐

만 아니라 "오끼나와전 자체를 날조하는 것"이라고 비판한다.[122]
오끼나와현은 3월 23일 번역문에 인쇄와 문법 오류를 남겨둔 채 졸속으로 설명판을 세워버렸지만, 그 이후에도 시민단체와 전문가들에 의한 삭제철회운동이 계속되고 있다.

평화의 초석

'평화의 초석'은 국적이나 군인과 민간인을 구분하지 않고 오끼나와전에서 사망한 모든 사람들을 기록한다는 의도로 1995년에 건립되었다. 2012년 6월 23일을 기준으로 241,167명의 이름이 새겨져 있다.[123] '평화의 초석'은 전쟁과 관련한 기념비로는 세계에서도 드물게 편견 없이 인간적인 견지에서 제작되었다고 이야기된다. 그럼에도 불구하고 논쟁에서 자유롭지 않다. 이 기념비는 종교와는 관련이 없으며,[124] 전쟁 포기의 상징이며,[125] 전몰자를 모두 구별 없이, 개인으로서 다룬다고 규정되어 있다. 건립의 취지는 "항구적 평화를 창출한다"라는 이념에 근거해 "단순히 전쟁으로 큰 피해를 입은 오끼나와나 일본인만으로 한정"하지 않고 연합군 측의 장병도, 일본이 피해를 입힌 아시아 이웃나라들의 전사자도 함께 각명함으로써 비전(非戰)을 맹세하는 것이다. 그러나 가해자와 피해자를 함께 새김으로써 전쟁·가해 책임을 모호하게 한다고 비판하는 사람도 있다. 그것은 결과적으로 기념물의 '야스꾸니화', 즉 전쟁의 가해자와 전쟁 자체를 미화하고 긍정하는 것으로 이어질지 모른다는 우려다.[126] 확실히 2000년 큐우슈우와 오끼나와에서 열린 정상회담에서 빌 클린턴(Bill Clinton) 대통령이 '평화의 초석' 앞에서 한 연설에는 그러한 변질 가능성이 엿보인다.

　　대부분의 기념비는 전쟁으로 죽은 사람들 한쪽만 기념합니다. 이 '평화의 초석'에는 전쟁을 치른 쌍방의 사람들과 어느 쪽에도 가담하지 않은 사람들의 이름이 모두 새겨져 있습니다. 따라서 '평화의 초석'은 단순히 이 전쟁의 기념비가 아니라, 모든 전쟁 비극에 대한 기념비이며, 그러한 파괴가 다시금 일어나는 것을 막으려는 공동의 책임을 상기시켜주는 기념비입니다.

여기까지는 '평화의 초석'의 건립의의와 공명하는 부분이 있다. 하지만 그는 덧붙이기를,

　　지난 50년간 우리 두 나라는 이러한 정신으로 그 책임을 다하기 위해 협력해왔습니다. 미일동맹의 힘은 20세기의 위대한 이야기 중 하나입니다. 오늘날 아시아가 널리 평화로운 것은 미일동맹이 이 지역의 모든 사람들에게 평화가 유지될 것이라는 확신을 주고 있기 때문입니다. 동맹은 바로 그런 이유 때문에 존재하는 것이며, 바로 이것이 왜 미일동맹이 유지되어야 하는지를 말해줍니다.[127]

바꿔 말하면, 클린턴은 미일동맹이 '평화의 초석'에 포함된 평화주의 정신을 구현하고 있다고 말하고 있는 것이다. 오오따 마사히데는 이렇게 평가한다.

클린턴 대통령의 연설은 미사여구로 치장하고 있지만, 그 진의는 미일동맹의 유지와 그것을 위해 미군기지를 수용해온 역할을 지속하라고 요구하는 것에 불과합니다. 따라서 오끼나와 현민의 통절한 위령의 마음과는 매우 동떨어진 것입니다.[128]

끝나지 않은 전쟁

일본의 전쟁 체험자들은 자주 "평화로운 시대가 된 지금"이라고 말한다. 일본 본토의 평화교육에서 전쟁은 과거의 일이며, 지금의 평화는 헌법 제9조에 의해 지켜지고 있다고 교육받는 경우가 많다. 그러나 오끼나와의 입장에서 보면, 본토인들은 그 '평화'를 위해서 지금도 누군가 희생을 강요당하고 있다는 것을 인식하지 못하고 있다. 오오시로 마사야스는 "오끼나와에서 기지 주변을 걷다보면 전쟁유적과 마주치고, 전쟁유적지를 걷다보면 기지와 마주친다"라고 말한다.[129] 양자는 서로 결합되어 있으며, 전쟁은 과거의 일이 아니라 현재진행형인 것이다.

오끼나와의 저술가인 치넨 우시(知念ウシ)는 자신의 아이들에게 오끼나와전의 진실을 가르치는 이유는 젊은 세대에게 역사를 계승하는 것이 중요할 뿐만 아니라, "오끼나와전은 아직 끝나지 않았고, 오끼나와에 대한 공격이 아직 끝나지 않았기 때문이다"라고 이야기한다.

지금 우리는 부상을 입거나 목숨을 빼앗기는 실제 전장의 한

복판에 있는 것이 아니다. 그러나 줄기찬 반대에도 기지는 확대되고 강화되고 있다. 일본의 군대는 기지에 대한 저항에 위협을 가하고 배제시키기 위해 다가올 것이다. 우리가 살고 있는 토지가 공격받을 것이란 전제로 요격 미사일이 배치되고 있다. 계속해서 사고를 일으키는 군용기는 우리의 머리 위를 날고 있다. 일본의 군대는 미군의 기지를 공동으로 사용하고, 공동훈련을 실시하고 있다. 사끼시마제도(先島諸島, 야에야마와 미야꼬제도)는 군사기지화되고 있다. 헌법이 개정되어 일본이 직접 공격을 할 수 있게 된다면, 이러한 추세는 더욱 강화될 것이다.[130]

오끼나와에 전쟁이란 결코 기억 속에 가둬둘 수 없는 존재다.

03
RESISTANT ISLANDS

미국과 일본의
'평화와 번영을 위한
파트너십'

일본은 수수께끼 같은, 매우 역설적인 국가다. 연합국은 전쟁의 참화가 지나간 뒤부터 6년 반에 걸쳐 일본을 점령했다. 1951년 말에는 대일강화조약과 구(舊)안보조약이 같은 날 다른 장소에서 조인되었다. 1952년 4월 강화조약의 발효와 더불어 공식적으로는 점령이 종식되고 일본은 주권국가가 되었지만, 실질적으로는 점령 상태가 그대로 지속되었고 미군은 점차 철수했지만 미국은 여러가지 수단을 통해 영향력을 행사해왔다. 우리는 냉전기를 통틀어 일본이 반(半)주권 상태의 종속적인 국가였고, 냉전이 종식된 이후에는 미국의 '클라이언트 국가'(client state), 즉 '속국'으로 변질되었다고 본다. '속국'은 명목상으로는 주권국가지만 일본(의 이익)보다 미국을 우위에 두도록 구조적으로 설계된 국가라고 할 수 있다.[1] 이런 주장은 몇년 전만 하더라도 매우 논쟁적이었지만, 이제는 훨씬 덜 논쟁적이다. 지난 몇년간 이 논제를 지지하는 새로운 증거들이 축적되었다.

2009년 8월, 반세기에 걸친 자민당의 부패와 담합에 지친 일본 국민들은 투표로 자민당 지배를 종식시켰다. 하지만 몇년 뒤, 이는 역전되었다. 혁신과 개혁은 봉쇄되었으며, 무능할 뿐만 아니라 무책임한 미국 지향의 순종적 체제가 복구되었다. 미일관계에서 가장 중요한 문제였던 오끼나와의 기지문제에 대처할 때도, 2011년 3월의 동일본대지진과 쓰나미에 뒤이어 폭발한 핵 위기에 대처할 때도 마찬가지였다. 두 사례에서, 일본의 대처방식은 (관료·정치인·언론, 핵 위기 때는 핵산업의) 회피·조작·공모로 특징지을 수 있다.

특히, 아시아·태평양에서 새로운 지역질서를 약속하면서 하또야마 유끼오(鳩山由起夫) 내각이 출범한 2009년 9월부터, 일본의 약점이 연속적으로 폭로되었다. 약 70년 전의 전쟁 이후부터 미국의 후원하에서 만들어지고 육성되어온 이 국가는 오늘날까지 저 멀리에 있는 건국 아버지들에게 순종하고 있다. 최근의 사건들과 정치권 내부에서 나온 폭로들을 생각해보면, 일본에서 민주적 책임성이란 관념은 환상에 불과하다는 결론에 도달하게 된다. 일본에서 독립이란 지켜야 하는 것이 아니라, 여전히 쟁취해야 하는 대상이다.

오끼나와는 바로 이런 국가 간 체계 속에 존재하며, 따라서 이러한 설명 틀의 핵심적인 차원들을 먼저 점검해볼 필요가 있다. 2010년 1월 19일, 일본의 키따자와 토시미(北澤俊美) 방위대신과 오까다 카쯔야(岡田克也) 외무대신, 미국의 힐러리 클린턴(Hillary Clinton) 국무장관과 로버트 M. 게이츠(Robert M. Gates) 국방장관은 '미일 상호협력 및 안전보장조약' 체결 50주년에 즈음한 공동발표에서 다음과 같이 선언했다.

미일동맹이 미일 양국의 안전이나 번영과 더불어 지역의 평화와 안정 확보에도 불가결한 역할을 담당하고 있다는 것을 확인한다. 미일동맹은 미일 양국이 공유하는 가치, 민주적 이념, 인권의 존중, 법의 지배, 그리고 공통의 이익을 기초로 하고 있다. 미일동맹은 과거 반세기에 걸쳐 미일 양국의 안전과 번영의 기반으로 기능해왔으며, 미일동맹이 계속해서 21세기의 과제에 유효하게 대응하도록 만전을 기하도록 결의한다.[2]

흔히 일본식 약어로는 '안보'라고 알려져 있는 '미일상호협력 및 안전보장조약'(이하 미일안보조약)은 1960년에 체결되었고, 이것은 1951년에 조인된 구안보조약을 대체하는 것이었다. 1952년 일본은 독립을 회복했지만, 일본을 '전쟁국가'(미국 지배하의 오끼나와)와 '평화국가'(비무장화된, 평화헌법을 지닌 본토)로 분할한다는 것을 전제로 한 것이었다. 1960년의 신안보조약은 그러한 분단을 추인하고, 미국의 오끼나와 점령과 본토 기지 사용을 승인하는 것이었다. 드와이트 아이젠하워(Dwight D. Eisenhower) 행정부는 일본을 장기적으로 직접 군사적으로 식민지배하는 것은 불가능하다고 봤지만, 오끼나와에서는 장기적인 군사지배를 실시했다. 하지만 아이젠하워 자신이 직접 언급한 것처럼, "자신들이 소유했던 토지를 돌려받기를 열망하는 오끼나와 원주민의 수는 증가하고 있었다."[3]

이러한 상황에서 1960년 '안보' 채택〔구안보조약을 신안보조약으로 개정한 것〕은 떠들썩한 소동을 불러일으켰다. 당시 자민당정권은 5년 전부터 CIA의 자금을 받고 있었고, 인물이나 성향 면에서도 미국의 후원에 크게 의존하고 있었다. 1957년부터 총리대신으로 자민당정권을 이끈 키시 노부스께(岸信介)는 1960년 5월 20일 새벽에 반대파 의원들이 불참한 사이를 틈타 조약안을 밀어붙였다. 하지만 조약이 통과된 뒤, 아이젠하워 대통령은 〔안보조약 개정에 반대해온 사회당·공산당과 일본 시민사회의, 미국에 대한〕 적대적인 분위기 속에서 방일 계획을 취소해야 했고, 키시는 총리대신 직에서 물러날 수밖에 없었다. 주일대사였던 더글러스 매카서 2세(Douglas MacArthur Ⅱ)는 일본에서 "반군사주의, 평화주의, 혼란스러운 의식 상태, 반핵 감정, 지식인과 교사들의 맑스주의 심취 등으로 인해 잠재적인 중립주의가 커지고 있다"라고 워싱턴에 보고했다.[4] 미일안보조약 개정을 둘러싼 1960년의 위기의 기억은 이후에도 미일 양 정부가 의회와의 관계나 공론에 굴복하는 것을 가로막았다.

패전 후 거의 70년, 독립을 회복한 지 60여년이나 지났지만, 일본은 미일안보조약하에서 이전의 정복자에게 여전히 점령된 신세다. 요꼬스까(橫須賀)는 미군 제7함대의 모항(母港)이며, 사세보(佐世保)에는 미해군의 두번째로 큰 시설이 있다. 아오모리(靑森)현에 있는 미사와(三澤)와 오끼나와현에 있는 카데나(嘉手納)는 미공군의 주력 기지이며, 미해병대는 오끼나와현의 캠프 한센(Camp Hansen), 캠프 슈워브(Camp Schwab), 후뗀마항공기지, 캠프 포스터(Camp Foster)와 일본 본토 야마구찌(山口)현의 이와꾸니(岩國)기지를 보유하고 있다. 일본 전역에 걸쳐 숙사, 병원, 호텔, (토오꾜오에만 두개가 존재하는) 골프장 등의 시설이 분포되어 있다. 군사 전문가인 오가와 카즈히사(小川和久)는 이러한 연계망을 통해 "일본은 미국의 전략기지로서 하와이에서 희망봉까지 지구의 절반을 뒷받침하고 있다. 만약 미국이 일본을 잃는다면, 미국은 더이상 세계를 주도하는 초강대국이 되지 못할 것"이라고 언급하고 있다.[5] 특히 냉전이 끝난 지 20년이 지나자, 미국은 미국의 평화뿐만 아니라 미국의 전쟁에도 참여하는 방식의 완전한 협력을 일본에 요구하고 있으며, 그러한 협력의 장벽을 제거함으로써 미일관계를 "성숙한" 동맹으로 발전시키자고 일본을 압박하고 있다.

간섭과 밀약: 얼룩진 동맹

1960년에 미일안보조약이 개정되기 이전의 키시 정권에서 몇개의 밀약을 통해 미일 안보체제의 핵심 부분들이 미리 결정되었다. 그중 하나는 1959년의 '스나가와(砂川) 사건' 재판에 미국이 개입한 것이다. '스나가와 사건'이란 토오꾜오도 키따따마(北多摩)군 스나가와정(현 타찌까와立川시)에 있던 타찌까와미군기지 확장 반대 운동 중에 벌어진 것으로, 1957년에 정부의 강제 측량에 반대하는 시위대 7인이 출입금지 경계책을 부수고 기지 안으로 들어갔다가 체포되어 기소된 사건이다. 초기에 농민들의 저항으로 시작된 반대운동은 노동조합과 학생운동단체들이 가담하면서 세력을 넓혔고, 기동대와 격돌하면서 격렬하게 전개되었다. 특히 스나가와 사건은 재판 과정에서 제기된 주일미군의 합헌성 문제로 전국적으로 큰 관심을 모았다.[6] 1959년 3월 30일, 토오꾜오 지방재판소의 다떼 아끼오(伊達秋雄) 재판장은 "일본정부가 미군의 주둔을 허용한 것은 (…) 본국 헌법 제9조 2항 전단에 의해 금지된 전력(戰力)의 보유에 해당하여 위헌이다"라고 적시하고 시위대에 대해 무죄 판결을 내렸다. 만약 다떼 판결이 효력을 발휘했다면, 동아시아의 냉전사는 상당히 다른 경로를 밟았을 것이다.

하지만 지방재판소 판결이 나온 다음 날 아침 8시, 내각회의가 시작되기 한시간 전에 주일미대사 매카서 2세가 후지야마 아이이찌로오(藤山愛一郎) 외무대신과 긴급회동을 가졌다.[7] 매카서 2세는 다떼 판결로 인해 민심이 동요하면 곤란한 사태가 될지 모른다고 말하고, 토오꾜오 고등재판소에 항소하지 말고 바로 최고재판소에 상고하는 '비약적 상고'를 하라고 후지야마에게 권고했다. 나아가 그는 최고재판소 재판관과도 만나 사태의 중대성을 이해시켰다. 상고재판은 전례없는 속도로 진행되어 지방재판소 판결이 나온 지 8개월 만인 1959년 12월 16일, 최고재판소는 토오꾜오 지방재판소의 판결을 파기·환송했다.[8] 그로부터 50년이 지난 2008년 4월, 미국 국립공문서관 자료가 공개되면서 미국의 간섭도 그 전모가 드러나게 되었다. 일본 외무성은 2010년 4월이 되어서야 34면 분량의 문서를 1959년 재판의 생존 피고들에게 공개했다.[9] 최고재판소 판결은 사실상 미일안보조약을 헌법보다 상위에 둔 것이었고, 법적인 이의제기를 미리 봉쇄함으로써 일본에서 미군기지의 존재를 확고히 하고, 한달 뒤에 진행된 미일안보조약 개정(과 그와 연관된 밀약)으로의 문을 열어젖힌 것이었다.

스나가와 사건은 친(親)기지세력의 승리로 끝났지만, 장기적으로 보면 기지를 더 확장하는 것은 정치적 댓가가 매우 크다는 점을 드러냈다. 본토에서는 계획되었던 타찌까와기지의 확장이 진행되지 못했을 뿐만 아니라 전반적으로 기지의 정리·축소가 진행되었고, 그것을 떠안게 된 것은 오끼나와였다. 구안보조약이 발효된 1952년부터 신안보조약으로 개정된 1960년 사이 일본 본토의 미군기지는 약 13만 헥타르에서 3만 헥타르 정도로 줄어들었지만, 오끼나와의 기지 면적은 두배로 늘어났다.[10] 일본정부에게 오끼나와가 지닌 매력은 기지 기능에 어떠한 헌법상 또는 법률상의 제약도 없다는 것이었다. 오끼나와에서도 일본 본토처럼 반대운동이 강력하게 전개되었지만, 무제한의 권력을 누리던 군사점령체제는 이를 가볍게 무시하거나 손쉽게 탄압할 수 있었다. 미국은 오끼나와를 통제함으로써 1965년 베트남의 다낭(Da Nang)을 침공할 때 오끼나와에서 해병대를 전개할 수 있었고, 1968년부터는 괌에서 오끼나와로 B-52 폭격기를 이동시켜 베트남뿐만 아니라 인도차이나반도 전체에 대한 공습을 매일같이 실시할 수 있었다. 반면, 일본 본토에서는 오끼나와의 반환 후에도 '미일안보'는 지지하면서 미군기지의 주둔은 반대하는 지자체가 대부분이다. "기지는 오끼나와에"라는 님비(NIMBY) 정신이 뿌리 깊게 자리 잡고 있는 것이다.

20세기 후반부터 21세기 전반에 걸쳐 미일관계의 구조는 1950년 대부터 1970년대 전반에 걸쳐 맺어진 일련의 밀약에 의해 만들어 졌다. 미일관계 속에서도 특히 민감한 두 영역, 즉 미국의 핵전쟁 준비와 오끼나와 문제는 비밀외교로만 처리되었다.

핵밀약

1958~60년과 1969년의 비밀협정, 즉 밀약을 통해 일본은 미국 의 전쟁 준비와 핵전략을 지지하기로 했다. 하지만 냉전기 일본국 민들의 마음속에는 히로시마와 나가사끼의 기억이 남아 있었다. 1954년에는 미국이 남태평양의 비키니 섬에서 벌인 수소폭탄 실 험으로 인해 일본의 참치잡이 어선이 피폭당하는 다이고후꾸류우 마루(第五福龍丸)호 사건이 일어나기도 했다. 그 때문에 정부가 나 서서 핵무기를 공식적으로 용인하는 것이 불가능했다. 1967년에는 사또오 에이사꾸(佐藤榮作) 총리가 핵무기를 만들지도, 보유하지 도, 반입하지도 않는다는 '비핵 3원칙'을 제창했고, 그후 '국시(國 是)'로 계승되었다. 그러나 배후에서는 미일 간에 밀약이 체결되었 고, 핵무기를 '반입하지 않는다'라는 원칙은 처음부터 명목일 뿐 이었다. 핵무기를 탑재한 미국의 함선이나 항공기는 1950년대까지 아무런 제약도 없이 자유롭게 일본을 출입했으나, 1960년의 안보 조약 개정에 즈음해서는 일본으로의 핵 반입은 '사전협의'[11]의 대 상이 되어 있었다. 그러나 실제로는 '핵 반입'이 '사전협의' 대상이 었음에도 불구하고, 〔핵무기를 탑재한〕 항공기나 함선의 '출입'은

사전협의 대상으로 하지 않는다는 밀약이 체결되었다.[12]

이러한 밀약은 오랜 시간 동안 그 존재가 알려지지 않았지만, 시간이 지나면서 종종 발각되기도 했다. 1960년의 핵밀약은 미국의 은퇴한 해군 제독인 진 R. 라로끄(Gene R. LaRocque)에 의해 1974년에 처음으로 공개되었다. 그는 "핵무기의 탑재가 가능한 함선은 일본 혹은 다른 국가에 기항할 때, 핵무기를 내리지 않는다"라고 의회에서 증언하여 파문을 일으켰다.[13] 핵무기를 탑재한 미함선의 일본해역 항행이나 기항을 허용하는 밀약의 존재는 1981년에 에드윈 O. 라이샤워(Edwin O. Reischauer) 전 주일미대사가 인정한 바 있다. 관련 문서들도 1987년에 미국 국립공문서관에서 발견되었다.[14] 그러나 역대 일본정부는 이를 부정해왔다.

일본은 표면상으로는 비핵선언에 충실했다고도 할 수 있다. 일본은 호주와 더불어, 2008년에는 새로운 전지구적 비핵화 계획인 '국제 핵 비확산 군축위원회'(ICNND)를 후원했으며, 2009년에는 버락 오바마(Barack Obama) 대통령이 핵무기 없는 세계를 달성하기 위해 행동해야 할 미국의 도덕적 책임을 언급한 '프라하 연설'을 지지했다. 하지만 일본의 방위정책은 여전히 핵무기, 즉 미국의 '핵 확대 억지력'(extended nuclear deterrence)이라는 '우산'에 의존하고 있으며, 일본정부는 무대의 뒤편에서 워싱턴에 핵우산을 유지할 것을 요청하고 있었다. 핵 전문가인 한스 M. 크리스텐센(Hans M. Kristensen)에 의하면, 일본정부는 워싱턴에 핵무기 유지를 촉구했으며 이들 핵무기는 '신뢰성'(현대화된 핵무기), '유연성'(여러개의 목표를 노릴 수 있는 능력), '대응성'(비상사태에 신속하게 대응할 수 있는 능력), '은밀성'(전략 핵잠수함 및 공격 잠수함의 배치), '가시성' (핵무기를 실을 수 있는 B-2나 B-52의 괌 배치), '충분성'(잠재적 적국을 단념하게 하는 능력)을 가진 것이어야 한다고 주장했다.[15] 2008년에 미국의회에 설치된, 윌리엄 페리(William Perry)와 제임스 슐레진저 (James Schlesinger)가 공동의장을 맡고 있는 미국전략태세위원회 (Congressional Commission on the Strategic Posture of the United States) 가 2009년 5월에 의회에 제출한 보고서에는 이와 유사한 문구가 채택되었다. "미국은 안전하며, 확실하고, 신뢰할 수 있으며 (…) 신용할 수 있는 핵무기의 비축이 필요하다."[16] 보고서의 한 문장에 따르면(21면), "어떤 **특별히 중요한 동맹국**이 미국의 확대 억지력의 신뢰성은 전략 환경이 요구하는 바에 따라 다종다양한 표적에 위협을 가하고 적이 알 수 있게 혹은 눈치채지 못하도록 부대를 파견할 수 있는 능력에 좌우된다고 위원회에 은밀히 주장했다"라고 한다(강조는 인용자). 이 "특별히 중요한 동맹국"은 일반적으로 일본을 지칭하는 것으로 이해된다.[17] 슐레진저 역시 『월스트리트저널』에 미국의 핵무기는 "아시아와 유럽, 양쪽의 우리 동맹국들에게 확신을 줄" 필요가 있다고 밝혔다.[18]

2009년 4월에 오바마 대통령이 '핵무기 없는 세계'를 호소한 '프라하 연설' 직후는 일본의 피폭자단체나 핵무기 폐기를 바라온 많은 사람들이 희망을 가지고 있던 시기였다. 오바마 대통령이 히로시마나 나가사끼에 오기를 요청하는 목소리도 높았다. 그러나 2011년 9월부터 '위키리크스'에서 명확하게 드러난 전문에 따르면, 오바마의 2011년 9월의 방일을 맞이하여 외무사무차관이던 야부나까 미또지(藪中三十二)가 존 V. 루스(John V. Roos) 주일미대사에게 오바마가 히로시마에 오는 것은 '시기상조'라며 방문을 만류했던 것으로 드러났다.[19] 피폭국 일본에서 고조되어온 핵무기 폐기나 역사 화해의 움직임을 은밀하게 짓밟으려 한 것이 바로 일본의 관료였다는 것은 "핵대국의 우산 아래에 있는 '비핵국' 일본"이라는 모순을 상징적으로 보여주는 사건이었다.

2009년 4월에는 1980~90년대에 외무사무차관을 지냈던 4인이 『쿄오도오통신(共同通信)』의 취재에 응하면서 핵 반입 밀약에 대해 상세하게 증언했다. "미군 함선이나 미군기에 적재된 핵은 사전협의의 대상으로 하지 않는다는 것은 1960년부터 미일 간에 양해되고 있다. 그러니까 일본정부는 국민에게 거짓말을 해온 것이다."라는 등의 1960년 이후 밀약의 존재를 입증하는 상세한 증언이었다.[20] 그보다 10년 전인 1999년에는 미국 국립공문서관에서 1963년에 라이샤워 주일미대사가 미국무부로 보낸 전보가 발견되어 핵의 통과나 기항을 '핵 반입'으로 인정하지 않는다는 것에 대해 당시 오오히라 마사요시(大平正芳) 외무대신이 동의한 것이 드러났다. 2000년에는 1960년 안보개정 시기의 '비밀의사록'도 발견되었다. 이처럼 2009년의 증언은 미국 쪽에서 발견된 증거를 뒷받침하는 것이었음에도 불구하고, 일본정부는 이를 부정했다.[21] 나아가 『아사히신문(朝日新聞)』의 2009년 취재에 의하면, 1999년에 미국 측의 밀약(1960년의 핵밀약) 문서가 기밀 해제된 직후 일본정부로부터 재기밀화 요청이 들어왔으며, 일단 공개된 문서가 다시 비공개로 지정되었다고 한다.[22] 이처럼 차례로 드러난 '밀약'에 대해 일본정부가 취한 대책은, 이미 드러난 것을 '없다'라고 말하거나 다시 묻어버리는 등, 엉덩이를 드러낸 채 머리만 감추는 어리석은 짓일 뿐이었다.

오까다위원회

2009년 9월에 발족한 민주당정부의 오까다 카쯔야 외무대신은 밀약과 관련한 자료 조사를 명령했고, 2010년 3월에 오까다가 임명한 전문가위원회(오까다위원회)가 조사 결과를 발표했다.[23] 전문가위원회는 주요한 세가지를 확인했다. 첫째, 위원회가 일본정부의 '암묵적 합의'(1960.1)라고 부른 것으로, 미국의 핵무기를 보고도 못 본 척하고 "핵무기를 탑재한 미함선이 일본에 일시 기항 혹은 일본의 수역을 항행 시 사전협의는 필요없다"라는 합의,[24] 둘째, 한반도에서 '유사(有事)', 즉 전쟁이 발발할 경우, 주일미군에게 기지를 자유롭게 사용하도록 한다는 '협의의 밀약', 셋째, 오끼나와의 군용지를 토지소유주에게 반환할 때 일본이 회복보상비를 책임진다는 '광의의 밀약'.[25]

오까다위원회는 미국 국립공문서관 소장자료로 존재가 알려진 기타 주요한 외교적 합의들을 '밀약' 속에 포함시키지 않았다. 그 가운데 특히 중요한 것은 주일미군 병사가 관련된 공무 외의 형사사건에 대해서 1953년에 일본 측이 재판권을 포기하기로 한 것을 공식화할 것을 일본이 거부한 1958년의 합의[26]와 오끼나와 '반환'을 둘러싼 1969년의 밀약이다.[27] 오까다위원회는 1969년 11월 19일 사또오 에이사꾸 일본 총리와 리처드 닉슨(Richard Nixon) 미대통령 사이에 맺어진, "중대한 긴급사태가 발생할 경우"에 핵무기의 오끼나와 반입을 허용한다는 내용의 합의의사록을 진짜라고 인정했음에도 불구하고, 이 문서가 사또오 내각 이후의 내각을 구속하는 효력을 가졌다고 보기 힘들다는 이유로 '밀약'으로 인정하지 않았다.[28] 닉슨 정권과 오끼나와 반환협상 교섭을 담당했던, 사또오 총리의 밀사 와까이즈미 케이(若泉敬)의 회고록에 의하면, 와까이즈미는 사또오가 방미하기 직전 미국으로 건너가 헨리 키신저(Henry Kissinger) 미대통령 특별보좌관과 미일 정상회담의 '각본'을 '합작'하여 만들었다고 한다. 정상회담 절차에 대해 11월 12일에 합의한 메모에는 이 회담의 마지막에 양 정상이 대통령 집무실에 딸린 소회의실에 들어가서 문을 잠그고, 거기에서 두사람이 핵 문제에 관한 비밀 합의의사록(2통)에 서명한다는 줄거리가 들어 있었다. 그 시점에 이미 11월 21일에 발표되는 미일 공동성명에 첨부될 '비밀 합의의사록' 문안이 작성되어 있었던 것이다. 11월 19일에 열렸던 제1회 정상회담 후에, 사또오는 와까이즈미에게 '소회의실'의 줄거리도 포함하여 예정대로 진행했다고 전했다.[29] 40년이 지나서, 사또오 아들의 자택에서 사또오가 가지고 있던 복사본으로 보이는 것이 발견되었다.[30]

2010년 3월 19일, 중의원 외무위원회는 전 외무성 관료인 토오고오 카즈히꼬(東鄉和彦)로부터 밀약과 관련한 증언을 청취했다. 그는 1998~99년의 조약국 국장 시절에 밀약에 관한 58개의 문서를 붉은 파일상자 다섯개에 담아 후임 조약국장에게 건넸다고 밝혔다. 오까다위원회는 2종의 동그라미 표시가 붙은 16개의 중요한 문서 가운데 여덟개만을 확인할 수 있었다. 토오고오는 "외무성의 내부 사정을 잘 아는 사람으로부터 정보공개법 시행(2001.4) 전에 본 건에 관한 문서도 파기되었다고 들었다"라고 증언했다.[31] 『아사히 신문』에 따르면, 외무성은 정보공개법 시행 직전에 긴급하게 대량의 문서를 파기했다. 하루에 문서가 2톤씩 파기되었고, 문서를 물에 넣어 뭉친 뒤에 업자에게 넘겨서 화장실용 휴지로 가공해 일부는 외무성에서 사용했다는 것이다. 외무성은 2000년에 1,280톤의 서류를 파기했으며, 일본정부의 모든 성·청을 통틀어 (2위인 재무성의 620톤과 큰 격차로) 압도적인 1위였다.[32]

외무 관료들의 잘못에 관한 증거가 대중에게 공개되는 것을 막기 위해서 허둥대는 모습을 보인 것은 1945년의 패전 시 일본의 수많은 침략전쟁 증거를 파기하기 위해 밤을 새워가며 소각작업을 벌인 것과 완전히 닮은꼴이었다. 정보공개 시대의 출범에 대한 일본 관료집단의 대응을 상징하는 것이었다.

오끼나와 '반환' 밀약

1972년 마침내 오끼나와가 일본으로 '반환'되었을 때, 사또오 총리는 일본이 오끼나와를 "핵무기 없이, 본토 수준으로" 돌려받았다고 자랑스럽게 선언했다. 하지만 사실은 완전히 달랐다.

먼저, 미국은 자신의 모든 군사기지를 그대로 보유하였고, 자유로운 기지 사용을 보장받았다. 1965년부터 베트남전쟁이 더욱 확대됨에 따라 핵무기 사용 옵션을 열어두려 했던 펜타곤은 오끼나와가 평화헌법을 가진 일본으로 '반환'되면 미군기지를 폐쇄하거나 오끼나와에 비축해두었던 핵무기를 철수시켜야 할 수도 있다는 점을 우려했다. 그러한 우려를 확실하게 불식시키기 위해, 그리고 아마도 핵무기 알레르기가 없다는 점을 보여주기 위해, 1965년 1월에 워싱턴을 방문한 사또오 총리는 중국과 일본 사이에 전쟁이 발발할 경우 미국은 중국을 공격할 때 핵무기를 사용할 준비가 되어 있어야 한다며 로버트 맥나마라(Robert McNamara) 국방장관을 압박했다.[33] 그 직후인 1965년 7월 16일자의 극비문서를 통해 당시 주일미대사였던 라이샤워가 오끼나와에 핵무기와 미군기지를 결합한 '반환' 시나리오를 제안했던 것이 1996년에 기밀 해제된 문서를 통해 알려지게 되었다.[34] 육군성 장관·부장관 등 4인과 육군 고관·국무부 관료 2인의 워싱턴 극비회합에서, 라이샤워는 2년 전인 1963년까지는 미국이 오끼나와로부터 철수하는 기한에 관해 심려한 적이 없었지만, 베트남전쟁이 심각해짐에 따라 일본과 류우뀨우를 둘러싼 '민족주의'적인 감정(미국에 대한 반감, 오끼나와 복귀운동)이 고양되어 미국이 류우뀨우를 점령할 수 있는 "남은 시간이 얼마 없다"라고 생각하게 되었다고 설명하고 있다.[35] 라이샤워는 미국에 유리한 조건을 붙여두고 표면적으로는 일본에 '반환'시킴으로써 '오끼나와 문제'가 아킬레스건이었던 자민당에 선물을 안겨주었으며, 미국에도 일본(자민당)에도 유익한 해결법을 제안했다.

만약 일본이 오끼나와를 포함한 일본영토 내에 핵무기를 받아들이고 군사적 위기 시에 미군 사령부가 오끼나와제도를 실질적으로 통치할 수 있도록 보장한다면, 일본에 "완전한 주권"을 돌려준다 하더라도, 우리는 오끼나와제도에 군사기지를 유지할 수

있을 것이다.[36)]

라이샤워는 오끼나와가 '폭발'하기 전에 이 절차를 마무리하지 않으면 안 된다고 강조했다. 스탠리 R. 리저(Stanley R. Resor) 육군성 장관의 "일본국 헌법의 울타리 밖에 오끼나와를 위치시키는 것이 가능한가"라는 질문에 대해, 라이샤워는 그러한 결정이 '필요'하지만 "일본국 헌법은 핵무기를 명확하게 금지하지 않고 있다"라고 답변했다.[37)] 이어서 오끼나와의 '반환'은 자민당에는 정치적인 대성공으로 야당이나 국민에게 자민당의 입지를 강화해줄 것이며, 미일관계를 '장기적'으로 '안정'시켜줄 것이라고 설명했다. 또 현재 미국은 '공격부대'만을 가지고 있지만, '방위부대'도 "일본 측의 부담"으로 보유해야 한다고 언급했다. 라이샤워는 더 나아가 그러한 합의에 "기한은 설정하지 말 것"을 주문했다.[38)] 또 국무부의 동아시아 담당국장인 로버트 A. 피어리(Robert A. Feary)가 ('반환' 후의) 오끼나와 기지의 사용방식에 관해 일본의 참견을 허락할지 질문하자, 라이샤워는 일본에는 "정치적으로 중요한 상징을 전부 부여하면 그걸로 충분하다"라고 답변했다.[39)] 일본의 완전 주권에 따른 오끼나와 '반환'이라는 표면상의 상징만 제공한다면, 기지는 미국이 자유롭게 사용할 수 있다는 것이었다. 일본에서 태어나 일본인 여자와 결혼했으며, 아직까지도 일본의 입장을 배려한 훌륭한 대사였다고 평가받고 있는 라이샤워가 점령자·식민자로서의 의식을 노골적으로 표현한 장면이라고 할 수 있다.

라이샤워는 맥나마라 국방장관과도 만나 '반환'안을 제안하고,

맥나마라의 지시로 이를 문서로 작성하여 맥나마라와 딘 러스크(Dean Rusk) 국무장관에게 제출했다.[40] 결과적으로, '반환'은 라이샤워가 제안한 방식대로 이루어졌다. 즉, 미국은 베트남전쟁 확대를 배경으로 오끼나와의 기지 확보·증강과, 자신들에게 유리한 자민당정권의 장기집권을 실현할 일석이조의 책략으로 '반환'을 선택했던 것이다.

이렇게 오끼나와가 추구했던 핵도 기지도 없는 섬이라는 희망은 좌절되었다. 핵(및 화학)무기는 사실 오끼나와의 카데나·나하·헤노꼬에 비축되어 있었고, 1971년까지도 철거되지 않았다.[41] 미일 양 정부의 사정만을 고려하여 결정된 1972년의 오끼나와 '반환'은 바로 또 하나의 '류우뀨우 처분'이나 마찬가지였다. 그리고 이 '완전한 주권'하에서 기지의 자유로운 사용이라는 라이샤워 방식은 이후의 미일관계 속에서 오끼나와 지위의 기초가 되어왔다.

2년 뒤인 1967년, 토오꾜오에서 미국으로 돌아온 라이샤워는 워싱턴에서 만난 일본 관료들에게, 미군이 철수 가능성을 검토했으며 기지·병원·비축물·석유 등을 괌으로 옮기는 것이 "이론적으로 가능하다"라고 결론 내렸지만 30~40억 달러의 막대한 비용이 들게 될 것이라고 말했다.[42] 라이샤워는 비용상의 이유 때문에 미국 의회가 괌으로의 이전 계획에 저항할 것이라고 덧붙였다. '반환' 협상이 시작될 때부터, 그리고 1967년에도 이 결정적 요건을 고집했던 측은 미국이 아니라 일본이었다는 점이 드러난 것은 2011년에 들어서였다.[43] 1967년 7월 15일 U. 알렉시스 존슨(U. Alexis Johnson) 주일미대사와 미끼 타께오(三木武夫) 외무대신의 회담에서, 일본 측은 오끼나와 반환과 관련한 생각을 보여주는 각서를 미국에 건네면서 "오끼나와에 미군기지를 존속시키면서 시정권을 반환하는 방침을 탐구하는 것"이 일본의 입장이라고 밝혔다. 1967년 7월, 존슨 대사에게 "일본은 미군에게 무엇을 기대하고 있는가"라는 질문을 받고, 외무성 북미국장이던 토오고오 후미히꼬(東鄕文彥)는 "미군이 극동에 효과적인 억지력으로 존재하기를 기대한다"라고 대답했다. 그러나 억지력에 관해서는 아무런 검증도 이루어지지 않았고, 2011년 하또야마의 '억지력은 방편'[에 불과하다는] 발언에서도 알 수 있는 것처럼, 이 개념이 당시부터 현재에 이르기까지 군사력의 유지·확대를 위한 구실로 사용되어왔다는 것을 알 수 있다.[44]

오끼나와 '반환' 과정은 말뿐인 '반환'이지 실제로는 '현상 유지'였을 뿐만 아니라, '돌려주기'였다기보다 사실상 '구입'한 것과 다름없었다. 일단 일본이 기지 유지를 고집한다는 점이 명확해지자, 미국은 (당시 고도성장을 하고 있던) 일본으로부터 그러한 열망에 걸맞은 가격을 생각하기 시작했다. 공식적으로 총합 6억 5천만 달러를 '일시불'로 지급할 것을 요구했다.[45]

그것은 당시로서는 막대한 금액이었는데, 예를 들어 비교해보자면 1965년에 일본이 40년 식민지배에 대한 보상으로 국교정상화에 따라 한국정부에 지불한 돈이 5억 달러였다. '반환'에 달린 '가격표'가 너무 비싸다고 일본이 항의했을 때, 워싱턴은 일본정부가 의회에 둘러댈 적당한 구실을 기꺼이 제공했다.[46] 미국은 "그 내역에 대해 일본 측이 숫자를 어떻게 처리하더라도 미국은 거부하지 않고 그 근거 만들기에 협력"하겠다고 밝혔다.[47] 1969년 11월

사또오-닉슨 회담과 '반환'협정의 공식 조인을 몇주 앞두고 거래가 성립되었다. 양자 협정의 공식 인쇄문에는 (오끼나와제도의 미국 자산을 일본이 구입하는 명목비용으로) 3억 2천만 달러가 기록되었지만, 미국 측 자료에 따르면 가장 적게 추산해도 실제로 미국이 애초에 요구했던 금액보다 더 많은 6억 8,500만 달러가 지불되었다.[48] 지불액 가운데 7천만 달러는 오끼나와로부터 핵무기를 제거하는 비용이라고 되어 있었다. 하지만 거의 40년이 지난 뒤, 일본 측 협상 책임자였던 요시노 분로꾸(吉野文六) 전 북미국장은 당시의 '핵무기 철거비'는 일본이 독자적으로 결정한 것으로, 산정근거도 없는 것이었다고 폭로했다.

우리는 "일본이 그렇게 많이 지불했기 때문에, 핵무기가 제거되었다"라고 이야기할 수 있을 만큼의 금액으로 비용을 결정했다. 의회에서 야당의 공세에 대처하기 위해 그렇게 했던 것이다.[49]

오끼나와 밀약 소송

2008년 9월 2일, '오끼나와 반환 공개청구모임'은 오끼나와 반환과 관련한 세개의 밀약문서의 공개를 외무성과 재무성에 신청했다. 세개의 밀약이란 오끼나와 반환 과정에서 군용지의 원상회복보상비 400만 달러를 일본이 대신 떠맡는다는 밀약, '보이스오브아메리카'(Voice of America) 시설의 일본 외 건설비용을 일본이 부담한다는 밀약, 민정용(民政用)과 공동사용시설을 일본이 매입한다는 밀약이다. 한달 뒤, 외무성과 재무성은 "해당 문서를 보유하고 있지 않기 때문"이라며 '비공개'하기로 결정했다.[50) 2009년 3월, 학자와 저널리스트 25명이 비공개 결정 취소를 요구하는 소송을 토오꾜오 지방재판소에 청구했다. 문제의 세개 문서는 미국 국립 공문서관에 이미 공개되어 있었으며, 원고들은 그 문서를 입수한 상태였다. 원고들은 일본이 얼마를 지불했는지와 같은 반환교섭의 중요한 부분들이 미국에서는 자세하고 정확하게 기록된 반면 일본의 문서에서는 흔적을 찾을 수 없다는 것은 본질적으로 있을 수 없는 일이라고 주장했다.[51) 토오꾜오 지방재판소가 적절하게 지적한 것처럼, 원고들이 요구한 것은 "문서의 내용을 아는 것이 아니라, 지금까지 밀약의 존재를 부정해온 우리나라(일본) 정부 혹은 외무성의 자세의 변경이며, 민주주의국가에서 국민의 알 권리의 실현"이었다.[52)

니시야마 타끼찌(西山太吉)는 '오끼나와 반환 밀약문서 공시청구 재판' 원고 중 한명이었다. 이 재판에서 원고가 공개를 요구한 문서 중 하나인, 지주에게 반환하는 토지의 원상회복비용 400만 달러를 일본정부가 대신 지불한다는 밀약의 상세한 내용을 1971년에 『마이니찌신문(每日新聞)』을 통해 특종 보도한 사람이 바로 니시야마였다. 이 보도로 인해 니시야마와, 니시야마에게 문서를 건넨 내부고발자였던 외무성 여직원은 공무원 기밀유지 의무 위반으로 체포·기소되었다(그리고 두사람의 개인적 관계에 관해 언론의 무차별적인 중상과 비난이 이어졌다). 니시야마는 직장과 신망을 잃었다. 니시야마 사건 직후, 우시바 노부히꼬(牛場信彦) 주미대사는 알

렉시스 존슨 미국무부 정치담당 차관에게 정보유출로 미국의 기분이 상했다면 "정말로 유감"이라고 전했고, 존슨은 일본 측의 대응을 "매우 솜씨 좋게 처리되었다"라고 평가했다고 한다.[53] 사실 니시야마가 추적한 400만 달러는 일본이 지불한 막대한 금액의 일부에 지나지 않았으며, 게다가 그 400만 달러의 4분의 3은 오끼나와의 지주가 아니라 곧바로 미군의 주머니로 들어갔던 것이다.[54]

2010년 4월, 토오꾜오 지방재판소는 외무성과 재무성의 비공개 결정을 취소하고 두 성에 문서공개를 명령했으며, 원고 1인당 10만엔의 지불을 국가에 명령한다는, 원고 전면 승소 판결을 내렸다. 판결문에서 스기하라 노리히꼬(杉原則彦) 재판장은 미국 공문서나 요시노 전 외무성 북미국장의 법정 증언 등을 토대로 밀약이 있었다고 했으며, 문서가 '존재하지 않는다'고 주장하는 국가 측에 증명 의무가 있다는 원고 측의 주장을 받아들여 두 성이 "합리적 및 충분한 탐색을 했다고 볼 수 없다"라고 판정하고, 비공개 결정을 취소했다. 나아가 판결은 "국민의 알 권리를 소홀히 한 외무성의 대응은 불성실했다고 볼 수밖에 없으며, 이에 대해 원고들이 느꼈을 실의·낙담·분노 등의 감정이 격심했으리라는 것은 상상하기 어렵지 않다"라며 강한 어조로 외무성을 비판했다.[55] 스나가와 사건의 다떼 판결로부터 반세기 후, 이 오끼나와 밀약 사건에서 스기하라 판사는 다떼 판사와 같은 정신으로, 즉 "민주주의국가에서 국민의 알 권리"의 파수꾼으로서 행정부의 은폐공작을 규탄하고 밀약문서의 공개를 촉구했던 것이다. 이로써 니시야마의 명예는 40년이 지나기 전에 부분적으로나마 회복되었다. 하지만 "완전한 진실이 유출되는 것을 막기 위해" 국가적 특권을 지키려는 사람들이 사용한 "극단적인 법적 곡예" 때문에 그의 완전한 명예회복은 사후에만 가능할지도 모른다.[56]

재판 결과에 대해 일본정부는 토오꾜오 지방재판소의 판결이 "외무성에서의 철저한 조사 결과에 기초하지 않은 채 내려진 것이며, 또한 외무성이 보유하고 있지 않은 문서를 공개하는 것은 불가하다"라며 항소했다. 하지만, 원고단은 한걸음도 물러서지 않았다. 오끼나와 반환은 일본정부가 국민들에게 거짓을 일삼고, 특히 오끼나와와 관련한 문제에서 시민들의 이익보다 미국의 이익을 더 우선시하는 전형적인 행태의 핵심이라고 확신했다.[57] 『류우뀨우신보(琉球新報)』가 사설에 쓴 것처럼, 오끼나와 반환은 "관료에 의한, 관료를 위한 '국가의 거짓말을 봉인'하는 데 가장 큰 의의를 두고" 있었다.[58] 원고단은 몰랐던 사실을 폭로하는 데만 열중하지는 않았다. 미국의 문서를 통해, 상세한 사실이 이미 오래전에 알려져 있었기 때문이다. 그래서 30년이 지나서도 국민을 기만하고 거짓을 일삼으면서까지 워싱턴에 봉사해온 일본정부의 책임을 드러내려 했던 것이다. 원고단이 지적한 것처럼, 그들은 "일본의 시민들이 일본의 과거 정책을 재검토하고, 그것을 미래세대에게 물려줄 수 있도록" 문서들을 추적했던 것이다.[59] 간단히 말해서 쟁점은 1947년 헌법하에서 주권의 담지자인 국민의 권리, 즉 정부가 국민의 이름으로 무엇을 했는가를 알 권리였다.

2011년 9월, 토오꾜오 고등재판소 아오야기 카오루(靑柳馨) 재판장은 스기하라의 판결을 번복했다. 고등재판소는 밀약은 존재했지만 국민들이 "오끼나와를 돈으로 샀다"라고 생각하지 않도록 일본 정부가 반환 과정을 숨길 필요가 있었다는 이상한 판결을 내렸다. 그리고 "일반 행정문서와 달리 한정된 직원만 알 수 있는 방법으로 관리되었을 가능성이 높으며 (…) 비밀스럽게 폐기했을 가능성은 부정할 수 없다"라고 했다. 그러나 고등재판소는 문서를 발견할 수 없었다고 한 2010년의 외무성과 재무성에 의한 조사는 신용할 수 있다고 하면서 "국가가 문서를 보유하고 있다고 인정하기에 증거가 충분하지 않다"라고 판단했다. 판결의 요점은 존재하지 않는 것은 존재하지 않고, 국가의 선의는 신뢰하지 않으면 안 되며, 국가가 중요한 국가문서를 은폐 혹은 파기한 것에 대해 책임을 묻지 않는다는 것이었다. 원고들은 "정보공개법의 정신이 짓밟혔다"라며 분노했다.[60] 『니혼께이자이신문(日本經濟新聞)』도 사설을 통해 "설득력 없는" 판결이라고 비판했다.[61]

류우뀨우대학의 가베 마사아끼(我部政明) 교수는 (반환 후) "미일의 공범으로 미군기지가 남겨졌다. 밀약이 그 공범관계를 숨기고 있다."라고 비판했다.[62] 반환 후에도 미군기지가 그대로 남겨졌을 뿐만 아니라, 사또오 총리는 국민에게 '핵무기 없이' 오끼나와를 반환받았다고 말하면서 1969년에는 미국에 유사시에는 지금까지처럼 오끼나와에 핵무기 반입을 허용하겠다고 은밀히 확약했던 것이다. 사또오는 불과 2년 전에 일본의 '비핵 3원칙'을 선언했었지만, 그것은 확실히 강한 반핵여론을 달래고 기만하기 위한 것일 뿐이었다. 1969년 초에 사또오가 주일미대사인 존슨에게 비핵 3원칙 정책은 '난센스'라고 털어놓았기 때문이다.[63] 5년 뒤인 1974년,

사또오는 비핵 3원칙 선언으로 노벨평화상을 수상했지만, 얼마나 양심에 찔려했을지는 의문이다.

게다가 2011년 8월, 외무성은 1953년에 행한 미일행정협정(현행 미일지위협정의 전신) 17조의 형사재판권을 둘러싼 개정교섭을 보여주는 외교문서를 공개했다. 거기에서 일본정부는 "실질적으로 중요한"(material importance) 사건 이외에는 미군에 대한 제1차 재판권을 행사하지 않는다는 데 동의했다.[64] 당시까지는 미군 측이 재판권을 모두 가지고 있던 것을 공무 외의 사건에 대해서는 일본 측이 가지도록 개정교섭을 한 것이었으나, 결과는 그 정도에 불과했던 것이다. 그 결과, 그후에도 오늘까지 반세기가 넘도록 미군 범죄는 대부분이 일본 재판소의 관할 밖에 놓여 있다.

미일안보조약에서 미일'동맹'으로

이렇게 은폐공작과 부패로 얼룩진 상태에서 출발한 미일 안보체제가 '동맹'인지 아닌지의 문제는 일본 국내에서는 정치적으로 민감한 문제였다. 미일관계를 처음으로 '동맹'(alliance)으로 표현한 외교문서는 1981년 스즈끼 젠꼬오(鈴木善幸) 총리와 로널드 레이건(Ronald Reagan) 대통령이 백악관 회담 후에 발표한 공동성명이었다. 스즈끼 총리의 전임자였던 오오히라 마사요시가 2년 전에 미국을 방문했을 때 환영식에서 이미 미국을 '동맹국'이라고 불렀고,[65] 미국 측도 "미국-일본은 이미 실제로는 미국-유럽과 차이가 없는 동맹관계에 있다"라는 인식을 가지고 있었다. 하지만 1981년에 나온 미일 공동성명에서 '동맹'에 대한 언급은 일본 국내에서 크나큰 파문을 일으켰다. '비둘기파'였던 스즈끼 총리는 기자회견에서 "동맹은 군사적 의미를 가진 것이 아니"라고 반복해서 언급했는데, 이또오 마사요시(伊東正義) 외무대신이 거기에 반발하여 사임함으로써 정국 불안의 요인이 되었다.[66] 이또오의 뒤를 이은 소노다 스나오(園田直) 외무대신은 공동성명은 법적 구속력을 가지지 않는다며 설득력 없는 설명을 제시했다. 스즈끼의 후계자였던 나까소네 야스히로 총리는 오히려 미일 안보관계의 군사동맹화를 진전시켰고, 그것을 "일본은 미국의 불침항모"라는 잊을 수 없는 경구로 표현했다. '동맹'이나 '동맹관계'라는 용어는 점점 일반화되었고, '미일동맹' '일미동맹'이라는 용어가 외교문서에서 처음으로 사용된 것은 1996년의 '미일안전보장 공동선언——21세기를 향한 동맹'에서였다.[67]

안보조약을 '동맹'으로 생각하기 어려운 것은 조약의 한계 때문이다. 안보조약은 (제6조의 이른바 '극동'에 있는) 일본의 방위를 위한 비상사태에 한정된 합의다. 조문은 변경되지 않았지만, 그 내용과 해석은 반복해서 개정되어왔다. 20세기 말 일본의 역대 정권은 그 적용범위를 계속해서 확대해왔고, 21세기에 들어서는 미일 안보조약을 '성숙한' 것으로 하고, 더 나아가 미일동맹을 테러와의 전쟁을 위한 전지구적 협력으로 확장하자는 미국의 요구에 응하여 거듭 일보를 내딛었다.[68] 법률·헌법상의 제약을 염두에 두는 일은 없었다. 그것은 "국제분쟁을 해결하는 수단으로써"의 "무력행사"를 금지하는 헌법을 가진 일본이 세계에서 최고로 전쟁과 전쟁위협을 주요 정책 수단으로 삼는 국가와 동맹을 맺고, 실제 병력파견 이외의 온갖 형태로 미국의 전쟁을 지지하며, 다른 어떤 나라보다 많은 군사시설을 제공하고, 가장 많은 금액의 접수국지원(HNS, Host Nation Support)을 하고 있다는 것을 의미한다.

히구찌 보고서 대 나이 보고서

1955년부터 2009년까지 장기간 동안, 자민당정권이나 자민당 주도의 연립정권하에서, 미일관계를 근본적으로 재검토할 기회는 한 번도 없었다. 자민당의 일당지배가 일시적으로 흔들렸던 1993년, 호소까와 모리히로(細川護熙) 총리는 냉전 후 일본의 외교방침에 관한 자문위원회를 임명했다. 아사히맥주의 히구찌 히로따로오(樋口廣太郎)를 위원장으로 한 위원회는 미국 세계패권의 점진적인 쇠퇴를 예견하는 선견지명을 가지고 있었다. 히구찌는 미국 일변도로 미국에 종속적이었던 외교 자세를 재검토하고, 나아가 다각적이고 자립적인 입장에서 유엔을 중시하는 쪽으로 외교 자세를 전환해야 한다고 촉구했다.[69]

이 '히구찌 보고서'는 워싱턴에 불안감을 일으켰다. 곧이어, 조지프 나이(Joseph Nye, 당시 국제안전보장담당 국무장관보)를 장으로 하는 미정부위원회가 정반대의 결론을 내놨다. 동아시아의 평화와 안전은 '산소'와 같은 동아시아 주둔 미군에 크게 빚지고 있기 때문에 현재의 방위·안전보장체제는 유지되어야 하며, 동아시아(일본과 한국)에서 미군 부대도 10만명 규모로 유지해야 한다는 것이었다. 그리고 동맹국이 미군 병력의 유지를 위해 더욱 공헌해야 한다고 클린턴 대통령에게 권고했다.[70] 그 이후 '히구찌 보고서'는 잊혔고

나이의 처방전이 채택되었다.[71]

동아시아의 평화·안전·번영은 미군이 공급하는 '산소'에 의지하고 있으며 더욱 의지해야 한다는 '나이 보고서'의 시각은 동아시아의 평화와 안전, 번영을 자신들이 지켜오고 있다는 오만을 보여줄 뿐만 아니라, 1950년대의 한국·과테말라·이란을 비롯해서 1960년대의 베트남, 1970년대의 칠레, 나아가 이라크·아프가니스탄, 그리고 현재 파키스탄·예멘·리비아 등의 국가에서 바로 그 '산소'가 정부를 전복하고 국토를 피폐하게 했으며 수백만명을 죽이거나 피난민으로 만들어왔다는 역사를 무시하는 것이다. 미국 내에서도 이들 전쟁의 정당성과 합법성은 폭넓게 논쟁되어왔으며, 잘 알려진 사례로는 맥나마라 전 국방장관이 파멸적이었던 베트남전쟁은 '잘못'(mistake)이었다고 단언한 것을 들 수 있다. 하지만 미국의 전쟁이라면 어떠한 전쟁이건 일본이 무조건적으로 지원·협력해온 것에 관해서는 오늘에 이르기까지 의문을 제기할 기미도 보이지 않는다.

1995년부터 2009년까지의 자민당정권은 1995년, 2000년, 2007년에 조지프 나이가 리처드 아미티지(Richard Armitage) 등과 함께 만든 상세한 정책제언을 충실히 따랐다. 2009년까지 그 처방전에 대해 아무런 의문도 제기되지 않았다.

억지력은 유꾸시(噓)

태평양의 양쪽에서 반복해서 들려온 것은 조지프 나이가 언급한 견해, 즉 안보–기지체제가 동아시아, 특히 일본의 안전보장과 번영을 위한 '산소'의 공급에 불가결하며, 오끼나와는 그 '산소'의 대체 불가능한 공급원 역할을 계속해야 한다는 견해였다. 2010년 1월의 공동성명에서 미일 양 정부는 동일한 방식으로 미군의 오끼나와 주둔을 정당화했고, 이와 같은 견해는 2011년 6월에도 반복되었다. 동아시아의 평화와 안보는 미해병대의 오끼나와 주둔에 의존하고 있다는 것이었다. 그때마다 일본의 언론은 전반적으로 미일동맹의 업적을 호평하고 동맹의 확장과 심화에 찬성하는 헤드라인을 내보냈다.

미해병대 해병원정군(MEF, Marine Expeditionary Force) 세개 가운데 두개 부대는 미국 내(캘리포니아, 노스캐롤라이나)에 주둔하고 있으며, 국외에 있는 것은 오끼나와의 제3해병원정군(Ⅲ MEF)뿐이다. 미국의 군사기지는 전세계에 있는데도 불구하고 왜 해병원정군의 거점은 미국 밖에서는 오직 일본에만 존재하는 것인가? 여러 전문가들은 해병대가 일본에 있는 것은 일본정부가 기지나 보급 및 수리 거점을 제공하고, 그 유지를 위해 선선히 '접수국지원'을 하고 있다는 점이 가장 큰 요인이라고 보고 있다.[72] 그중에서도 왜 오끼나와에 있는가에 대해, 일본정부는 '지리적 우위성'이라는 추상적인 말로 얼버무리면서 북한이나 대만해협에서 '가깝지만 너무 가깝지는 않다'라고 말하는 등, '본토에는 가져오고 싶지 않다'라는 의미로 생각할 수밖에 없는 설명만 내놓고 있다.[73] 더욱이 주오끼나와 해병대는 1950년대에 정치적인 이유 때문에 토오꾜오 서쪽에 있는 기후(岐阜)와 야마나시(山梨)에서 미군 점령하의 오끼나와로 이전한 것이며 오끼나와에 있어야 할 필연성은 없다.[74]

주일미군기지의 법적 근거는 1960년의 '미일안보조약'이다.[75] 제6조에서 미국은 "일본국의 안전에 기여하고, **극동**의 국제평화와 안전유지에 기여하기 위해" 일본에 부대를 주둔시킬 권리를 부여받고 있다. 냉전이 끝나고 가상의 '적국'이 붕괴한 이후, 일본의 미군기지는 안보조약이 규정한 일본과 '극동'뿐만 아니라 세계 모든 곳의 전쟁에 사용되기 시작했다. 제3해병원정군은 일본의 기지에서 출동하여 베트남, 페르시아 만, 아프가니스탄, 이라크에서의 전쟁에 참전해왔다. 해병대는 본질적으로 원정 상륙작전부대이고 적국 영토로의 침투태세를 갖춘 '공격'부대이며 미군 항공모함과 전함의 방어를 위한 부대이지, 안보조약이 규정하는 것처럼 오끼나와나 일본의 방위를 위한 부대가 아니다. 해병대뿐만 아니라 미공군의 카데나기지와 미사와기지, 미해군의 요꼬스까기지와 사세보기지에서도 미군이 전쟁터로 출격하고 있다. 안보조약을 법적 근거로 삼아 주둔하고 있지만 실제로는 '극동조항'을 어김으로써 안보조약 자체를 위반하고 있는 것이다.

또한 오끼나와의 해병대가 중국이나 북한으로부터의 공격에 대한 '억지력'이 된다고 하는 것은 크나큰 착각이다. 중국은 현재 일본의 최대 무역상대국이며, 중일 양국 정부는 동아시아공동체의 형성에 대해 (산발적이나마) 대화를 하고 있다. 한편, 북한이 '위협'이라고 한다면, 이웃나라에 자살공격을 감행할 위험보다는 오히려 붕괴를 우려해야 할 것이다.

일본 방위 관련 고위층에서도 논리적으로 오끼나와의 1~2만명에 달하는 해병대를 억지력이라고 정당화하기 어렵다는 견해를 보이고 있다. 방위연구소 소장을 역임한 야나기사와 쿄오지(柳澤協二)에 따르면, 해병대는 "언제라도, 세계 어디에라도 출동"하기 위한 부대이지 "특정 지역의 방위를 위한 군종이 아니다." 야나기사와는 해병대는 전진배치 병력이며 괌에 배치할지 오끼나와에 배치할지는 군사적 선택이 아니라 정치적 선택이라고 강조한다.[76] 마찬가지로, 오끼나와국제대학의 사또오 마나부(佐藤學)는 헤노꼬에 해병대기지를 신설하는 것이 일본의 방위에 불가결하다는 사고방식을 부정한다. "후뗀마기지는 훈련을 주목적으로 하는 기지지만, (계획되어 있는 신기지는) 후뗀마의 대체기지라고 말할 수 없다. 그것은 최신설비를 갖춘 새로운 기지다. 신기지에서는 해병대의 훈련뿐만 아니라 외국 영토 공격이 가능한 전방전개기지로서 사용이 가능하다. 그 기지를 무상으로 떠맡는 것이다."[77] 한편, 오끼나와 본도의 중부에 있는 캠프 한센 안에 건설된 '가상도시'(simulated cities)에서는 해병대가 시가전에 대비한 실탄 훈련을 실시하고 있으며, 바로 여기에서 훈련받은 해병대가 2004년 11월과 12월 미군의 이라크 팔루자(Fallujah) 공격 때 출동을 했던 것이다.[78] 또한 북부훈련장은 세계 유일의 '정글전투훈련센터'를 가지고 있다. 이러한 군사기지 운용의 어디가 '극동'의 방위를 위한 것이며, 무엇을 '억지'하고 있는지 아무런 설명이 없다.

또한 더 중요한 것은 미국이 자신의 전략적 목적을 위해 후뗀마 해병대의 핵심 전력을 괌으로 이전시키기로 결정했다는 점이다.[79] 2006년 '주일미군 재배치 실시를 위한 미일 로드맵'(United States-Japan Roadmap for Realignment Implementation)이 발표된 지 몇개월 후, 미태평양사령부는 '괌 통합군 발전 계획'(Guam Integrated Military Development Plan)을 발표했고,[80] 2009년 11월에는 미해군이 괌과 북마리아나제도에 대한 7천면 분량의 환경영향평가서를 발표했다.[81] 미국방부가 2010년에 발표한 『4개년 국방기획서』(*Quadrennial Defense Review Report*)에서는 괌을 "역내 안보활동을 위한 허브"로 규정했다.[82] 헤노꼬를 위해 나왔던 환경주의적 반대논리는 괌 프로젝트에도 적용되었다. 2010년 2월, 미환경보호청은 괌에서의 전력증강 계획에 관한 아홉권의 '환경영향평가 초안'이 산호초 파괴 위험을 포함해 가장 낮은 등급인 'EU-3'을 줄 정도로 심각한 문제들을 안고 있다면서 "환경적으로 만족스럽지 못하다"라고 선언했다.[83]

그럼에도 불구하고, 당시 기노완시의 시장이었던 이하 요오이찌(伊波洋一)가 지적한 것처럼, 헬리콥터 부대를 비롯하여 후뗀마비행장에 주둔하고 있는 해병대는 괌으로 이전될 것이다. 그럴 경우, 헤노꼬의 신기지는 필요없게 된다. 괌의 앤더슨공군기지(Anderson Air Base)는 카데나기지의 네배, 후뗀마비행장의 13배에 이르는 아시아 최대의 미공군기지다. 이처럼 괌의 군사적 기반시설이 증강되면, 세척의 핵잠수함을 보유한 괌은 동아시아와 서태평양 전역을 엄호하는 군사적 요새이자 전략적 기항지가 될 것이다.[84] 양 정부의 대변인들이 (루스 주일미대사가 이하 시장에게 말한 것처럼) 괌의 미래가 "아직 결정되지 않았다"라고 얼버무렸을 때, 이하 시장은 그런 발언들은 고의적으로 혼란을 조장하기 위한 속임수라고 생각했다. 그것은 "오끼나와인들을 기만하고, 일본국민들을 기만

하며, 일본국회를 기만하는" 것이다.[85)

하지만 이런 분석이 옳고, 펜타곤이 사실상 괌을 지역 내의 핵심 군사요새로 개조하기로 결정했다고 해도, 일본이 건설해서 새 단장을 하기로 약속한, 게다가 복합적 기능을 갖추고 심해항을 구비한 오오우라 만의 헤노꼬 신기지를 미국이 그대로 포기하리라는 것을 의미하지는 않는다.

미일 양 정부가 오끼나와에 주둔하는 해병대가 수행하는 역할에 관해 만족스러운 설명을 제시하기 위해 분투하자, 2010년 상반기에 펜타곤은 미해병대의 역할과 관련하여 새로운 설명을 내놓기 시작했다. 화재·홍수·해일·화산 폭발·토사 붕괴 등 '아시아·태평양의 재해 증가'에 대응하는 재해구원부대[86) 혹은 북한 붕괴 시에 핵무기를 제거할 병력이라는 것이다.[87) 미일 양 정부는 2011년 3월 11일에 일본 동북지방을 강타한 지진-해일-원자력발전소 사고 직후, "재해 예방 및 구조에 국제적인 협력을 강화한다"라면서 해병대의 재해 시 구조역할을 각별히 강조하기 시작했다. 양 정부는 아마도 미야꼬제도에 위치할 '미일 재해구조센터'(가칭)를 포함하는 신기지 건설 계획을 진전시켰다.[88) 하지만 이와 같은 임무가 가치 있는 것이라고 해도 안보조약상의 근거는 없으며, 그와 같은 임무 때문에 해병대의 존재의의가 있다고 하더라도 그것은 역시 '억지력'과는 동떨어진 것이다. 그러한 역할이 반드시 군사적일 필요는 없으며 민간 재해구조협력체제를 만들면 되는 것이다.

많은 오끼나와인들은 '억지력'은 '유꾸시'(嘘, 거짓말을 뜻하는 오끼나와어)라며 야유하고 있다. 하또야마 유끼오도 총리대신직에서 물러난 뒤, 주오끼나와 해병대를 '억지력'이라고 부르는 것은 '방편' (方便, 다른 목적을 달성하기 위한 수단)이었다고 자백했다.[89] 2012년 가을에 '센까꾸 문제'의 부각을 빌미로 'MV-22 오스프레이'의 오끼나와 배치를 강행하면서 노다 요시히꼬(野田佳彦) 정권도 오스프레이를 '억지력'이라고 불렀지만, 이전 기종인 CH-46 헬기보다 항속거리나 속도가 공식적으로 크게 늘어난 오스프레이는 더더욱 오끼나와에 배치할 필요가 없다. '억지력'이란 모든 군비확장 시도를 정당화하기 위한 변명으로 사용되고 있으며, 오끼나와에서는 오끼나와에 대한 구조적 차별을 유지하기 위한 궤변에 불과하다는 점이 명백하다.[90]

속국: 자발적 예종

일본과 동아시아의 여러 문제들은 일본이라는 국가의 핵심에서의 자기부정에 뿌리를 두고 있다. 2007년에 일본에 관해『종속국가 일본』(Client State, 한국어판은 창비 2008)이라는 제목의 책을 출간한 것은 어느정도 충격을 야기한 것 같다.[91] 그러나 일본국가가 작동하는 방식이 널리 폭로됨에 따라 '속국'(client state)이라는 용어는 점점 덜 논쟁적이게 되었고, 보수파 논객조차 사용하기에 이르렀다. 한때 국가주의를 철저하게 신봉했던 국가의 국민이 현재와 같은 굴욕적인 상태를 어떻게 용인할 수 있는 것인지 되묻지 않을 수 없다.

무엇보다 일본의 정계·재계·관료계 엘리뜨들은 굳이 '속국'이 되어 점령되기를 선택했으며, 어떤 댓가를 치르더라도 점령자의 심기를 건드리지 않고 점령 상태가 지속될 수 있도록 단단히 결심한 것처럼 보인다. 그들은 세심하게 주의를 기울여 점령자가 만족할 만한 정책을 찾아서 채택하고 있다. 니시따니 오사무(西谷修)에 의하면, 자민당 정치가나 관료들은 " (…) 이미 어쩔 수 없어서가 아니라, 기꺼이 받아들이고 자진해서 '종속'을 떠맡는다. 이 '자발성(자유)'과 구별되지 않는 '종속', 그것을 '자발적 예종(隷從)'이라고 한다".[92]

이것은 일본국가 내에 확고하게 자리 잡은 책략으로, 역대 정부와 여론 지도층들에 의해 추종되어왔다. 이것은 일본에만 있는 독특한 현상도 아니고 반드시 비합리적인 것도 아니다. 강대국의 호의를 얻고 지켜내는 것이 약소국의 안전을 가장 확실하게 보장하는 길일 수도 있다. 냉전 시기 동안 종속과 복종은 상당한 이익, 특히 경제적 이익을 가져다주었고, (오끼나와라는 중요한 예외를 제외한다면) 미일관계는 미국이 부과한 헌법(특히 평화주의에 대한 국가의 공약을 표현하고 있는 제9조)의 특성에서 유래하는 특정한 제약들에 종속되어 있었다.

하지만 냉전이 종식되고, '적'은 사라졌지만, 미국은 일본과 오끼나와에서 군사적 발자취를 점차 줄여가는 대신에, 한걸음 더 나아가 일본에 '방위'에 더 큰 공헌을 할 것을 요구했다. 미국은 자위대가 '보이스카우트'(도널드 럼즈펠드Donald Rumsfeld는 한때 자위대를 이렇게 경멸적으로 불렀다)이기를 그만두고 특히 이라크, 아프가니스탄 및 파키스탄에서의 '대(對)테러전쟁'에서 미군의 지휘하에 미군과 나란히 싸우고, 필요할 경우에는 미군을 대신하여 싸울 수 있는 '정상적인' 군대가 되라고 압력을 가했다. 말하자면 미군 사령부 아래로 일본의 병력이 통합되고, 다른 한편으로 일본의 자본·시장·기술에 더욱 접근하기를 원했던 것이다. 일본은 냉전기의 협소했던 역할과 비교해 '속국' 상태에서 더 무거운 부담을 지게 되었고 비용 역시 한층 증가한 반면, 미국의 쇠퇴가 가파르게 진행됨에 따라 속국 상태에서 얻어내는 이익은 점점 더 감소하고 있다. 가장 무거운 부담을 지고 있는 곳에서 반대의 목소리가 가장 날카로워졌다. 바로 오끼나와다.

2009년까지 자민당정권 일각에서도 서서히 '나이 처방'에 대한 불만이 커져갔다. 자민당의 핵심 인사로 2006년 9월부터 아베 정권에서 방위청(2007년 방위성으로 승격)장관을 지낸 큐우마 후미오(久間章生)는 2003년에 일본이 마치 "미국의 국가처럼" 되었다고 언급했다.[93] 그는 2007년에 이라크전쟁을 "이해한다"라면서도 결코 "지지하지"는 못한다고 언급했고,[94] 오끼나와의 미군기지에 대해서 "우리는 미국에게 두목처럼 굴지 말고 우리가 할 일을 하도록 내버려두라고 말하는 중"이라고 언급했다.[95] 아소오 타로오(麻生太郎)조차도 2007년 초에 외무대신일 때 럼즈펠드가 이라크전쟁을 수행한 방식을 두고 "매우 유치하다"라고 말했다.[96]

하지만 이런 일들은 미일관계에서 일시적인 삐걱거림, 불쾌한 결례에 대한 실망일 뿐,[97] 미국에 대한 토오꾜오의 지속적인 봉사에 영향을 주지 못했다. 이런 맥락에서 2009년 민주당으로의 정권교체는 역시 워싱턴에 심각한 위협이었다. 민주당이 2005년의 매니페스토에서, 단순히 미국을 추종하는 것은 진정한 미일동맹 강화에 기여하지 않는다면서 "필요할 경우에는 미국에 자제를 촉구하는 것이 아시아·태평양 지역의 공공재로서 미일동맹의 가치를 높일 것"이라고까지 말했기 때문이다.[98] 이런 자세는 민주당의 집권이 다가오면서 약화되었지만, 하또야마와 그의 팀은 여전히 미국과 일본의 '대등한 관계'를 지향하고 (동아시아 여러 국가들과 새로운 관계를 구축하는 한편으로) 미국과의 관계를 재검토할 것이라고 표명해왔다.

2008년부터 2009년에 걸쳐 자민당의 신용이 실추되고 야당이던 민주당의 인기가 올라가면서 워싱턴은 민주당의 '반미' 자세를 깨뜨리기 위해 압력을 가해왔고, 조지프 나이가 또 한번 그 중심부에 등장했다. 나이는 2008년 12월, 토오꾜오의 호텔에서 민주당 간사장을 역임한 칸 나오또(菅直人), 하또야마 유끼오, 마에하라 세이지(前原誠司), 오까다 카쯔야와 만나 미국 측의 우려사항 네가지를 전달했다. 그것은 (1) 미일지위협정, (2) (후뗀마기지의 이전을 포함한) 주일미군 재편, (3) 대(對)아프가니스탄 정책, (4) 인도양에서 해상자위대의 급유 활동 등이었다. '대등한 미일동맹'을 지향했던 민주당은 이 네개항 모두에 대해 근본적인 재검토를 내걸고 있었다. 나이는 이 네개항의 재검토가 "매니페스토에 명기된다면, 오바마 정권과의 원활한 관계 구축에 장애가 될 것"이라고 경고했다.[99] 나이는 마에하라 세이지가 오바마 정권 초기에 재협의를 하고 싶다는 민주당의 의사를 전달하기 위해 워싱턴을 방문했을 때 다시 한번 동일한 메시지를 전달했다. 나이는 이 사안들을 재검토한다

면 '반미라고 간주할 것'이라고 말했다.[100]

　진실은 미국이 다른 어떤 국가와도 '대등한 관계'를 허락하지 않는다는 것이다. 일본 총리대신의 역할은 워싱턴의 위성인 '속국'을 관리하는 것이다. 동맹의 '근접성'과 '신뢰성'은 그들의 노예근성(servility)의 정도에 의해 측정된다. 이라크전쟁 당시에 영국의 토니 블레어(Tony Blair) 내각에서 활약했던 클레어 쇼트(Clare Short)가 애처롭게 회고했던 말을 코이즈미 준이찌로오의 일본에 동일하게 적용할 수 있다. "우리는 푸들처럼 무조건적인 숭배로 스스로를 모욕하는 일을 그만두어야 한다."〔미국과의〕 "특별한 관계"란 "그저 미국이 가는 곳이라면 어디든지 굴욕적으로 쫓아간다는 것"을 의미할 뿐이기 때문이다.[101]

　나이의 사고방식은 미국에 의한 군사점령을 전제로 한 것이었다. 1990년부터 1998년까지 오끼나와 현지사를 역임하면서 나이의 구상에 대처해야 했던 오오따 마사히데는, 나이가 오끼나와를 "미국의 영토인 것처럼" 말했으며 "오끼나와가 주권국가인 일본의 일부가 아니냐고 질문하고 싶었다"라고 한다.[102] 그 거만한 태도와 일본에 명령할 권리가 있다는 듯한 가정에도 불구하고, 나이를 비롯한 '후견인들'(handlers)은 존경을 받고 있으며 심지어 '지일파'(pro-Japanese)로 숭배받고 있다. 테라시마 지쯔로오(寺島實郎)는 워싱턴에는 '지일파·친일파' 미국인이 존재하고 토오꾜오에는 '노예근성'의 '지미파·친미파' 일본인이 존재하며, 이들이 자아내는 '썩은 냄새'가 진동하고 있다고 쓰고 있다. 테라시마는 이처럼 굴종적인 일본의 지식인들을 '노안(奴顔)' 즉, '노예의 얼굴'이라고 비판하고 있다.[103] 자민당정권은 이러한 '미일안보로 먹고사는 사람들'과 상부상조하는 관계라고 할 수 있다. 나이는 아미티지를 비롯한 지일파들과 정책제안서를 만들어 '속국' 지배를 확고히 하려 했던 것이다.

오바마 정권은 이런 사고방식을 따라, 대미관계를 의존이 아니라 대등한 관계로 만들기 위해 재교섭을 하고 싶다고 밝힌 하또야마의 열망을 겨냥했다. 오바마 정권에게 미일동맹의 모범은 (조지 W. 부시가 코이즈미를 지칭했던 말인) '코이즈미 원사'(Sergeant-Major)의 황금시대였음에 틀림없다. 그 시대에는 일본정부의 순종이 보증되었고, 매년 미국의 정책지시서('연차개혁요망서', 하또야마 정권 시기에 폐지)가 토오꾜오에서는 성전과 같이 추앙되었다. 일본의 관료, 지식인, 언론인들의 얼굴은 테라시마가 말한바의 '노예의 얼굴'을 하고 있었다. 민주당도 2009년 정권 획득 직후에 있었던 다소의 혼란 이후에는 결국 자민당정권과 똑같이 정형화되고 말았다.

나이 독트린하에서 동아시아에 있는 미군기지는, 오끼나와의 희망과는 반대로, 철거되기는커녕 통합·강화되었다. 나이 독트린의 기본원리는 1996년부터 2009년에 걸쳐 체결된 안전보장에 관한 공동선언이나 협정으로 확인된다. 마치 나이의 화살통에서 화살이 연달아 발사되는 것처럼, '동맹' 재편을 위한 입법과 제도개혁이 연이어 신속하게 이루어졌다. 하시모또-클린턴의 '미일안전보장 공동선언—21세기를 향한 동맹'(1996) '미일방위협력을 위한 지침'(1997) '주변사태법'(1999) '국민보호법'(2004) '무력공격사태법'(2003) '미군행동원활화법'(2004) '미일동맹—미래를 위한 변혁과 재편'(2005) '재편 실시를 위한 미일 로드맵'(2006) '주일미군기지 재편촉진법'(2007) 그리고 자위대의 인도양(2001) 이라크(2003) 소말리아(2009) 파견을 위한 '특별조치법' 등이 그것이다.[104]

아미티지와 나이는 2007년 2월 '미일동맹──2020년까지 아시아를 올바로 이끌기 위하여'라는 보고서를 발표하여 일본이 해야 할 바를 열거했다. 즉, 안전보장과 관련한 국가기구나 관료체제를 강화하고, 임시조치법에 의거하지 않고 언제라도 자위대 해외파병이 가능한 항구법(恒久法)을 제정하며, (금액으로는 세계 5위에 들어가지만 GDP 대비로는 134위에 지나지 않는) 군사지출을 늘리라는 등의 요구였다. 미일동맹을 '제한'하고 있는 헌법을 개정하는 것에 관해서는 일본국민이 결정해야 할 문제라고 했지만, '공통의 이해'를 위해 더욱 공헌할 수 있는 '파트너를 환영'한다는 표현으로 개헌 압력을 가했으며, 나아가 일본이 유엔 안전보장이사회 상임이사국이 되고 싶어한다는 것을 파악하고 그러기 위해서는 그에 어울리는 군사상의 공헌이 필요하다고 을러대는 것을 잊지 않았다.[105]

이 결정적인 시기에 토오꾜오를 정기적으로 방문하면서 코이즈미와 후임 정권에 워싱턴의 명령을 전달한 아미티지는 자신이 성취한 것을 다음과 같이 만족스럽게 표현했다. 일본은 펜타곤의 군사 재편 계획에 응함으로써, "더이상 관람석에 앉아 있지" 않고, 이라크에서 "그라운드에 발을" 들였으며, "경기장의 플레이어"로 등장했고, "내야"로 내려오게 되었다는 것이다. 즉, 미영동맹과 거의 대등한 수준으로 미일동맹을 격상시켰다는 것이다. 그는 일본의

이러한 노력에 매우 후한 점수를 주었다.[106]

　2007년 11월에는 로버트 게이츠 미국방장관이 일본에 대해 (당시 격렬한 논쟁을 불러일으켰던) 인도양에서 해상자위대의 급유 활동을 재개하고, '배려예산' 삭감에 반대할 것과 일본의 방위비를 증가하라고 요구했으며, 필요할 경우에는 언제라도 자위대의 해외 파견이 가능하도록 항구법을 통과시키도록 지시했다.[107]

　이 과정들은 종주국(patron)에서 속국으로 명령이 하달된 흔적을 보여준다.

04
RESISTANT ISLANDS

오끼나와:
분리와 복귀

1945년 늦여름, 오끼나와를 유린한 '철의 폭풍'이 지나간 뒤 일본 군국주의와 파시즘으로부터 해방되었다는 안도감은 찰나에 불과했다. 망연자실한 오끼나와인들을 기다리고 있던 것은 '전리품'이라는 명목의 미군의 토지수탈과 생활파괴였다. 이후 27년간 오끼나와는 미군의 직접적인 군사지배를 받았다. 그때부터 오늘날까지 특권을 누리고 있는 외국군에 종속되어 있는 것이다.

　전후 오끼나와의 지위는 처음부터 아주 특이했다. (1장에서 살펴본 것처럼) 미국 점령당국이 쇼와 천황 히로히또와 같은 인물에게 초고속으로 면죄부를 주고 격려했기 때문이다. 1972년까지 지속된 미군 지배하에서 워싱턴과 토오꾜오 양자에게 오끼나와는 일본국 헌법 제9조의 뒤에 숨어서 '전쟁 수행 능력'을 양성하고 '군사력의 사용이나 위협'을 준비하는 거점으로 기능하기 위해 존재했다. 본토 일본은 헌법상으로 '평화국가'였던 반면 오끼나와는 1960년대 초반부터 베트남전쟁을 추진하고 세계대전을 대비하는 필수적인 기지의 역할을 해왔던 것이다. 본토 일본과 오끼나와의 역할의 모순을 어떻게 화해시킬 것인지는 오늘날까지 미일 양 정부에게 당혹스러운 문제다.

1972년에 일본의 시정권에 복귀하면서 헌법상의 민주주의 영역으로 돌아왔음에도 실제로는 오끼나와 시민들의 이익보다 미국의 군사적 이익에 우선권이 두어져왔고 오늘날에도 그렇다. 2010년에 열린 미일동맹 50주년 기념식은 오끼나와에 대한 특유의 살벌함을 보여주었다. 안보조약이 체결된 지 50년이 지났지만 미군 지배하일 때와 비교해 오끼나와에 대한 배제와 오끼나와의 지위가 여전히 변함 없다는 점을 단순히 확인시켜주었을 뿐이다.

민주주의와 자유세계를 지킨다고 공언하는 두 국가가 미국의 군사적 목표에 우선권을 부여하기 위해 오끼나와에 밀약·거짓말·위협·부정으로 갖가지 일을 강요해왔다는 점은 이제 명백하다. 반면, 오끼나와는 이러한 부정을 시정하기 위해 일관적으로 민주적이고 헌법에 부합하며 비폭력적인 절차에 의지해왔다. 하지만 오끼나와인들은 헌법상 그들에게 보장되어 있다는 권리를 얻어내기에는 정치적·사법적인 절차들이 매우 불완전하다는 점을 깨닫고 있다. 특수하면서도 불리한 위치 때문에, 오끼나와인들은 일본 민주주의의 맨얼굴이 지닌 공허함을 다른 누구보다 더 잘 이해할 수 있었다. 또한 그 이면에서 일본이 추상적인 민주주의 원칙보다 워싱턴이 직접 조정하는 경로를 순순히 따라가도록 미국이 쏘프트파워(soft power)를 지속적으로 사용하고 있다는 점, 그리고 이 과정에서 깊숙한 간섭과 조작으로 설계된 씨스템을 명확하게 직시할 수 있었다.

'복귀'란 무엇이었나

본토 '주권회복의 날'이 오끼나와에는 '굴욕의 날'

미군의 오끼나와 점령은 1945년 3월 26일, 미군이 케라마제도에 상륙한 직후에 '니미츠 포고'(미해군 군정부 포고 제1호)를 공포하여 북위 30도 이남의 남서(南西)제도를 점령한 때로 거슬러올라간다. 그러나 사실, 미군은 아시아태평양전쟁이 시작되고 반년도 지나지 않은 1942년 4~5월 무렵부터 오끼나와 분리를 검토하기 시작했다. 오오따 마사히데 전 현지사는 전후에 오끼나와가 미군의 군사식민지가 된 것은 일본이 패전했기 때문이라기보다, 애초부터 미국이 일본이 전쟁에서 패할 것을 염두에 두고 수립한 오끼나와의 분리·점령 계획과 분리정책이 그대로 진행된 결과라고 본다.[1]

6년 반간 군사점령이 지속되고 있던 1951년 9월 8일, 대일강화조약(일본과의 평화조약)과 미일안보조약(일본국과 미합중국 사이의 안전보장조약, 구안보조약이라고 불림)이 같은 날에 조인되었다. 일본 본토에는 '주권'을 회복시키는 한편, 미군 주둔이라는 주권 박탈 상태를 합법화한다는, 서로 모순되는 수속이 취해졌던 것이다. 강화조약 체결에 즈음해 오끼나와에서는 일본 복귀를 요구하는 목소리가 고조되었음에도 불구하고, 강화조약 제3조는 결과적으로 기정사실로 굳어지고 있던 미군의 오끼나와 분리·점령을 국제적으로 합법화하고 추진하는 것이었다.[2] 제3조는 오끼나와의 지위를 이처럼 규정한다.

일본국은, 북위 29도선 이남의 남서제도(류우뀨우제도 및 다이또오大東제도를 포함), 소오후간(孀婦岩)[3] 남쪽의 남방제도(오가사와라小笠原제도, 니시노지마西之島[4] 및 카잔火山열도를 포함) 및 오끼노또리시마(沖の鳥島)[5]와 미나미또리시마(南鳥島)[6]를 합중국을 유일한 시정권자로 하는 신탁통치하에 두기로 한, 국제연합에 대한 합중국의 모든 제안에 동의한다. 이러한 제안이 행해지고 또한 가결될 때까지 합중국은 영해를 포함한 이들 제도의 영역 및 주민에 대하여 행정, 입법 및 사법상의 권력의 전부 및 일부를 행사할 권리를 가지는 것으로 한다.

1952년 4월 28일은 대일강화조약과 미일안보조약이 정식으로 발효된 날이다. 이날은 일본 본토에서는 점령 상태로부터 독립을 달성한 것을 기념하는 날이지만, 오끼나와에서는 일본으로부터 분리된 '굴욕의 날'로 사람들의 마음속에 깊이 각인되었다. 본토에서 매우 긍정적인 날이 오끼나와에서는 오히려 정반대의 의미를 지닌다는 것을 본토인들은 아마 꿈에서도 상상할 수 없을지도 모른다. 그러나 패전 당시의 미군 점령을 100명이 투옥된 것에 비유했을 때, [강화조약 발효에 따른 오끼나와의 분리를] 99명이 석방된 날에 한명만 감옥에 남아 있는 것과 마찬가지라고 한다면 상상하기에 그다지 어렵지 않을 것이다. 그것도 천황에 대한 충성을 강요당하고, 오끼나와전에서 살해당하고 불타 잿더미가 된 끝의 처사였다. 나아가, 같은 '점령하'라고 해도, 일본의 행정기구를 온존시킨 뒤에 간접 점령을 받은 일본 본토와, 직접 군정이 실시된 오끼나와는 사정이 매우 달랐다.[7] 평화학자인 이시하라 마사이에는 오끼나와인들이 그날을 '굴욕의 날'이라고 부르는 이유를 두가지 들고 있다. 첫번째 오늘날까지 군사식민지처럼 계속되고 있는 미일 양국의 '구조적 차별'이 [그날의 분리조치에 의해] 고정화된 것이며, 두번째는 오끼나와가 신탁통치의 대상이 된 것이다. 역사적으로 독립적인 류우뀨우왕국이었던 류우뀨우/오끼나와를 자치능력이 없다고 단정한 것이나 다름없는 [대일강화조약 제3조의] 문구는 참기 어려운 것이었다.[8]

강화조약에서 일본 본토에만 주권을 인정한 미군은 그후 오끼나와에서 토지 강제접수를 가속화해 기지를 확대했다. 미군 관계자로 인한 사건이나 사고도 빈발했다. 1972년에 일본으로 오끼나와가 반환되자, 일본정부는 미군이 무력으로 접수한 토지를 계속해서 미군용지로 사용해야 한다며 '주류군용지특조법' 등, '법의 탈을 쓴 총검과 불도저'[9][10]라고 할 만한 수많은 수법을 활용하여 기지를 고정화했다. 1952년 4월 28일을 '굴욕의 날'이라고 하는 것은 그날만 굴욕이었다는 것이 아니라, '지속적이며 반복적인 주민 탄압과 인권유린'의 원류가 된 날이었다는 것이다.[11] 오끼나와는 감옥에 홀로 남겨졌을 뿐만 아니라 그후에도 오늘까지 계속해서 학대를 받아온 것이다.

강탈당한 토지

1972년까지는 미국의 군사식민지였고 그 이후에는 실질적으로 미일의 공동통치령이었던 오끼나와에서 압제의 근간에 있던 문제는 토지수탈이었다. 이 과정은 오끼나와전쟁의 포연이 걷히자마자 시작되었고 그때부터 몇단계를 거쳐 계속되었으며, 국제법과 국내법 및 일본 헌법 위반으로 점철되었다.

1945년 말부터 1947년까지 오끼나와인들은 미군수용소에 억류되어 있었다. 차례로 수용소에서 풀려났을 때 많은 사람들의 집과 가족묘, 신성시하던 장소들이 이미 파괴되어 있었다. 오끼나와현 면적의 약 8%에 해당하는 1만 8천 헥타르가 미군에게 징발되어 4만명의 토지소유자들이 토지를 잃었으며, 1만 2천 가구가 가옥을 잃었다.[12] 아무런 보상도 없는 일방적인 대규모 토지수용이었고, 이것은 사유재산 몰수를 금지하는 1907년 헤이그협약 제46조를 위반하는 것이었다. 토지와 생계수단을 잃은 대부분의 현민은 직업을 구하기 위해 섬을 떠나야 했으며, 해외로 이주할 수밖에 없었던 사람도 있었다. 오끼나와사회는 이 과정을 '총검과 불도저'의 공포로 기억하고 있다.

전쟁이 끝나자마자 시작된 사유지 수용은 더욱 가속화되었고 한국전쟁(1950~53) 이후에도 계속되었다. 오늘날 미해병대가 사용하고 있는 후뗀마비행장은 미군이 점령 초기에 건설해 점차 확장한 곳이다. 이 지역은 전통적으로 오끼나와 본도의 남북을 연결하는 접점으로 물이 풍부하고 기노완, 카미야마(神山), 아라구스꾸(新城)로 통하는 가로수길이 펼쳐져 있었다. 일본군의 요새였던 카까즈(嘉數)고지를 비롯한 일대는 미군과 일본군의 격전지였다. 그 때문에 지역 주민의 4분의 1이 희생당했으며, 생존자들은 수용소 생활을 해야 했다. 오끼나와전이 한창일 때, 미군은 대일 결전에 대비하여 네개의 마을(기노완, 카미야마, 아라구스꾸, 나까하라中原) 일대에 폭격기용 활주로를 구비한 비행장을 건설했다. 종전으로 본토 공격 계획이 없어졌지만, 미군은 비행장으로 접수된 토지를 돌려주지 않았다. 기지나 훈련장, 탄약고로 미군이 접수한 토지의 주민들에게는 귀향이 허락되지 않았다. 고향을 버리고 이주한 사람도 있지만, 일부 주민들은 선조의 묘나 추억이 어린 장소를 떠날 수 없어서 토지를 돌려받을 날을 그리며 기지 주변에 정착했다.

1953년에는 2,400미터의 활주로가 2,700미터로 연장되었고, 나이키 지대공미사일이 배치되었다. 1956년 2월에는 일본 본토의 해병대가 이주해 왔다. 캠프 한센 등의 미육군기지를 해병대가 차례로 인수했고, 1960년에는 후뗸마비행장도 공군에서 해병대로 이관되었다. 1969년에는 제1해병항공단 제36항공군의 모(母)기지가 되었다. 이상이 오늘날 면적 500헥타르가 넘고 2,800미터의 활주로를 가진 후뗸마비행장의 기원이다.[13) 넓이로는 미군 전용기지의 약 2%에 지나지 않지만, 최근 십수년 동안의 논쟁의 대부분은 이 기지를 둘러싸고 벌어졌다.

이에지마에서 미군은 1953년부터 강제접수를 시작했고, 1955년에는 거주자들을 강제로 내쫓고 섬 면적의 63%를 징발해서 폭격장으로 삼았다. 미군은 항의하는 농민들의 집을 불도저로 밀어버리고 그 가운데 13채는 불태워버렸다. 병든 아이들도 내쫓았고, 가축은 죽이고 농산물은 불태워버렸다. 비폭력 저항을 제창한 아하곤 쇼오꼬오(阿波根昌鴻)를 비롯한 농민들의 끈질긴 저항은 복귀운동의 원동력이 되기도 했다.[14] 이에지마의 기지는 단계적으로 반환되었지만, 아직도 섬의 3분의 1이 해병대기지로 낙하훈련과 이착륙훈련에 사용되고 있다. 그리고 2012년 10월부터는 오스프레이훈련에도 이용되고 있다. 한때 울창한 숲으로 덮여 있던 토리지마(鳥島)는 비행기 사격훈련장으로 사용되면서 본래의 모습을 잃었고, 1990년대 이후에는 우라늄탄과 집속탄 시험장으로 사용되고 있다.[15]

카데나정의 83%를 점유하고 있는 미공군의 카데나비행장은 일본에서 가장 큰 민간비행장인 하네다공항의 두배 크기로, 인접한 탄약고를 포함하면 46제곱킬로미터도 넘는 비옥한 농지와 마을 토지를 차지하고 있다. 오끼나와 본도에서는 카데나정 이외에 세개의 시정촌(킨정, 차딴정, 기노자촌)이 토지의 절반 이상을, 다섯개의 시정촌(요미딴촌, 히가시촌, 오끼나와시, 이에촌, 기노완시)이 30% 이상의 토지를 기지에 빼앗기고 있다. 캠프 한센은 킨(金武)정과 기노자(宜野座)촌의 절반 이상에 더하여 나고(名護)시와 온나(恩納)촌의 일부 토지를 점거하고 있으며,[16] 후뗀마의 10배가 넘는 면적을 차지하고 있다. 캠프 한센 내부의 깊은 숲속에는 도시형 훈련센터와 가상도시가 존재한다. 2004년 말에는 이라크의 팔루자 공격을 위해 이곳에서 2,200명의 해병대가 파견되었고, 그 결과 수천명의 이라크 민간인이 죽었고 팔루자는 완전히 파괴되었다.[17] 오오따 마사히데에 따르면, 오끼나와에 미군기지가 집중됨으로써, 특히 오끼나와 본도는 "인간이 사는 것이 거의 불가능"해지고 말았다.[18]

오끼나와에 집중된 미군기지

오끼나와 본도 북동부의 오오우라 만에 위치한 캠프 슈워브는 1959년에 건설되었다. 다른 곳과 마찬가지로 여기에서도 강탈과 위협이 있었고, 많은 사람들이 손실을 조금이라도 만회하기 위해서 강제적으로 협상에 임해야 했다. 2010년에 카요오 쇼오신(嘉陽宗信, 당시 85세)은 다음과 같이 말했다.

"기지가 될지도 모른다"라는 말조차 없었다. 곧바로 기지로 접수한다며 왔다. 아무런 의논도, "기지로 제공해달라"라는 타진도 없었다. 일본군이 한 짓과 똑같다. 위에서 찍어누른 것이다.

마을의 지도자였던 카요오는 처음에는 맹렬하게 반대했지만, 당해낼 수가 없었다. 체포를 각오하고 저항할 것인가, 토지를 건넬 것인가, 양자택일이었다. 카요오는 "도무지 이길 길이 안 보였다"라고 말한다. "나는 이런 상황에서 어떻게 이익을 볼 것인지 궁리하기로 생각을 고쳐먹었다."[19]

시간이 지나자 일부 지주들은 카요오처럼 이러한 처분 방식으로 이득을 얻어내기 시작했다. 계속 인상되는 상당한 액수의 소득을 정기적으로 올릴 수 있었던 것이다. '이익'은 점진적으로 카요오의 헤노꼬 마을을 포함하여 기지 확장 예정지로 흘러갔다.

기지는 북쪽으로 더 팽창했다. 오끼나와 본도 북부의 해병대기지들(캠프 슈워브, 캠프 한센, 캠프 곤살베스)의 대부분은 1950년대부터 60년대 초반에 건설되었다. 예컨대, 1957년부터 미해병대는 하늘을 뒤덮을 만큼 울창한 숲을 78제곱킬로미터 접수해 캠프 곤살베스(Camp Gonsalves)를 건설했다. 1998년까지 곤살베스기지는 '북부훈련장'으로 알려져 있었는데, 그때부터는 확실하게 세계에서 유일한 '정글전투훈련센터'로 알려지게 되었다. 군사적으로 중요해진 이 얀바루 숲은 일본에서 가장 풍부한 생물다양성을 지닌 지역 가운데 하나로 1천여종 식물들의 보금자리며 5천여종의 새와 동물들의 서식지다. 얀바루꾸이나, 노구찌게라와 같은 이 지역 고유종과 토착종도 많이 서식한다.[20]

키시 정권(1957~60) 때 토오꾜오와 워싱턴에서는 안보조약 개정 협상이 진행되고 있었고 주일미군은 군사구조 재편에 착수했다. 이 시기에 오끼나와의 미군기지 면적은 두배 증가했지만, 일본 본토의 미군기지 면적은 4분의 1로 감소했다. 밀도로 말하자면 오끼나와는 본토의 100배가 되었다(현재는 500배).[21] 당시 일본 본토에서는 반기지운동이 고양되고 있었던 반면, 오끼나와는 미군의 직접지배하에 있어 일본의 헌법이 적용되지 않는다는 점에서 조건이 좋다는 것도 배경이었다. 미해병대 제3해병사단은 1956년부터 기후현과 야마나시현에서 오끼나와로 이주했다.[22]

1960년대 베트남전쟁 시기에 오끼나와의 기지체계는 더욱 공고화되었는데, 본토 일본에서 반기지운동이 폭발하여 본토의 기지가 오끼나와로 옮겨 왔기 때문이었다. 기지가 오끼나와로 이전함에 따라, 일본 본토에서는 정치적으로 민감한 기지문제로부터 주의를 돌릴 수 있었다. 그로 인해 일본 본토의 반기지투쟁은 점점 동력을 상실했다. 1969년부터 미군 제1해병항공단의 제36해병항공군 사령부가 기노완시 중심에 자리 잡은 후뗀마비행장에 건설되었다. 미군의 직접 지배하에 있었기 때문에 기지 이전지로 더욱 선호되었고, 민주주의가 부재한 상태에서 식민통치하에 있던 오끼나와로 전쟁 수행 능력을 집중시킴으로써 미일 양 정부는 매우 만족할 수 있었다. 일본 본토의 반대에는 귀를 기울이기도 하지만 오끼나와의 반대는 무시한다는 차별적 구조가 복귀 후에도, 그리고 현재의 후뗀마기지 이전 문제에서도 계속되고 있는 것이다.

1972년에 오끼나와가 일본으로 복귀하기 전, 오끼나와 토지 가운데 27,893헥타르를 미군기지가 점령하고 있었다. 그때 이후로 기지 면적은 22,923헥타르로 줄어들었지만, 군사기지는 여전히 오끼나와현의 10%, 오끼나와 본도의 거의 20%를 차지하고 있으며[23] 여기에는 비옥한 농지뿐만 아니라 울창한 숲도 포함되어 있다.

수십년간 집과 땅을 잃고, 미군의 이익에 절대적인 우선권을 두는 정치체제를 겪은 오끼나와인들은 격렬한 분노와 원한을 품게 되었다. 1954년 3월에 미군은 토지보상원칙으로, 토지소유주들에게 토지 가격의 6%에 해당하는 금액의 16.6년분(지가상당액)을 한번에 지불하는 일괄지불방식을 채택했다. 이것은 사실상 미군에게 영구적인 토지임대권을 보장하는 것이었다.[24] 1956년에 발간된 미하원 군사위원회 보고서, 일명 '프라이스 보고서'(Price Report)는 이 기본원칙이 오끼나와인들의 소유권을 영구적으로 잘라낼 것이라고 단언했다. 이 보고서는 오끼나와에서는 "핵무기를 저장하거나 사용하는 우리의 권리에 대해 외국 정부로부터의 아무런 제약도 존재하지 않는다"[25]면서 토지의 장기적인 점령을 정당화했다. 또한 태평양과 극동지역에서의 군사 거점으로 오끼나와를 위치 짓고, 군용지 정책을 포함한 미군의 오끼나와 지배방식을 정당화하려 함으로써 오끼나와인들을 격분시켰다.

새로운 거대 기지가 건설되고 기존 기지들이 실질적으로 강화되면서 오끼나와의 농촌과 도시에서는 '섬 전체 투쟁'으로 알려진 대중적인 저항이 일었다.[26] 오끼나와는 한목소리로 '토지를 지키는 4원칙'(일괄지불반대, 적정보상, 손실배상, 신규접수반대)을 미군에 요구했지만, 미국은 '프라이스 보고서'를 통해 '4원칙'을 짓밟으려 했다. 법적인 혹은 정치적인 보상도 거절당하자, 1953년부터 1956년 사이에 (차머스 존슨Chalmers Johnson의 표현에 따르면, "적법한 절차로 위장"도 하지 않는 정부 측의)[27] 토지강탈자들에 대한 항의로 섬 전체가 들끓었다. 이것은 10년간의 군사점령에 대한 오끼나와의 응답이었다. 하지만 일본 본토의 타찌까와나 다른 장소에서의 기지 확장 반대운동만큼 단호하게 진행되었음에도 불구하고, 그에 대한 지원은 훨씬 적었다. 아라사끼 모리떼루(新崎盛暉)는 "오끼나와가 일본으로부터 분리되어 미군 지배하에 놓이지 않았더라면, 현재와 같은 오끼나와 미군기지의 건설은 불가능했을 것"이라고 말한다.[28]

당시의 분위기를 잘 보여주는 것이 제2차 류우뀨우대학 사건이다. 1956년 8월, 류우뀨우대학은 '프라이스 보고서'에 항의하는 섬 전체의 항의와 시위에 참여한 일곱명의 학생들에게 어떤 처분을 내려야 할지 결정해야 했다. 류우뀨우대학은 처음에는 학생들에게 근신처분을 내리기로 했지만, 미 관계당국은 그것으로는 충분치 않다고 주장하면서 대학의 미래가 달린 일이라고 위협했다. 아사또 겐슈우(安里源秀) 학장은 대학을 구하기 위해서는 어쩔 수 없다는 생각에 대학의 자치를 버리고 학생의 권리를 박탈하는 결정을 내렸다. 여섯명의 학생이 퇴학당했고 한명은 근신처분을 받았다. 이 결정은 50년이 더 지난 2007년에 가서야 취소되었다.[29]

'민주국가'의 민주주의 방해

1965년 2월 미국은 북베트남에 폭격을 개시했다. 1965년 12월, 미 태평양함대 사령관 율리시스 S. 그랜트 샤프(Ulysses S. Grant Sharp) 제독은 "오끼나와 없이 베트남전쟁을 수행하는 것은 불가능하다"라고 언급했다.[30] 1968년 2월, 미군은 인도차이나반도에 대한 대규모 공습을 위해 B-52 폭격기를 괌에서 오끼나와로 옮겨 왔다. 카데나공군기지에서 베트남으로 직접 폭격기를 출격시키고 분쟁 확대에 대비하여 다른 기지에는 핵무기와 화학무기를 저장할 수 있는, '행동의 자유'가 미군 정책의 정언명령이었다. 따라서 오래지 않아 두 방향에서 협상이 진행되었다. 하나는 오끼나와의 복귀를 규제할 '밀약'에 들어갈 문구를 결정하는 방법이었고, 다른 하나는 오끼나와에서 급증하고 있던 민주적 권리 요구를 실질적으로는 인정하지 않으면서도 그 압력에 대처하는 것, 즉 민주주의처럼 보이도록 외관을 조작하는 일이었다. 3장에서 언급한, 에드윈 라이샤워 (1961~66 주일미대사 역임)가 육군 고관들과 오끼나와 정책에 대해 협의했던 1965년 7월의 극비회합기록, 즉 복귀의 원칙으로 미국에게 미군기지(와 핵무기)를 허용하는 것을 제안했던 바로 그 회의에서 그는 미국의 목표를 달성하고 민주적 절차를 조작할 수 있는 극비 개입으로 '뇌물'을 제안했다. 당시 이것은 그리 희귀한 일은 아니었다. 아이젠하워 대통령 시기부터 CIA가 선호하는 일본 정치인에게 뇌물을 주는 것이 관례화되어 있었던 것이다. CIA 연구자인 팀 와이너(Tim Weiner)에 의하면,

아이젠하워 대통령은 스스로, 안보조약에 대한 일본의 정치적 지원과 키시 총리에 대한 재정적 원조를 동일한 것이라고 결정했다. 아이젠하워는 자민당의 중심인물들에게는 CIA가 계속해서 자금을 제공하고, CIA의 역할에 대해 알 수 없었던 정치가에게는 '미국 대기업의 보스들'로부터 자금이 제공되고 있다는 설명을 받았다. 자금은 네명의 대통령 밑에서 적어도 15년 동안 흘러갔고, 냉전의 남은 기간 동안 자민당의 일당지배를 확고히 하는 데 일조했다.[31]

회의록에서 라이샤워는 베트남전쟁이 격화되자 미국에 유리하도록 일본과 오끼나와에서 보수파가 권력을 유지하는 것이 중요하다고 판단하고, 자민당을 통해 오끼나와 선거에 개입하도록 제안했다. 그는 단지 비밀스럽게 행해져야 한다는 점만을 우려했다.

노출 위험을 (…) 초래해서는 안 된다. (…) 오끼나와에서 직접적인 미국-류우뀨우 채널을 사용하는 은밀한 정치공작은 위험할 수 있다. 지금은 일본 자민당이 다루도록 하면서 일본 쪽 통로만 사용하는 것이 더 안전할 것이다. 일본 보수파가 류우뀨우 정치에 자금제공 등의 활동을 이미 하고 있기 때문에, 직접 실행하는 것보다 자민당의 자원에 추가하는 형태로 실행한다면 완벽하게 위장할 수 있을 것이다.[32]

곧이어, 당시까지 류우뀨우열도 미국 민정부(USCAR, US Civil Administration of the Ryukyu Islands)가 직접 지명하던 류우뀨우정부 주석을 처음으로 공개 선출하는 1968년의 선거에 대한 조작이 시작되었다. 미군 당국은 반기지 인사가 승리할지 모른다는 위험에도 불구하고 마지못해 선거를 허용했다. 퍼디낸드 T. 웅거(Ferdinand T. Unger) 미육군 중장이 다른 대안이 없다고 판단했던 것이다. 웅거가 1975년에 말한 바에 따르면, 공개선거를 거부하는 것은 역으로 복귀운동을 가속화할 가능성이 있었다. 공선(公選)은 "일시적으로나마 오끼나와인들의 열망을 만족시킬 완화제가 될 것이고, 작전행동 자유의 제한을 미루어서 우리에게 더 많은 시간을 줄 것"이라는 것이다.[33]

와이너에 의하면, 전시내각에서 대장대신 등을 역임한 카야 오끼노리(賀屋興宜)는 1955년에 가석방되고 1957년에는 사면되어 (1948년에 석방된) 키시 노부스께의 고문이 되었다. 카야는 1958년에 중의원이 될 무렵에 CIA의 에이전트가 되었는데, 그와 CIA 관계의 정점은 사또오 에이사꾸 총리의 고문을 맡고 있던 때였다. 그는 1968년 11월의 류우뀨우정부 주석 선거, 입법의원 선거에서 자민당에 유리한 결과가 나오도록 시도한 CIA의 지하공작에서 중요한 역할을 맡았다.[34]

또한 1968년에 교환된 일련의 비밀 전문에 따르면, 1968년 3월에 오끼나와 보수정당인 오끼나와민주당의 부총재 요시모또 에이신(吉元榮眞)은 자민당으로부터 88만 달러를 제공한다는 확약을 받았고, 5월 3일까지 10만 달러를 받았다. 요시모또는 같은 해 8월 15일에는 후꾸다 타께오(福田赳夫, 1976~78년 총리대신 역임)와 만나 72만 달러의 인도를 확인했다고 한다.[35] 자금을 전달할 방법과 루트를 해결하기 위한 모임은 토오꾜오의 자민당 본부에서 열렸다.

하지만 두 정부의 필사적인 노력과 카야의 "핵심적인 역할"에도 불구하고, 혁신파이며 반기지파인 야라 초오보오가 CIA가 선호한 니시메 준지(西銘順治)를 이겼다.[36] 그는 "미군기지의 즉시—무조건—전면 반환"을 요구했다.

워싱턴과 토오꾜오는 오끼나와인들의 민주주의 요구에 대항하기로 뜻을 모았고, 전례없이 의견의 일치를 보았다. '오끼나와 자민당체제'하에서, 토오꾜오의 정부는 막대한 보조금을 지불하면서 오끼나와 정책에서 미국의 전략과 계획에 우선권을 두었다. 반면, 오끼나와 지방정부에는 '발전' 프로젝트를 통해 혹독한 복종을 강요했고, 선거에서 기지문제가 쟁점이 되지 않도록 조장했다.

코자봉기

미군 점령하에서 민주적 권리가 주어지지 않았기 때문에, 점령군에 대항한 오끼나와인들의 저항은 기본적으로 효과 없이 끝나는 경우가 많았고, 따라서 가능한 모든 수단을 동원해서 끊임없이 항의하는 수밖에 없었다. 놀라운 점은 이러한 시위 동안 단호하게 비폭력적 입장을 유지했다는 점이다. 1968년부터 B-52 폭격기가 괌에서 카데나로 옮겨 오면서 매일같이 베트남으로 공습을 떠나기 시작했는데, 1968년 11월 19일에는 베트남으로 출격하던 폭격기가 이륙 도중 추락해서 불타는 사고가 일어났다. 1969년 2월 4일에는 B-52기의 철거와 원자력잠수함 기항 금지를 요구하는 총파업이 예정되었지만, 일본정부는 복귀가 늦어지거나 중지될지 모른다는 등의 위협을 가했고, 최후에는 야라 주석의 요청에 중지되었다. 오끼나와의 저항운동을 연구해온 한 연구자는, "야라는 운동의 '통일'과 유효성을 지키려는 의도였지만, 정반대의 결과를 낳았다. 항의운동의 단결과 확신을 손상시켰다."[37]라고 말한다.

1969년 7월, 치바나(知花)탄약고에서 유출된 VX신경가스를 마시고 미군과 군속 24명이 피해를 입었다는 미국 언론의 보도가 오끼나와 주민들을 새로운 공포로 몰아넣었다. 독가스 무기나 베트남전쟁 등의 문제와 미군에 의한 범죄나 사건사고가 자주 일어나 주민 감정이 고조되던 가운데, 1970년 12월 20일 코자(コザ, 현 오끼나와시)시에서 미군이 운전하던 차량이 오끼나와인 보행자를 쳤다. 이를 계기로 민중의 불만이 폭발했다. 미군 헌병이 위협발포를 했고, 헬리콥터가 군중에게 최루가스를 살포했다. 하룻밤 동안에 군

용차량과 민간차량 80여대가 파괴되었다. 이날의 사건은 '코자폭동' '코자소동' 등으로 불리고 있는데 이것은 위정자 입장에서 바라본 것일 뿐이다. 오끼나와 민중의 입장에서 보자면, 계속된 미군의 압정과 기지피해, 미군의 치외법권에 대한 누적된 분노가 폭발한 사건으로 '코자봉기'라고 부르는 것이 더 합당할 것이다.[38]

코자봉기로부터 40년이 지난 뒤, 당시 코자시의 공무원이었던 사람은 다음과 같이 한탄했다.

> 근본적으로 민주주의라는 측면에서는 (…) 아무것도 변하지 않았다. 우리는 직장을 가지고 있었지만, 미일 양국이 외면하는 동안 이라크인이나 아프가니스탄인들이 받았던 것과 동일한 취급을 받았던 것이다. 40년 전에 폭발했던 분노는 조금도 줄지 않았다.[39]

독가스철거운동의 말기였던 1971년, '레드햇 작전'(Operation Red Hat)이라는 이름으로 머스터드가스(mustard gas), 사린가스(sarin gas), VX가스 포스겐(phosgene, 제1차 세계대전에 사용된 독가스) 등의 화학무기 약 1만 2,500톤이 오끼나와에서 미국령 존스턴 섬(Johnston Island)으로 이송되었다.[40] 하지만 최근에 고엽제 역시 오끼나와에서 저장·사용되었다는 점이 밝혀졌다.

고엽제 문제
미군은 발암성이 높은 다이옥신이 포함된 고엽제를 1962년부터

1971년까지 베트남에서 7,600만 리터 이상 살포한 것으로 알려져 있다.[41] 베트남 공격의 발진기지로 사용되고 있던 오끼나와에 대량의 고엽제, 특히 에이전트 오렌지(Agent Orange)가 저장되어 있었던 것은 최근에 여러명의 퇴역군인들이 증언함으로써 확실시되고 있다.[42]

2012년에 미국 연구자가 발견한 미육군 화학물질청이 2003년에 작성한 보고서에는, 미공군이 베트남에서 가져와 오끼나와에 저장하고 있던 55갤런 드럼통 2만 5천개분인 520만 리터(5,200톤)의 에이전트 오렌지를 1972년에 존스턴 섬으로 이송했다고 명기되어 있다.[43]

한편, 당시 고엽제 살포작전에 관여했던 미육군의 퇴역고관이 미군이 베트남전에서의 실전을 대비해 1960년부터 약 2년에 걸쳐서 미군 북부훈련장(쿠니가미國頭촌, 히가시촌) 내와 주변 일대에서 에이전트 오렌지를 시험 삼아 살포했다는 점을 2011년『오끼나와타임스(沖繩タイムス)』와의 인터뷰에서 공개했다.[44]

한 퇴역병사는 1969년에 해상운송 중에 파손된 에이전트 오렌지 드럼통 수십개를 한비이지구(ハンビー, 현재의 차딴) 부근에 매립하는 것을 목격했다고 밝혔다.[45] 더욱이, 1970년부터 1980년까지 후뗀마비행장에 주둔한 퇴역군인들에 따르면, 미군이 베트남전쟁의 종반에 사용이 금지된 대량의 에이전트 오렌지를 후뗀마비행장에 매립했다고 한다.[46]

1972년 5월 15일, '굴욕의 날'

1947년 일본 본토에서 시행된 헌법은 평화·인권·민주주의 등 오끼나와 주민들이 갈망했던 가치를 구현하고 있었다. 1951년 말 대일강화조약 체결 무렵부터 오끼나와에서는 복귀운동이 고양되었다. 오끼나와 사람들의 정의와 인권에 대한 요구는 입헌제 평화국가(라고 생각했던) 일본으로의 복귀, 즉 '평화헌법 아래로 복귀하자'라는 슬로건으로 수렴되었다. 또한 베트남전쟁을 계기로 기지를 제공하는 오끼나와 역시 침략전쟁의 가해자라는 인식이 확산되었고, 기지를 철거하자는 '반전복귀'운동으로 발전하고 있었다.

하지만 이러한 희망은 1969년 11월, 워싱턴에서 열린 사또오 에이사꾸 총리와 리처드 닉슨 대통령의 회담 후에 발표된 공동성명으로 무너지고 말았다.[47] 두 정상은 미일 공동성명을 통해 다음과 같이 선언했다.

> 민주주의와 자유라는 공동의 원칙에 따라서 두 나라가 세계의 평화와 번영, 특히 세계의 긴장 완화를 지속적으로 추구하는 데 있어 유익한 협력을 유지하고 강화한다.

그들은 아마도 이 부분을 통해서, 국방장관이었던 로버트 맥나마라가 후에 '잘못된' 전쟁이었다고 술회한 베트남전의 참극이 지속될 것이고 오끼나와의 일본 복귀가 중요함에도 불구하고 일본이 미국의 전쟁 목적을 달성하는 데 최우선순위를 둘 것이라는 점을

염두에 두었을 것이다. 결과적으로,

　양 정부는 (…) 남베트남 인민들이 외부 개입 없이 자신들의
정치적 미래를 결정할 수 있는 기회를 보장하려는 미국의 노력
에 영향을 미치지 않는 방식으로 오끼나와의 복귀를 달성하기
위하여 (…) 서로 충분히 협의할 것이다.

‘외부 개입’, 이것은 두말할 필요도 없이 〔미국과 일본의 개입을
제외한〕 상대편 외부자들의 개입을 의미하는 것이었다. 오끼나와
와 관련한 단서는 다음과 같이 기록되었다.

　총리대신은 일본국민의 강렬한 열망에 응답해야 할, 따라서
미일 양국의 우호관계에 기초하여 오끼나와를 정상적인 지위
(normal status)로 되돌려야 할 때가 되었다는 자신의 견해를 강조
했다.

하지만 곧이어, ‘정상적인’이라는 말은 베트남전을 지속한다는
것과 조화로운 의미로 규정되었다.

　대통령과 총리대신은 또한 현재와 같은 극동정세에서 오끼나
와에 있는 미군이 중요한 역할을 맡고 있다는 점을 인정했다. 토
의 결과, 양자는 오끼나와의 시정권을 일본에 반환하면서도 미
일 양국 공통의 안전보장상의 이익을 충족시킬 수 있다는 점에

의견이 일치했다. (…) 또한 대통령과 총리대신은 미국이 오끼나와에서 양국의 안전보장을 위해 필요한 군사상의 시설 및 구역을 미일안보조약에 근거하여 보유하는 것에 동의했다(강조는 인용자).

핵무기 관련 규정 역시 공식적인 조약과 함께 체결된 밀약을 통해 미국의 권한을 빼앗지 않으면서도 일본의 여론을 누그러뜨리는 방식으로 삽입되었다. 1969년 3월에 사또오 총리는 일본국회에서 오끼나와의 복귀는 '핵무기 없이, 본토 수준으로' 이루어질 것이라고 약속한 바 있었다. 하지만 이것은 오끼나와의 미래가 어떻게 되든 미국의 전쟁 수행에 최우선권을 둘 것이라는, 사또오 총리가 닉슨 대통령에게 한 약속과 배치되는 것이었다. 물론 미국은 핵 협력[48]과 더불어 '복귀'를 일본의 '구매'로 바꿔놓은 재정적 계획을 포함한 밀약을 맺은 사또오의 이중성을 문제 삼을 생각이 없었다. 오끼나와 현민들은 '본토 수준으로'라는 것을 미군기지의 부담을 본토 수준으로 한다는 의미로 이해했지만, 실제로는 본토 수준으로 안보조약이 적용된다는 의미일 뿐이었다. 아라사끼 모리떼루는 1960년 안보개정이 오끼나와의 분리와 미군 지배를 전제로 한 미일 안보체제의 강화였던 데 반해, 1972년의 오끼나와 반환은 "오끼나와의 일본으로의 통합을 전제로 한 미일 안보체제의 강화"였다고 의미를 부여하고 있다.[49] 게다가 이는 국회의 심의도 거치지 않고 밀실에서 밀약을 체결한 뒤에 미일 수뇌의 공동성명이라는 형태로 진행되었던 것이다.

또한 일본정부가 오끼나와를 '본토 수준'으로 반환을 이루겠다고 한 것은 미군기지 부담에서가 아니라 새로운 자위대 부담에서였다. 1972년의 오끼나와 여론조사에서 자위대의 오끼나와 배치에 대해 61%가 반대했고, 찬성은 28%뿐이었다.[50] 그러나 1972년 10월 4일에 육상자위대 150명이 오끼나와에 들어온 것을 시작으로, 12월 21일에는 카고시마로부터 대잠초계기 6기가 도착했고 자위대 대원은 2,800명으로 급증했다.[51] 이것은 오끼나와전에서 일본군의 만행을 상기시키는 체험이었을 뿐만 아니라, 그보다 80년 전인 '류우뀨우 처분' 시기에 쿠마모또의 제6사단 분견대의 파견, 3세기 반 전의 '사쯔마번 침공'까지 거슬러올라가 일본의 군사침공 역사의 일환으로 파악되었던 것이다.[52]

'핵무기 없이'에 대해서는, 오끼나와 반환조약에서 "핵무기에 대한 일본국민의 특수한 감정" 및 "이것을 배경으로 하는 일본정부의 정책", 즉 비핵 3원칙에 대해 미대통령이 "깊은 이해"를 표시하고, "미일안보조약의 사전협의제도에 관한 미국정부의 입장을 침해하는 일 없이" 반환을 실시하도록 총리대신에게 확약했다고 밝히고 있었다. 일본정부는 이러한 규정을 통해서 '핵무기 없이'가 보증되었다고 설명했다. 그러나 3장에서 설명한 것처럼, 1960년 안보체결 시에 사전협의 없이 [핵무기를 탑재한 미함선의] 통과 및 입항을 인정하는 밀약이 교환되었으며, 반환 때는 유사시에 핵무기의 재반입을 규정한 밀약이 체결되었던 것이다.[53]

사또오 총리의 지시를 받고 반환교섭을 담당했던 국제정치학자 와까이즈미 케이는 유사시에도 핵을 반입하지 않는다는 '총리대신의 결단'을 호평하는 언론의 보도를 보면서 무거운 '양심의 가

책'을 느꼈고, 회고록에서 "특히 조국 복귀를 염원하고 있는 오끼나와 현민에게는 정말로 면목이 없으며, 마음이 괴롭다"라고 기술하고 있다.[54] 이 고통을 떠안고 여생을 보내던 와까이즈미는 사반세기 후인 1994년에 '유사시 핵 반입 밀약'을 폭로한 회고록을 출판했고 2년 후에는 자신이 관여했던 교섭에서 오끼나와 기지를 없애지 못했던 '결과에 대한 책임'을 느끼면서 자살을 선택했다.[55]

'핵 은폐'와 '기지 강화'의 반환

'복귀'의 날인 1972년 5월 15일이 다가올수록, '진정한' 반환을 요구하는 오끼나와 현민들의 요구는 커져갔다. 1971년 5월에는 군용지를 반환하지 않는 데에 항의하여 기지 기능을 마비시키는 총파업집회가 대규모로 열렸다. 1971년 6월 17일 토오꾜오에서 열린 양국 정부의 정식 조인식에, 류우뀨우정부 주석이던 야라 초오뵤오는 출석을 거부했다.[56] 같은 해 11월, 야라는 오끼나와 반환을 논의하는 특별국회에 제출할 '복귀조치에 관한 건의서'를 작성했다. 건의서는 다음과 같이 시작한다.

오끼나와 현민은 일본의 평화헌법 밑에서 기본적 인권을 염원했기 때문에 복귀를 바라왔다. 너무나 오랫동안 오끼나와는 수단으로만 취급되어왔고, 국가권력과 기지권력에 희생되어왔다. 지금 진행되고 있는 반환이라는 거대한 이행 과정을 통해 오끼나와는 이러한 지위에서 벗어나야 한다. 그러나 관련법에는 오끼나와 현민들의 요구가 적절하게 반영되지 않고 있다.

이것은 오끼나와 반환협정이나 관련법에 현민의 요구가 충분히 반영되어 있지 않다는 '애석함(憾み)'이었으며 "역사에 후회를 남기지 않기" 위해 현민의 요망을 전한다는 필사의 진정이었다.[57] 건의서는 오끼나와를 '태평양의 요석(要石)'에서 '평화의 요석'으로 전환하기 위한 정치적·도의적 책임체제의 확립을 호소하는 것이었다.[58] 그러나 야라가 건의서를 건네기 위해 국회로 향하던 도중에, 그리고 오끼나와에서 선출된 두명의 국회의원이 예정된 발언을 하기도 전에, 야당의원들이 결석한 상태로 자민당이 오끼나와 반환합의 통과를 강행했다.[59] 이리하여 오끼나와의 목소리는 완전히 무시되었다.

1972년 5월 15일에 토오꾜오와 나하에서 반환식이 거행되었다. 토오꾜오에서 반환식 위원장을 맡은 사또오 총리는 "오끼나와는 오늘, 조국으로 복귀했다. 전쟁으로 상실했던 영토를 평화로운 가운데 외교교섭으로 회복한 것은 역사상 유례없는 일이며, 이를 가능케 한 미일 우호의 유대가 견고함을 통감한다"라고 언급했다.[60] 사또오 총리를 대리하여 반환협정을 교섭한 와까이즈미는 이 사태에 대해 '불안감'을 느꼈고, 어떻게 "이런 기만"이 정당화될 수 있는지 의아해했다. 그는 마키아벨리를 따라서 국가가 때때로 구실이나 핑계에 의존해야 한다거나, 국가의 지도자들에게는 "공익을 위해 때때로 거짓말이 허용된다"라고 생각했던 플라톤을 따라 자신을 납득시킬 수밖에 없었다.[61] 만면에 웃음이 떠나지 않았던 사또오와 대조적으로 나하에서는 야라 초오뵤오 주석이 침통한 목소리로 다음과 같이 언급했다.

　복귀의 내용에 반드시 우리들의 열렬한 바람이 들어 있다고는 말할 수 없다. 미군기지를 비롯하여 여러 문제를 안고 복귀했다. 지금부터도 혹독함이 계속되어 새로운 곤란에 직면할지도 모른다.[62]

　일본정부가 주최한 기념식이 열렸던 나하시민회관에 인접한 요기공원에서는 50여개의 시민단체와 노동조합의 연합체인 오끼나와현 조국복귀협의회가 개최한 현민 총궐기대회가 열렸다. 여기에는 새로운 오끼나와 처분에 항의하고 사또오 내각 타도를 외치는 3만명의 시위대가 집결했다. 반환의 날에 열린 항의집회 주최자 가운데 한사람이었던 후꾸찌 히로아끼(福地曠昭)는 34년 후에, '핵무기 없이, 본토 수준'이었어야 할 복귀가 실제로는 '핵 은폐, 기지 강화'였다고 말했다.[63]

　당시 오끼나와 현민들은 지금에서야 상세한 내용이 알려지게 된 닉슨-사또오의 거래를 둘러싼 기만 수단들을 완전히 알 수는 없었지만, 후꾸찌와 그의 동료들은 반환이 거짓말이라는 것을 알고 있었다. 그날 열린 집회의 슬로건 가운데 하나는 "5월 15일: 굴욕의 날"이었다.

　오끼나와 반환 후 40여년이 지나서도 주일미군 전용시설의 4분의 3이 오끼나와에 집중되어 있다. 그 가운데 25개의 시설이 오끼나와 본도에 있어 섬의 5분의 1에 해당하는 토지를 점거하고 있으며 다른 여러 섬에도 군용시설이 아홉개 있다. 반면, 일본 본토에서는 1950년대부터 새로운 기지는 건설되지 않았고 두번의 주요 국면을 통해 미군기지가 크게 축소되었다. 1950년대 후반부터 1960년대 초반에 걸쳐 미군기지 면적이 4분의 1로 축소되었고, 1968년부터 1974년 사이에 또다시 3분의 1로 줄어든 결과, 오끼나와에 주일미군 전용기지의 75%가 집중된 것이다. 다른 지역의 미군기지를 보더라도, 유럽에서는 냉전기에 비해 약 3분의 1로 줄어들었고 한국에서도 4분의 3으로 축소되었다.[64] 오끼나와만 예외로 남아 있는 것이다.

1972년부터 오끼나와에서는 헌법이 군사 우선의 원칙에 종속되었다는 의미에서, (오끼나와의 경우 이러한 도식을 강요한 것은 외부권력이지만) 북한과 마찬가지로 오끼나와도 '선군(先軍)국가'가 되었다. 1945년부터 평화헌법을 가진 일본 본토와 전쟁을 우선하는 오끼나와로 분리되어 있던 평화와 전쟁 기능이 1972년부터 다시 병합되자 단 한번도 오끼나와에서 제 역할을 못한 평화헌법은 이제 일본 전체에 걸쳐 그 역할이 축소되었다. 일본정부와 외무·국방 관료들은 (당연하게 헌법을 최상위에 두는 것이 아닌) 미국에 굴복하는 것이 일본의 첫번째 정책원리이고 또 그래야 한다는 신념을 양성하고 있다.

대일강화조약을 맺은 '굴욕의 날'로부터 60년 후, 오끼나와에 자위대가 배치된 지 40년이 지난 2012년 10월 초, 일본정부는 오스프레이 미군기를 오끼나와 영공으로 침입시켰다. 헤노꼬의 신기지 건설에 반대해온 '헬기기지 반대협의회'는 일본정부 앞으로 보낸 오스프레이 배치 강행에 대한 항의문을 이렇게 시작했다.

2012년 10월 1일. 오끼나와에 새로운 '굴욕의 날'이 추가된 이 날을 우리는 평생 잊지 않고 후손들에게 전해줄 것이다.[65]

범죄, 사고, 소음, 오염

1959년 6월 30일, 미공군의 F-100D형 제트전투기 2기가 시험비행을 하던 중 한대가 엔진 화재를 일으켜 폭발, 연료가 인화되어 불꽃을 일으키면서 구 이시까와(石川, 현 우루마うるま시)시의 시가지에 추락했다. 민가 25채를 넘어뜨리면서, 미야모리(宮森)소학교 2학년이 사용하던 함석지붕의 교사(校舍)와 충돌했고, 일부는 콘크리트 교사에 충돌했다. 미야모리소학교의 아동 11명과 주민 여섯명이 사망했고, 아동 156명과 주민 54명이 부상을 당했으며, 교사 33동과 민가 27채, 공민관 1동이 전소한 대참사였다. 미군은 당시 "엔진 고장에 의한 어쩔 수 없는 사고"라고 했는데, 1999년의 류우뀨우아사히방송의 취재에서 미군의 정비불량이 추락의 원인이었다는 점이 드러났다.[66]

오끼나와에서 무고한 어린이들이 받았던 기지피해의 상징으로 기억되고 있는 '미야모리소학교 미군 제트기 추락 사건'은 「후꾸기의 물방울(フクギの雫)」[67]이라는 무대극이나 그림책의 소재로 전승되고 있지만, 본토 사람들은 거의 알지 못하는 사건이다.

오끼나와 사람들에게, 오끼나와를 둘러싼 기지나 훈련 공역(空域), 해역(海域)과 이웃해 산다는 것은 그 기지에 소속되어 기지를 사용하는 전투기·무기·군인들과 육·해·공에 이르는 생활공간을 공유한다는 것을 의미한다. 그것은 군사훈련에 따른 전투기 추락 등의 사고, 미군에 의한 성범죄, 교통범죄를 포함한 다양한 범죄의 피해를 받는다는 것이며, 범죄나 사고가 없더라도 일상적으로 소음이나 진동·악취·기지공해 그리고 언제 범죄나 사고에 말려들지 모른다는 심리적 불안과 더불어 살아가야 한다는 것이다. (본토 내의 기지도 마찬가지겠지만) 기지 관련 사건사고는 본토에서는 보도되지 않는 경우도 많다. 오끼나와에서 일어난 최근의 미군 항공기 사고로는, 가장 심각했던 것으로 2004년 8월 13일에 후뗀마 소속의 헬기 CH-53D가 오끼나와국제대학 캠퍼스에 추락한 것을 거론할 수 있지만, 다음 날 본토의 신문에서는 아테네올림픽 개막식의 화려한 뉴스 뒤에 가려지고 말았다.

앞에서 언급한 사고 이외에, 복귀 전에 일어난 주요 미군기 추락 사고로는 1961년 '카와사끼(川崎) 제트기 추락 사건'이 있다. 카데나비행장에서 발진한 F-100D 제트전투기가 카와사끼중학교에서 500미터 정도 떨어진 구 구시까와(具志川)촌 카와사끼 마을에 추락했고, 다수의 어린 학생들 눈앞에서 폭발한 사건이다. 1968년 11월 19일에는 세계 최대의 폭격기인 B-52가 카데나기지 내에 추락하여 폭발하는 사고가 일어났다. 추락한 장소는 독가스탄 1만 3천 톤과 핵폭탄이 저장되어 있던 치바나·카데나탄약고 바로 부근이었고, 부근의 주민뿐만 아니라 오끼나와 전체가 공포에 떨어야 했

다.[68]

복귀 후에 일어난 미군 항공기 관련 사고는 2011년 말 현재로 통산 522건에 달하며, 그 가운데 기지 밖에서 일어난 것이 143건(고정익기 69건, 헬기 74건)으로 27%에 이른다. 2004년의 추락 사고는 바로 이 기지 외의 헬기 사고에 포함된다.

또한 군사훈련으로 인해 들판이나 임야에서 발생한 화재가 복귀 후부터 2011년까지 528건(8할 이상이 캠프 한센에서 발생) 일어났다. 또 복귀 후인 1973년부터 1997년까지 현도(縣道) 104호선을 봉쇄하고 현도를 가로질러 실시된 실탄포격훈련이 합계 180회, 탄수로는 33,100탄에 이른다. 이 훈련은 SACO(Special Action Committee on Okinawa, 오끼나와 특별행동위원회)합의에 따라 그 이후에는 오끼나와에서 중지된 상태다. 1979년부터 1996년까지 요미딴비행장에서는 낙하 인원 합계 6,878명이 낙하산 낙하훈련을 185회 진행했고(1960년부터 실시, 1997년 이후 이에지마로 이전), 카데나비행장에서는 1998년부터, 가장 최근에는 2011년 5월 20일에 실시되었다. 1965년 6월에는 요미딴촌에서 낙하하는 트레일러에 11세의 어린 여학생이 깔려 숨지는 사고가 일어났고, 인구밀집지역에서의 낙하훈련에 대해 오끼나와 현민들이 줄기차게 그 위험성을 지적해왔음에도 불구하고 아직까지 폐지되지 않고 있다.[69]

미군 구성원 등에 의한 범죄 검거 건수는 복귀부터 2011년까지 통산 5,747건에 이르며, 그 가운데 568건, 약 1할이 살인·강간·강도·방화 등의 흉악범죄다. 복귀 전에는 더욱 심각했다. 2010년에 공개된 외무성 문서에 의하면, 복귀 전인 1964년부터 1968년까지 5년간 미국의 군인·군속에 의한 범죄 건수는 5,367건(연평균 1,073건)이었다. 살인, 강간, 강도 등의 흉악범죄는 508건이며, 적발율은 33.6%에 머물렀다고 한다. 2007년부터 2011년까지의 평균인 59건과 비교하면, 최근보다 20배나 많은 범죄가 일어났던 것이다.[70]

미군 관계자가 제1당사자인 교통사고는 통계를 잡기 시작한 1981년 이후 2011년까지 통산 2,764건 일어났으며, 최근 5년간의 평균은 연간 178건이다.[71]

전후 오끼나와에서의 기지피해

사건이나 사고는 통계로 보면 단순한 숫자로 끝나버릴 위험성이 있다. 미군기지와 이웃하여 살면서, 자신이나 사랑하는 가족이 이런 범죄나 사고의 피해를 받는다고 상상하면서 하나하나의 사건·사고를 배우는 것이 오끼나와의 분노와 고뇌, 현재의 신기지 건설이나 오스프레이 배치 반대의 목소리를 이해하는 첫걸음이 아닐까.

군정하의 오끼나와

기지나 군대에서 기인하는 이들 범죄·사건·사고 자체가 도저히 용인할 수 없는 것이지만, 오끼나와 주민을 더욱 괴롭혀온 것은 제도적으로 미군에게 치외법권을 인정하기 때문에 범죄의 책임소재가 명확하게 밝혀지지 않거나 피의자가 정당한 재판을 받지 않고 사건·사고의 조사도 일본 당국이 담당하지 않는다는 점이다.

1945년 3월 말 상륙과 동시에 설치된 미군정은 1950년에 폐지되고 류우뀨우 주민에 의한 '류우뀨우정부'가 설치되었지만, 미국정부의 대리기관인 류우뀨우열도 미국 민정부가 실질적인 전권을 행사하고 있었다. 행정의 장(長)인 행정수석과 재판소의 판사도 민정부가 임명했고, 의회에 해당하는 입법원은 선거제를 취하고 있었지만 채택한 법안에 대해 행정수석이 거부권을 가지고 있었다. 1957년에는 미국방장관 직할의 '류우뀨우열도 고등판무관'이 류우뀨우 통치의 최고책임자가 되어, 실질적인 군정은 1972년의 '복귀'까지 계속되었다. 군정에 대한 비판, 기지반대, 토지투쟁, 복귀운동에 관한 언론·집회·출판뿐만 아니라, 일본 본토와의 왕래도 엄격하게 제한되었다. 일본 본토에서 신헌법으로 획득한 새로운 권리와는 전혀 관계없는 생활이 계속되었다.[72] 언론인 요시다 켄세이는 다음과 같이 적고 있다.

미국방장관 밑에서 미국 군인(중장)이 고등판무관으로서 행정수석이나 재판관의 임명권과 입법거부권을 가졌고, 미국의 군인·군속 및 정부 직원과 그 가족에게는 류우뀨우정부의 재판권이 미치지 않았다. '류우뀨우'(오끼나와)는 미국이 치외법권을 가진 군사식민지나 마찬가지였다.[73]

이런 제도하에서는 범죄가 일어나도 범인이 체포되었는지, 체포되어도 어떤 처분을 받았는지, 재판 내용은 어떠했는지 오끼나와 주민들에게는 알려주지 않는 경우가 많았고, 범죄 피해자들은 억울하지만 참을 수밖에 없었다.

군정에서 '지위협정' 아래로

1972년 일본으로의 '반환'으로 오끼나와에는 일본 헌법이 적용되게 되었지만, 이미 서술한 것처럼 미군기지는 여전히 남아 있었고 미일안보조약과 그것을 보충하는 미일지위협정[74]이 적용되게 되었다.

미일지위협정은 1952년에 조인된 미일행정협정이 1960년 신안보조약 체결과 동시에 명칭이 바뀐 것이다. 미일행정협정은 1951년 대일강화조약과 구안보조약 조인 직후에 제정되었으며, 점령 후 기지의 계속적인 사용, 미군 관계자의 치외법권 등을 규정한 것이었다. 전 외교관인 마고사끼 우께루(孫崎享)가 지적하는 바에 따르면, 이러한 미군의 특권을 점령 시기부터 계속해서 인정하게 만든 미일행정협정 자체가 안보조약이나 강화조약보다 더한, 미국의 본래 목적이었다. 당시 외무성의 우려에도 불구하고, 미국은 가장 중요한 부분인 미군의 주둔 방식을 "국회에서의 심의나 비준을 필요로 하지 않는, 정부 간의 합의만으로 맺을 수 있는 행정협정으로서 체결"할 것을 요구했다. 전시·전후의 외무 관료였던 테라사끼 타로오(寺崎太郎)는 '강화조약-안보조약-행정협정'이라는 파생 순번은 실제로는 반대이며, "행정협정을 위한 안보조약, 안보조약을 위한 강화조약일 따름"이라고 이해하고 있었다고 한다.[75] 1951~52년에 일어난 일련의 사건은 미국이 일본에 주권을 돌려주는 시늉(강화조약)을 하면서 주권을 계속해서 박탈하는(행정협정) 과정이었던 것이다. 20년 후, 미군정 통치로부터 일본에 '돌려준' 오끼나와를 맞이한 것은 일본 헌법이 아니라 안보조약과 지위협정이라는,

군정시대와 거의 아무것도 바뀌지 않은 조건이었다.

미일지위협정은 사고나 화재가 일어난 경우에 지방자치체의 기지 출입 권한 문제, 조세상의 처우, 기지 반환 시기에 '원상회복' 면책 등 여러가지 문제가 지적된다. 그중에서도 특히 미군 관계자의 범죄에 대한 형사재판권에 있어 피의자가 미국의 수중에 있을 때에는 일본이 공소하기까지 미국이 신병을 구속할 수 있게 되어 있는 점, 공무 중에 일어난 사건·사고에 대해서는 미국에 제1차 재판권이 있다고 되어 있는 점이 문제가 되어왔다.

'운용 개선'──바뀌지 않는 미일지위협정

최근에 미일지위협정 문제가 주목을 끈 것은 2011년 1월의 교통사고에서였다. 1월 12일, 기지에서 귀가하던 미군속이 운전하던 차가 중앙선을 침범해, 성인식을 위해 오끼나와로 돌아와 있던 19세의 대학생 요기 코오끼(與儀功貴)가 운전하던 차량에 정면충돌했고, 요기는 사망했다. 미군속이 '공무 중'이었다고 주장했고, 미군인·군속에 의한 '공무 중'의 범죄는 미군 측에 제1차 재판권이 있다는 미일지위협정 규정에 따라서, 나하 지검은 이 사건을 불기소 처분했다. 그러나 군인은 군법회의에서 재판을 받지만, 평시에 군속을 군법회의에 회부하는 것을 금지하는 미대법원의 판결에 따라, 2006년부터 2010년에 걸쳐 미국과 일본 어느 쪽에서도 군속이 재판을 받지 않은 사례가 적어도 62건이나 있었다.[76]

이 사건의 용의자도 군법회의에 회부되지 않았고, 단지 5년간 운전금지처분을 받았을 뿐이다. 요기의 유족과 지원자들이 용의자의 기소를 위한 운동을 펼쳐 여론이 고조되었고, 2011년 11월 24일, 미일 정부는 지위협정의 '운용 개선'을 합의하여, 미국이 기소하지 않고 '호의적 고려'를 할 경우에 일본이 기소할 수 있도록 했다.[77] 용의자인 미군속은 자동차운전과실치사죄로 불구속기소되었고, 1심과 2심에서 금고(禁錮) 1년 6개월의 실형 판결을 받았다.[78] 그러나 미국에 제1차 재판권을 인정하고 미군의 '호의'에 의존할 수밖에 없는 '운용 개선'만으로는, 여전히 주도권이 미군에 있기에 근본적인 해결책이 될 수 없다.

게다가 이 '운용 개선'에도 의혹이 제기되고 있다. 언론인 요시다 토시히로(吉田敏浩)에 의하면, 미군은 1960년에 "평시에 군속을 군법회의에 회부하는 것은 위헌"이라는 미대법원 판결 이후에는, 군속에게는 공무증명서를 발행하지 않음으로써 사실상 제1차 재판권을 방기했다. 그러나 2005년에는 국외에서 미군속 재판을 가능하게 하는 '군사역외관할법' 시행규칙이 제정되어 2006년부터 공무증명서 발행이 가능하게 되었으며, 미국이 제1차 재판권을 행사할 수 있게 되었다.[79] 다시 말해서, 1960년부터 2005년까지 45년간, 사실상 미군속의 공무 중 사건의 제1차 재판권은 일본에 있었음에도 불구하고 지위협정 개선 자체를 태만히 한 데에 더해서, 2011년의 '운용 개선'에서 군이 제1차 재판권이 미국 측에 있다는 점을 인정하여 '불평등을 고정화'[80]한 의혹이 있는 것이다.

지위협정에 대해서는 3장에서 서술한 미군 범죄의 재판권 포기 밀약을 비롯하여, 다수의 '밀약'이 지적되고 있다.[81] 민주당은 2009년 중의원 선거 때 미일지위협정 개정을 공약으로 내걸었지만 아무것도 착수하지 못했고, 이러한 사건을 접하고 나서도 임시방편일 뿐인, 그것도 개악 의혹을 받는 '운용 개선'밖에 할 수 없었다. 2011년, 미군 관계자의 자동차에 의한 과실치사상 사건 가운데 전국에서 78건이 '공무 중'이므로 '제1차 재판권 없음'으로 불기소처분되었다. 오끼나와 현내에서는 36건이 마찬가지 이유로 불기소되었다.[82]

성범죄

미군 상륙 직후부터 시작된 강간·살해·매춘 등 기지에서 파생하는 성폭력은 '반환' 전과 후를 가리지 않고 빈번하게 발생했다. 1955년, 6세 여아가 카데나고사포대(高射砲隊) 소속의 미군에게 납치되어 강간당하고 참혹히 살해당한 사건, 이른바 유미꼬짱(由美子ちゃん) 사건은 아직까지 오끼나와 사람들의 기억에 깊이 남아 있다. 성폭력 사건의 경우, 성폭력의 피해자를 수치로 보거나 책망하는 사회풍조, 경찰이나 언론에 의한 '2차 피해'를 염려해서 피해 여성들이 고발도 하지 않거나 혹은 도중에 고발을 취하하는 경우가 많다. '기지·군대를 허용하지 않는, 행동하는 여성들의 모임'의 조사에 따르면, 복귀 후부터 2010년 8월까지 일어난 강간 사건(미수를 포함)에서 검거된 경우는 130건, 147명이다.[83]

이 모임의 공동대표인 다까자또 스즈요(高里鈴代)는 일반적으로 기지문제를 '공간'의 문제로 보는 시각에 의문을 제기하고 있다. 기지는 단순한 토지가 아니라 군대를 수반하며, 한사람 한사람의 군인이 어떤 훈련을 행하며 훈련 외에는 어디에서 무엇을 하고 있는지 등 군대 전체의 문제로 취급하지 않으면 여성에 대한 인권침해가 보이지 않는다는 것이다.[84] 다까자또 등은 표면화하기 어려운, 여성에 대한 성범죄를 보도 등에서 신중하게 선택하여, 전후부터 지금까지 알려진 사례들의 목록을 작성하고 있다.

1995년의 소녀 성폭행 사건 후에 기지의 정리·축소와 미일지위협정 개정을 요구하는 항의운동이 오끼나와 전체에 걸쳐 일어났고, 이것은 후뗀마기지 반환을 포함한 SACO 합의로 이어졌다. 1995년의 사건은 그 잔혹함에 더하여, 피해자가 12세라는 것이 더 충격이었다. 그러나 다까자또와 동료들이 강조하는 것은, 이 사건이 매우 특수한 것이 아니라 "지금까지 오끼나와에서 계속 일어났던 것이 하나 더 일어났다"라는 점에 입각하여, 피해자들과 함께 앞에서 걸어나가며 진심으로 전력을 다하겠다는 결의가 필요하다는 것이다.[85]

당시에 오오따 마사히데 지사는 미일지위협정 제17조 5항의 C, 즉 미국의 수중에 있는 피의자의 구금권은 일본이 기소하기 전까지 미국이 행사한다는 항목의 재검토를 요청했다. 9월 4일에 사건이 일어났지만 범인들이 기지 내로 도망쳐서 미군이 범인의 인도를 거부했고, 9월 29일에 기소가 성립하기까지 신병 인도를 거부했던 점, 그리고 과거에도 강간이나 강도 사건에서 미국 당국이 용의자를 도피시켰던 점을 근거로 들었다. 10월, 살인 및 강간에 대해서는 "기소 전에 구금을 이전해달라는 모든 요청에 호의적인 고려를 한다"라는 합의가 이루어졌다.[86] 그러나 '호의적 고려'는 결정권이 아직 미국에 있다는 의미여서 바람직한 개선이라고는 하기 어렵다.

2001년부터 2008년까지 미군 관계자에 의한 범죄와 일본의 일반 범죄의 기소율을 죄명별로 비교하면, '강간'과 '성추행'의 경우 일본 내에서의 일반 기소율이 각각 62%, 58%인 데 반해, 미군의 기소율은 각각 26%, 11%로, '강간'은 절반 이하, '성추행'은 5분의 1이하로 낮다.[87] 2011년만 보더라도, 일본 국내의 미군 관계자에 의한 (자동차에 의한 과실치사상을 제외한) 범죄 기소율은 13%로 낮았다. 강간·강간치사상·성추행 사건은 카나가와(神奈川)에서 3건 발생했지만 모두 기소되지 않았다.[88]

폭음 = '살인음'

전투기나 군용헬기의 폭음은 기지 부근의 주민에게 소음성 난청·불면·고혈압·심리적 스트레스 등 여러가지 신체적·정신적 피해를 초래하고 있다. 이것은 일반인들이 머리 위를 나는 민간비행기의 소리를 친숙하게 느끼는 것과는 완전히 다른 것이다.

카데나기지 주변에 거주하는 한 폭음피해자는 전투기 소음을 '살인음'이라고 부른다.

전투기가 통과할 때는, 소리[音]라는 개념보다, 무언가 물리적인 힘이 공기를 찢어 주위에 충격을 흩뿌리며 간다는 표현이 더적절합니다.[89]

이시하라 마사이에는 2006년에 오끼나와국제대학의 제자들과 카데나기지 활주로에서 250미터 정도 떨어진 카데나정 야라(屋良)

지구에서 폭음피해자를 인터뷰했다.

두살배기 아이의 엄마로 30년 가까이 살인적인 폭음지옥 속에서 아이를 키워온 저의 세미나 1기생이 후배들 앞에서 때로는 눈물을 흘리면서 말하는 폭음·악취의 섬뜩함과 정신적·육체적 피해의 크기에, 우리는 할 말을 잃었습니다. 그녀는 큰딸이 6학년 때 일어난 걸프전쟁 당시 이상하게도 제트기가 굉음을 내며 발진하자, 아이들이 도망칠 곳 없는 자신들에게 남은 것은 죽음뿐이라는 생각에 빠져들어, 동급생들이 색종이에 서로의 유언을 적어서 자신들이 살아왔던 증거로 삼으려고 했던 것을 나중에야 알게 되었습니다. 심야와 새벽을 가리지 않고 종일토록 덮쳐오는 무시무시한 폭음·열풍·악취 등 너무나도 참혹한 상황에 저항력을 상실하고 체념해버린 주민들의 모습을 접했습니다.[90]

이시하라는 카데나의 소음 '격심지구'인 카데나정의 야라지구, 차딴정의 스나베(砂邊)지구 주민과의 인터뷰를 통해 이와 같은 '정신적·육체적 폭력'을 받아온 사람들이 저항할 힘도 없이 극한의 상황을 버텨야 했던 것을 알 수 있었다. 헤노꼬나 타까에(高江)의 저항운동도 야라지구나 스나베지구와 같은 사태가 되지 않도록 싸우고 있는 것이라고 파악할 수 있다.[91]

카데나공군기지는 카데나정뿐만 아니라 주변의 시정촌에도 심각한 소음피해를 일으키고 있다. 1982년과 2000년에 주변 주민들은 야간·조간의 비행금지를 요구하는 소송을 제기했다. 하지만 판결

당시에 원고 숫자가 906명이었던 제1차 소송과 5,540명의 원고를 거느려 '매머드 소송'이라 불렸던 제2차 소송의 고등재판소 판결은 모두 미군기의 비행 등은 일본정부의 지배가 미치지 않는 제3자(미군)의 행위라며('제3자 행위론') 비행금지청구를 기각했다. 미일 양정부의 기지피해 '경감'을 위해 가능한 한 노력하겠다는 약속에도 불구하고, 야간·조간의 70데시벨[92] 이상의 소음 발생 횟수는 계속해서 증가하고 있다. 2011년 4월 28일, 카데나기지 주변 다섯개 시정촌의 22,058명이 원고가 되어, 카데나기지의 야간·조간의 항공기 이착륙 금지와, 소음에 의한 신체적·정신적 피해에 대한 국가배상을 요구하는 제3차 카데나 폭음금지 소송을 나하 지방재판소에 제기했다. 이 소송은 일본 사법사상 최대의 민사소송이며, 실로 카데나정 주민 세명 가운데 한명, 오끼나와 현민 63명 가운데 한명이 원고가 되었다. 『류우뀨우신보』는 제3차 소송을 '현대의 민중봉기'라고 불렀다.[93]

인구밀집지역인 후뗀마비행장 주변의 주민들도 "조용한 일상을 돌려달라!"는 요구와 함께 2002년에 '후뗀마기지 폭음 소송'을 제기했다[94](당초에 원고는 200명이었지만, 다음 해에는 404명으로 늘어남).[95] 오후 7시부터 오전 7시까지의 비행금지와 손해배상 등을 요구했는데, 1심과 2심에서 소음의 위법성 인정(항소심에서는 헬리콥터 특유의 저주파음과 정신적 피해의 인과관계를 처음으로 인정)과 더불어 배상은 인정되었지만, 비행금지청구는 '제3자 행위론'을 들어 기각되었다.[96] 10명의 원고는 비행금지와 소음 측정을 요구하며 상고했지만, 2010년 8월 최고재판소에서 기각되었다.[97] 2012년 3월 30일,

제1차 소송의 약 여덟배인 3,129명의 원고단이 야간뿐만 아니라 낮 시간도 포함한 소음금지와 배상을 요구하며 '제2차 후뗀마기지 폭음 소송'을 제기했다.[98]

2012년 10월을 기준으로, 강행 배치된 오스프레이의 소음, 사고 위험성에 대한 우려가 매우 높다. 헤노꼬 환경영향평가(8장 참조)에서 헬기 모드뿐만 아니라 고정익 모드에서도 기준치를 상회하는 저주파음이 계측되고 있다.[99]

전후 오끼나와에서 미군기지는 줄곧, 때로는 주민들에게서 최후의 저항력마저 빼앗아버릴 정도의 폭력으로 유지되어왔다. 오끼나와 저항운동 하나하나의 배경에는, 이번 장에서 서술한 것과 같은, 70년간의 엄청난 기지피해의 역사가 가로놓여 있다.

05
RESISTANT ISLANDS

헤노꼬:
불필요한 기지

1995년 9월 4일, 미국 병사 세명이 길을 걸어가고 있던 12세 소녀를 유괴, 렌터카에 밀어넣고 한적한 해변으로 끌고 갔다. 그들은 소녀의 입을 막고 접착테이프로 손과 발을 묶은 뒤 성폭행했다.[1] 이 사건은 1955년에 일어난 6세 소녀의 폭행참살 사건, 이른바 '유미꼬짱 사건'을 상기시켰고, 복귀 이후의 검거 건수만 해도 5천건 가까이 되던 미군 범죄를 배경으로 오끼나와 전역의 분노를 폭발시켰다.[2] 10월 21일에는 기노완시에서 '미군의 소녀 성폭행 사건을 규탄하고 미일지위협정 재검토를 요구하는 오끼나와 현민 총궐기대회'가 열렸고, 여기에는 오오따 마사히데 오끼나와 현지사를 비롯하여 현 안팎에서 복귀 후 최대 규모인 8만 5천명의 시민이 참가했다.[3] 그후에, 미태평양군사령부 사령관이던 리처드 C. 매키

(Richard C. Macke) 제독이 "차를 빌린 돈이면 여자(말하자면 매춘부)를 살 수도 있었을 텐데"라며 천박한 논평을 발표해서 오끼나와인들의 분노에 기름을 끼얹었었다.[4]

이 사건은 기지의 존재(와 미일동맹)에 심각한 위협을 줄 만큼 크나큰 충격을 주었을 뿐만 아니라, 미일관계를 위협했다. 또한 풀리지 않고 있던 후뗀마기지 반환 문제가 다시 수면 위로 떠오르는 계기가 되었다. 요컨대 이 사건은 오끼나와의 역사에서 새로운 국면의 시작을 알리는 것이었다.

그러나 이에 대해 미일 양 정부는 사건을 적절하게 처리하거나 미군 흉악범죄에 대한 방지책을 마련하는 대신 위기를 회피하려고만 했다. 즉, 범죄의 본산지인 기지를 철거하는 것이 아니라, 기지라는 위협을 유지·연명하려고만 했다.

사건 발생 후 두달이 지난 1995년 11월, 일본정부는 미국정부와 '오끼나와 특별행동위원회'(SACO)를 설치하고, 1년에 걸쳐 "미일 안보조약 목적 달성과의 조화를 도모하면서, 오끼나와 미군시설·구역의 정리·통합·축소와 훈련·소음·안전 등의 미군 활동과 관련한 모든 문제에 관해" 일련의 양국 간 협의를 진행했다.[5] 1995년 12월 2일, 양국 정부는 'SACO 최종보고'를 발표했다.

SACO 최종보고는 총 11개 시설(약 5천 헥타르)의 전면 또는 일부 반환을 강조했지만, 가장 큰 목적은 후뗀마기지(481헥타르)를 전면 반환하는 것이었다. 하지만 거기에는 중요한 조건이 달려 있었다. "후뗀마비행장의 주요한 군사적 기능 및 능력을 유지"하기 위해, "후뗀마를 대체하는 해상시설의 건설을 추구하고" "이와꾸니비행장으로 12기의 KC-130 항공기를 이주"하며, 카데나비행장을 추가적으로 정비한다는 것이었다. 후뗀마의 반환은 "충분한 대체시설이 완성되어 운용 가능하게" 되는 것을 절대적인 조건으로 삼고 있었다. 보고서는 "지금부터 5~7년 이내"에 반환한다는 낙관적인 전망을 내세우고 있었다. 또한 SACO 최종보고서는 후뗀마 반환에 더하여, 오끼나와 본도 북부에 있는 북부훈련장(캠프 곤살베스)의 절반 이상을, 조건(반환 예정지에 있는 헬리콥터 착륙장을 같은 훈련장의 다른 지역으로 이전)을 붙여서 반환한다고 했다.[6]

이처럼 "완성되어 운용 가능"한 "충분한 대체시설"을 후뗀마 반환의 교환조건으로 삼은 1996년의 SACO 합의는 지금까지도 '오끼나와 문제'의 현 국면을 규정하고 있으며, '후뗀마 대체시설'(FRF, Futenma Replacement Facility)의 후보지가 된 나고시에 오늘날까지 지속되고 있는 장기간의 고통을 주고 있다.

후뗀마 대체기지 건설지는 그후에 헤노꼬 앞바다로 압축되었다. 하지만 그곳은 베트남전쟁이 한창일 때 대규모의 해군과 해병대 시설의 건설 계획이 있었다고 1966년 미해군의 '기본 계획'(master plan)에 기록되어 있다. 헤노꼬에 대규모의 신기지를 만드는 것은 세부 항목은 여러번 변경되었어도 47년 전으로 거슬러올라가는 것이나 마찬가지다.

1996년 이후부터 헤노꼬안은 계속해서 거부되어왔다. 이미 기지가 과도하게 집중되어 있는 오끼나와현에 또다시 신기지를 건설하려는 부정의와 불공정함에 분노한 시민들에 의해 거부되거나, 여러가지 부대조건들(예컨대 군민 공용, 사용기한 명시 등)을 내세운 지방정부들에 의해 수용되었다가 결국에는 거부되었다. 후뗀마 대체시설안은 처음에는 일시적인 해상 헬리포트[7]였지만, 오끼나와 현민이 거부할수록 더욱 대규모 안으로 재단장되어 돌아왔다.

다음에서는 전 오끼나와 현지사이자 저명한 오끼나와 역사가 오오따 마사히데의 논의에 일부 의거하면서, 후뗀마 대체시설안의 변화와 시민저항의 역사를 재구성해볼 것이다.

헤노꼬 신기지안의 전개

헤노꼬안 Ⅰ (1966~69): 점령하의 오오우라 만 군항 계획

후뗀마기지 이전에 따른 대안으로 1996년부터 논의되고 있는 헤노꼬 신기지안은 오끼나와가 미군의 점령하에 있던 1960년대에 나온 것이다. 1972년에 오끼나와가 반환되기 전에는 일본 헌법과 미일안보조약이 오끼나와에 적용되지 않았기 때문에, 미군은 아무런 제약 없이 기지를 운용할 수 있었다. 한국전쟁과 베트남전쟁도 미국영토에서와 마찬가지 방식으로 오끼나와의 기지에서 수행할 수 있었고, 핵무기나 화학무기를 기지에 반입하는 것에도 제한이 없었다. 미군으로서는 복귀에 따라 일본 헌법이나 미일안보조약이 적용되어 기존처럼 군사 운용을 마음대로 할 수 없게 될 것이라는 위기감이 높아졌고, 이에 따라 인구가 많은 중남부의 기지를 북부(헤노꼬와 오오우라 만)로 이동시키는 계획을 검토하게 된다. 군용 제1호선(지금의 국도 58호선)으로 나하군항에서 북부훈련지대로 전차

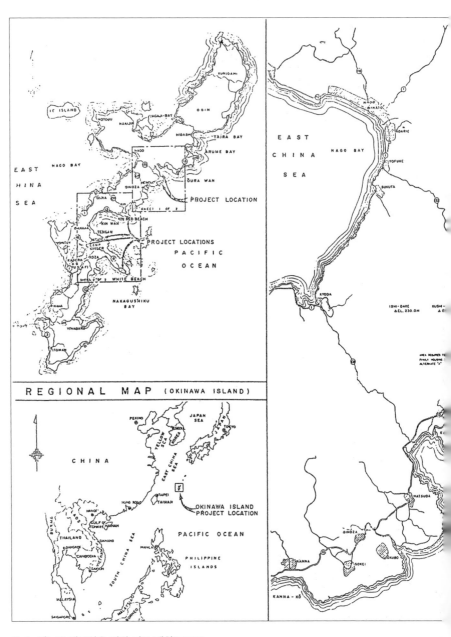

5-1. 헤노꼬 해군항을 위한 미군 계획(1966)

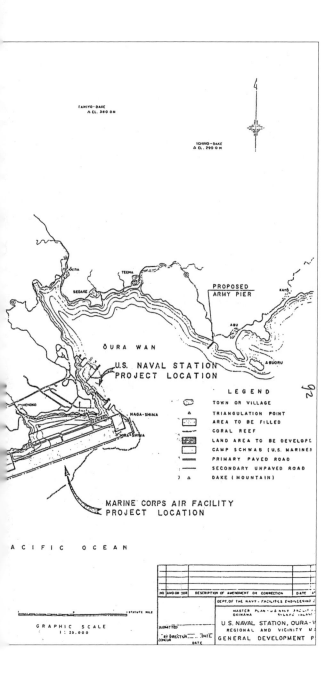

FAMIYO·DAKE
△ EL. 360 0 M

ICHINO·DAKE
△ EL. 290 0 M

PROPOSED
ARMY PIER

ÖURA WAN

U.S. NAVAL STATION
PROJECT LOCATION

LEGEND

TOWN OR VILLAGE
△ TRIANGULATION POINT
AREA TO BE FILLED
CORAL REEF
LAND AREA TO BE DEVELOPE
CAMP SCHWAB (U.S. MARINES
PRIMARY PAVED ROAD
SECONDARY UNPAVED ROAD
) △ DAKE (MOUNTAIN)

MARINE CORPS AIR FACILITY
PROJECT LOCATION

ACIFIC OCEAN

GRAPHIC SCALE
1 : 25.000

NO AMD OR COR | DESCRIPTION OF AMENDMENT OR CORRECTION | DATE

DEPT. OF THE NAVY · FACILITIES ENGINEERING

MASTER PLAN · U S NAVY FACILI
OAINAWA   RYUKYU ISLAN

U.S. NAVAL STATION, OURA-W
REGIONAL AND VICINITY M

GENERAL DEVELOPMENT P

나 대포를 운반하면 전쟁을 체험한 지역 주민들이 들고일어나겠지만, 복귀 후 오끼나와에 헌법이 적용되면 오끼나와 사람들에게 인권(의식)이 생겨나 더욱 어려워질 것이라고 본 것이다. 후뗀마기지 전투부대는 민간지역과 가까워서 폭탄을 적재할 수 없어 카데나기지에 대신 적재하고 있었지만, 헤노꼬라면 바다나 육지에서 폭탄을 적재해도 괜찮을 것이라는 판단이었다.[8]

1966년 1월 오오우라 만과 쿠시(久志) 만 사이의 헤노꼬 산호초 지역에 '전천후형 제트비행장'을 만드는 '해병대 항공시설 종합개발 계획'(General development Plan, Marine Corps)이 작성되었다. 그림 5-1의 설계도가 해군이 위탁한 업체가 만든 '류우뀨우열도 오끼나와 해군시설 기본 계획'(1966년 9월 발표)이다. 오오우라 만 군항은 비행장, 탄약 저장 구역뿐만 아니라 거대한 잔교(棧橋)를 가진 만 군항 건설 계획을 포함하고 있었다. 수심이 30미터 정도로 깊어서, 나하군항에는 댈 수 없는 항공모함도 정박할 수 있다는 점이 매력적이었다. 하지만 당시 오끼나와는 미군통치하에 있었기 때문에 오늘날처럼 대규모의 건설 계획을 일본정부에 부담시킬 수 없었고, 미국이 비용을 완전히 부담해야 했다. 베트남전쟁에 엄청난 비용을 쏟아붓고 있었고 달러를 안정시켜야 했기 때문에 이 계획은 연기되었고, 1969년 베트남에서 철군하게 되자 이 계획도 긴박하지 않게 되었다.[9] 미국은 대신 모든 기지를 보유한 채로 오끼나와를 반환한다는, 다시 말해서 "반환하면서도 반환하지 않는다"라는 계략에 노력을 집중했다.[10]

헤노꼬안 II (1996~97): '헬리포트'에서 대규모 복합군사시설로

최초의 안이 나온 지 30년이 지난 뒤, 때때로 오오우라 만의 방해물이던 산호초를 폭격해 제거하려는 미국의 산발적인 시도가 계속되는 가운데,[11] 다시 한번 헤노꼬곶이 주목받게 되었다. 3장에서 거론한 1995년의 '나이 보고서'는 냉전 후 미국의 전략으로 일본과 한국에 10만명의 병력을 유지하기 위한 기지 재편을 촉구했으며, 이 전략에 오끼나와는 중심적 역할을 맡게 되었다. 그 역할이 구체적으로 무엇인지 알아보기도 전에 일어난 1995년의 소녀 성폭행 사건은 오끼나와 사람들뿐만 아니라 워싱턴과 토오꾜오의 전략가들을 아연실색케 했다.

사건 직후, 오끼나와제도를 뒤덮은 격렬한 분노에 직면하여 미군이 대폭 감축될 것처럼 보였지만, 이러한 분노는 곧 봉쇄되었다. 1995년 11월에 설치된 SACO는 오끼나와의 분노를 달래는 것과 동시에 미군기지의 기능을 유지·강화한다는 사명을 부여받았으며, 후뗀마 반환과 맞바꾸어 현내의 '대체시설' 건설을 요구했다. SACO 협의 초기 '헬리포트'라는 명칭 때문에 대체시설이 헬리콥터가 이착륙할 수 있는 정도의 소규모 기지라고 생각한 관계자도 있었다. 어떤 일본 측 관계자는 45미터 정도 길이라고 생각하고 있었다.[12] 그러나 SACO 최종보고에서는 1,300미터의 활주로를 보유한 전체 길이 1,500미터의 해상시설을 잔교와 주교 및 반잠수 방식으로 오끼나와 본도의 동해안에 건설한다는 계획이었고, "잔교 혹은 수상 가교(causeway)"를 통해 육지와 접속하며 "그 필요성이 상실되었을 때에는" 철거 가능한 시설의 건설이 제안되었다.[13]

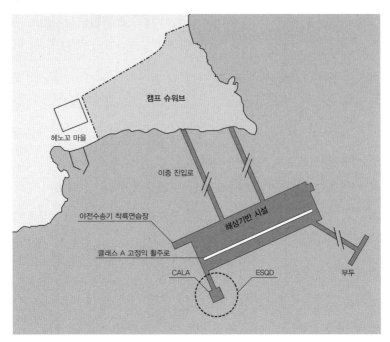

캠프 슈워브

헤노꼬 마을

이중 진입로

아전수송기 착륙연습장

클래스 A 고정익 활주로

해상기반 시설

CALA   ESQD   부두

5-2. 펜타곤의 해상기반 시설 계획(1997)

1997년 미국방부는 대체시설의 건설지를 캠프 슈워브 구역, 즉 헤노꼬곶으로 결정했다. 이 '해상시설'안은 결국 30년 전 미군의 계획으로 돌아간 것이었지만, 계획이 오끼나와의 부담을 증가시키는 것이 아니라 경감시키는 형식으로 제출되었기 때문에 누구도 그 사실을 지적하지 않았다.

헤노꼬가 있는 나고시의 시민들은 1997년 12월에 주민투표를 실시했다. 정부의 압력과 간섭에도 불구하고 반대가 총 투표수의 53%를 점했다.[14] 일본정부는 곧 철거될 일시적인 시설이라고 말했지만 그것이 거짓이라는 것은 이미 1997년의 미국방부 보고서에서 운용연수 40년, 내구연수 200년이라고 밝힌 점에서 드러나 있었다.[15] 미연방회계감사국은 1998년에 건설비용을 24억에서 49억 달러 사이로 잡고 있었다. 더욱이 유지비로 연간 2억 달러(40년간 총 80억 달러)가 필요했는데, 미정부는 이를 일본이 지불할 것으로 생각하고 있었다.[16]

오오따 마사히데 당시 오끼나와 현지사는 이 안은 칸사이(關西) 국제공항에 필적하는 규모의 항구적 군사시설을 오오우라 만에 만드는 것이라고 인식하게 되었다.[17] 도면에 '잔교'나 '전투기 장탄장'이 있었기 때문에 "비행장, 항만, 장탄장의 기능을 겸비한 거대한 복합시설이라는, 1960년대의 계획이 답습 혹은 재현되었다고 생각할 수밖에 없는" 계획이었다.[18]

헤노꼬안 III (2002): 앞바다 연안 군민 공용 공항안

오오따는 나중에 가서야 깨닫게 되지만, 일본정부는 오오따를 공무에서 제거하기 위해 자본을 동원해서 구체적인 캠페인을 시작했는데, 이 시도는 매우 성공적이었다.

1998년 11월 현지사 선거에서 오오따가 패배하고, 보수계의 이나미네 케이이찌가 당선되어 헤노꼬기지의 건설을 수용하는 쪽으로 움직임이 바뀌었다. 이나미네는 군민 공용으로 15년의 사용기한을 두는 조건이 "오끼나와 현민이 허용할 수 있는 한계"라고 주장했다.[19] 1999년 11월, 새 지사는 헤노꼬 앞바다를 이전 최적지라고 결정하고, 나고시장에게 수용을 요청했으며, 이에 대해 일본정부는 10년간 1천억 엔의 북부진흥예산을 제시했다. 나고시의회는

5-3. 바다 위에서 카누로 반대운동을 하는 활동가들(2004.11)

1999년 12월 23일, 밤을 새워 심의를 한 뒤 '후뗸마비행장의 나고
시 헤노꼬 앞바다 지역으로의 이전 촉진안 결의'를 가결했다. 키시
모또 타떼오(岸本建男) 시장은 안전성의 확보, 자연환경에 대한 배
려 등 일곱가지 조건을 충족하지 않으면 이전을 용인하지 않겠다
고 시민에게 약속했다.[20] 2000년 4월부터 협의를 거듭해온 국가·
오끼나와현·나고시·히가시(東)촌·기노자촌으로 이루어진 '대체
시설협의회'는 2002년 7월, 헤노꼬에서 2킬로미터 떨어진 매립지
에 2천 미터의 활주로를 가진 전장 2,500미터의 시설을 건설하는
'기본 계획'에 합의했다.[21] 하지만 그것은 1966년의 안(그림 5-1)으
로 돌아간 것처럼 보였다. 15년의 사용기한이라는 조건은 군사적
관점에서 펜타곤이 결코 받아들일 수 없는 것이었다.[22]

더욱이 이들 안은 현지 시민들의 뿌리 깊은 반대운동 때문에 실현하기가 어려웠다. 2004년 4월 19일이 되어서야 나하방위시설국(방위시설청의 오끼나와지부)은 현지 예비조사에 착수했다. 작업이 시작되자 반대파는 덤프트럭을 봉쇄하기 위해 연좌시위를 하며 인간 바리케이드를 만들었다. 방위시설국이 야간작업으로 전환하자 반대파는 24시간 체제로 감시를 시작했다. '헤노꼬투쟁'이 시작된 것이다.[23]

이러한 저항이 5개월간 지속되자 방위시설국 측은 정면돌파는 무리라고 판단하고 헤노꼬 어민의 어선을 전세 내어 기재를 싣고 캠프 슈워브 내부를 통해 앞바다로 나왔다. 투쟁은 육지에서 바다로 옮겨 갔다. 굴삭용 발판이 되는 망루 건설을 저지하기 위해, 활동가들은 작업이 시작되기 한시간 전부터 카누로 앞바다에 나가서 부표 주변을 포위했다. 결국 망루가 네개 건설되었지만, 작업을 저지하기 위해 망루에 몸을 동여매는 사람도 있었고 바다에 떨어져 부상당한 사람도 있었다. 2004년 11월에는 인근의 어선 약 20척이 합류하여 응원에 나서면서 굴삭작업은 불가능하게 되었다. 어선이나 카누로 바다에 나간 반대파는 아침 4시부터 오후 5시까지 망루를 지켰다. 2005년 4월부터는 작업이 야간에도 계속되자 2교대로 50일 동안 24시간 망루를 사수했다.

방위시설국과 시민들 사이의 싸움이 이어지자, 코이즈미 총리는 중의원 예산위원회에서 이렇게 말했다.

연좌하고 있는 사람들의 강한 저지 결의와 노고는 잘 이해하

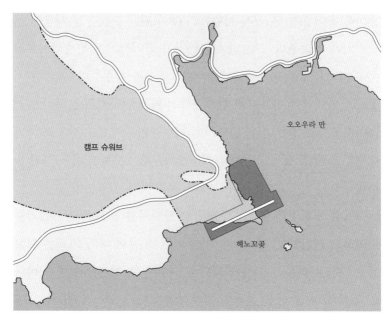

5-4. 헤노꼬곶(캠프 슈워브) L자형 건설 계획(2005.10)

고 있다. (…) 현지와도 잘 이야기해서 협조할 수 있는 해결책이 없는지 진지하게 고민하고 있다.[25]

같은 해 10월, 코이즈미는 "(후뗀마기지의) 반환을 격렬한 반대 운동 때문에 실현할 수 없다"라고 선언했다.[25] 정부가 헤노꼬 앞바다 비행장 건설을 단념한 것이다. 그 시점에 해상 항의에 참여한 1만 명을 포함하여, 이 항의운동에 참가한 사람은 6만명을 넘어섰다. 이것은 시민의 항의가 국가권력을 이긴, 극히 이례적인 일이었다.

헤노꼬안 IV (2005): 또 당사자를 제쳐둔 주일미군 재편

그러나 이전의 안이 철회되자마자 2005년 10월 말에 발표된 '미일동맹—미래를 위한 변혁과 재편'을 통해 또다른 안이 발표되었다.[26] 이번에는 '후뗀마 대체시설'이라고 하기보다 때마침 계획되고 있던 '미군 재편'의 일환으로 제시되었다. 이 안은 이전의 계획처럼 헤노꼬 앞바다를 매립하는 것이 아니라, 캠프 슈워브 해병대 기지에 걸친 L자형으로 매립하여 1,800미터의 활주로를 만든다는 것이었다. 이 안은 또다시 1966년의 오오우라 만 군항안과 닮아 있었다.

이번에는 이전까지 해상기지를 조건부로 지지하던 나고시장과 오끼나와 현지사조차도 주택지에서 700미터밖에 떨어져 있지 않다며 반대했다. 합의를 위한 교섭도 오끼나와 현지를 제쳐두고 진행되었다. 때문에 1999년 12월에 이나미네 지사가 헤노꼬 앞바다 안 수용의 조건으로 내세웠던 '군민 공용'이나 '15년 사용기한' 등도 고려되지 않았다.[27]

헤노꼬안 V (2006~): '로드맵' V자안

1년 뒤, 누까가 후꾸시로오(額賀福志郞) 방위청장관과 시마부꾸로 요시까즈(島袋吉和) 나고시장 사이의 협의에 의해 기지 건설안은 다시 수정되었고, 2006년 5월 1일 미일안전보장협의위원회 (2+2회의)에서 발표한 '재편 실시를 위한 미일 로드맵'(United States-Japan Roadmap for Realignment Implementation)에 포함되었다. 이 합의에 의하면, '후뗀마 대체시설'은 2014년까지 완성될 예정으로,

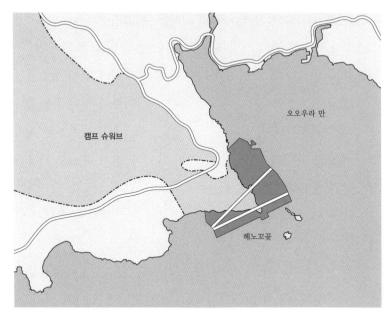

캠프 슈워브

오오우라 만

헤노꼬곶

5-5. 로드맵합의의 V자형 활주로 계획(2006)

그림 5-5에서 볼 수 있는 것처럼, 캠프 슈워브 미군기지에서 오오우라 만으로 뻗은 V자형의 1,800미터 활주로 두개를 갖춘 육상시설이 된다는 것이었다.[28] 변경 이유는 소음 완화를 위해 주택지 상공 비행을 피하도록 이륙용과 착륙용의 각도가 다른 활주로를 만든다는 것이었으나, 많은 사람들은 납득하지 못했다.

2005년과 2006년의 합의에서 키워드는 모두 '상호운용성'(interoperatability)이었다. 일본은 짓는 데만 10년 넘게 걸리는 헤노꼬 신기지에 24~49억 달러가 넘는 비용을 지출해야 할 뿐만 아니라 괌 해병대시설의 추가 건설비용으로 60억 9천 달러를 지출해야 했다.

2006년의 헤노꼬안을 실행하기 위해서는 현존하는 해병대기지인 캠프 슈워브에 인접한 오오우라 만 바다를 매립해야 한다. 새 기지는 고도의 정밀기술을 집적한 항공·육상·해상의 종합기지이고, 구식이 되어 불편하고 위험한 후뗀마기지보다 훨씬 대규모일 뿐만 아니라 다양한 군사적 기능을 구비했다. 후뗀마기지의 토머스 R. 킹(Thomas R. King) 부사령관은 신기지는 후뗀마의 대체시설이 아니라 현재 후뗀마의 군사력을 20% 강화한 기지를 만드는 것이라고 말했다.[29] 2006년의 합의는 1960년의 안보조약 제6조에 '일본과 극동의 방위'에 한정되어 있던 미일동맹을 전지구적인 대테러전쟁의 구성요소로 변질시켰다. 그 과정에서 국민 수준 혹은 국회에서의 논의나 검증은 전혀 없었다. 헌법 제9조의 제약은 뒤로 제끼고 미일동맹을 전지구적인 군사동맹 속에 편입시킨 것이었다.

헤노꼬 앞바다 기지안에 비해 캠프 슈워브 연안부 매립안은 건설 예정지가 군사기지였기 때문에 반대파의 출입이 금지되어 저지행동을 하기 힘든 장소였다. 한편 오끼나와 현내의 기지 건설 찬성파에게는 연안에서 가급적 멀리 떨어진 앞바다에 만드는 쪽이 더 좋았다. 표면상으로는 주택지 상공의 소음 완화가 이유라지만, 실제로는 오끼나와의 건설업자, 특히 자갈조합(砂利組合)이 혜택을 받기 때문이었다. 앞바다로 나가면 나갈수록 수심이 깊어져서 더 많은 자갈이 필요하게 되는 것이었다. 오오따 마사히데는 나까이마 히로까즈 지사, 이나미네 전 지사, 시마부꾸로 전 나고시장 등이 전부 이 자갈조합의 지지로 당선되어왔다고 증언한다.[30]

2006년 합의는 일본 본토에서는 거의 논쟁이 되지 않았다. 하지만 오끼나와에서는 자민당정권의 온갖 설득, 위협, 분단, 매수를 떨쳐내려는 저항이 계속되었다. 2007년에는 로드맵의 V자형 활주로 건설 계획 실시를 위한 환경영향평가가 시작되었는데, 일본정부는 돌연 위법적인 사전조사에 돌입했고, 5월에는 해상자위대의 소해함(minesweeper)인 '분고'를 출동시켜 시민운동에 대한 위협·탄압을 가중했다. 헤노꼬에서는 지금도 오랜 정치적 저항운동이 계속되고 있다. 2012년 7월에는 연좌시위 일수가 3천일을 넘어섰다.

코이즈미 내각 후의 자민당내각도 일관되게 미국에 협력적인 태도를 취했기 때문에 리처드 아미티지 등 워싱턴의 내부자들은 매우 만족했다. 하지만 후뗀마 대체시설의 진전은 지체되었다. 자민당의 위신이 점점 추락하는 가운데, 로드맵 작성 교섭에서 미국정부의 대표를 맡았던 리처드 롤리스(Richard Lawless) 전 국방부 차관은 2008년 5월, 『아사히신문』에 미일동맹은 표류하고 있다고 말했다.

오늘날 일본에 정말로 필요한 것은 상의하달식 리더십을 가진, "지금까지의 합의를 예정대로 수행하는 일에 다시 한번 전력을 다하고, 재편 합의의 예산을 세우는 것을 국가적 우선과제로 삼자"라고 말할 수 있는 지도자입니다. (…) 일본은 의사 결정·배치·통합·미일동맹 운용 속도를 바꿔야 합니다.[30]

괌협정은 바로 이 상의하달 방식의 구현체였다.

괌협정: 또 하나의 '밀약'

2009년 2월에 힐러리 클린턴 미국무장관과 나까소네 히로후미 (中曾根弘文) 외무대신이 서명하고 2009년 5월에 특별입법을 통해 (일본에서만) 조약으로 승인된 '주오끼나와 해병대의 괌 이전에 관한 협정'(Guam International Agreement)[32]은, 정권을 잡을 것이라고 예측되고 있던 일본 민주당정권을 속박하기 위해서 신임 오바마 정권이 당시 추락하고 있던 아소오 자민당정권으로부터 미리 정식 합의를 끌어내기 위해 채택한 수단이었다. 그렇지만 실제로는 그 전인 2008년 말에 잠정적으로 합의가 정리되어 있었다. '위키리크스'가 공개한 2008년 12월 19일의 주일미대사관 수석공사 제임스 P. 줌월트(James P. Zumwalt)의 전문(08TOKYO03457)에 따르면, 토오꾜오의 미대사관은 일본정부가 2006년의 로드맵합의를 조약으로 승인하고 강화할 용의가 있다고 워싱턴에 보고했다. 즉 "합의를 이행하도록 현 내각이나 장래의 내각에 법적인 책임을 지워" "일본 국회의 승인을 필요로 하는 조약에 준하는 협정"으로 끌어올리고, "2006년 5월 1일 미일안전보장협의위원회(SCC)에서 합의된 미군 재편 패키지의 일부로서, 괌 이전에 충당될 몇년에 걸친 재정지출을 국회에서 승인받기 위한" 것이었다고 보고했던 것이다.[33]

괌협정의 내용은 이미 2005년에서 2006년 사이에 합의되어 있었다. 이 협정이 이전의 합의와 다른 점은 그 내용이 아니라 '조약'이라는 형식이었다. 이것은 한쪽 당사자(일본정부)만을 법적으로 속박하는 '불평등조약'이었다. 사실 미국은 "(괌)협정은 미국정부에는 행정협정이며, 미상원의 비준이 필요없다는 입장을 명확히 했다"
라고 전문에 나와 있다. 야당인 민주당이 후뗀마기지를 현외·국외
로 이전해야 한다는 입장이라는 점[34]을 숙지하고 있던 오바마 정
권은 자민당이 중의원에서 3분의 2의 의석을 점하고 있다는 점을
활용했다. 순종적인 아소오 정권에 압력을 가해 괌협정을 조약 형
식으로 비준시키고, 장차 정권을 획득할 민주당의 손을 묶어두려
했던 것이다. 괌협정의 조인을 위해 방일한 클린턴 국무장관은 토
오꾜오에서 "오늘 나와 나까소네 외무대신이 서명한 합의는 국가
간에 체결된 것이므로 누가 정권을 잡고 있는가와는 관계가 없다"
라고 발언하여 민주당을 압박했다.[35] 이처럼 발족 초기부터 오바
마 정권은 반년 후의 총선거에서 나타날 일본국민의 의사 실현을
미리 봉쇄하는 데 성공했던 것이다.

　괌협정은 조지프 나이의 탈냉전 전략에 따라 15년 동안 진행된
미군 재편 과정의 귀결이었다. 언론에는 오끼나와의 부담 경감을
위해 미국이 '철퇴'한 것이라고 널리 보도되었다. 그러나 실제로는
미일동맹에 대한 일본의 부담을 증가시키고 헤노꼬와 괌에서 거
대한 미군시설의 건설과 군비강화를 일본정부가 약속하도록 했고,
그 과정에서 거액의 군사지출을 짜낼 의도였다. 급속하게 신용을
잃고 있던 일본정부는 2009년 5월까지 최종 금액인 60억 9천만 달
러(28억 달러는 현금으로, 나머지는 대부)의 분할지불금에 해당하는 3억
3600만 달러를 미재무부에 지불하기 위해 전력을 다했다. 일본정
부의 최대 관심사는 국가의 안전보장이 아니라──그것은 화제에
오르지도 못했다──아무리 비용이 들더라도 미군의 오끼나와 점

령을 연장시키려는 결의(그리고 아프가니스탄과 이라크전쟁을 위해 가능한 모든 써비스를 제공하는 것)였다.

나아가, 양국의 관료들은 일본인들 특히 오끼나와인들의 눈을 속이면서 기지를 둘러싼 거래를 완수하기 위해 괌으로 이전할 병력의 수와 전체 이전비용에서 일본의 부담률을 조작했다. 2006년의 로드맵과 2009년의 괌협정하에서 일본이 지불해야 할 60억 9천만 달러(28억 달러는 직접 자금제공)에는, 일본이 괌에 건설할 시설에 8천명의 오끼나와 해병대와 그 가족 9천명을 이주시킴으로써 오끼나와의 '부담을 경감'한다는 항목이 포함되어 있다. 주일미군 유지를 위해 일본정부가 지불하는 비용의 일부인 '배려예산'은 1978년에 개시된 이래 기정사실화된 예산이었지만, 미국의 영토에 건설하는 시설(의료시설, 독신 병사 숙소, 소방서 등)을 위해 일본이 그런 거액을 지불하는 것은 전례없는 일이었다.

하지만 앞에서 언급한 줌월트의 2008년 12월 19일 전문에 따르면, "8천명과 9천명이라는 숫자는 일본에서의 정치적 가치를 최대화하기 위해 의도적으로 크게 견적을 뽑은 것이지 이 숫자가 실제로는 오끼나와에 주둔하고 있는 해병대원이나 그 가족들의 수와는 크게 다르다는 것을 서로 알고 있다"라고 한다.[36] 로드맵을 교섭하던 2004년에서 2006년에 걸쳐 해병대의 수는 불과 '1만 3천명' 정도이며 가족의 수는 "9천명보다 적었다." 미국 측은 이 숫자에 대해 일본 측에 "정기적으로 설명을 해주었다"라고 한다. 이것은 일본정부 관계자가 "괌 이전으로 오끼나와의 해병대가 1만 8천명에서 1만명으로 감소하고, 그 대부분은 후뗀마 대체시설로 이전시킨다"라고 반복해서 선전했을 때, 진실을 알면서도 거짓을 말했다는 것을 의미한다. 실제로 주일미군의 역할이 일본과 '극동' 방위로 협소하게 한정된 1960년의 안보조약하에서도, 일본을 지키고 있던 병력 가운데 상당히 많은 부대가 지구 저편의 전장에 동원되고 있었다. 괌으로 이전되는 8천명도 헤노꼬로 이주한다는 1만명도 근거가 없는 유령 숫자였던 것이다.[37]

괌의 군용도로 건설비 10억 달러를 포함시키면서 비용도 폭증했다. 이 '10억 달러의 도로'는 명목상으로는 미국이 부담하는 것으로 되어 있지만, "예상 총비용을 증가시켜서 일본 측의 부담률을 줄이기 위한 것"이었다.[38] 이 항목이 포함됨으로써 비용 총액 102억 7천만 달러 가운데 일본의 부담이 66%에서 59%로 낮아졌고, 조금이라도 평등하게 부담하는 것처럼 보이게 되었다. 일본 국내의 비판을 피하기 위한 것이었다. 그 도로는 필요도 없을뿐더러 실제로 건설되리라는 기대도 없었다. 미국은 괌협정 교섭에서 이 도로의 건설을 미군 재편 완료의 절대적 조건으로 간주하지 않는다고 일본에 확인해주었다. 하지만 일본 측은 이 항목을 괌협정에 포함시키지 않으면 숫자가 2006년 로드맵과 다르게 되어 국회에서 추궁당할 것이기 때문이 난처하다고 애원했고, 미국도 이를 용인했다. 계상되는 10억 달러라는 거액도 실제로는 사용하지 않는다는, 또 하나의 밀약이 교환되었던 것이다.[39]

이렇게 세부적인 항목에서 승강이가 계속되자, 두 정부 사이에 불신감이 깊어졌다. 앞에서 언급한 줌월트의 전문 제2부에 따르면, "일본의 교섭 담당자는 합의의 이행 계획(AIP)에 나타난 괌 이전부대 동행 가족의 실제 숫자에 대해 상세한 데이터를 미국이 2년이 넘도록 내놓지 않는 것에 불만을 보였고, 미국이 오끼나와의 주택을 과도하게 보유하려 하며, 필요 이상의 주택을 괌에 건설하도록 하려는 것이 아닌지 의문을 제기했다"라고 한다.[40]

이전하는 해병대와 가족의 숫자를 "일본에서의 정치적 가치를 최대화하기 위해 의도적으로 크게 산출한" 것은 『아사히신문』의 표현에 따르면, "국민에 대한 배신이며 용서할 수 없는 짓"이었다.[41] 『오끼나와타임스』는 그것을 또 하나의 '밀약'이라고 표현했다.[42]

2009년 2월 토오꾜오에서 힐러리 클린턴이 서명하고 5월에 일본 국회에서 비준된 괌국제협정은 일본에 대한 오바마 행정부의 첫번째 구상이었다. 일본국민들의 민주적 의지를 봉쇄하기 위한 두 정부의 공동 고안이기도 했다. 서명을 서두른 것은 자민당정권의 붕괴가 임박했다는 것을 반영하는 것이기도 했다. 필자가 2009년의 논문에서 밝혔던 것처럼, 괌협정은

미국과 일본 두 집단이 도를 넘은 순간, 즉 불평등할 뿐만 아니라 위헌이며 불법이고 식민주의적이며 기만적인 것을 미국은 요구하고 일본은 승인하는 방식의 관계를 고착시킨 결정적인 순간으로 미래세대에 의해 연구될 것이다. 도를 넘은 양측의 행동은 분노를 불러일으킬 것이며 장기적으로는 미일관계를 유지하기 더욱 힘들게 만들 것이다.[43]

그리고 이것은 실제로 일어났다.

이전 예상비용 역시 더욱 높게 수정되었다. 미연방회계감사국은 관련 사업비용의 상세한 내역이 아직까지 나오지 않고 있다고 지적하고, 괌 이전을 포함한 미군 재편비용은 미일 양국을 합쳐 당초 예산의 세배에 해당하는 291억 달러(24조 엔)라는 얼토당토않은 액수에 이른다고 추산했다. 이 액수는 미국(132억 달러)과 일본(159억 달러)에 분담된다. 이것은 미군 재편에 일본이 지출하는 총액이 61억 달러가 아니라 159억 달러에 이른다는 것을 의미한다.[44]

더욱이 후뗀마 대체시설 건설비용으로 일본이 지출할 36억 달러의 견적도 너무 낮게 잡은 것이다. 많은 전문가들은 그 두세배가 들 것이라는 의견이다. 그렇다면 일본 측의 부담액이 159억 달러(일본 국내의 미군 재편에 98억 달러, 괌 이전에 61억 달러)에서 더욱 상승할 것이 틀림없다. 그 상승률이 연방회계감사국이 추산한 미국 부담액 상승률 견적과 같다면, 일본 측의 부담액은 세배에 이르게 될 것이다.

오끼나와 반환과 미국 핵전략을 둘러싼 밀약이 차례로 드러나고, 2011년 5월에 유출된 기밀문서에서 명백해진 겹겹의 거짓과 기만은 미일관계의 어두운 구조를 결정적으로 폭로했다. 그럼에도 불구하고 아직까지 시민사회나 미디어의 인식은 아무런 영향도 받지 않은 것처럼 보인다. 그래서 문서의 신빙성은 심각하게 도전받지 않았다. 하지만 이 자료들은 미일관계의 내부 과정을 볼 수 있는 문을 열어젖혔다.

일본정부는 '위키리크스' 문서들의 중요성이나 신빙성에 대한 언급을 회피했다.[45] 또한 정치인 가운데 아무도 공개적인 혹은 법률적인 조사를 요청하지 않고 있다. 그리고 초기에 '위키리크스' 자료들을 보도했던『아사히신문』을 비롯한 전국 언론들도 여기에 거의 주의를 기울이지 않았다.『아사히신문』에 대해 조금 더 말하자면, '위키리크스' 자료를 발표한 것은 좋았지만, 해석판에는 원문에 나와 있는 관료들의 이름을 일부러 누락시켰다. 스스로 검열한 것인지, 정부로부터 어떤 압력을 받은 것인지는 분명치 않지만, 정보를 공개하면서 일부를 은폐하는 모순적인 행동을 취했던 것이다.

마고사끼 우께루에 따르면, 물의를 빚을 만한 정보에 대한 "전후 일본 미디어나 학회의 전형적인 반응"은 "불합리한 사실에는 반론하지 않는다. 마치 아무런 의미도 없는 것처럼 묵살"하는 것이다.[46] 거의 아무런 주목도 받지 않도록, 없었던 일로 해버리는 것이다.

지금까지 가장 진지한 분석은 오끼나와의 일간지인『류우뀨우신보』에 실렸다.[47] 그 세개의 에세이를 살펴보자.

일본 외무성 정보분석국의 국장을 지낸 마고사끼는 다음과 같이 적고 있다.

2009년에 선출된 민주당정부는 후뗀마 문제를 포함하여 미일관계 전반을 재검토할 계획이었다. 미국이 경고를 하자, 외무성과 방위성의 고위인사들은 총리의 의도와 반대로 행동했다. 민주주의 원리에 반하는 행동이었다. 일본이라는 나라는 어떻게 되려는가? 일본은 자아상실이라는 만성질환에 걸렸다.

2001~3년에 레바논대사를 지낸 아마끼 나오또(天木直人)는 다음과 같이 적고 있다.

당국의 범죄는 아주 심각하다. 만약 미국이 일본정부를 속인 것이면 일본국민들은 미국정부의 기만을 고발해야 하며, 만약 일본국민들을 속이는 데에 일본정부가 미국에 도움을 줬고 부적절하고 불필요하게 일본국민들의 피땀 어린 세금을 건넨 것이면 일본국민들은 일본정부를 배신죄로 고발해야 한다.

오끼나와 현대사의 권위자이며 오끼나와대학의 명예교수인 아라사끼 모리떼루는 다음과 같이 지적한다.

일본의 정치 및 고위관료 집단이 얼마나 한심하고 타락했는지가 '위키리크스' 외교 전문에 너무나 생생하고 구체적으로 드러났다. 우리는 보고 싶지 않던 것을 보았다. 언제나 '국익'을 말하고 국수주의적 민족주의를 외치던 정치인들과 고위관료들의 행동은 미국에 봉사하는 것이었고 미국의 '국익'에 동화되는 것이었다.

괌협정 이후: 헤노꼬 패키지의 변경과 재구성

2006년의 로드맵합의와 2009년의 괌협정에 이은 하또야마 정권과 오바마 정권에 의한 2010년 5월의 미일 공동성명 및 2011년의 미국과 일본의 외교·국방장관들의 '2+2' 공동발표는 이전의 합의를 답습한 것이었다. 그러나 2012년 초까지 이를 수행하기 위한 아무런 조치도 취해지지 않았다. 계획이 궤도에 올랐다는 장광설은 오히려 그것이 사실이 아니라는 것을 암시했다. 하지만 일본정부는 다른 지역으로 재배치하는 것은 말도 안 된다고 미국에 역설하면서, 계획대로 진행될 것이라는 데 확고한 입장이었다. 후뗀마기지의 재배치 대상지는 오끼나와여야 했고 헤노꼬여야 했다. 미국의 비타협이 문제가 아니라 일본의 고집이 결정적이었다.[48]

후뗀마 대체시설 계획은 2012년 2월 8일의 미일 '공동보도발표'로 새로운 국면을 맞이했다.[49] 2006년부터 2011년까지의 협정에서는 명문화된 재배치 계획의 조항들은 변경할 수 없으며 분리 불가능한 '패키지'라는 점이 반복해서 선언되어왔는데, 이것이 갑자기 미국의 주도로 재공개되고 재정리된 것이다. 2006년 패키지의 핵심 요소였던 헤노꼬에 후뗀마 대체시설을 건설하는 것과 미국으로의 인계, 오끼나와에서 괌으로 해병대 8천명 이동, 그리고 오끼나와 남부에 있는 기지(카데나기지 이남)의 일본으로의 반환은 완전히 재검토·재구성되었다. 원래 2006년에 설정되었던 완료 기한인 2014년은 2011년에 이미 그 전망이 불투명해져서 "2014년 이후 가능한 한 빨리" 완료하는 것으로 바뀌었지만, 이제 패키지의 내용들이 완전히 재구성되었다. 『아사히신문』은 토오꾜오가 "이 대담한 제안을 하지는 않았다"라고 보도했다.[50] 이것이 사실이라면, 워싱턴이 변화를 결정했고 토오꾜오에 단순히 통보한 것이라고 볼 수 있다.

핵심적인 수정사항은 헤노꼬의 대체시설 건설 문제에서 괌으로의 이전 문제를 분리한 것이었다. 원래의 계획은 오끼나와에 미해병대 1만명을 유지한다는 전제 위에서 8천명을 괌으로 이전한다는 것이었지만, 미국은 4,700명을 괌으로 이주시키고 1,500명을 이와꾸니 미군기지로 이전, 나머지는 하와이나 호주의 다윈(Darwin) 등으로 순환배치하겠다고 제안했다. 지금까지 해병대의 '일체적 운용'의 중요성을 강조해온 일본정부의 논지는 일거에 무너졌다.[51] 리언 E. 패네타(Leon E. Panetta) 미국방장관은 2012년 2월 15일에 열린 미하원 군사위원회에서, 이러한 변경에 따라 괌의 인프라 정비에 일본이 제공하기로 한 자금이 줄어들지 모른다는 질의에 대해, 그러한 가능성을 부정하고, "그들(일본정부)은 매우 관대해서, 필요하다면 어떠한 이전도 기꺼이 지원할 것이고, 지원을 위해 거액의 자금도 제공할 것이라고 말하고 있다"라고 밝혔다.[52] 패네타는 "나는 일본이 취해온 태도에 매우 감사한다"라고 덧붙였다. 속국 관계에 관해 이보다 더 명백한 언급은 찾아보기 힘들 것이다. 전 국무부 일본부 부장인 케빈 메어(Kevin Maher)가 2011년 초에 오끼나와를 "협박의 달인"이라며 모욕했지만(10장에서 후술), 미국이야말로 일본에 대한 공갈과 협박의 달인이라고 해야 할 것이다.

어쨌든 이러한 변경은 "지리적으로 분산되고, 운용상 탄력적이며, 정치적으로 지속 가능한 군사력 구조"라는 원칙에 따른 것이었다.[53] 미국이 점차 헤노꼬에 신기지를 건설하겠다는 일본의 공약에 대한 희망을 포기하게 되었다는 점과, 예산을 축소하면서도 중국 주변으로 군사력을 집중시키기 위한 군사전략의 광범위한 조정 작업이 결합된 결과였다. 그러면서도 중국의 차세대 미사일의 사정거리 이내에 주요 군사력의 집중을 회피함으로써, 중국의 공격 위험을 최소화해야 했다. 중국의 제1차, 제2차 도서방위선(島嶼防衛線)상에 있는 오끼나와의 위치는 중국의 공격에 너무 취약하며 안심하기에는 너무 가까웠다. 대조적으로, 호주의 다윈은 미사일 사정거리 밖에 있으며, 호주정부는 미해병대의 주둔에 무제한적으로 긍정적이며, 따라서 호주의 미군기지는 헤노꼬에서는 결코 불가능했던 "정치적으로 지속 가능한" 방식으로 주둔할 수 있었다. 초기에 미군의 호주 배치는 수백명 규모였지만, 점차 현재 오끼나와에 주둔하고 있는 제31해병원정부대(31 MEU)의 사령부까지 포함하는 2,500명 규모에 이를 것으로 예상되었다.[54]

이에 따라 괌 이전 규모는 절반으로 줄어들었고 광범위한 지역적 분산배치의 일부로 자리매김되었다. 이 모든 것은 오끼나와에 군사력을 집중시키는 것이야말로 진정한 억지력을 보여준다는 일본정부의 주장이 거짓이었다는 것을 말해준다. 후뗀마 대체시설에 대해서는 여전히 "앞으로 유일하게 가능한 방식"이라고 선언하고 있지만,[55] 점점 더 무리하게 시도하다가 실패할 운명처럼 보인다. 하지만 2006년 패키지의 세번째 요소인 '카데나 이남' 지역에 있는 불필요한 기지의 반환은 현재 가속화되고 있다. 반환지로 지정된 토지는 오끼나와 기지의 약 5분의 1에 해당한다. 『뉴욕타임스』(The New York Times)는 이러한 반환은 "오끼나와인들에게 미군 감축을 실감하게 해줌으로써 새로운 항공기지에 대한 반대를 누그러뜨릴 것"이라며, 미국정부를 대변하는 듯한 보도를 내냈다.[56]

새로운 전략 독트린이 출현하는 것을 지켜보면서도, 오끼나와인들은 양국의 수도에서 오끼나와의 부담 '완화'가 중요한 고려사항이 될지에 대해 미심쩍어했다. 그들은 양국 정부가 다시 오끼나와를 희생양으로 삼을 것이고, 또다른 밀약 라운드가 펼쳐질 것이라고 의심했다. 그들은 후뗀마해병대의 일부를 일본 본토 야마구찌현의 이와꾸니로 재배치하겠다는 미국의 제안에 대한 일본정부의 대응에 격노했다. 야마구찌 현지사와 이와꾸니 시장이 재배치에 반대한다고 탄원했을 때, 겐바 코오이찌로오(玄葉光一郞) 외무대신은 "부디 안심해달라" "이와꾸니로의 추가적인 이전을 부탁할 생각은 없다"라고 응답했다.[57] 그런 응답은 지금까지 오끼나와 현지사나 나고시장의 계속된 항의에 겐바나 다른 각료들이 보여준 것과 너무나 대조적이었다. 오끼나와인들이 내릴 수 있는 유일한 결론은, 일본정부가 원할 때에는 미국의 요청에 '아니오'라고 대답할 수 있지만 오끼나와와 관련해서는 그렇지 않다는 것이었고, 본토의 현이나 도시에는 그럴 수 없지만 오끼나와인들에게는 경멸과 차별로 대처한다는 것이었다.[58]

또 오끼나와인들은 헤노꼬에서 환경영향평가가 해결되지 않은 상태임에도 불구하고(8장 참조), 일본정부가 마치 결론이 정해져 있는 것처럼 캠프 슈워브 내에서의 주요 건설 계획 승인을 추진해 왔다고 주장한다. 주일미군 재편에 관한 2006년의 미일합의 이후 2012년 초반까지, 캠프 슈워브에서 헤노꼬 이전을 전제로 한 공사가 189건 진행되었고, 총 212억 엔의 자금이 투입되었다.[59] 일본정부는 환경영향평가나 진행 중인 소송에서 부정적인 결과가 나올 가능성을 무시했으며, 오끼나와현이나 지방정부가 동의하지 않는 것은 상관없는 일인 양 취급했다. 또 일본정부는 후뗀마기지 조기 반환과 위험지역 정리를 위해 가능한 모든 조치를 취할 것이라고 한 공식입장과 달리 후뗀마기지의 대규모 보수 작업을 승인했다. 이것은 일본정부가 후뗀마기지가 조만간 반환될 것이라고 예상하지 않고 있다는 것을 보여준다. 오끼나와인들은 점점 더 이러한 일본정부의 정책을 비판적인 눈으로 보게 되었다.

1996년에 5년에서 7년 내에 반환될 것이라고 약속받았던 "세계에서 가장 위험한 기지"(2003년 당시 미국방장관 럼즈펠드가 오끼나와를 방문했을 때의 발언)는, 2012년 가을에는 반환되기는커녕 안전성 우려가 큰 오스프레이가 일본에서 최초로 배치되는 장소가 되었다. 일본정부는 후뗀마기지의 출입구 세곳을 봉쇄하고 항의하던 시민들을 강제로 해산시키고, 현장에서 불법적인 감금조치까지 취한 뒤,[60] 오끼나와현 선출 국회의원과 현의회 의원들을 포함한 시민들의 강경한 반대 속에도 MV-22 오스프레이를 후뗀마에 배치했다.

노다 요시히꼬 총리를 비롯한 토오꾜오의 특사들은 오끼나와에 대한 사과의 메시지와 오끼나와의 '발전'을 위한 엄청난 보조금(2012 회계연도 2,937억 6천 엔, 30억 달러 이상)을 꺼내들었으며, 다른 한편에서는 가차 없는 압력을 멈추지 않았다. 모리모또 사또시(森本敏) 방위대신은 사실상 돈(경제진흥책)으로 헤노꼬 이전을 위해 지사를 굴복시키겠다고 선언했다.[61] 강한 반대를 무릅쓰고 오끼나와를 "성실하게 설득"하겠다는 결의를 품고, 토오꾜오는 심리전술을 동원하고 재정지원을 미끼로 유인하거나 몰래 위협을 가하는 등 새로운 공세에 박차를 가하고 있는 것처럼 보였다. 오끼나와인들은 허리띠를 졸라매고 새로운 투쟁을 준비했다. 『류우뀨우신보』는 이미 과중한 기지피해로 괴로워하고 있는 오끼나와에 오스프레이를 날려보낸 것은 원자력발전소 사고 후의 후꾸시마에 또다른 원자력발전소를 들이미는 것과 마찬가지라고 규탄하고,[62] 지금 다시 오스프레이 배치 철회를 위한 현민투표를 제안했다.[63] 『오끼나와타임스』는 "필요한 것은 (1950년대의) 섬 전체 투쟁과 같은 오끼나와의 결의를 보여주는 것"이라고 보도했다."[64]

오끼나와와 정부의 대립은 지금, 그 정점을 향해 치닫고 있다.

06
RESISTANT ISLANDS

하또야마의 난^亂

일본에 아소오에서 하또야마로 정권교체가 일어나기 9개월 전, 미국에서는 부시에서 오바마로 정권이 교체되었지만 대일정책이나 정책입안자의 얼굴은 거의 바뀌지 않았다. 신임 주일미대사인 존 루스를 제외하면, 오바마는 2005년 이후에 진행되었던 일련의 미일합의 교섭에 참여했던 주요 인물 대부분을 재기용했다. 부시 정권에서 후뗀마 문제의 교섭을 담당했던 커트 캠벨(Kurt Campbell)은 오바마 정권의 동아시아 담당 국무차관보가 되었으며, 부시 정권에서 오끼나와 해병대 사령관을 역임했던 월리스 그레그슨(Wallace Gregson)이 아시아·태평양 안전보장문제 담당 국방차관보에 취임했고, 부시 정권 시기에 주오끼나와 총영사였던 케빈 메어는 국무부 동아시아·태평양국 일본부 부장이 되었다.[1] 조지프 나

이와 리처드 아미티지는 오바마 정권에 등용되지 않았지만, 그 영향력은 흔들리지 않았다.

2009년 9월의 정권교체 이전부터 미국은 일본 민주당의 정책을 우려하고 있었다. 민주당의 오자와 이찌로오(小澤一朗) 대표가 일본의 외교 및 방위정책을 워싱턴 중심에서 유엔(및 동아시아) 중심으로 이동할 것이라고 언급하기 시작했던 2007년 여름, 일본에서는 11월 1일에 기한이 만료하는 '테러대책특별조치법'의 연장 문제가 정치의 초점이 되고 있었다. 테러대책특별조치법은 2001년 미국에서 벌어진 동시다발 테러 후 미국의 아프가니스탄 공격에 즈음하여, 같은 해 10월 일본정부가 법안을 제출하여 불과 한달도 되지 않아 국회에서 성립한 것이었다. 이 법은 해상자위대 보급함을 인도양에 파견하는 것을 목적으로 하며, 2년간의 시한입법으로 제정되어 2007년까지 이미 네번 연장되었다. 하지만 민주당은 다섯번째의 연장을 반대하고 있었다. 미국은 민주당을 포함한 야당이 참의원에서 다수를 점한 것에 위기감을 가지고 있었다.

2007년 8월 초순, J. 토머스 시퍼(J. Thomas Schieffer) 주일미대사는 당시까지 오자와와의 회담을 거부하던 입장을 변경하여 오자와 대표와의 첫 회담을 요구하면서 이 법의 연장을 요청했다. "구체적인 법안의 연장을 주일미대사가 야당 당수에게 직접 요청"한 것으로 매우 '이례적'인 행동이었다.[2] 하지만 오자와는 아프가니스탄 전쟁에 대해 "미국이 테러와의 전쟁이라며 국제사회의 동의도 얻지 않고 시작했다"라면서 테러대책특별조치법 연장에 반대하겠다는 뜻을 다시 한번 표명했다. 8월 후반에는 전 국무차관보 대리인 마이클 그린(Michael Green)이 『아사히신문』에 기고하여, "탈레반이나 알카에다와 대치하고 있는 '의지의 동맹'에서 일본이 빠지면, 미국의 차기 정권이 동맹국으로서 일본의 신뢰성에 의문을 품는 것을 피할 수 없다"라고 위협했다.[3] 한걸음 더 나아가, 2009년에 오자와가 오바마 대통령의 아프가니스탄전쟁 확대를 반대한다고 밝히면서, 주일미군을 요꼬스까의 제7함대만 남기고 감축할 가능성(따라서 주일미군기지와 3만 6천명의 미군이 불필요하게 되는 상황)을 내비치자 워싱턴의 불안은 더욱 증폭했다. 그 직후, 오자와의 공설(公設)비서가 정치자금규정법 위반으로 체포되면서 오자와는 부패혐의 스캔들에 휘말렸다. 2009년 5월에 오자와는 민주당 대표직을 사임했고, 하또야마 유끼오가 당수가 되었다. 2010년 2월에 검찰이 불기소처분했음에도 불구하고, 검찰심사회 심의를 두번 거쳐서 2011년 1월에 오자와가 강제기소되었다. 이렇게 오자와는 더욱 고립되었고, 지도력을 발휘할 수 없는 입장으로 내몰렸다.

일본에서는 1955년부터 2009년 8월 30일에 하또야마와 민주당이 정권을 잡기까지, 자민당의 장기 일당지배가 지속되었다. 그리고 미국의 이익을 최우선시하는 '속국' 씨스템이 체제의 구석구석까지 침투했다. 민주당의 승리는 극적인 변화의 전조였으며, 구체제의 붕괴 후 신질서의 개막을 예고하는 것이었다.

속국체제에 도전하다

도전과 협박

하또야마에게는 일본에 대한 비전이 있었다. 오바마와 마찬가지로, 변화를 원하는 국민의 심경에 호소했다. 정권교체가 있기 몇 주 전에, 하또야마는 자신의 정치사상에 대한 논문을 발표했다. 하또야마는 인간이 "목적이 아니라 수단으로" 취급되는 "시장근본주의나 금융자본주의"를 명확히 비판하고, 세계는 "미국의 일극 지배의 시대로부터 다극화 시대로 나아갈 것"이며 동아시아공동체는 그 일환이라고 적었다. 그리고 자신의 정치철학을 '우애(友愛)', 프랑스어로 'Fraternité'라고 정의했다. 하또야마에 의하면, 우애란 "유약한 것이 아니라 혁명의 기치가 되는 전투적인 개념이다".[4] 일본의 총리대신이 '혁명'이라는 말을 이렇게 긍정적으로 사용한 것은 전대미문의 일이었다.

2010년 1월 하또야마는 국회 개원 연설에서 자신의 핵심 사상을 다시 한번 정교하게 제시했다. 그는 자신의 핵심적인 철학적·정치적 원칙으로 "생명을 지킨다"라는 생각을 보여주었다.[5] 그는 다음과 같은 말로 연설을 시작했다.

나는 사람들의 생명을 지키기를 원합니다.
그것이 나의 바람입니다. 사람들의 생명을 지키는 것.
나는 태어나는 사람들, 자라나는 사람들의
생명을 지키고 싶습니다.

이런 선언은 워싱턴을 불편하게 했다. 하또야마는 '별종'으로 취급받았다. 어떤 정부 지도자가 미국과의 대등한 관계를 입에 담고, "생명을 지킨다"라는 유의, 숙고해본 적도 상상해본 적도 거의 없는 말을 입에 담았던가? 하또야마는 헤노꼬의 반기지운동에서 핵심적인 역할을 해온 '생명을 지키는 모임'이나 오끼나와의 마음을 잘 표현하고 있다고 여겨지는 "생명이야말로 보물"이라는 말 때문에, 오끼나와에서 자신의 말이 특별한 반향을 일으킬 것이라는 점을 알고 있었음에 틀림없다. 일본의 역대 총리대신들 가운데 아무도 그처럼 오래(51분) 연설한 적도 없었고, 그처럼 고귀한 철학적·종교적 심성을 입에 담은 적도 없었다('생명'과 관련한 말을 24번 이상 했다).

동맹의 긴밀성과 신뢰성은 일반적으로 굴종의 척도라고도 할 수 있다. 워싱턴은 자기 나라에서는 '푸들'이라고 불리더라도 토니 블레어와 같은 사람들을 매우 환대해왔다. 그런 의미에서, 미국은 특히 하또야마의 동아시아공동체 구상을 미심쩍어했다. 게다가 어떤 국가와도 '대등한' 관계를 맺는다는 가능성을 고려조차 하지 않는 미국에 하필이면 일본이 대등한 관계를 제안해온다는 것은 실로 가소로운 일이었다. 민주적이며 독립적인 비전을 내걸고, 뿌리 깊은 속국체제에 도전한 하또야마는 워싱턴에 분쇄하고 제압해야 할 위협으로 비쳐졌다. 특히 하또야마가 선을 넘었다고 비쳐진 계기는, "최소한 현외(最低でも縣外)"라는 구호를 내걸고 헤노꼬 신기지에 관한 미일합의를 재교섭하려 했던 일이었다.

미국의 국방부와 국무부 관료들은 재교섭은 없으며, 현행 협정이 이행되지 않을 경우 두 나라 사이의 신뢰에 '치명타'가 될 것이라며 계속해서 최후통첩을 날렸다. 오바마 행정부는 하또야마가 불평등한 미일관계의 정교한 패키지, 즉 괌협정을 건드려서 불공정과 부정, 미일동맹에 내장된 기만과 거짓을 드러낼지 모른다는 점을 두려워했다. 그러한 폭로는 미국의 도덕적·정치적 신뢰도를 위협할 수 있었다. 곧이어 일본에 괌협정을 '존중해야' 한다며 태평양 건너편에서 대대적인 위협을 가했다. 후뗸마-헤노꼬 문제는 두 나라 사이 갈등의 핵심 축이 되었다. 오바마 대통령은 하또야마의 비전을 묵살하고 그의 정책과 계획을 무시하면서 하또야마와의 만남조차 거부했다.

민주당정권 탄생 전인 2009년 7월, 국무차관보 커트 캠벨은 이미 후뗸마 대체시설 합의에 변경은 있을 수 없다고 『아사히신문』에 언급했다.[6] 부시 정권의 동아시아관계 고문이었으며 국제전략문제연구소 소속의 마이클 그린은 민주당이 후뗸마 문제나 그외 군사협력관계의 재교섭을 요구한다면 미국과의 관계를 위기에 빠뜨릴 것이라고 경고했다.[7] 8월 말의 총선거에서 '최소한 현외'를 내세운 민주당이 압승하자 미국의 고위 관계자들은 연거푸 "미국정부는 재교섭하지 않는다"라는 메시지를 내면서 신정권을 압박했다. 국무부의 이언 켈리(Ian Kelly) 대변인은 "미국정부는 후뗸마비행장의 이전 계획이나 (주오끼나와 해병대의) 괌 이전 계획에 관해 일본정부와 재교섭할 생각이 없다"라고 말했고,[8] 미국방부의 월리스 그레그슨 차관보는 미국은 현행안을 재검토할 생각이 없다고 덧붙였다.[9] 다음 날, 국무부 일본부 부장인 케빈 메어는 국가 간에 합의를 한 것이지 자민당과 합의한 것이 아니라면서 재교섭 여지는 없다는 점을 강조했다.[10] 10월이 되자 캠벨은 마에하라 세이지 국토교통·오끼나와 담당대신을 통해 하또야마와 오까다 카쯔야에게 "민주당정권이 현재 미일동맹의 결정사항을 재검토한다든가 수정한다든가 하려는 제안을 계속 내건다면, 미국의 인내에도 한계가 있을 것"이라고 경고했다.[11] 한 '미국무부 고관'은 "지금 가장 성가신 국가는 중국이 아니라 일본이다"라고 언급했다.[12] "국무부의 선임 대변인"은 현존 계획이 이행되지 않을 경우 두 나라 사이의 "신뢰관계에 치명타"가 될 것이라고 밝혔다.[13]

2009년 10월 로버트 게이츠 미국방장관과 마이클 멀린(Michael Mullen) 미합참의장이 토오꾜오를 방문했다. 게이츠는 "이례적으로 강한 어조로, 미일합의의 속행을 촉구했다." 게이츠는 현행안이 "유일한 길이며, 다른 대안은 없다"라고 단언하고, 후뗀마 대체시설이 불가능하다면 괌으로의 이전, 나아가 오끼나와의 기지 반환도 백지철회할 것이라고 위협했다.[14] 게이츠는 직설적으로 말했다.

후뗀마 대체시설은 재편 로드맵의 핵심이다. 후뗀마 재편과 후뗀마 대체시설이 없다면, 괌 이전은 없을 것이다. 그리고 괌으로 이전하지 못한다면, 기지 통폐합도 오끼나와 군용지 반환도 없을 것이다.[15]

그는 방위성 환영만찬이나 방위성 고위관료들과의 식사에도 참석을 거부하여 일본 측을 모욕했다고 한다.[16] 게이츠와 동행한 멀린도 후뗀마 이전은 "미군 재편 전체에 절대적인 필요조건"이라며 쐐기를 박았다.[17]

미국을 후려치다

2009년 말, 워싱턴에서 울려퍼진 협박의 합창은 최고조에 달했다. 마이클 그린은 민주당이 국내 인기를 위해 미일 동맹관계를 악화시키려는 위험한 시도, 즉 "미국을 후려치려" 한다고 비판했다. 또한 "게이츠 국방장관은 상대를 날카롭게 간파하고 있으며, 여론의 높은 동맹 지지와 북한과 중국의 위협이 있는 상황에서 동맹관계의 위기는 민주당정권을 분열시키고, 언론은 하또야마에게 등을 돌릴 것"이므로 하또야마와 신정권은 더이상 "불장난"을 계속해서는 안 된다고 위협했다.[18] 그린은『아사히신문』과의 인터뷰에서 "일본에서는 관료기구가 대체로 8할 이상의 정보를 가지고 있다. 만약 그런 정보도 없이 민주당이 '오끼나와 정책을 변경한다' '인도양에서 철수한다' 같은 말을 한다면 정말로 후회하게 될 것"이라고 을러댔다.[19] 또 오바마 정권은 "민주당 주도의 연합정권이 결국 요구를 완화할 것이며, 현실과 맞지 않는 선거용 슬로건을 그만 내세우고, 미일동맹 관리 능력을 증명할 것"으로 생각하고 있다고 언급했다.[20] 11월에 토오꾜오에서 오바마-하또야마 회담이 있기 일주일 전, 국무부의 이언 켈리는 "일본정부는 우리와 어떤 관계를 맺고 싶은 것인지를 결정할 필요가 있다"라고 험악하게 덧붙였다.[21]

마찬가지로, 리처드 아미티지는 2010년 1월 국제전략문제연구소 공개토론회에서 "일본 민주당과 '우리들'은 서로 다른 언어로 이야기하고 있다. 일본 민주당이 '억지력'이라는 개념을 이해하지 못하고 있다는 것을 우리는 눈치채지 못했다"라고 말했다. 선거 전에 민주당의 매니페스토를 읽었지만, "정당이 강령을 실제로 실행에 옮길지도 모른다는 것을 알고 충격을 받았다"라고 너스레를 떨어 참석자들의 웃음을 자아냈다. 그는 "미국이 네트워크를 충분히 넓히는" 데 실패한 결과, "적어도 지난 4개월간 (미일)동맹이 갈피를 못 잡고 있다"라고 지적했다. 아미티지는 민주당 간사장이었던 오자와 이찌로오가 지난 10년간 한번도 워싱턴을 방문하지 않았으며, 특히 중국과 긴밀한 관계를 추구하고 있는 것에 불쾌감과 적의를 드러냈다.[22]

미국은 '연말까지' 결단해야 한다고 끊임없이 반복했고, (오끼나와 언론을 제외한) 일본 언론과 대부분의 정치가들도 여기에 동조했다. 2009년 12월 무렵에는 키따자와 토시미 방위대신과 오까다 카쯔야 외무대신도 관료들이 준비한 답변을 읽어내릴 뿐 자민당의 전임자들과 마찬가지가 되어버렸다. 오까다는 그때까지 "만약 일본이 미국이 말하는 대로만 한다면, 주권국가로서 매우 한심한 일이라고 생각한다"[23] "(중의원) 선거에서 드러난 민의가 있다. 미국이 말하는 대로 받아들이지는 않겠다"[24]라고 말해왔다. 하지만 2009년 연말에는 견해를 바꾸어 현내 이전을 대신할 안은 없는 것 같다고 말했다.[25]

2010년 1월 호놀룰루(Honolulu)에서 열린 오까다 외무대신과 힐러리 클린턴 국무장관과의 회담에서[26] 의례적인 축하인사 외에는 미국 측의 거만한 통지뿐이었다.

우리는 일본의 동료와 친구들이 후뗀마 계획을 포함한 약속을 지킬 것이라고 기대한다. (…) 이전 만남에서 강조했던 것처럼, 오늘도 후뗀마 문제를 진척시키는 것이 중요하다는 점을 강조했다. (…) 우리는 여전히 재편 로드맵이 실행되어야 한다고 생각한다. 그것이 이전 양국 정부의 합의였기 때문이다.

하또야마 정부의 출범을 전후해 워싱턴이 퍼부은 모욕과 협박 공세는 동맹국과 적국을 막론하고 어떤 국가와의 관계에서도 없던 일이었다.

헐뜯기 전쟁

그뿐만이 아니었다. 2011년 5월에 '위키리크스'가 공개한 문서에는 하또야마가 자신의 정부에 의해 얼마만큼 배신당했는가가 폭로되어 있다.

일본정부 고위관료들은 하또야마 정권의 발족 때부터 비밀스러운, 음모적이라고도 할 수 있는 연결망을 미국의 고관들과 유지했고, 신정권에 양보하지 말라고 오바마 정권에 조언했다. 2009년 10월 15일 존 루스 대사가 보낸 전문(09TOKYO2377)에 의하면, 10월 11일의 커트 캠벨과 한 회담에서 오까모또 유끼오(岡本行夫) 전 총리대신 보좌관과 우메모또 카즈요시(梅本和義) 외무성 북미국장은 하또야마가 "성격에 문제가 있어 강자와 대화할 때 약하고, 대체로 자신이 최근에 들은 제일 강한 조언에 따라서 의견을 말하고 있다"라는 말을 했다. 이러한 비판은 일본의 고위관료들이 하또야마가 미국을 제쳐놓고 아시아를 중시한다는 미국의 우려에 변명하면서 나온 것이다. 외무성 아시아·대양주국장인 사이끼 아끼따까(齋木昭隆)는 민주당정권은 "외교분야에서는 아직 조정 단계"에 있다고 했으며, 캠벨이 오까다 외무대신이 아시아의 지역 틀에서 미국을 배제하려 한다며 우려하자, 오까다가 '고집불통(頑固)'이며, 미국을 배제하는 것은 있을 수 없는 일이라고 강조했다.[27] 사이끼는 그 이전인 9월에 캠벨과 한 회담에서도, 관료기구를 정치적으로 주도해야 한다고 주장하는 신정권에 대한 적의를 표출했고, "아직 경험이 없는" 여당이 관료기구를 제치고 미국에 강경하게 나오는 정책은 "어리석은" 짓이며, "그들도 배우는 게 있을 것"이라고 언급했다.[28] 2009년 10월 5일의 전문에 따르면, 외무성의 이자와 오사무(伊澤修)는 "혼돈을 거듭하고 있는 정책 결정 과정"에서 대신들이 정보를 소화(消火)하지 못하고 있다면서, 신정권이 자신의 손으로 "올바른 결론"을 이끌 능력이 없다고 했다고 한다.[29]

하또야마 정권하의 고관들은 정치가와 관료를 가릴 것 없이 반세기 이상 정권을 잡았던 자민당정권 시대의 전임자들과 마찬가지로, 총리대신이나 일본의 유권자가 아니라 미국에 충실했다. 마에하라 세이지가 전형적이었다. 2010년 2월 하또야마가 후뗀마 이전 대체안 때문에 국내외로부터 압력을 받고 있을 때, 미국을 즐겨 찾던 마에하라(당시 국토교통·오끼나와 및 북방대책 담당대신, 이후 외무대신)

는 캠벨 미국무차관보와 그레그슨 국방차관보와 만나 후뗀마 문제를 미국에 유리하게 진행하기 위한 모임을 가졌고, 자신의 내각에 있는 문제분자(사민당의 후꾸시마 미즈호福島瑞穗)에 대한 대처방안 등을 논의했다. 또 다양한 후뗀마 이전안 검토를 "신뢰할 수 있는 자위대 동료들"에게 부탁하겠다면서, 민간통제원칙에 저촉되는 발언도 마다하지 않았다. 마에하라는 캠벨에게 "일본정부가 미일동맹 지지를 더욱 공개적으로 표명해야 한다"라면서 자신은 "기회가 있을 때마다 지지를 표명하고 있다"라고 말했다. 또 야마오까 켄지(山岡賢次) 민주당 국회대책위원장이 제안한 (오자와가 지지했으며, 동아시아공동체를 제창한 하또야마의 생각과도 근접한) 미·일·중의 '정삼각형론'에 대해서는 "바보 같은 소리"라고 덧붙였다.[30] 통상적으로는 한 나라의 대신이 타국의 주요 인사와 이런 이야기를 한다면 스파이 행위로 보이겠지만, 미일 '동맹'하에서는 이런 비정상적 행동이 오히려 '정상'의 범주에 든다.

2009년 10월 15일의 전문(Roos, 09TOKYO2378)에 따르면, 타까미자와 노부시게(高見澤將林) 방위정책국장은 캠벨 국무차관보가 이끄는 국무부와 국방부의 대표단에게 "어설프게 유연한 태도를 보이지 않도록" 하라며 민주당에 양보하지 말라고 경고했다.[31] 방위대신 정무관인 나가시마 아끼히사(長島昭久)는 2009년 9월 30일, 레이먼드 그린(Raymond Green) 주오끼나와 총영사에게 "방위성은 눈앞에서 재편 패키지를 재검토하려고 하는 민주당의 선거 캠페인에 신속하게 거리를 둘 방법을 찾고 있다"라고 말했다. 자신의 정권을 따돌리는 행위였다.[32]

한편, 오끼나와의 민의는 무시해도 좋은 것으로 취급되고 있었다. 12월 8일 민주당 국회대책위원장 야마오까 켄지는 오끼나와는 "모두 반대를 위한 반대"를 하고 있으며, "오끼나와 현민의 의지를 존중하면 아무것도 이루어질 수 없다"라고 미대사관에 전했다.[33] 야마오까는 일본인은 응석받이가 되어 미국의 보호를 당연하게 여기고 있다고도 언급했다.[34] 2009년 12월 16일의 전문에 의하면, 전 '동맹운영담당자'(Alliance Managers)인 외무성 관료 세 명(아리마 유따까有馬裕, 아리요시 타까시有吉孝史, 후까호리 료오深堀亮)은 핵 반입 밀약 조사 때문에 일본으로 호출되었을 때, 미대사관 관계자 앞에서 민주당 신정권의 후뗸마 문제 대응방식을 격렬히 비판했다. 존 루스 주일미대사는 "그 솔직함과 자신들의 정치적 지도자에 대한 조바심에 놀랄 정도였다"라고 언급했다. 이 동맹 엘리뜨들은 정권교체로 등장한 훼방꾼들에 대한 불만을 '우리 편'인 미국에 털어놓았던 것이다. 아리마 유따까는 밀약 조사를 '시간 낭비'라고 말했고, 아리요시 타까시는 후뗸마 문제에 대해서는 미국정부가 민주당정권에 어떤 식으로든지 공개적으로 불만을 표시해야 한다고 주장했다. 후까호리 료오는 "일본인 대부분은 안보를 이해하지 못하며, 후뗸마 이전 계획이 어느 정도로 일본의 안전보장에 중요한지 모른다"라고 말했다.[35] 관료들에게는 총리대신 본인도 안보에 대해서 절망적으로 무지한 것으로 비쳐졌다. 2009년 12월 21일, 외무사무차관인 야부나까 미또지는 루스 주일미대사와 식사하던 도중, "미국이 총리대신에게 안보의 기본을 가르쳐주면 도움이 될 것"이라며 하또야마에게 정치현실을 가르쳐주라고 제안했다.[36]

이렇게 주권자의 세금으로 고용된 관료들이 주권자의 대표인 정권이 자신들의 입맛에 맞지 않는다고 해서 미국을 받들면서 총리대신을 폄하하고 끌어내리려 했던 것이 일본 '민주주의'의 현실이었다.

좌충우돌, 그리고 좌절

'항복'의 길

10월에 토오꾜오를 방문한 게이츠 미국방장관과 캠벨 미국무차관보가 "민주당정부가 기존 동맹협정을 재검토하거나 조정하자는 제안을 계속하면 미국의 인내심이 바닥을 칠 것"이라고 하또야마에게 거만하게 경고했을 때 압력은 최고조에 달했다.[37]

하또야마가 헤매고 있을 무렵, 루스 주일미대사는 12월 4일 일본방위대신과 외무대신에게 만약 헤노꼬기지 건설 합의가 연내에 달성되지 않으면 오바마와 하또야마 사이의 신뢰가 손상될 것이라고 충고했다.[38] 다음 날, '시민과의 대화 집회'라는 명목으로 오끼나와를 방문한 오까다 외무대신은 "미일동맹의 위기"를 강조했고, 정권을 잡기 전에 미일 간에 결정된 것을 간단하게 변경할 수는 없다며 헤노꼬 이전을 이해해달라 요구해 나고시의 청중들을 어이없게 했다. 오바마의 지지도도 하락세인데 만약에 괌협정마저 이행되지 않으면 일본에 저자세를 취했다고 비난받을 것이라며 오바마의 입장도 고려하자고 제안하자, 청중들은 야유를 퍼부었다.『류우뀨우신보』는 미국정부의 입장을 공개적으로 편든 것을 두고 "한심하다"라고 평했다. 또 오까다를 "듣는 역할이 아니라, 마치 관료에게 조종당한 '위기조장 역할' 같다"라고 평가했다.[39] 여론조사에서 현민의 7할이 현외 이전을 요구하고 있다는 사실을 들이대자, 오까다는 후뗀마를 없애는 것이 아니라 이전하는 것이 대전제이며 계속 반대를 하면 후뗀마기지는 고정화될 것이라는 발언을 했다. 그 순간부터 회장은 야유와 성난 목소리에 휩싸였다.[40]

2009년 12월 15일, 하또야마 총리가 후뗀마 이전지 결정을 다음해 5월까지 연기하고 헤노꼬 말고 다른 이전지를 모색하겠다고 표명했지만, 헤노꼬 이전 가능성을 완전히 배제한 것은 아니었다. 다음 해 예산에 이전 관련 경비를 '예비비'로 계상해둔 것이 증거다. 2009년 12월 9일의 전문에 따르면, 2009년 12월 8일, 일본정부는 야마오까 켄지 민주당 국회대책위원장을 통해 미국대사관에 조금 더 기다려야 하겠지만 "결정은 이미 내려졌으며" "정부는 합의를 이행할 것"이라고 전했다. 또한 결정을 서두르는 미국에 하또야마의 결정이 늦어지는 것과 관련하여 연립정당(사민당, 국민신당)의 반대 탓에 연내 결정은 무리이며 2010년 여름까지는 시간이 걸릴 것이라고 전했다.[41] 야마오까는 "기다리는 것이 계획을 확실하게 실행하는 최선의 방법이다"라고 언급하면서, 올해 안에 결정이 되지 않더라도 이전 예산을 할당한 것은 최종적인 계획의 수행을 의미한다며 미국에 이해를 간접적으로 구했다. 다음 날, 다른 것도 아닌 오끼나와 담당대신이던 마에하라 세이지는 루스 주일미대사에게 일본정부가 (여러) '대안'을 모색하고 있지만, "만일 그런 대안이 수용되지 않는다면, 사민당과 국민신당도 헤노꼬안을 받아들일 것"이라고 전했다. 즉, (실상 찾을 가능성도 0에 가깝지만) 미국이 대안을 받아들이지 않으면 민주당은 현행안을 추진할 것이며, 골든위크 후에는 연립정권을 해소할 용의가 있다고까지 했다.[42]

하또야마와 그의 정부는 6개월 동안 선거공약에 내건 것처럼 오끼나와 외부에서 대체지를 찾는 척했다. 이 몇달 동안 토오꾜오의 정치·언론 무대에서 상연된 것의 본질은 정교한 속임수였다. 이 기만의 깊이가 공개적으로 드러난 것은 1년 반이 지나서였다.

하또야마 총리의 경우, 외무사무차관인 야부나까 미또지가 루스 대사에게 12월 21일에 전한 바에 의하면 하또야마가 클린턴 국무 장관과 12월 17일에 코펜하겐에서 회담했을 때, "헤노꼬 이전안의 대안을 재검토해도 실행 가능한 안이 나오지 않을 경우 2006년의 후뗀마 이전 합의로 돌아가겠다고 일본정부가 확인했다"라고 한 다. 이 발언이 사실이라면, '현외' 공약에 가장 충실했다고 여겨지는 하또야마가 2009년 말에는 절반은 체념하고 있었다는 것이다. 하지만 하또야마는 이 발언을 부정하고 있다.[43] 어쨌든 하또야마 정권의 '현외 이전' 공약은 정권 획득 3개월 만에 사실상 붕괴하고 있었다고 해도 좋을 것이다.

앞에서 서술한 것처럼, 하또야마가 2009년 12월 15일에, 다음 해 5월까지 최종 판단을 연기한다고 하자 워싱턴에서는 노골적인 불만이 터져나왔다. 익명의 워싱턴 관료는 하또야마를 "믿을 수 없다"라고 했다.[44] 국방부 언론담당 제프 모렐(Geoff Morrell)은 미국은 일본의 결정을 "인정하지 않는다"라고 표명하고 조속히 '긍정적인 결론'을 내려달라고 촉구했다.[45] 캠벨은 "일본대중이 오끼나와에 미군을 유지해야 할 필요성을 이해하지 않는 한, 사태의 진전은 없을 것"이라고 전했다.[46] 조지프 나이는 워싱턴이 민주당정권에 강경책을 취하는 것은 "현명하지 않다"라며 참을성 있는 대응을 촉구하면서도, 하또야마가 "경험이 부족하고 내부 분열이 심하며 아직 선거공약에 사로잡혀 있는" 정당을 이끌고 있다고 야유했고, 펜타곤이 조바심을 내는 것도 무리는 아니라고 주장했다. 그리고 괌협정의 재협상은 용인되지 않을 것이라고 덧붙였다.[47]

일본 본토의 언론은 미국의 협박과 내정간섭에 대해 무비판으로 일관했고, '미국의 압력'을 자진해서 연출하는 분위기마저 풍겼다.[48] 오끼나와의 신문들만 미국의 '협박외교'(『류우뀨우신보』의 표현)에 제대로 대응하지 못하는 하또야마 정권의 무능력과 미국에 순종하는 현실로 후퇴한다며 비판했다. 그리고 "만약 이것이 새로운 정부라면, 정권교체는 실패한 것"이라고 결론 내렸다.[49]

다른 국가들은 거의 관심이 없었다. 미국에서는 관료, 학자, 평론가들 모두 괌협정을 지지했으며, 일본의 민주주의나 오끼나와 시민사회에 대한 동정이나 이해는 전혀 보여주지 않았다. 단 하나의 훌륭한 예외는 미하일 고르바초프(Mikhail Gorbachev)였다. 고르바초프는 기지 프로젝트에 대한 70%의 반대를 심각하게 취급해야 한다고 주장하면서, 지속적인 난국에 대해 두 정부를 비난했다. "정부의 변화는 정책의 변화를 의미한다는 것을 두 정부는 인식해야 한다. 하또야마 정부는 정치적 리더십을 가져야 하며, 관료나 정보기관의 조작을 허락하지 말아야 한다."[50]

미일관계의 역사에서 가장 위압적이며 모욕적인 다음의 발언에 잠시 주의를 기울일 필요가 있다. 『아사히신문』의 카또오 요오이찌(加藤洋一)는 일부러 부시 정권 국방부차관이었던 리처드 롤리스를 불러내 인터뷰를 진행하고는 하또야마 정권을 비판하게 했다. 롤리스는 부시 정권하에서 아시아·태평양 안보문제 차관보를 지냈고, 2006년과 2010년의 협상에서 핵심적인 역할을 수행했던 인물이다. 하지만 공직에서 물러났기 때문에 워싱턴 관료들이 공유하고 있던 감정에 관해 자유롭게 이야기할 수 있었다.[51] 그에게 하또야마와 민주당정권하의 일본은,

이전 자민당정부에 대한 어리석은 복수극과, 민주당 내부의 권력투쟁 및 민주당과 다양한 오끼나와 정치집단들 사이에서 방황하며 늪에 빠져들고 있으며, 이 모든 것은 7월의 참의원 선거를 겨냥한 지배연합의 계산에 의해 덧칠되어 있다. 만약 미일동맹에 이러한 (군사적) 능력이 필요없다고 결정한 것이라면, 일본은 우리에게 이 새로운 현실을 말하고 우리에게 무엇을 기대하는지 설명해야 한다.

하또야마와 민주당정부는 우유부단하게 시간만 낭비하면서 미국이 오끼나와와 일본을 떠날지 고민할 수밖에 없게 하고 있다는 것이다.

후뗀마기지를 큐우슈우 한복판에 있는 포커칩처럼 다른 곳으

로 이동시키거나 던져놓을 수 있다는 생각은 비합리적이고 어설픈 생각이다. 새 정권이 해야 할 일은 합의안의 내용과 그러한 결정의 기본 논리가 무엇인지를 이해하고, 동맹의 가치와 신뢰성을 유지하는 데 필요한 조건들을 수용하고 협정 실행에 착수하는 것뿐이었다.

(…) 하또야마 정부와 정치 지도자들은 그들이 다루고 있는 이슈가 얼마나 중대한지 전혀 모르고 있다. 일본의 안보를 위한 더 큰 그림에서 보면, 그들은 다이너마이트로 가득 찬 방에 앉아서 성냥갑을 가지고 노는 아이들이나 다름없어 보인다. 스스로 무덤을 판 뒤에야, 진정한 재해가 일본이라는 집을 덮칠 것이다. 일단 집을 불태우기로 결정해버린다면, '소방관' 미국은 더이상 주변에 없을 것이다. (…) 스스로 무덤을 파고 있다면, 스스로 그것을 중지하거나 누군가 삽을 빼앗아야만 한다. (…) 일단 힘과 선의가 일본을 떠나버리면 일본이 이 문제를 원상태로 되돌리는 것은 매우 어려울 것이다. (…) 민주당의 지도자로서 하또야마 씨는 그와 민주당의 지도자들이 설정한 것의 결과를 받아들여야 한다. (…) 일본이라는 범위를 넘어선 결과들, 국가로서 그리고 안보의 파트너로서 일본이 시작한 것으로 보이는 자기소외의 결과들 말이다.

롤리스는 하또야마가 헤노꼬안 이외의 선택을 할 경우에는, 헬기부대뿐만 아니라 해병대가 전면적으로 오끼나와와 일본에서 철군할 것이라며 위협 같지 않은 위협을 가했다. 아마도 해병대가

'억지력'으로 필요하다는 환상을 신봉하는 사람들에게 어필하려 했을 것이다. 그리고 롤리스는 민주당이 전 정권에 "어리석은 복수극"을 벌였다면서 대체시설을 현외로 모색하려는 움직임을 비합리적이며 '어설픈' 일이라고 칭했다. 또 민주당정권을 "다이너마이트로 가득 찬 방에 앉아서 성냥갑을 가지고 노는 아이들"이라고 부르는 등 제멋대로 떠들었는데, 이것은 더글러스 매카서가 일본인은 "열두살짜리 애"라고 비하했던 심리가 워싱턴에 여전히 살아 있다는 증거다. 몇주 뒤, 롤리스는 오까다 외무대신이 명령한 '밀약' 조사를 "과거에 사로잡힌 (…) 어리석은 자들의 여행, 미일동맹에는 쓸모없는 길"이라고 불렀다.[52]

요약하자면, 2009년 말부터 2010년 초까지 '동맹' 50주년 기념 행사가 진행되던 때, 미국정부는 지극히 논쟁적이며 불평등한 협정을 이행하라고 하또야마에게 끊임없이 압력을 가했던 것이다. 그것은 결국 1960년 키시 정부가 신안보조약을 국회에 들이밀었던 것처럼 전임 내각의 길을 따르도록 강요하는 것이었다. 다른 어떤 동맹국도 하또야마 시기와 같은 모욕과 위협에 종속되지는 않았다. 오바마는 자신의 나라에서 '변화'를 약속하면서 집권했지만, 일본에는 그것을 금지했다.

속 보이는 연극

이와 같은 비밀 거래가 2009년 말에 교환된 뒤, 하또야마 정권은 그후 4개월 동안 오끼나와 현외에서 이전지를 찾는 제스처를 취했다. 실제로 여러 장소가 후보에 올랐다. 후보지로 거론된 곳은 카데나공군기지(통합), 오끼나와현 미야꼬지마시의 시모지지마(下地島), 이에지마, 카고시마현의 도꾸노시마(德之島)나 마게시마(馬毛島) 등이었다.[53] 나아가 사가현의 아리아께사가(有明佐賀)공항, 토오꾜오의 요꼬따(横田)미군기지에서 (오오사까 지사가 제안한) 오오사까의 칸사이국제공항, 최근에 지은 시즈오까(静岡)공항이나 이바라끼(茨城)공항까지 일본 본토에서 사용되지 않거나 활용되지 않는 공항도 검토 대상이었다. 캠벨 국무차관보가 일본에서 "매일같이 새로운 성명이나 제안이 나오고 있다"라며 불평을 한 것도 무리가 아니었다.[54]

하또야마 정부는 선별을 통해 선택지를 두가지로 압축했다.

(1) 캠프 슈워브: (헤노꼬곶에 있는) 캠프 슈워브 해병대기지에 500제곱미터의 헬기착륙장 건설하거나 더 많은 시간을 들여 본격적으로 공사를 해야 하지만 캠프에서 내륙으로 뻗은 1,500미터 활주로를 건설하는 안.

(2) 카쯔렌반도 앞바다 매립안[55]: 카쯔렌반도 해안의 화이트비치에 있는 미해군시설에서 앞바다의 쯔껜지마(津堅島) 주변 200헥타르 지역에 1,800미터의 활주로를 건설하거나, 장기적으로는 우끼바루지마(浮原島)와 미야기지마(宮城島) 사이의 더 넓은 해상지역(1,021헥타르)에 인공섬을 건설하고 3,600미터 활주로 두개와 3,000미터 활주로 한개를 만들어 (나하항에서 재배치된) 미육군의 군항시설과 (나하공항에서 재배치된) 일본 항공자위대가 같이 쓴다는 계획.[56]

이런 옵션들은 현재 후뗀마에서 수행되고 있는 교육훈련의 일부를 카고시마현에 속한 마게시마나 역사적으로 보면 전근대 류우뀨우왕국의 일부였던 도꾸노시마, 아니면 나가사끼현 오오무라(大村)의 자위대 공군기지나 미야자끼현 뉴우따바루(新田原)공군기지로 재배치해야 한다는 의미였다. 도꾸노시마나 마게시마가 카고시마현의 일부이긴 하지만, 도꾸노시마는 역사적으로 류우뀨우왕국과 류우뀨우문화권의 일부였으며, 1945년에 미군이 일본을 분단한 북위 30도선 남쪽에 위치하고 있다. 이것을 '현외 이전'(본토 이전)이라고 부를 수 있을까.[57]

워싱턴은 이 속 보이는 연극의 공허함을 알고 있었지만, 헤노꼬곶과 오오우라 만의 군사화뿐만 아니라 화이트비치 인근에 대규모 인공섬을 건설한다는 구상을 포함한, 일본이 제안한 기지 확장 대안들이 내심 흡족했을 것이다. 이 제안들은 헤노꼬에 계획된 것보다 여섯배나 규모가 크거나, 오끼나와의 기지를 이웃 현인 카고시마까지 확장시키면서 기지 기능을 이전하는 구상이었다. 물론 펜타곤의 전략가들은 필사적으로 비위를 맞추던 하또야마가 대안을 실제로 이행할 수 있을 거라고 분별없이 기대하지는 않았다.

대안들 자체는 매력적이었지만 워싱턴은 이 대안들이 실현될 것으로 보지 않았고, 여전히 괌협정이 이행되어야 한다는 입장을 굽히지 않았다. 그 대부분은 이미 2006년의 합의와 뒤이은 협정에서 고려되었다가 배제된 것들이었다. 게다가 주요 대안들, (헤노꼬 내륙의) 슈워브와 화이트비치/카쯔렌 구상을 채택하면 양국 정부가 반드시 피하고 싶은 환경영향평가를 해야 했다. 환경영향평가는 몇년이나 걸리고, 제대로 수행될 경우에는 부정적인 결과가 나올 가능성도 있었다. 또 긍정적인 결과가 나올 경우에도 신기지의 건설에 길게는 10년이 소요될 수 있었다. 따라서 미국정부는 토오꾜오가 괌협정을 "존중"해야 한다는 주장만 계속했다.[58]

오끼나와 측에서는 다양한 제안의 상세내용이 공개되자 불신과 분노가 터져나왔다. 오끼나와 현지사는 슈워브와 앞바다 매립안이 "극단적으로 어려울" 것이며[59] 인공섬 건설에는 '20년'이 걸릴 것이라고 주장했다.[60] 『류우뀨우신보』는 두개의 "최악"의 선택을 결합시킨 그런 계획보다 "더 나쁜 것을 상상하기 어려울 것"이라고 적었다.[61] 애초에 화이트비치/카쯔렌은 산호가 거의 죽어버린 상태여서 큰 환경문제는 일어나지 않을 것이라고 예상되었지만, 두 오끼나와 지역신문의 의뢰를 받은 다이버들이 조사를 벌였을 때 그들은 산호초가 무성한, 『류우뀨우신보』의 표현을 따르자면, "비옥한 바다"를 발견했다.[62] 화이트비치가 위치한 우루마시와 카고시마현의 도시와 마을들은 모두 그러한 프로젝트를 용납하지 않을 것이라고 주장했다.

4월에는 도꾸노시마에서 섬 역사상 최대의 주민집회가 열렸다. 섬 주민(인구 2만 6천명)의 약 60%가 참가하여 기지 이전에 절대 반대한다는 메시지를 토오꾜오에 보냈다.[63] 이 뻔한 연극무대에 오른 미국은 일본정부가 이전 예정지 주변 주민의 동의를 확보하지 않는 한 일본과 교섭하지 않겠다고 말하기만 하면 됐다.[64] 이러한 새로운 '배려'는 헤노꼬안을 무리하게 밀어붙이기 위해 오끼나와

6-1. 현내 이전을 반대하는 오끼나와 현민대회(2010.4.25)

의 실력자들과 손을 잡으라고 하또야마에게 압력을 행사하기 위한 것이었다. 물론 이러한 계략은 문자 그대로 실행될 수 없었는데, 오끼나와 주민들이 모든 헤노꼬 계획에 명백하고 격렬하게 반대했기 때문이다.

2010년 4월 12~13일에 워싱턴에서 개최된 핵안전보장 정상회담에서 하또야마는 오바마 대통령의 가까이에 앉은 기회를 활용해서 5월의 기한까지 늦지 않도록 하겠다고 전하려 했다. 일부 보도에서는 오바마가 "가능하겠습니까?"(Can you follow through?)라고 회의적인 반응을 보였다고 전했지만,[65] 하또야마나 오까다 외무대신은 그런 발언은 없었다며 부정했다.[66] 『워싱턴포스트』(*Washington Post*)는 하또야마를 세계의 지도자들 가운데 "제일 못난 패배자이며 (…) 불운하고 (…) 점점 머리가 이상해지는"사람으로 묘사했다.[67] 일본의 언론들은 미국 유력지 칼럼니스트의 의견을 미국 전체의 의견인 것처럼 대대적으로 보도했다. 또 『워싱턴포스트』의 기자, 존 폼프렛(John Pomfret)은 "정보원에 따르면" 일본 측은 "오바마의 강한 어조에 놀란 나머지, 무슨 말이 오갔는지 기록하지 않았다"라고 썼다.[68] 하지만 이것은 오바마 발언의 진위 역시 의심케 한다. 어찌되었든, 미국은 일본 총리대신의 정신이 이상하다고 말하고 있었다. 하또야마가 미일관계에 해를 끼쳤다고 한 것도 언론의 과장일 가능성이 있다. 하또야마는 퇴임 후 2011년 2월에 한 인터뷰에서, 퇴임 직후인 2010년 7월에 오바마로부터 친필 서한을 받는데, "당신은 자신의 말에 충실했습니다"라고 적혀 있었다고 말했다.[69] 언론보도처럼 그렇게 사이가 나빴다면, 세계에서 제일 바쁜 미국의 지도자가 이미 퇴임했고 사이도 나빴던 상대에게 그런 편지를 썼을까.

하또야마가 헤노꼬 대체안을 찾으려고 미로를 헤매고 있을 때, 하또야마에 대한 기대와 실망에 농락당한 오끼나와 현민들은 '현내 이전 반대'라는 구호 아래 모였다. 4월 25일, 9만명의 오끼나와 주민들이 요미딴촌에 모였다. 오끼나와 현지사를 비롯하여 오끼나와의 41시정(市町)의 수뇌와 대표자, 현의회 의원, 공산당에서 자민당까지 모든 정당의 오끼나와 선출 국회의원, 그리고 오끼나와 시민들이 모여서 현내 이전 반대와 후뗀마비행장의 조기 폐쇄·반환을 주장했다. 같은 날, 워싱턴의 시민단체 '오끼나와를 위한 네트워크'(NO, Network for Okinawa)가 일본대사관 앞에서 집회를 열었

6-2. 『워싱턴포스트』에 게재한 전면광고(2010.4.28)

6-3. 후뗸마비행장을 바라보는 이하 요오이찌(오른쪽) 기노완시장과 하또야마 유끼오(가운데) 총리(2010.5)

다. 'NO'는 일본의 NGO와 함께 자금을 모아서 『워싱턴포스트』에 전면광고를 게재했다.

  불가능을 가능케 하려는 하또야마의 최후의 시도는 2006~9년의 헤노꼬안을 '폭넓게 수용'하여 오오우라 만을 매립하는 것이 아니라 해저에 박은 수천개의 말뚝 위에 잔교 구조를 만드는 것이었다. 이 '말뚝 박기 잔교 방식'안은 1996년 SACO 합의에도 등장한 것으로 2000~2년에도 정식 검토되었지만, 기술상의 곤란이나 테러 위험 등의 이유로 사라졌던 안이었다.[70] 하또야마는 이 방식이 매립보다 산호초를 적게 파괴하고 환경에 끼치는 악영향이 적다고 이해하고 있었지만, 사실은 일조량도 줄어들고 비용도 막대하게 드는 방법이었다. 또한 이권도 본토의 해양토목 건설업자에게 돌아가기 때문에 현지 건설업자에게 돌아오는 이익이 없어서 현지의 이해를 얻기 힘든 현실성 없는 안이었다. 또한 약 1천명의 해병대원이 도꾸노시마로 이동한다는 민망할 정도의 '현외' 요소를 가지고 있었지만, 하또야마의 당초 비전과는 거리가 멀었고, 현민에게도 '헤노꼬안 회귀 선언'이 아니라고 해석하기 힘든 것이었다. 보수파인 오나가 타께시(翁長雄志) 나하시장은 13~14년 전에 검토되었다가 폐기된 안을 다시 들고 온 정부에 대해 "현민에 대한 고려가 부족하며, 아예 기지문제에 대한 철학이 결여되어 있다"라고 비판했다.[71]

결과가 어찌되었든, 대체시설의 건설과 유지비는 일본정부가 전면적으로 부담하는 것으로 이해되었다. 장래에 언젠가 동맹관계를 한층 '강화'나 '심화'해야 할 때, 이 속 보이는 연극에 등장했던 여러 시설안이 다시 돌아올지 모른다.

일본의 '두번째 패전'

스스로 설정한 기한인 2010년 5월이 가까이 다가오자 하또야마는 한편으로 미국의 최후통첩, 다른 한편으로는 오끼나와의 강고한 저항에 직면했다. 나아가 공공연하게 항명하는 관료집단이 장악한 정부를 이끌어야 했고, 미일동맹을 악화시키고 있다는 언론의 공격에 노출되어 사면초가의 상황에 몰려 있었다. 외무성과 방위성의 관료들은 하또야마를 항복시키기 위해 '반격' 작전을 세우고 하또야마와 협력하기를 거부했으며, 하또야마를 쫓아내기 위해 공모했다.[72] 신뢰할 수 없는 관료들에게 포위되어 그들과 대결하거나 워싱턴의 압력에 저항하면서, 용기도 명확한 문제의식도 없는 하또야마의 정치적 지위는 실추했다. 9개월도 되기 전에, 내각 지지율은 발족 직후의 약 73%에서 19%(사임 직전에는 17%)로 급락했다. 전국의 언론은 하또야마가 일본의 가장 중요한 대외관계를 악화시켰다고 비난했고, 미국을 이 이상 화나게 하는 것은 그만두라고 질타했다.[73]

정권 말기의 비참했던 몇주간, 하또야마는 겉으로는 대안을 찾고 있다는 제스처를 취하면서 오끼나와 현민을 배신하고 미국의 의향을 따르는 쪽으로 전환했다.[74] 정부가 내세운 것은 적어도 오오우라 만을 매립하는 V자형에는 반대한다는 것으로, 즉 본질보다 세부적인 것에 얽매이면서 역대의 자민당정권과는 다르다는 것을 보여주려 했을 뿐이다. 그러나 매립은 이미 2006년에 결정되어 있던 방식이며 미국이 받아들일 수 있는 유일한 안이었다.

앞에서 언급한 것처럼, 야부나까 미또지 외무사무차관에 따르면, 하또야마는 2009년 말까지 대안을 찾는 것이 무리일 경우 헤노꼬안으로 돌아가겠다고 미국에 전했다고 한다. 진위는 분명치 않지만, 하또야마의 4월 24일 발언을 보면, 그후에도 갈팡질팡했던 것으로 보인다. 하또야마는 군마(群馬)에서 열린 한 회의에서 "나는 헤노꼬 바다에 서서 바다를 매립하는 것이 자연에 대한 모독이라는 것을 절실하게 느꼈다. 현행안이 수용되어서는 안 된다"라고 발언했다.[75]

2010년 5월 4일은 하또야마가 총리대신이 된 후 처음으로 오끼나와에 발을 디딘 날이었다. 이날 방문은 현내 이전과 일부 도꾸노시마로의 이전이라는 안을 가지고 오끼나와에 대한 약속을 전부 휴지 조각으로 만들 것을 예고하는 방문이 되었다. 하또야마는 오끼나와 해병대의 억지력에 대해 "알면 알수록" 필요하다고 생각하게 되었다고 했다.[76] 그리고 5월 23일 다시 한번 오끼나와에 가서 정식으로 '헤노꼬 회귀'를 선언했다. 그것도 아시아태평양전쟁 중에 소개선이 어뢰공격을 받아서 수많은 아동들이 희생된 쯔시마마루호 사건 기념관에서 오끼나와 현민의 마음을 거스르는 배신을 했던 것이다. 오끼나와에서는 가는 곳마다 시민들의 성난 목소리가 빗발쳤다.[77] 2010년 5월 28일, 미일 공동성명이 나왔고 일본정부는 이전지를 헤노꼬로 명기한 각의 결정을 내렸다.[78] 5일 후, 하또야마는 사임을 표명했다.

사임 후 8개월이 지난 2011년 2월, 하또야마는 신문사와 합동 인터뷰에 답하면서, '억지력'이라고 말한 것은 단순한 '방편'에 지나지 않았다고 고백하여 오끼나와 전역을 기가 막히게 만들었다. 자신도 억지력을 믿었던 것은 아니었지만, "도꾸노시마도 무익하게 헤노꼬처럼 되려는 판에, 구실을 만들어붙이지 않을 수 없었다"라고 변명했다. 또 외무성과 방위성에는 새로운 발상을 받아들이지 않는 토양이 "정말로 두텁게" 존재하고 있으며, 신뢰할 수 있다고 생각했던 관료들로부터도 배신당하거나 무시당했다고 말했다. "오끼나와에 미군기지가 존재하는 것을 당연시"하는 것은 방위·외무 관료에 한정되지 않았다. 하또야마에 따르면, "각료들은 구태의연한 방위·외무관을 가지고 있었고 그것이 계속해서 쌓여왔다.

국외는 말할 것도 없고 현외도 무리라는 생각이 정부 내에 만연해 있었으며, 지금도 그렇다."라는 것이다. "반성할 부분"으로 하또야마는 "처음부터 나 스스로가 〔그런 관료들 위에〕 올라타고 가야 했다. (…) 오바마도 지금 그대로 결정하는 것밖에 답이 없다고 할 정도로, 다분히 (주변으로부터) 압력을 받고 있다."라고 말했다.[79]

하또야마는 자신이 안전보장 분야에서 신뢰하고 있던 테라시마 지쯔로오와 가까운 내각관방 전문조사원 스가와 키요시(須川淸司)에게 밀사 역할을 기대하고 있었지만, 그의 주위를 외무·방위 관료들이 포위해서 움직일 수 없게 만들었다고 한다.[80] 또한 최종적으로 헤노꼬안으로 회귀하는 도중, 자민당정권 시대에 총리대신 보좌관을 역임했던 오까모또 유끼오로부터 몇번이나 헤노꼬 이전에 대한 설명을 받았다. 결국 하또야마는 SACO 당시부터 오끼나와에 정통해서 현지 유력자를 매수하고 헤노꼬 이전을 추진한 주역 중 한사람인 오까모또에게 숨통을 찔린 것 같다. 정치 외교의 뒷세계에 정통한 마고사끼 우께루의 다음 견해는 하또야마의 증언이나 앞에서 서술한 외교 전문, 언론보도 등으로 명확해진 당시의 상황을 한 문장으로 잘 보여주고 있다.

하또야마 총리는 오끼나와의 후뗀마기지를 "최소한 현외 이전"하겠다고 제언하였지만 쓰러지고 말았고, 이때 직접 손을 쓴 것은 미국인이 아니라, 일본의 관료·정치가·언론이었습니다.[81]

물론, 모든 것을 관료나 주변의 압력 탓으로 돌리는 것은 무책임하다는 의견도 있다. 홋까이도오(北海道)대학의 야마구찌 지로오(山口二郎)는 하또야마가 관료의 벽을 깨려는 전략이 없었다고 했으며, 류우뀨우대학의 가베 마사아끼는 억지력을 공부하려면 더욱 공부했어야 하며 또한 '현외' 공약은 민주당의 공약이기 때문에 하또야마 개인으로 끝내면 안 된다고 지적했다.[82]

토오꾜오대학의 시노하라 하지메(篠原一)는 하또야마의 항복을 "일본의 두번째 패전"이라고 위치 지었다. 미일합의에 적어도 "안보의 기본적인 재검토를 하고 협의에 들어간다"라는 문장을 넣지 않으면, 대미 일변도가 되고 만다는 것이다. 일본은 최소한의 주권 주장마저 포기해버린 것으로 보였다. 시노하라는 '패전'의 책임을 하또야마에게만 씌우는 것 또한 이상하다고 주장했다.[83] 『류우뀨우신보』의 마쯔모또 쯔요시(松元剛)는 이 문제가 일종의 실언(失言)으로 취급되어 하또야마 개인의 자질 문제로 축소되는 것을 문제시하면서, 이 증언이 드러낸 (1) 억지력의 허구, (2) 대미종속과 관료지배의 구조, (3) 오끼나와 차별이라는 문제의 세가지 핵심에서 눈을 돌려서는 안 된다고 주장한다.[84]

하또야마는 적어도 오끼나와의 과중한 기지부담을 줄여나가려는 올바른 방향을 향하고 있었다. 마쯔모또가 지적한 것과 같이 근본적인 문제를 시정해야 한다는 것이야말로 하또야마 정권의 좌충우돌에서 얻은 교훈일 것이다.

또한 하또야마가 이루지 못한 약속은 오끼나와 사람들을 뒤흔들어, 오끼나와 안에서만 광범위하게 진행되었던 반대운동을 전국적인 대중 저항운동으로 성장시켰다. 2010년 한해 동안, 하또야마 정권에서 칸 나오또 정권에 걸쳐, 오끼나와 사람들은 온갖 민주주의적 수단을 구사하여 민의를 표명했다.

1월 나고시장 선거에서 헤노꼬 이전에 반대하는 후보가 당선.

2월 오끼나와 현의회가 '후뗀마비행장의 조기 폐쇄·반환과 현내 이전에 반대하고 국외·현외로의 이전을 요구하는 의견서'를 만장일치로 가결.

4월 '후뗀마비행장의 조기 폐쇄·반환과 현내 이전에 반대하고 국외·현외 이전을 요구하는 현민대회' 개최, 9만명 이상 집결.

7월 오끼나와 현의회 '후뗀마비행장 이전의 미일 공동발표 재검토를 요구하는 의견서·항의 결의'를 만장일치로 가결. 5월 28일의 미일 공동성명을 '민주주의를 짓밟는 폭거' '현민에 대한 우롱'이라고 선언.

9월 나고시의회 선거에서 헤노꼬 이전을 반대하는 후보가 과반수로 당선.

11월 여론에 떠밀려 현외 이전을 요구하게 된 후보자가 지사에 당선.

명확한 메시지에도 불구하고, 선거와 직접행동을 결합한 민주적이며 비폭력적인 행동들은 토오꾜오와 워싱턴을 움직이지 못했다. 미국은 모든 기지 재편은 지역 주민들의 동의 여부에 따라서 결정하겠다는 원칙을 천명했지만, 실제로는 마치 그런 일(앞에서 본 것과 같은 오끼나와의 기지 반대)은 없었다는 것처럼 협정의 이행을 주장하고 있다.

2010년 5월의 미일 정부 간 협정(하또야마의 '항복'문서)은 2009년 2월의 협정(2009년 5월 일본국회에서 공식적으로 가결)을 대체한 것이었고, 후자는 2006년의 '재편 실시를 위한 미일 로드맵'을 반복한 것이었다. 또 로드맵은 1996년에 미일 정부가 약속한 것을 통합한 것이었다. 미일 정부는 1996년의 SACO 합의를 통해 당시의 시점에서 "5~7년 이내에" 후뗀마기지를 반환하겠다고 약속했지만, 아직까지 그 약속은 지켜지지 않고 있다. 오히려 미일 정부는 현민의 반대의사에 보복하려는 것처럼, 후뗀마기지를 고정화했을 뿐만 아니라 사고의 위험이 여전한 수직이착륙기 MV-22 오스프레이를 후뗀마에 배치했다. 2012년 9월 9일, 오스프레이 배치 반대집회에는 10만명이 넘는 오끼나와 현민이 결집했다. 반대의 열기는 일본 본토에도 들불처럼 번져, 1만명이 일본의 국회의사당을 포위하고 항의시위를 했다.

향후 미일 정부는 어떻게 할 것인가. 2005년 코이즈미 총리는 반대가 많다는 이유로 오오우라 만에 신기지를 건설하는 계획을 포기했었다. 2007년에는 아베 총리가 시민운동을 탄압하기 위해 처음으로 자위대의 소해함을 사용했다. 오끼나와 북부의 타까에에서는 연좌농성을 하고 있는 시민들을 탄압하면서 오스프레이 이착륙장 건설공사가 진행되고 있다. 역대 일본정부는 위협과 감언이설로 오끼나와를 기만해왔지만, 오끼나와는 보수와 혁신을 막론하고 차별을 더이상 허용하지 않겠다는 생각으로 결속하고 있다. 미일 정부는 신기지 건설을 강행하기 위해 정말로 '총검과 불도저'로 실력행사를 할 용의를 가지고 있는 것인가? 그리고 그 결과 일어나게 될 비참한 사태, 즉 부상자나 사망자가 나오는 것도 불사하겠다는 각오가 되어 있는가? 이것이 2010년 5월 하또야마의 '항복' 이후 미일 양 정부가 당면하고 있는 질문이다.

07
RESISTANT ISLANDS

선거와 민주주의

오끼나와에서 처음으로 실시된 민주적인 선거는 1968년의 류우
뀨우정부 주석 선거였다. 그 3년 전인 1965년 7월, 베트남전쟁이 격
화됨에 따라 심각한 위기감을 느꼈던 라이샤워 주일미대사는 오끼
나와 군사지배를 계속하기 위해서라도 일본과 오끼나와에서 보수
세력의 집권을 확보해야 한다고 통감했다. 미국의 기밀문서, 라이
샤워 대사와 미육군 고관들의 오끼나와 정책에 대한 회의록인 '비
밀 행동 계획'에는 오끼나와의 입법원의원 선거(1965.11)에서 보수
세력에게 자금원조를 한다는 내용이 적혀 있다. 미국은 직접 간섭
할 경우에 문제가 제기될 위험이 크다고 보았기 때문에, 자민당을
경유하여 자금을 제공했다.[1] 1968년 8월 16일 미국대사관이 류우
뀨우열도 고등판무관에게 보낸 비밀 전문 '일본 자유민주당 재정

지원'에는 오끼나와민주당의 부총재인 요시모또 에이신이 자민당의 후꾸다 타께오와 만나 CIA에서 받은 72만 달러를 건네받는 방법을 확인했다는 내용이 있다. 자금의 용도는 주석 선거뿐만 아니라 입법원의원 선거, 나하시장 선거, 그외의 시정촌 선거에까지 이르렀다.[2]

이러한 간섭 결과, 선거전은 두개의 차원으로 갈라졌다. 하나는 정당 후보자들 사이의 싸움, 다른 하나는 오끼나와에서 민주주의 원칙을 실현시키려는 사람들과 민주주의를 방해하려는 사람들 사이의 투쟁이다. 선거 간섭은 비밀리에 진행되었기 때문에 그 상세한 내용은 몇년 혹은 수십년에 걸쳐 부분적으로 혹은 간접적으로만 밝혀졌다. 그러나 전반적인 경향으로 보면, 기지 재편에 대한 '현지 합의'를 만들어낼 필요가 커짐에 따라 간섭이 더욱 격화되어왔다고 할 수 있다.

이 장에서는 오끼나와 현대사에서 선거 역사를 모두 망라하기보다는, 주로 1990년대 오오따 마사히데 혁신현정 시대부터 오오따 퇴진 후에도 계속된 중앙정부의 선거 간섭과 오끼나와 민주주의에 대한 압력, 그리고 2009년 정권교체부터 2010년에 걸친 일련의 선거에서 시민의 저항이 미일 정부의 강권과 간섭을 넘어서게 된 결정적인 흐름의 변화를 추적할 것이다.

민의(民意)에 개입하다

1990~98년, 오오따 지사와 '행동 계획'

1972년 오끼나와 반환 이후, 현지 주민들이 선출하고 헌법으로 자치권을 보장받는 현(縣)을 총괄하는 지사의 역할은 매우 중요했다. 따라서 오끼나와의 역대 지사 선거는 치열했다. 1968년 최초의 류우뀨우정부 주석 선거에서 선출된 야라 초오뵤오는 1972년 반환 직후 지사로 재선출되었다. "핵도 기지도 없는 평화롭고 풍요로운 오끼나와현"을 목표로 한 혁신현정은 1976년에 야라에서 타이라 코오이찌(平良幸市)로 인계되었다. 타이라가 임기 도중에 병으로 쓰러진 후, 1978년에 보수계로 안보(체제) 용인 입장을 내건 니시메 준지가 당선되었다.

거대 건설업자와 (환경파괴로 귀결된) 관광업 진흥책을 추진한 12년간의 3기 니시메 현정을 거치고, 냉전 종결기였던 1990년, 오끼나와 현민은 변화를 선택했다. 오끼나와전의 체험자이며 오끼나와전사(沖繩戰史) 연구자이기도 한 오오따 마사히데가, 평화헌법을 사람들의 생활에 실현하고 기지문제나 전후 처리 문제를 해결하겠다는 등의 공약으로 당선되었다.

오오따는 전사자를 추도해온 오끼나와를 평화의 섬으로 만들겠다는 '평화행정'을 추진했다. 오오따 현정이 추진한 '평화행정'의 핵심이었던 '기지 반환 행동 계획'(Action Program for Return of the Bases)은 1996년 1월에 설정되었는데, 2001년까지는 후뗸마를 포함한 10개 시설을, 2010년까지는 14개 시설, 2015년까지는 카데나비행장을 포함하여 남은 17개 기지의 반환을 목표로 했다.[3] 또한 반환되는 토지의 이용 계획까지 포함한 '국제도시 형성 구상'을 세웠는데, 이것은 류우뀨우왕국 시대부터 이웃나라와의 교역과 우호관계를 다져온 역사적 배경을 활용하여 경제·문화·학술 등 교류의 거점이 되겠다는 것이었다. 또 이 구상은 오끼나와를 탈규제 자유시장을 가진 싱가포르나 홍콩처럼, 일본 내에 있지만 일본과는 구별되는, 즉 중국 내에 있는 홍콩과 같은 '1국가-2체제'의 국제적인 (international/cosmopolitan) 도시로 만들자는 것이었다.[4]

오오따는 기지 반환을 요구하는 오끼나와가 직접 외교적 접근을 해야 한다고 생각하고, 이를 위해서 여섯번이나 미국을 방문했다. 중요한 성과 가운데 하나는 차머스 존슨을 오끼나와로 초대한 일일 것이다. 전 CIA고문이었던 이 보수적인 정치학자는 1996년 말에 오끼나와를 방문하고 기지피해를 직접 목격한 것을 계기로, 오끼나와에서 미국의 역할이나 전세계 미군기지의 역할에 대한 생각을 바꾸게 되었다. 말년에는 미국의 군사제국 건설을 비판하는 베스트셀러를 여러권 출간하였다.

1995년 9월의 소녀 성폭행 사건은 오오따 재임 중에 일어났다. 이 사건 후에 폭발한 섬 전체의 분노와 그해 2월에 발표된 동아시아에 10만명의 병력을 유지한다는 '나이 보고서'에 대한 대응으로, 오오따 지사는 9월 28일, 미군용지의 강제사용을 위한 대리서명을 거부했다.[5]

미군용지 강제사용 문제

미군 지배 때, 미군용지에 대해서는 류우뀨우정부가 개개의 지주와 임대차계약을 맺고 미군에게 다시 빌려주는[轉貸] 형태를 취했으며 재정은 미군이 최종적으로 부담했다. 그러다가 1972년 일본 '복귀' 후에 군용지 제공은 일본정부 책임이 되었다. 그런데[오끼나와가 일본으로 복귀하고 나면] 원래 미군이 강제로 접수한 토지의 지주들 가운데 일본정부와의 토지대차계약을 거부하려는 '반전지주(反戰地主)'가 나올 것으로 예상되었기 때문에, 일본정부는 '공용지법'[6]을 제정해서 계속 강제사용이 가능하게 했다. '공용지법'은 오끼나와에만 적용된다는 점에서 위헌 소지가 강한 특별법이었고, 만료기간인 1982년 이후로 재연장하는 것은 불가능했다. 그래서 정부는 '미군용지특조법'[7]을 적용했다.[8] 이 법에서는 [지주가 미군용지 사용을 거부할 때] 총리대신이 강제 사용하는 토지의 '사용 인정'을 행하며, 기업자(사업자, 여기에서는 나하방위시설국장)가 작성한 토지증서·물건증서의 서명·날인을 지주에게 요구한다. 지주가 거부하는 경우 대상 토지 소재지의 시정촌장에게 대리서명을 요구하며, 시정촌장이 거부하는 경우 지사에게 요구한다. 다음으로, 기업자는 수용위원회에 재결신청을 행하며, 수용위원회는 대상 토지가 소재한 시정촌장에게 관계자에게 주지시키기 위한 관계서류의 '공고·종람(회람)'을 요구하며, 시정촌장이 거부하는 경우 지사에게 대행을 요구할 수 있다.[9]

미군용지의 강제사용 문제가 처음 제기되었을 때, 니시메 지사는 한번도 저항하지 않고 서명과 공고·종람을 대행했다. 1990년부터 지사가 된 혁신 성향의 오오따 지사는 1991년에 국가에서 공고·종람을 요구받았을 때에는 진흥 계획이나 반환 군용지의 지주에 대한 보상 등과의 균형 때문에 국가의 요구에 응했었다.[10] 1995년에는 지주가 서명을 거부한 토지가 있는 지자체들 가운데 나하시장과 오끼나와시장, 요미딴촌장이 대리서명에 응하지 않았기 때문에, 오오따 지사에게 서명 요구가 돌아오게 된 것이었다.[11]

1995년 오오따 지사의 결단은 최초로 지사가 대리서명을 거부한 사례였으며, 오오따 지사로서도 방침의 전환이었다. 오오따는 9월 29일 기자회견에서 "젊은이들이 21세기에 꿈을 품을 수 있는 오끼나와를 만들기 위해서라도, 자립적인 발전을 가로막는 기지를 철거할 필요가 있다"라고 선언했다.[12] 국가의 권고와 명령에도 불구하고 오오따가 자세를 바꾸지 않자 같은 해 12월 무라야마 토미이찌(村山富市) 총리는 대리서명을 요구하며 후꾸오까 고등재판소 나하지부에 제소했다.[13] 1996년 3월에 후꾸오까 고등재판소 나하지부는 지사에게 대리서명을 명령했고 오끼나와현은 패소했다. 오오따 지사는 이 명령에 따르지 않았고, 그래서 당시 총리대신인 하시모또 류우따로오(橋本龍太郎)가 대리서명을 했다. 같은 해에 오오따는 요미딴촌의 소베통신소나 그외의 군용지에 대해 지자체의 수장이 공고·종람을 거부한 부분에 대해서도 대리서명을 요구받고 있었다. 8월에는 최고재판소가 오오따의 대리서명 재판 상고를 기각했다. 최고재판소 법정은 "본건 상고를 기각한다. 상고 비용은 상고인의 부담으로 한다"라는 문구를 1분 정도 읽는 것만으로 폐정이 되고 말았다. 이러한 취급과 더불어, 상고에서 판결까지 불과

5개월이라는 이례적인 재판 속도에는 오오따 지사와 오끼나와 현민에 대한 모멸이 반영되어 있었다.[14)]

1996년 9월 8일, 미일지위협정 재검토와 기지 정리·축소에 대한 최초의 현민투표가 진행되었다. 투표율은 약 60%, 투표수는 54만을 넘는 가운데 찬성표가 9할을 차지했다. 이와 같은 결과에도 불구하고 불과 닷새 후인 9월 13일 오오따는 공고·종람 대행에 응하고 말았다. 그것은 오끼나와의 반기지운동에 관여해왔던 사람들, 국가에 대한 지사의 저항을 지원해온 사람들을 실망시켰다.[15)] 오오따가 대행 결정을 내리지 않았다면, 일본정부는 특별법을 통과시켜 그에게서 권한을 박탈하고 모독죄로 체포했을 것이다. 어느 경우든 정치적·헌법적 위기를 야기했을 것이다. (이후부터 오오따의 임기 말까지) 오오따와 토오꾜오 사이의 관계는 개선되지 않았다. 오끼나와현의 반기지 자세도 이것을 계기로 약화되었고, 토오꾜오와 오끼나와와의 관계는 일본정부가 강점을 가지고 있을 뿐만 아니라 본토 의존도를 높일 수 있는 경제 '진흥'책으로 전환되었다 (그리고 1997년 11월, 오끼나와현은 2005년까지 오끼나와현을 자유무역지대로 지정해달라고 토오꾜오에 공식적으로 요청했다).

다음 해인 1997년, 일본정부는 미군용지특조법을 개정하여, 수용위원회의 재판 결과에 국가가 불만이 있을 경우에 건설대신에게 심사청구가 가능하게 했으며, 심사기간 중에는 사실상 무기한으로 강제사용이 가능하도록 했다. 재산권을 "침해할 수 없다"라고 한 헌법 제29조와, 하나의 지자체에만 적용되는 특별법은 "그 지방 공공단체의 주민투표에서 과반수의 동의"를 얻어야만 한다는 헌법

제95조를 무시하면서, 일본국회는 압도적 다수의 찬성(중의원에서 90%, 참의원에서 80%)으로 특조법을 성립시켰다. 오끼나와 현민의 입장에서 보면 차별이나 마찬가지였다. 방청석에서는 "토지 도둑질" "오끼나와의 기분을 모르겠는가"라는 목소리가 터져나왔고, 21명이 구속되었다.[16] 아라사끼 모리떼루는 "개정 특조법의 통과는 일본정치가 오끼나와의 여론을 압살하는 구도를 상징적으로 표현하고 있다"라고 보았다.[17]

후뗀마 '반환'과 '이전'——나고의 민의, 배반당하다

기지문제 해소에 대한 요구가 높아짐에 따라 미일 양 정부는 위기를 맞이하게 되었고, 토오꾜오와 오끼나와의 분쟁 초점은 오끼나와 북부로 옮겨 갔다. 대리서명 소송과 동시에 진행되고 있던 것이 바로 기지 반환을 위한 SACO 교섭이었다. 1996년 4월 월터 먼데일(Walter Mondale) 주일미대사와 하시모또 총리의 회담 후, 후뗀마는 5년에서 7년 이내에 '전면 반환'한다고 발표되었고, 오오따 ̄ 현민이 최우선으로 요구한 후뗀마기지의 반환이 결정된 것을 높이 평가했지만, 현내외의 기존 기지 내부로 이전한다는 조건이 있다는 점을 안타깝게 생각한다고 발표했다.[18] 같은 해 12월에 SACO 최종합의가 발표되 ̄, 이전지로 오끼나와 본도 동해안이 유력시되었고,[19] 거기에 유동 혹은 고정된 형태로 '해상기반 시설' (sea-based facility)을 만드는 것으로 합의되었다. 곧이어 이전지가 캠프 슈워브와 접한 헤노꼬 앞바다가 된다는 점이 명확해지자, 오끼나와를 휩쓸었던 놀라움과 기쁨은 증발해버렸다. 헤노꼬는 오오우라 만이 내려다보이는 나고시의 동부에 있었기 때문이다. 나고시의 시민들은 이 계획에 대한 주민투표를 요구했다.

1997년 12월, 나고시 주민투표가 실시되었다. 하지만 "나고시에 미군기지를 건설하는 것에 찬성인가 반대인가"라고 묻는 시민 주도의 주민투표조례는 부결되었고, 보수계의 히가 테쯔야(比嘉鐵也) 시장에 의해 "환경대책이나 경제효과를 기대할 수 있어서 찬성"이라는 조건부 찬성 항목을 포함한 사지선다형으로 바뀌었다. 찬성표를 증가시키기 위한 조작이 가해진 것이다. 주민투표를 이끈 시민 가운데 한사람인 미야기 야스히로(宮城康博) 전 나고시의원은 이 주민투표에서 그뒤의 오끼나와 현지사 선거나 나고시장 선거에서 다투게 된 "기지반대냐 경제냐"라는 프레임이 만들어졌다는 것을 잊어서는 안 된다고 말한다.[20]

일본정부는 지방의 민의에 대한 대대적인 간섭에 나섰다. 오끼나와 방위시설국의 관계자들은 가가호호 방문에 나서서 헬리포트를 지지하도록 설득했고, 정부 고관이나 자민당 간부가 차례로 오끼나와를 방문하기도 했다. 그러나 정부의 간섭과 현지 건설업계의 조직표에도 불구하고, 투표율 82.45%에 과반수인 53.8%가 이전안에 반대표를 던졌다.[21] 그러나 히가 시장은 사흘 후에 상경하여 하시모또 총리에게 기지 건설을 받아들인다고 표명하고, 동시에 사퇴했다.[22] '시민자치의 체현'이었던 주민투표 결과가 짓밟히자 시민들은 "열화같이 분노했다".[23] 몇개월 후인 1998년 2월에 치러진 시장 선거에는 히가 시장의 후계자로 나고시의 부시장을 역임했던 실력자 키시모또 타떼오와 기지반대의 입장에서는 사민당의 타마기 요시까즈(玉城義和) 전 현의원이 무소속으로 입후보했다. 키시모또 진영은 기지문제의 쟁점화를 피하려 했지만, 투표 이틀 전인 2월 6일 당시까지 태도를 분명하게 밝히지 않았던 오오따 지사가 해상헬기기지 반대를 정식으로 표명했다. 그는 현지사로서 오끼나와 현민의 의견을 실현할 의무가 있으며, 그들의 의지에 반하여 헤노꼬 계획을 추진하지는 않을 것이라고 밝혔다. 한달 전에는 현 전체에서 모인 여성 350명이 현청의 로비를 채울 정도로 모여서 헬기기지 반대시위를 하는 등, 여론을 수용한 발표였지만, 시기가 좋지 않았다. 키시모또는 헬기기지 문제에 대해 "지사의 판단에 따르겠다"라고 공약했고, 오오따의 발표가 유리하게 작용하여 결국 키시모또가 당선되었다.[24] 이때부터 2010년까지 나고시에서는 '주민투표와 선거 결과 왜곡'이 계속되게 된다.

1998년 11월의 현지사 선거에서 현직 오오따 지사가 오끼나와 경제계의 거물인 이나미네 케이이찌에게 패해 현정이 교체되었다. 이나미네는 경제 중심의 선거전을 펼쳐, 전신주에 부착된 검은색 포스터에 "흐름을 바꾸자" "투수 교체" "이상보다 현실" "해석보다 해결"이라는 선거구호를 휘날렸다. 현내 여러곳에 등장한 대형 TV 화면에서는 오끼나와의 일반 시민들이 "일자리를 달라" "불경기를 처리해주기 바란다"라는 등의 요구를 이야기하고, 마지막으로 "체인지!"라고 외쳤다.[25]

이와 같은 캠페인에는 중앙정부의 자금이 사용되었을 가능성이 높다. 이 선거에 '관방기밀비' 3억 엔이 이나미네 진영에 건네졌다고 당시 오부찌 케이조오 내각의 부관방장관을 역임했던 스즈끼

무네오(鈴木宗男)가 증언한 바 있다.[26] 스즈끼의 증언에 따르면, 요청은 오끼나와 측에서 했으며 "역시 선거에서 이기지 않으면 안 된다는 생각에서" 기밀비를 건네기로 판단을 내렸다고 한다. 이나미네는 이를 부정했다.[27] 그리고 이나미네는 기지에 반대하는 민의를 조금이나마 수용하는 것처럼, 해상기지에 대해서는 반대하며 15년 사용기한을 붙인 군민 공용 공항이라는 공약을 내걸었다. 정부도 마치 그것을 밀어주는 것처럼, 투표일 직전에 해상기지 재검토를 표명했다. 결국 보수파를 승리로 이끈 이 수법은, 조건부 현내 이전을 인정하고 있었음에도 지사 선거 직전에 '현외 이전'을 표명하는 것이었다. 이는 나까이마 히로까즈 지사가 재선에 성공한 2010년 지사 선거에서도 사용되었다.

오오따 이후

이나미네가 당선되어 일본정부의 '오오따 문제'가 해결된 후 1998년 12월에 '온건한' 이나미네 지사가 들어서자, 일본정부는 다시 '진흥'이라는 이름하에 기지반대파 매수와 이데올로기적 포위 공격에 들어갔다. 1972년 반환 이후, 도로나 항만정비 등의 공공사업을 중심으로 한 '오끼나와 진흥개발체제'[28]는, 류우뀨우대학의 시마부꾸로 준(島袋純)의 말을 빌리면, 일본 보수세력의 "'이익환원정치'에 오끼나와를 편입시키기 위한 장치"로 시작되었고, 결과적으로는 "기지문제를 확실히 쟁점에서 제외하는" 제도로서 발전했다. 오오따 현정에서는 '국제도시 형성 구상'으로 현지사가 각료와 동등한 발언권을 보유하는 각료회의 같은 틀을 만들거나, 앞에서 상술한 대리서명 거부가 실질적으로 중앙정부에 대한 지자체의 거부권으로 기능했던 것처럼, 기지문제가 중앙에서 어느정도 '쟁점화'되었다. 그러나 이나미네 현정에서는 기지문제를 비쟁점화하는 도구로써 진흥개발체제가 재편·강화되었고, 국가가 현을 우회하여 기지를 수용하는 시정촌에 직접 '진흥책'을 투입할 수 있는 '시마다간담회사업'(1997~2007)이나 '북부진흥사업'(2000~7, 후뗀마 이전을 받아들이는 지역이나 주변에서의 진흥사업) 등이 도입·강화되어갔다.

이나미네 이후, 2006년의 현지사 선거에서 기지반대파였던 이또까즈 케이꼬(絲數慶子)를 맞아 이나미네 계승 노선으로 당선된 나까이마 현정에서는 기지수용 진척상황에 따라 방위대신이 직접 교부하는 '재편교부금'(2007)이 도입되었다.[29] 경제학자인 카와세 미쯔요시(川瀨光義)는 1995년 소녀 성폭행 사건 직후의 SACO 합의 이후, 종래의 내각 오끼나와 총합사무국을 통한 진흥개발사업비가 감소하고 대신 신기지 수용을 조건으로 한 노골적인 '재편교부금'과 같은, 방위성을 통한 사업비가 질적·양적으로 증가해왔다고 지적한다. 이 교부금은 국가의 방침에 불평불만을 제기하지 않고 '유유낙낙'하며 따르면 전액 교부하는 것으로, 원발(원자력발전소) 교부금을 모델로 하여 고안된 것이다. 하지만 미군 재편 수용은 원자력발전소 수용과는 다르며, 지자체의 선택권이 없다는 점이 지적되고 있다.[30] 유례를 찾아볼 수 없는 강권적이며 징벌적인 교부금이라고 할 수 있다. 미야기 전 나고시의원은 이 '재편교부금'을 '당근과 채찍'은커녕 '채찍과 채찍'이라고 불러야 한다고 비판한다.[31]

오끼나와를 제압하는 방법은 황금뿐이 아니었다. 1999년 말에 총리대신의 21세기 일본의 목표를 설정하기 위한 자문위원회에 참석하여 처음으로 자신의 견해를 피력한 타까라 쿠라요시(高良倉吉)는, 2000년 3월 25~26일에는 오부찌 케이조오(小淵惠三) 총리가 참석한 '아시아·태평양 어젠다 프로젝트'에서 자신의 견해를 더욱 발전시켰다. 여기에는 '오끼나와 이니셔티브'라는 이름이 붙었다.[32] 타까라를 비롯한 3인의 류우뀨우대학 교수들은 오끼나와에 대한 일본의 전시정책이 편파적이었으며 1951년 대일강화조약의 조항이나 1969~72년의 오끼나와 반환협정이 불공평했던 것은 사실이라고 주장하면서도, 오끼나와전이나 뒤이은 미군의 군사점령과 지배에 대한 오끼나와인들의 역사적 감정은 '피해자 의식'에 이르게 되었다고 주장했다. 그리고 이 '피해자 의식'은 나머지 일본에 대한 오끼나와의 긍정적인 개입을 저해했다. 그들은 이제 동아시아의 평화와 안보에 오끼나와의 역할을 미래지향적인 시각에서 이해하고 자부심을 가져야 할 때라고 주장했다.[33] 그들의 구상에 따르면, 오끼나와는 긍정적인 지역적·세계적 전망을 채택할 수 있으며 일본과 아시아·태평양 지역을 연결하고 매개하는 중요한 역할을 취할 수 있었다.[34]

비슷한 맥락에서, 이나미네 현정은 오끼나와의 '반일본 자세'가 방문객들의 기분을 상하지 않게 하기 위해서, 새로운 평화기념자료관의 전시물을 변경했다(2장 참조). 반일본 자세를 지닌 전시물이란 바로 오끼나와 주민들을 죽이거나 협박하는 일본군 병사의 모습을 말하는 것이다. 그러나 이 사건이 오끼나와 사람들의 기억과 도덕감각 그리고 정체성의 핵심을 건드려 당국은 이를 재빨리 철

회해야만 했다.[35]

이데올로기 공세는 피해자적 역사관의 극복을 주장하면서 미일 군사동맹을 용인한 뒤에 '기지 오끼나와'의 역할을 강조하여 격렬한 비판을 받았던 '오끼나와 이니셔티브' 같은 모습을 취하기도 하고, 2000년 7월에 개최된 G7의 '큐우슈우-오끼나와 정상회담'과 같은 축제 분위기로 반대운동에서 눈을 돌리기도 했다. 또한 오끼나와의 혁신 세력과 반기지운동에 대한 색깔론도 동원되었다. 예컨대, 2000년 3월 자민당 당수 모리 마사히로(森昌弘)는 오끼나와에서 키미가요가 교육되지 않고 있다는 데 대해서 불만을 터뜨렸다.

오끼나와인들은 키미가요를 부를 때 절대로 입을 열지 않는다. 대부분이 알고는 있지만, 학교에서 배우지 않는 것이다. 오끼교조(오끼나와의 교사조합)는 공산당이 장악하고 있어서 사사건건 정부에 반대한다. 오끼나와의 두 신문, 『류우뀨우신보』와 『오끼나와타임스』도 마찬가지다.[36]

이러한 이데올로기 공세는 오끼나와에 대한 토오꾜오의 전형적인 시각이 반영된 결과였다.

재정적 유인책과 이데올로기 공세는 모두 격렬한 비판을 불러왔다. 오끼나와 지식인들은 '오끼나와 이니셔티브'가 오끼나와인의 경험을 암묵적으로 부정하는 것이라고 비판한다. 또 새로운 일본-아시아 관계가 주일미군의 무제한적 주둔과 미국의 지정학적 어젠다에 대한 일본의 종속에 입각하여 추진하는 것이 가능하며 그래야 한다는 가정에 의문을 제기한다. 이러한 구상은 20세기와 마찬가지로 21세기의 지역질서도 군사력에 의해 구축되게 할 것이다. 줄리아 요네따니(Julia Yonetani)는 오끼나와 이니셔티브를 "오끼나와의 마음, 영혼과 정신에 대한 (…) 내적 식민화"라고 지적한다.[37]

다양한 압박과 회유, 이데올로기 공세는 높은 실업률과 구조적 기지 종속 같은 당시 오끼나와의 궁핍한 경제상황에서 어느정도 효과를 거두었다. 지자체 선거에서 연이어 보수 후보들이 선출되었던 것이다. 오끼나와의 지방정부들은 이전에는 결코 상상할 수 없었던 모습으로 노골적으로 뇌물을 챙기면서 자신의 지역을 자발적으로 각종 미군시설의 재배치를 위한 장소로 제공하기 위해 몰려들었다. 히가시촌, 오끼나와시, (쯔껜지마의) 카쯔렌정 등이 후뗸마비행장 유치를 두고 헤노꼬와 경쟁했다. 킨정은 현재의 소베통신소가 요미딴촌에 반환될 때 그 대체지가 되기를 원했고, 이에 촌은 낙하훈련장을 자발적으로 유치했으며, 우라소에 상공회의소는 나하에서 군항시설을 이전해달라고 촉구했다.[38]

한편, '오끼나와 정상회담'에서의 특권적 '경제번영'에 이의를 제기한 '오끼나와 민중평화선언'이나,[39] 정상회담 전날 카데나기지를 포위한 2만 7천명의 인간띠잇기 등 시민운동도 잇달았다.[40]

그리고 21세기가 되어, 앞에서 서술한 것과 같은, 시민들의 헤노꼬 이전 반대운동과 정부의 술책이 전개되었다. 오끼나와 현지사와 나고시장의 조건부 수용을 확보하고 꽈협정도 체결한 일본정부는 낙관적이었지만, 그것이 커다란 실수였다는 점은 이후의 사태에서 증명되었다.

2010년의 세 선거: 흐름이 바뀌다

과거 10여년에 걸쳐 신기지 건설의 추진을 위해 벌였던 '진흥' 계획에 의한 경제번영이란 환상에 불과하다는 것은 명백해졌다. 북부에서는 청년층 인구와 농업취업자 수가 감소했고, 생산액도 1990년에 비해서 10% 넘게 감소했다. 순생산은 2000년부터 2006년에 걸쳐 오끼나와현 전체로는 증가했지만 북부 지역에서는 감소하는 경향을 보였다.[41]

오끼나와의 전반적인 흐름이 바뀐 것은 2009년 8월 말 총선거에서 민주당이 승리한 뒤였다. 1999년 무렵에는 현내 이전 반대파와 용인파가 거의 비등했지만, 2009년에 이르기까지 반기지 감정이 고양되어 같은 해 5월의 여론조사에서는 68%가 현내 이전에 반대했고 불과 18%가 찬성했다. 나고시를 포함한 북부에서는 반대여론이 더욱 높아서 76%에 달했다.[42] 일본과 미국정부가 고집했던 헤노꼬안에 대한 지지는 11월의 조사에서 5%까지 떨어졌다. 오끼나와의 두개 지역신문도 오끼나와 시민사회의 유력자들도 강고하게 기지 반대 자세를 유지했다. 2009년 2월 클린턴 미국무장관이 방일했을 때, 14인의 오끼나와 지식인들이 작성하여 클린턴에게 전달한 '서간'에는 헤노꼬안과 타까에 헬리패드 계획 폐기, 후뗀마기지 즉시·무조건 반환, 기지 축소와 같은 요구사항이 담겨 있었다.[43] 특히 하또야마 정권이 "최소한 현외"라는 공약을 지키지 못하는 것이 아닐까 하는 불안과 불만은, 2010년 2월 오끼나와 현의회(2008년 선출)에서 후뗀마의 '국외·현외' 이전을 요구하는 만장일치 결의로 최고조로 표출되었다.[44] 2010년 3월 조사에서는 오끼나와 41개 시정촌의 수장 전원이 현내 이전을 거부했고, 4월에는 오끼나와 11개 시장의 시장회의에서 만장일치로 현내 이전 반대 및 현외·국외 이전 요청 결의를 채택했다.[45]

이 문제에 대해서는 오끼나와 정치권에서 '혁신 대 보수'라는 대립은 더이상 존재하지 않았다. 자민당 현련(오끼나와지부) 간사장을 지낸 오나가 타께시 나하시장조차, 오끼나와의 유력 보수 정치가로서 하또야마 정권이 후뗀마에 대한 공약을 완수하지 않으려 하는 것에 대해 실망을 표명했고, 후뗀마기지 현외 이전을 실현하기 위해서는 오끼나와 현민이 "굳게 스크럼을 짜야 한다"라고 말했다.[46] 일본 현대사에서 이 정도로 중앙정부와 대립각을 세운 지자체나 현은 없었다. 2010년의 세 선거는 이 과정을 결정적인 것으로 만들었다.

1월: 나고시장 선거

민주당이 후뗀마기지 현외 이전을 약속하고 승리한 2009년 8월 총선거 몇개월 뒤인 2010년 1월 24일, 나고시장 선거가 치러졌다. 일본 현대사는 물론이고 국제적으로도 이 정도로 광범위하게 관심을 모은 지방선거는 찾아보기 힘들다. 인구 약 6만, 유권자 수 약 4만 5천명에 불과한 이 작은 시의 선거가 미일의 동맹관계, 동아시아의 군사력 균형, 그리고 일본 민주주의에 크나큰 의미가 있는 중요한 선거였기 때문이다.

나고시는 1996년부터 중앙정부와 그 거대한 동맹국의 필사의 공세를 계속해서 저지해왔다. 1997년의 주민투표 직후 히가 시장의 배신 이후에도, 정부와 거래하려는 경향을 가진 시장이 1998년(키시모또), 2002년(키시모또 재선), 2006년(시마부꾸로)에 계속해서 당선되어온 것이 사실이지만, 그들이 타협한 배경에는 복잡한 사정이 있었다.

2010년 1월의 시장 선거는 민주당의 정권교체 후 첫 선거였고, 하또야마 정권이 당초의 자신감을 잃고 동요하는 가운데 현지 나고의 의지표명으로 주목받고 있었다. 선거 결과 "헤노꼬에 기지는 필요없다"라며 명확한 자세를 내세웠던 정치 신인 이나미네 스스무(稲嶺進)가 현직 시장 시마부꾸로 요시까즈를 17,950표 대 16,362표(투표율 77%)로 격파했다. 이나미네의 승리는 일본정부에 대한 나고시민의 명백한 성명이었다는 점에 의미가 있으며, 나고시민의 약 70%가 헤노꼬안에 반대한다는 투표일 직전의 여론조사 결과를 뒷받침하는 것이었다.[47] 나고시민은 미일 양 정부에 외교·안전보장 자세의 대폭 수정을 요구했던 것이다. 그리고 12년이 지나서 드디어 주민투표와 선거 결과의 왜곡이 수정된 것이었다.

주민투표 결과를 배신하고 기지를 수용했던 히가 전 시장의 지도와 지원을 받았던 '꼭두각시' 시마부꾸로는 선거 기간 중에 현지 사업소에 사전투표를 진행하도록 압력을 넣기도 했다. 나고의 활동가이자 작가이며, '헬기기지 필요없다! 후따미(二見) 이북 10구의 모임' 공동대표인 우라시마 에쯔꼬(浦島悦子)에 따르면,

시마부꾸로 진영이 수백회를 거듭하고 있던 간담회는 (시마부꾸로가 아니라) '히가 테쯔야의 간담회'로 불렸고, 야간 술집 순회나(술모임을 열고 그곳에서 간담회를 진행) 골프대회, 볼링대회 등을 조직하여 고액 상품을 걸었다는 등의 이야기가 들려왔다. 히가 씨가 이사장을 맡고 있는 메이오오(名櫻)대학의 학생들을 에이사아(エイサー)[48]대로 시마부꾸로 진영의 궐기집회에 동원하고, 또한 2천표 정도 되는 메이오오대학의 표를 한표당 5천 엔에 샀다는 소문도 들렸다.[49]

그러나 수치심도 체면도 없는 이러한 선거전략은 보수와 혁신을 넘어서 고양되고 있던 기지반대 민의와 이나미네 지지를 이길 수 없었다. 나고는 온갖 이익 유도 정치를 넘어서 24년간의 보수 시정에 마침표를 찍었고, '새로운 역사의 한 페이지'를 열었다.[50]

그러나 나고시장 선거는 정부의 미일동맹 최우선 정책을 흔들지 못했다. 히라노 히로후미(平野博文) 관방장관은 "(시장 선거는) 하나의 민의로는 있을 수 있지만, (이전을) 검토하는 데 참작해야 할 이유는 없다고 생각한다"라고 말했으며, 필요하다면 (기지 건설을 위한) 법적 수단을 취하는 것도 가능하다고 덧붙였다. 민주당정권은 오끼나와를 복종시키기 위해서 예전의 자민당정권도 시도하지 않았던 권력행사 용의가 있다는 점을 내비친 것이다.[51] 2009년에 오끼나와 현민이 민주당에 기대했던 희망과 신뢰는 이슬로 사라졌다.

시정을 맡은 다음 해, 기지는 "바다에도 육지에도 허용하지 않는다"라는 자세를 유지해온 이나미네는 다음과 같이 말했다.

미일 최고위층끼리 헤노꼬 이전을 합의한 것은 오끼나와의 실정을 무시한 합의이며, 절대 용인 혹은 수용할 수 있는 일이 아닙니다. 66년 이상 인권유린을 포함한 과중한 부담을 져왔고, 더이상 이런 일은 용납할 수 없다고, 말하자면 **허용 범위, 인내 범위를 넘어선 상황**이라고 생각합니다. 그런 의미에서 아무리 국가가 약속을 했다고 해도, 현이나 나고시 같은 현지의 입장에서는 그것을 전혀 인정할 수 없다는 것입니다(강조는 인용자).

이나미네의 이러한 발언은 나고시뿐만 아니라 오끼나와 대다수 사람들의 목소리를 대변하는 것이었다. '시마다간담회사업'이나 '북부진흥사업'으로 나고시에는 500억 엔 이상, 국가나 현이 수행한 사업을 합하면 800억 엔이 투입되어왔지만, 나고시민에게는 "저것이 도대체 무엇이란 말인가"라는 의문만 만들어왔고 풍요로워졌다는 실감은 나지 않았다. 이나미네는 "스스로 땀 흘려 얻은 것이 아닌" 사업으로 커다란 청사들만 들어서는 한편 농업생산은 1990년대에 비해 30% 이상 감소했다는 점을 거론하면서, 시민 스스로가 만들고 스스로에게 환원되는 지속 가능한 경제를 재구축할 필요성을 역설했다.[52]

그런 신념을 가진 지자체장에게는 중앙정부의 가차없는 징벌의 손길이 미쳤다. 2010년 12월, 일본정부는 이나미네 시장에게 '재편

교부금' 중지를 통지했다. 그러나 이나미네의 자세는 전국 각지에서 지지를 받았고, 개인이 선택한 지자체에 납세할 수 있는 '고향납세' 신청이 차례로 잇따를 정도였다. 이나미네는 "재편교부금에 기대지 않는 마을 만들기"를 역설했고, 곧이어 재정의 건전성을 높이는 작업에 착수했다.[53]

9월: 나고시의회 선거

2010년 1월 이나미네 스스무의 승리는 섬 전체의 반기지 감정의 고조를 표현한 것이었다. 4월에 9만명 이상이 결집한 현민대회 직전의 여론조사에서는 90%가 국외나 현외 이전을 요구했다.[54]

나고시는 오랫동안 끊임없는 외부 압력에 노출되어왔다. 나고시민이자 노벨상 수상자인 메도루마 슌(目取眞俊)이 선거 직전에 언급한 것처럼, 나고시민들은 너무나 오랫동안 가족을 분열시키고 도시를 고통과 적대감에 휩쓸리게 한 기지에 완전히 질려버렸다.[55] 우라시마 에쓰꼬는 2006년, 분노를 담아 이렇게 말하고 있다.

> 그래서 최근 9년 동안, 기지문제 탓에 부자(父子), 형제자매, 친척, 이웃이 서로 다투며 끊임없이 고통받아왔다. 예전에는 가난해도 오히려 가난하기 때문에 서로 도우며 살아온 우리들의 관계를 기지문제와 '돈'이 갈가리 찢어버렸던 것이다.[56]

반기지 입장을 가진 시장의 등장은 일본정부에 타격이었다. 나아가, 2010년 9월 12일의 시의회 선거에서 시장파가 과반수를 점하는 것을 저지하지 못하면, 시장 선거의 결과가 더욱 치명적일 것이라고 보고 있었을 것이다.

시장 선거 이후에 전개된 현지의 움직임을 주로 『오끼나와타임스』가 2010년 후반에 연재한 「속 '당근과 채찍'의 구도, 모래 위의 헤노꼬 회귀」씨리즈를 토대로 하여 여기에 소개한다.

후뗀마 이전 계획에서 '현지(地元, 대체시설이 들어설 대상 지역)'라고 표시되어 있는 곳은 나고시 동부의 기지 건설 예정지에서 가까운 '쿠베 3구(⟨邊三區⟩'라고 불리는 헤노꼬, 토요하라(豊原), 쿠시였다. 인구 약 2,100명의 작은 마을인 헤노꼬구에는 캠프 슈워브 '분수금(分收金)'이라 불리는 군용지료(軍用地料)가 해마다 약 2억 엔 정도 들어온다. 다른 구, 예컨대 쿠시구에서는 이 분수금을 구에서 독립된 단체에서 관리하고 있는 경우가 많아서 비교적 기지반대 의견이 강하지만, 헤노꼬구에서는 구가 직접 관리하기 때문에 주민단체가 이익집단이 되기 쉽고 기지를 용인할 소지가 컸다고 한다.[57] 헤노꼬에서 '번영'의 상징 가운데 하나는 매년 6월에 열리는 '하아레에(ハーレー)대회'다.[58] 2010년 하아레에대회에서는 마을에서 한 척에 90만 엔이나 하는 멋진 배를 네척 전시했고, 인접한 캠프 슈워브나 오끼나와방위국을 포함한 60여개 팀이 참가했다. 10억 엔을 들여 2007년에 완성한 '헤노꼬교류플라자'는 600명을 수용할 수 있는 홀과 도서실, 컴퓨터실, 첨단장비를 갖춘 운동시설, 마사지 기계 등을 갖추고 있다. 각종 '진흥'사업으로 나고시에 건설한 청사 시설 중 하나다.[59]

하또야마 정권이 캠프 슈워브 육상안을 검토하고 있던 2010년

3월, '후뗸마 대체시설 등 대책 특별위원회'의 위원장으로 나고어 협조합장을 역임하고, 바다를 매립하는 건설안을 추진하던 코하구라 히로시(古波藏廣)는 정부가 (매립이 필요없는) 캠프 슈워브 육상안으로 결정할 경우 (2012년 5월에 임대차계약이 끝나는) 슈워브 내 군용지의 임대차계약 갱신을 거부하자고 호소했다.[60] 그러나 5월이 되어 매립안이 다시 부상하자, 그는 논조를 바꾸었다. 5월 21일, 조건부로 이전을 용인하는 결의안을 토의한 헤노꼬구 행정위원회에서 결의안에 대한 반대가 이어졌지만, 행정위원회에서 기지문제를 다루는 '후뗸마 대체시설 등 대책 특별위원회' 위원장인 코하구라의 일갈이 신중파의 목소리를 봉쇄했다. "무슨 소리를 하고 있는 것인가. 헤노꼬 이외에는 미국이 절대로 인정하지 않는다. 정부가 우리를 제쳐놓고 실행하기 전에 조건 투쟁을 하지 않으면 안 된다." 코하구라는 조건부 용인 결의를 정부에 대한 '선제 일격'이며 현지 지방에서 거래를 할 수 있는 기회라고 보았다. 즉, 일본정부가 매립안을 수용하는 댓가로 자신들이 제시한 조건을 받아들이지 않을 경우, 매립안에도 반대할 수 있다는 것이었다. 이렇게 헤노꼬구 행정위원회는 캠프 슈워브 연안부를 매립하는 V자형안을 일본정부가 환경영향평가의 범위 내에서 결정할 경우, "최대한 생활 보상" 등의 조건을 내거는 쪽으로 결의를 채택했다. 오오시로 야스마사(大域康昌) 헤노꼬구장은 '만장일치'라고 말했지만, 실제로는 거수도 없이 결의를 밀어붙였던 것이다.[61]

현지의 기지용인파는 V자형 기지 건설 댓가로 1가구당 1억 5천만 엔을 요구했고, 하또야마 정권이 좌충우돌하다 헤노꼬안으로 돌아왔을 때는 요구를 두배까지 생각했다고 한다. 5월 중순, 코하구라 등이 레이먼드 그린 주오끼나와 총영사와 면담하면서, 매립한 국토를 나고시에 불하하고 나고시 시유지로 해서 국가에 매년 5억 엔에 빌려주는 방식을 제안했던 것도 보도되었다.[62]

같은 '현지'라도 쿠시구의 대응은 달랐다. 쿠시구 행정위원회는 2010년 6월, 이전에 반대하는 이나미네 시장을 지지하는 결의를 가결했고, 시민 주도로 '쿠베 3구 이나미네 시장을 지지하는 모임'을 만들었다. 이렇게 이나미네 시장 당선 후, 정부의 헤노꼬 회귀안은 현지를 다시 한번 흔들어놓고 있었다.[63]

그리고 나고시의회 선거가 다가왔다. 지방선거에서는 일반적으로 시민의 생활과 직결되는 교육·복지·고용 등에 중점을 두고 있지만, 나고시에서는 시민생활보다 기지 이해관계가 우선되어왔다. 교부금으로 만든 다수의 대형 청사의 그늘에서 기지 이외의 실업률이 전국 평균 두배에 달했고, 의료 등의 써비스는 피폐했으며 상점가에는 셔터를 내린 점포가 늘어서 있었다. 2008년에 나고시의 비어 있는 상점 비율은 오끼나와 현내의 시들 가운데 최악인 19.5%로 보고되었다.[64] 나고시에 사는 메도루마 슌은 나고시민의 의지가 1997년의 주민투표에서 명확하게 표명되었음에도 선거가 어느정도는 기지문제에 대한 찬반을 묻게 된 것에 대해, "도대체 나고시민은 몇번이나 후미에(踏み繪)[65]를 밟지 않으면 안 된단 말인가. 넌더리가 난 사람도 적지 않을 것"이라고 썼다.[66] 현의회 부의장인 타마끼 요시까즈도 "본래 국가의 문제여야 할 것이 지방의 시의원 선거에 달려 있는 것 자체가 완전히 난센스다"라고 말했다.[67]

중앙정부에서의 관심이나 간섭도 전례없는 수준이었다. 마에하라 오끼나와 담당대신은 나까이마 지사나 시마부꾸로 전 나고시장과 은밀한 만남을 가졌다.[68] 2012년에 기노완시장 선거를 맞이하여 오끼나와방위국의 마나베 로오(眞部朗) 국장이 시내에 거주하는 직원들에게 투표에 대해 '강연'한 것이 드러났을 때, 마나베는 2010년 나고 선거에서도 마찬가지로 '강연'을 했다고 증언했다.[69] 이것은 국가의 노골적이며 위법한 지방선거 개입이었다.

그러나 중앙과 지방의 기지추진파의 노력은 보상받지 못했다. 9월 12일의 나고시의회 선거에서는 기지에 반대하는 이나미네 시장파가 16석, 기지를 용인하는 시마부꾸로 전 시장파가 11석을 획득했다. 선거 전의 세력도는 이나미네파 12석, 시마부꾸로파 12석, 중립 3석이었는데, 이나미네파가 크게 의석을 늘린 셈이다. 이나미네는 "나고시의 의향이 확실히 드러났다. 정부에 헤노꼬는 안 된다고 더욱 강하게 말할 수 있는 환경이 만들어졌다."라고 말했다.[70] 이 결과에 대해 센고꾸 요시또(仙谷由人) 관방장관은 "이전 계획이나 부담 경감의 구체적인 방책에 대해서는 현지의 의견을 여쭈어 성심 성의껏 설명하고 이해를 구한다는 종래의 기본 자세와 태도를 관철할 생각"이라고 말했다.[71] 그러나 칸 나오또 정권이 의견을 묻겠다는 '현지'란 시민에 의해 선출된 시장이나 시의회가 아니라, 밀회를 거듭하던 이전 추진파뿐이었던 것 같다. 11월에 이나미네와 히가시의회 의장이 상경하여 민주당의 정무 3역과 면담을 요청했지만, 하루를 꼬박 기다리고도 거부당하고 말았다. 민주당 간사장이 민의를 짊어진 진정(陳情)을 '정치적 퍼포먼스'라고 비하하며 문전에서 내쫓았던 것이다.

하또야마 정권이 발족한 직후, 이하 요오이찌 기노완시장은 자민당-공명당정권 시대엔 토오꾜오에 직소하러 가도 사무국 직원밖에 만날 수 없었지만, 지금은 외무·방위·총리대신까지 만날 수 있게 되었다고 평가했었다.[72] 그러나 1년 만에 변해버린 민주당정권의 모습이 거기에 있었다.

11월: 오끼나와 현지사 선거

2010년의 가장 중요한 사건은 그해의 세번째 선거, 즉 11월 28일의 지사 선거였다. 1월과 9월의 나고시장 및 나고시의회 선거가 결정적으로 헤노꼬안 반대를 내세웠던 만큼, 그 중요성은 더욱 증가했다. 지사 선거에서는 보수계의 현직 나까이마 히로까즈가 기노완시장인 이하 요오이찌의 도전을 받았다.

통상산업성(현 경제산업성) 관료로 재직하다가 오끼나와 재계에 들어간 뒤, 자민당과 공명당의 지지로 2006년에 지사로 선출된 나까이마는 처음에는 헤노꼬기지안을 지지했다. 그러나 4월 25일에 9만명이 참가한 현민대회, '미군 후뗀마비행장의 조기폐쇄·반환과 현내 이전에 반대하고 국외·현외 이전을 요구하는 현민대회'에 즈음해서는 우왕좌왕하는 모습을 보이다가 이틀 전에 참가를 표명했다. 대회에서는 "전쟁의 흔적은 거의 없어졌지만, 미군기지는 거의 변하지 않고 눈앞을 차지하고 있다. 전국적으로 본다면 명백히 불공평하며 차별에 가깝다는 인상을 받는다."라고 말했다.[73] 그러나 대회 종료 후에, 나까이마는 기자단에게 현행 후뗀마 이전안 조건부 용인 입장에 관해 설명하면서 "철회는 하지 않는다"라고 말함으로써, 당시까지만 해도 현내 이전안을 명확히 거부하지는 않았다.[74] 8월에는 일본정부가 오끼나와를 제쳐놓고 기지문제 교섭을 하고 있는 것에 항의하면서 "두 나라 사이에서 결정했다고 말해도, 그런 것은 의미가 없다"라고 말하기도 했다.[75] 또 8월 31일의 '전문가' 보고서를 '단순한 몽상'에 불과하다고 평했다.[76] 그리고 지사 선거가 다가온 9월 말, 나까이마는 현외 이전과 미일 공동성명 재검토를 요구한다고 발표했다.[77] 그러나 논리적으로 '현외 이전'의 전제인 '현내 이전 반대'는 표명하지 않은 채 애매한 해석의 여지를 남겨둔 상태였다. 나까이마는 자민당과 공명당의 지지를 받고 있었다. 헤노꼬 이전안으로 회귀하고 만 민주당은 나까이마도 이하 요오이찌도 지지할 수 없었고, 독자 후보도 옹립할 수 없어서 각자가 독자적으로 투표할 수밖에 없었다.[78]

한편, 나까이마에게 도전하여 지사가 되기 위해서 기노완시장을 사임한 이하는 후뗀마 반환, 후뗀마 대체기지의 현내 건설 반대를 공약으로 선거전에 돌입했다. 그는 2003년부터 2010년까지 기노완시장으로서 후뗀마 반환과 현내 이전 반대를 정치의 지주로 삼아왔다. 이하는 사회민주당·공산당·오끼나와사회대중당의 지원을 받고 있었다.

기지 건설에 필요한 매립을 하기 위해서는 법적으로 지사의 허가가 필요해서, 이 선거의 결과는 미일 양 정부에 크나큰 관심사였다. 일본정부의 희망은 나까이마가 몹시 분노에 찬 발언을 하고는 있지만, 기지 계획에 정면으로 반대하지 않고 절대적으로 저지하겠다고도 말하지 않고 있다는 것이었다. 칸 정권은 나까이마의 '곤란' 혹은 '매우 어렵다'라는 표명을 교섭의 여지가 있다는 것으로 해석했다. 일본정부가 바라는 최선은 당선 후에 나까이마가 '이해심이 넓어져', 즉 설득의 여지가 생겼을 때 적절한 동기부여를 통해 유권자를 배신하게 하는 것이었다.

후뗀마 이전 문제, 미군 재편 문제를 내걸었던 2010년의 지사 선거는 오오따 마사히데를 낙선시키도록 정부가 개입했던 1998년 당시와 비슷한 분위기도 있었다. 그렇지만 『오끼나와타임스』의 와따나베 쯔요시(渡邊豪)는 이렇게 말했다.

오끼나와에는 지금, 1998년의 지사 선거 때와 마찬가지로 폐색감(閉塞感, 우울하며 어두운 분위기)이 감돌고 있다. 다만, 당시와 결정적으로 다른 점은 "폐색감에서 벗어나지 못하는 것은 헤노꼬 이전을 고집하는 민주당정권과, 오끼나와에 안보의 부담을 떠넘긴 채 모른 척하고 있는 '본토' 때문"이라는 불신을 많은 현민이 공유하고 있다는 점일 것이다.[79]

2010년 8월, 일본정부는 오부찌 내각이 오오따 마사히데의 추방을 위해 관방기밀비(내각관방보상비)를 사용해서 비밀리에 간섭했는가를 추궁당하고 있었고, "내각관방보상비의 성격상 대답을 보류하고 싶다"라며 부정은 하지 않는 답변을 내놓았다.[80] 칸 총리는 관방기밀비의 이러한 사용을 중지하도록 지시하지도, 형사고발을 염두에 둔 조사도 하지 않았다. 2010년 지사 선거에서 이하 요오이찌의 패배를 확실히 하기 위해 비밀리에 간섭을 했는지, 했다면 어떤 간섭이었는지는 아직 명확하게 밝혀지지 않았다.

선거 결과는 투표율 약 61%에 나까이마가 335,708표(약 52%), 이하가 297,082표(약 46%)를 얻었고, 유일하게 현내 이전을 소리 높여 외친 행복실현당의 킨조오 타쯔로오(金城龍郎)는 13,116표(약 2%)를 획득하여, 나까이마가 재선되었다.『쿄오도오통신』에 의하면 투표일의 출구조사에서는 68.9%가,『아사히신문』의 출구조사에서는 75%가 헤노꼬 이전에 반대한다고 답변했다.[81]

재선 후, 나까이마는 헤노꼬 문제에 대해 현실노선을 취할 것이라고 보았던 미정부의 희망에 찬물을 끼얹었다. 당선 후의 기자회견에서 "현내는 아니"라며 "헤노꼬는 수십년이 걸리면 가능할지 모르지만, 야마또(본토)를 탐색하는 편이 빠르다. 현내는 이미 포기하는 편이 좋다."라고 언명했다.[82] 하지만 나까이마의 발언은 애매하다. "현민과 나고시가 반대하고 있는 이상 (현내 이전) 실현의 가능성은 없어졌다"라는 표현에서는 나고시장이 바뀔 경우에는 헤노꼬 이전 가능성이 남아 있다는 것으로 들린다. 그러나 현내 이전 반대라는 현민의 압도적인 지지를 받아들여, 나까이마는 스스로 방향타를 고쳐 잡는 것으로 제2기를 시작했다.[83]

그후 현민들은 나까이마를 정말로 신용할 수 있을까 의심하면서도 지사가 공약을 배신하지 않도록 제대로 감시하지 않으면 안 된다며 반신반의했다. 이런 반쪽의 신뢰는 2년 뒤인 2012년 9월 9일, 10만명 이상이 결집한 오스프레이 배치 반대집회 직전에 나까이마가 불참을 표명한 것으로 크게 흔들리게 되었다. 메도루마 슌은 이것을 "오스프레이 배치 반대에 대해 현민의 선두에는 서지 않겠다고 스스로 선언했다"라고 비판했다.[84] 태풍으로 연기된 대회가 본래 열릴 예정이었던 8월 5일, 나까이마는 마에하라 세이지와 밀담을 가졌다. 『오끼나와타임스』는 다음 해 예산의 개산요구[85]와 거래한 것이 아니냐는 의혹을 제기했다.[86] 『류우뀨우신보』는 2010년 4월의 현민대회에 출석한 것은 앞두고 있던 선거를 위한 것이었냐며 실망감을 표출했다.[87]

2011: 비가역적인 변화인가?

앞에서 언급한 이들 선거는 자치와 자립을 저해하는 진흥책이나 선거 개입의 영향력을 뛰어넘어 오끼나와 현민의 민의를 명확하게 보여주었다.

예전에는 오끼나와 미군기지가 어두운 면을 뛰어넘는 경제적 혜택을 현지에 가져왔다고 이야기하곤 했다. 확실히 반환 이후에는 미국과 일본의 기지정책에 의해 지대수입이 착실하게 증가했고 이에 의존하는 계층이 출현한 것이 사실이지만, 오끼나와 경제 전체의 이익은 점차 줄어들고 있다. 『류우뀨우신보』의 마에도마리 히로모리(前泊博盛)는 기지를 "오끼나와를 좀먹고" 오끼나와 경제를 부패시키는 '해충'이라 부른다. 기지 수입은 금액상으로는 증가했지만(복귀 시 777억 엔, 2006년 2,155억 엔), 현민 총소득에서 점하는 비율은 관광업 등의 써비스산업의 등장에 따라 반환 직후의 15.5%에서 2010년에는 5.4%로 감소했다. 기지를 반환받은 지구에서는 고용과 세수(稅收)가 비약적으로 증가했다. 예를 들면, 차딴정의 한비

이비행장은 반환 후에 고용이 100명에서 2,259명으로 23배, 세수는 52배로 증가했다.[88]

　1966년 이후 펜타곤의 꿈이었으며 1990년대 후반부터 일본 관료들의 구미에 맞는 프로젝트였던 오오우라 만의 군사기지화는 1996년 이래의 양국 간 합의를 통해 실현되는 듯 보였다. 그러나 (미일 양 정부의 희망은) 하시모또부터 노다까지 10명의 총리대신, 큐우마에서 모리모또까지 21번이나 방위청장관·방위대신이 바뀌는 가운데 일본 현대사에서 가장 주목할 만한 비폭력적 정치운동에 의해 저지되었다. 2012년 2월 기노완시장 선거에서는 보수계의 사끼마 아쯔시(佐喜眞淳)가 당선되었다. 하지만 같은 해 9월 9일에 열린 오스프레이 반대집회에서 나까이마 지사가 부재한 가운데서도 후뗀마를 안고 있던 시장은 단호하게 반대할 것을 호소했다.[89] 2012년 6월의 오끼나와 현의회 선거에서도 야당·중도가 1석이 증가한 27석으로 과반수를 유지하여(여당은 21석), 후뗀마 현내 이전 반대라는 민의를 반영하게 되었다.[90] 오끼나와의 최근 선거 결과는 이 운동이 더 강고하게, 더 폭넓은 지지를 받으면서, 더욱 단단하게 민주주의적 과정에 뿌리내리고 있다는 것을 보여주고 있다.

후뗀마 대체시설 계획안의 변화, 1996~2011

1996~98　처음에는 오끼나와 북부의 앞바다에 길이 45미터의 '헬리포트'로 계획되었으나 1997년에 나고시 주민투

표로 거부(이후에 히가 나고시장이 승인하지만 오오
따 지사가 거부).

1999~2001 헤노꼬 앞바다에 75~90헥타르 넓이의 부동식 철주
(鐵舟)로 받친 1,500미터의 철거가 가능한 활주로를
시와 현에서 조건부(군민 공용, 15년 사용기한)로 승인.
1999년 12월 일본 내각이 추진, 미국은 일본 내 다른
곳으로의 재배치에 열린 입장이었으나 일본정부가
헤노꼬를 고집.

2002 대략 184헥타르 넓이의 암초를 매립하여 철주기반의
1,500미터 길이의 활주로를 군민 공용으로 건설한다
는 헤노꼬 앞바다 건설 계획 확정. 2004년부터 환경조
사 및 연좌시위 시작.

2005 코이즈미가 "다수의 반대"를 이유로 헤노꼬 계획을
취소. L자형으로 해상으로 1킬로미터 돌출한 육상기
반의 1,600미터 단일 활주로 건설안을 채택하지만, 곧
변경.

2006 헤노꼬곶에서 오오우라 만으로 뻗은 1,800미터 길이
의 V자형 활주로 두개를 건설하는 육상기반안, 여기
에 군항과 얀바루 숲의 헬리패드 추가. 2014년을 완공
기한으로 설정. 미일 양 정부에 의해 2006년에 '미군
재편'의 일환으로 승인되고, 2009년에는 괌협정과 결
합되는 형태로 채택.

2010(3월) 하또야마가 2006년의 V자형 슈워브 계획을 무시하고

3부 계획으로 대체.

(1) 헤노꼬곶에 육상기반 500미터나 1,600미터 길이의 헬리콥터 활주로를 캠프 슈워브 안에 건설하거나

(2) 화이트비치 미군기지와 가까운 오끼나와 중부 우라마시(市)의 카쯔렌반도 앞바다에 1,020헥타르의 인공섬을 건설하고 10,200미터의 활주로(3,600미터 두개와 3,000미터 한개)를 만들거나

(3) 오끼나와현 경계를 조금 벗어나 있는, 오끼나와 본도에서 북쪽으로 200킬로미터 떨어진 카고시마현의 도꾸노시마에 새로운 시설을 건설하거나

(4) 이들의 일부 혹은 아마도 전부를 조합하는 방안.

2010(4월) 괌협정의 조항을 '폭넓게 수용'하는 형태로 미국정부에 '최종' 제안, 하지만 일부 주요사항이 변경.

(1) 해저에 박은 (약 4천개의) 기둥에 의지하는 해상기반 단일 활주로를 헤노꼬에 후뗀마 대체시설로 건설하고

(2) 헬리콥터 훈련부대의 일부를 후뗀마에서 도꾸노시마로 이전.

2010(5월) 하또야마가 갑자기 자신의 여러 대안을 포기하고 헤노꼬기지 건설(과 얀바루 숲의 헬리패드) 수용에 동의하면서 항복. 5월 28일 협정에 서명한 직후 사임.

2011(6월) '2+2'회의에서 헤노꼬 계획의 추진 의사를 재확인, "2014년 이후 가능한 한 빨리" 완공하는 것으로 기한

을 연장. 일본은 카고시마현 마게시마와 오끼나와현 미야꼬지마에 군사기지를 건설할 것을 약속.

2011(9월)　노다 내각이 출범하여 오바마 대통령과 헤노꼬 공약을 갱신.

후뗀마 대체시설을 둘러싼 정치적 변화, 2009~11

2009(8월)　대미·대중관계의 새로운 입장을 발표하고 후뗀마 대체시설이 "최소한 오끼나와현 밖으로 재배치될 것"이라고 오끼나와 현민에게 약속한 일본 민주당이 총선거에서 승리하여 정권 획득.

2010(1월)　"육지든 바다든, 나고시에 새 기지를 건설하는 일은 없을 것"이라고 공언한 이나미네 케이이찌 시장 당선.

2010(2월)　오끼나와 현의회, 후뗀마기지의 즉각 폐쇄와 신기지 건설에 반대하는 결의안을 만장일치로 채택.

2010(4월)　현지사와 지자체 수장들이 참석한 현민대회에서 동일한 결의안을 채택.

2010(5월)　미국과 일본의 관료집단 및 언론의 압박에 하또야마 총리가 후뗀마 대체시설을 "캠프 슈워브-헤노꼬곶 지역 및 인접한 해상"에 건설하기로 하는 협정에 서명하고, 그 직후 사임.

2010(6월)　하또야마를 계승한 칸 나오또 총리는 해병대기지의

건설 계획을 진전시키면서 워싱턴과의 관계 '회복'에 우선순위를 둠. 총리는 선거공약을 어긴 데 대해 오끼나와 현민들에게 사과했지만, 대안이 없으며 문제는 끝났다고 주장.

2010(7월)　7월 9일에 오끼나와 현의회가 5월 28일 협정의 취소를 요구하는 새로운 결의안을 채택, 5월의 협정이 "폭력적이며 민주주의를 짓밟는 행동"이며 "오끼나와 현민을 무시하는" 처사라고 언급. 새로운 기지의 건설을 막겠다던 공약을 포기한 데 대해 오끼나와의 분노가 폭발하면서, 민주당은 참의원 선거에서 한명의 후보도 당선시키지 못함. 나까이마 현지사는 새 기지는 1950년대처럼 "총검과 불도저"에 의해서만 건설될 수 있을 것이라고 선언.

2010(9월)　나고시의회 선거에서 (토오꾜오의 지원을 받던) 친기지 세력을 누르고 반기지 세력이 승리.

2010(11월)　오끼나와 현지사 선거에서 오끼나와현 밖으로 신기지 재배치를 추진하겠다고 약속한 나까이마 히로까즈가 후뗀마기지 즉각 폐쇄와 오끼나와 현내의 어떤 기지 건설 시도도 저지하겠다고 약속한 이하 요오이찌에 승리. 미일합의에 따라 기지 건실을 진행해야 한다고 주장한 후보는 단지 2%만 득표.

2011(6월)　미일의 외교·국방장관들이 2014년의 기한을 포기했지만, V자형의 헤노꼬기지 계획(과 다른 섬들에 기지

건설)을 추진할 뜻을 재확인. 나까이마 지사는 "터무 니없다"라고 선언.

2011(9월) 노다 총리가 오바마 대통령에게 기지 건설은 추진될 것이라고 약속. 그러나 나까이마 지사는 기지 건설은 오직 무력으로만 가능할 것이라고 말하고 미일 양 정부에 "협의를 중단하고 기지를 즉각 반환하라"라고 요구.[91]

08
RESISTANT ISLANDS

환경영향(비)평가

외교·정치·군사상의 여러 문제를 제쳐놓고도 환경적인 관점에
서도 헤노꼬에 거대한 군사시설을 새로 만든다는 것은 믿기 어려
운 일이다. 헤노꼬는 인구밀도가 낮아서 인구밀도가 높은 후뗀마
를 대체할, 거의 문제를 일으키지 않을 확실한 선택지인 것처럼 알
려지고 있다. 하지만 헤노꼬와 그 인근에 사는 사람들의 권리와 상
관없이 진행되는 이 논의들은, 이 지역을 지역적·국가적 혹은 그를
넘어 전지구적으로 중요하게 하는 특징들, 즉 독특하며 귀중한 숲
과 바다의 환경을 무시하고 있다. 거대한 군사기지를 이 장소에 밀
어붙이는 것은 미국의 그랜드캐니언(Grand Canyon)이나 호주의 카
카두(Kakadu)국립공원을 군사기지로 만드는 것과 다름없는 일이
다. 1996년 SACO 합의에 따라, 북부훈련장 절반의 반환 조건으로

'헬리패드' 혹은 '오스프레이패드'의 공사가 강행되고 있는 '얀바루 숲'의 히가시촌 타까에지구도 마찬가지다.[1]

헤노꼬 연안지역은 오끼나와현의 '자연환경보존에 관한 지침'에서 평가 1순위(자연환경의 엄정한 보호를 도모할 지역)로 지정되어 있다.[2] 오끼나와의 듀공은 생존 개체수가 수십마리 정도로 알려진 멸종위기종이다. 국제자연보전연맹(IUCN)은 듀공의 보전을 2000년, 2004년(북부 얀바루 숲의 오끼나와 딱따구리와 얀바루꾸이나 포함), 2008년 등 세번에 걸쳐 권고했다.[3] 일본 환경성도 2007년에 듀공을 '멸종위기 IA류'(매우 가까운 장래에 야생에서 멸종할 위험이 극히 높은 것)로 지정했다.[4] 오오우라 만과 헤노꼬곶 주변의 바다에서는 듀공이 해초를 먹고, 바다거북이 휴식과 산란을 위해 들르는 것 외에도 희귀종의 새나 곤충 등이 여럿 생존하고 있다. 푸른 산호는 이시가끼에 세계 최대의 군락이 있으며, 2007년에는 헤노꼬 앞바다의 오오우라 만에서 대군락이 발견되었고,[5] 2008년에는 듀공과 함께 IUCN의 '레드' 등급의 멸종위기 Ⅱ류(취약, 멸종위험 증대)[6]로 지정되었다.[7] 세계자연보호기금(World Wildlife Fund)의 2009년 조사에서는 오오우라 만에서 36종의 새로운 게와 새우가 발견되었고,[8] 2010년 3~4월에는 토오꾜오해양대학의 오오바 히데오(大葉英雄) 등의 열대해조학 조사에서 182종의 해초류와 해양식물이 오오우라 만에서 발견되었는데, 그중 네종은 신종이었다.[9] 2010년에는 일본의 자연보호협회가 헤노꼬 연안에서 희귀 조개류를 포함해 300종 이상의 생물을 확인했다. 밀도가 높은 곳에서는 50제곱센티미터 면적에 186종의 조개류가 있었다.[10]

‘국제 생물다양성의 해’였던 2010년에 나고야에서 열렸던 유엔 생물다양성조약 제10회 체약국회의(COP10) 직전, 일본정부는 얀바루(오끼나와 본도 북부)를 국립공원으로 지정하겠다고 발표하였다.[11] 오끼나와현은 이 지역을 중심으로 류우뀨우제도 유네스코 세계자연유산 등재를 추진했다. 얀바루 숲은 예전부터 아열대 조엽수림과 다양한 계류(溪流)가 다양하고 고유한 생물들을 키워왔으며, 단위면적당 종의 숫자는 일본 평균에 비해 동물의 경우 약 51배, 식물의 경우 약 45배에 달해 ‘동양의 갈라파고스’라고 불리고 있다.[12] 그러나 이와 같은 고도의 자연보호 계획은 미해병대기지의 재편과 공존할 수 있을 것인가?

　미일 정부는 ‘후뗀마 대체시설’이라는 구실로 원자력잠수함이 정박할 수 있는 항만시설, 긴 활주로 두개, 각종 부속시설을 포함한 해병대와 육해군 공용의 거대 군사기지를 만들 계획이다. 이 거대한 계획 속에 산호류, 듀공, 바다거북 등의 생물은 단지 방해물에 지나지 않는다. 1960년대, 미군은 훈련에 방해된다며 수차례에 걸쳐서 오오우라 만의 산호초를 폭파했다.[13] 60년대 후반에 오오우라 만 군항 계획이 있었다는 것은 앞에서 서술한 대로다. 북부훈련장에서는 베트남전쟁 시기에 타까에구 주민을 ‘현지 주민’으로 간주하고 전투훈련이 실시되었으며, 고엽제를 사용했을지도 모른다고 의심되고 있다.[14] 지금은 미군정 시기에 있었던 것과 같은 일들은 용납되지 않지만, 그로부터 30년이 지난 1996년의 SACO 합의로 헤노꼬와 타까에는 다시금 위협에 노출되었으며, 현재까지도 주민들의 반대투쟁이 이어지고 있다.[15]

이름뿐인 '환경영향평가'

환경영향평가법

오끼나와에서는 3차, 총 30년에 걸친 '오끼나와 진흥개발 계획'과 그후에도 이어진 '오끼나와 진흥 계획'에 의해 환경을 파괴하는 대규모 공공 공사가 실행되어왔다. 본토와의 '격차 시정'이라는 이름 아래 오끼나와의 연안선은 계속된 매립으로 모습이 바뀌었고, 복귀 후 35년간 오끼나와현 전체로 보면 요나구니지마에 맞먹는 면적이 매립되었다.[16]

1997년 6월에 공포되고 1999년 6월부터 실행된 '환경영향평가법'에 입각한 환경평가는 본래 기지를 유지하기 위한 '진흥' 계획에 의해 자연이 파괴된 오끼나와에서 기지를 줄이고 오끼나와를 지속 가능한 장소로 만들기 위한 수단으로 기능해야 하는 것이었지만 실정은 달랐다.[17] 미군 재편 계획으로 기지 건설 허가만 내면 좋다는 목적 아래 환경영향평가의 기본인 과학성·민주성이 소홀히 취급되었던 것이다.

환경영향평가의 절차는 3단계로 이루어진다.[18] 스크리닝과 방법서(환경영향평가의 범위와 방법론), 준비서, 평가서가 그것이다.

제1단계인 '방법서'는 사업자(헤노꼬 평가의 경우에는 오끼나와방위국)가 작성하여, 환경영향평가의 항목과 조사·예측·평가의 방법을 기록한다. 사업자는 (1) 방법서와 요약서를 관련 도도부현 지사 및 관련 시정촌장에게 송부, (2) 방법서와 요약서를 공고하여 1개월간 종람하며(이때 시민은 의견서를 제출할 수 있다), (3) 의견서에 진술된 의견의 개요를 기재한 서류를 관련 도도부현 지사와 시정촌장에게 송부한다. (1)~(3)의 절차가 진행된 후에, 지사는 관련 시정촌의 의견을 듣고, 90일 이내에 사업자에게 환경보존 입장에서 방법서에 관한 의견을 작성하여 서면으로 제출할 수 있다. 사업자는 방법서에 대한 지사의 의견을 '감안'하고, 주민 등의 의견을 '배려'하여, 대상 사업의 특성에 적합한 환경영향평가 항목 및 조사·예측·평가 방법을 선정해야 한다.

제2단계인 '준비서'는 사업자가 환경영향평가의 결과를 기재하고, "환경보존 입장에서 의견을 듣기 위한 준비로" 작성한다. 방법서와 마찬가지로 관련 도도부현과 자치단체장에게 준비서와 요약서를 송부, 공고와 종람(과 시민의 의견 제출), 의견서를 정리하여 자치단체장에게 송부한 후, 지사는 120일 이내에 환경보존의 견지에서 서면으로 의견을 제출할 수 있다.

제3단계인 '평가서'는 준비서에 대한 지사의 의견을 감안하고 주민 등의 의견을 배려하여 작성한 뒤, 지사에게 송부한다. 지사는 90일 이내에 환경보존의 견지에서 서면으로 의견을 제출할 수 있다. 지사의 의견에 비추어 수정이 필요할 때에는 수정 평가서를 제출한다.

위법조사의 강행과 해상자위대의 출동

이 환경영향평가법의 핵심은, 법 제정 전과 달리, 사업자가 조사를 시작하기 전에 현지의 지자체·시민의 의견을 포함한 '방법서'의 절차를 밟지 않으면 조사가 시작되지 않는다는 점에 있다. 여기에는 환경평가조사 자체가 환경을 개변할 가능성을 최소로 한다는 목적도 있다. 그런데 헤노꼬 환경영향조사의 경우, '사업자'인 정부, 즉 나하방위시설국은 2007년에 방법서를 공고·종람하기도 전에 이 평가법의 근간을 뒤엎었다. 2007년 4월부터 헤노꼬 앞바다에서 이미 방법서 절차를 밟지 않고 '환경현황조사'라는 것을 시작했던 것이다.[19] 더구나 2007년 8월 14일에 발표된 방법서는 사업설명이 불과 7면밖에 없었고, 방법서의 형태를 갖추지도 않았다. 오끼나와현 환경영향평가 심사회에서는 평가법 제28조에 근거하여 방법서로 돌아가서 절차를 다시 진행해야 한다는 목소리가 높았지만, 오끼나와현은 '재실시'가 아니라 '재작성'하는 것으로 받아들였다. 방법서는 2회에 걸쳐 추가·수정되었지만, 평가법에 보장되어 있는 주민 질의나 의견 표명 기회도 부여되지 않았다.[20]

정부는 이 '환경현황조사'를 '방법서' 절차를 거친 후에 실시하는 본래의 환경영향조사와는 다른 '사전조사'라고 부르는 것으로 위법성을 얼버무리려 했고, 언론도 정부의 견해를 따랐다.[21] 그러나 건축가이자 활동가인 마끼시 요시까즈(眞喜志好一)는 방법서의 공고·종람 없이 '사전조사'를 한다는 규정 따위는 환경영향평가법 조문 어디에도 없으며, "자주적이라든 사전조사라고 부르든, 방법서 수속을 끝내지 않는다면 환경현황을 조사하는 것은 환경영향평가법 위반이 된다"라고 지적한다.[22] '사전조사'에서는 듀공의 울음소리를 조사할 음향탐지기 30개, 수중 비디오카메라 14개, 산호

유생 착상판 등 약 120개의 기기가 수중에 설치되었다.

2007년 5월 18일, 일본정부는 기기를 설치하고 반대파를 위협하기 위해서 해상자위대의 소해함 '분고'를 출동시켰다. 시민의 항의행동에 자위대가 출동한 것은 전례가 없는 일이었다.[23] 헤노꼬에서 연좌시위를 벌이던 텐트촌의 촌장, 토오야마 사까에(當山榮)에의하면,

> 그날 새벽 5시에 헤노꼬 앞바다는 오끼나와전 때 미군함대가둘러쌌던 것처럼 해상보안청의 순시선 네척, 작업선 30척에 고무보트 15~16척이 새까맣게 정박하고 있었다. 생명을 건 저지활동도 보도되지 않고, 대부분의 기재가 설치되어버렸다. 당시 큐우마 후미오 방위대신이 "2005년의 헤노꼬 앞바다 비행장 건설을단념했을 때와 같은 후회스러운 생각은 하고 싶지 않다"라고 발언하면서, 작업선을 늘리고 해상보안청 요원을 30명에서 100명으로 늘려 보디가드로 사용했다. 결국 그들은 반대파를 두세시간 동안 발을 묶어두거나 [반대운동 측의] 카누대 다이버가 기재밑으로 숨어들어가면 즉시 두세명의 작업원으로 대응해 저지활동을 사실상 불가능하게 했다.[24]

맞춤평가

이 평가는 로드맵합의에 따라 2014년 사용 개시라는 목표가 처음부터 정해져 있었기 때문에, 애초부터 결론이 정해져 있는 '맞춤평가'였다. 2008년의 방법서 '재작성'과 조사 개시에서 1년이 지난

2009년 3월 14일에 조사는 종료되었지만, 그 1년간은 우연히 태풍이 없었다. 방위국 역시 태풍이 왔을 때 조사를 할 필요성을 인정하고 있었지만, 결국 그렇게 하지 못한 준비서가 2009년 4월 제출되었다.[25] 5,400면에 이르는 준비서에는 방법서에 없던 네개의 간이 헬기착륙장 등 새로운 사업 내용이 추가되어 "방법서를 토대로 준비서를 작성했다"라고 할 정도로 환경영향평가법이 규정하고 있는 기본적 절차를 무시하고 있었다. 또한 이 준비서에 상술한 방법서 작성 전의 '환경현황조사'라고 불렀던, 사전조사 결과가 인용되어 있는 것 자체가 위법이었다. 종람 기간은 1개월밖에 없었고, 열람 장소도 현내 관공서 다섯곳뿐이었다. 또 평일 9시부터 5시까지밖에 볼 수가 없었으며, 서류는 철사로 묶여 있었고 복사도 할 수 없어서 시민이 쉽게 열람하기란 불가능했다.[26] 그러나 '오끼나와 듀공 환경평가 감시단' 등 시민단체가 힘을 모아 의견서 약 6천통을 오끼나와방위국에 제출했다.[27]

듀공에 대해서는 오끼나와현에서 요청한 여러해에 걸친 조사도 실시하지 않았고, 단지 오끼나와 주변에는 세마리(동해안 한마리, 서해안 두마리)가 있을 뿐이며 헤노꼬는 생식지역이 아니라고 언급되었다. 실제로는 헤노꼬 해역에 듀공의 먹이장이 되는 해초군락이 펼쳐져 있으며 이전에 듀공이 먹은 흔적이 발견되었지만, 방위국에 의한 보링조사가 시작된 2004년 무렵부터 볼 수 없게 되었다고 한다. 즉, 듀공이 거의 없다(생식지역이 아니다)는 것은 쫓아냈기 때문이라는 것이었다. 과학성의 조사라고는 도저히 믿기 어렵다. 또 우라시마 에쯔꼬는 정말로 세마리밖에 없다면, 개체수를 유지하기

위해서라도 더더욱 기지를 건설해서는 안 된다고 지적한다.[28]

2008년 1월의 오끼나와방위국의 계획에 따르면 매립에는 2,100만 세제곱미터의 토사가 필요하며, 그 가운데 1,700만 세제곱미터는 오끼나와 근해에서 해사(海沙)를 채취하게 되어 있었다. 그 양은 덤프트럭 340만대분에 해당하며, 오끼나와현 전체의 한해 해사 채취량(2006)의 12년분이 넘는다고 한다.[29] 해사 채취로 해변이 줄어드는 등의 지형 변화는 태풍 피해를 확대하고 바다거북의 산란장을 빼앗을 것이라는 등 여러가지 우려를 낳았다. 또한 나고시는 독자적인 식생(植生)을 가지고 있어서, '육지의 듀공'이라고 불리는 멸종위기종 '나가바아리노또우구사'[30] 등의 습지성 식물에 대한 영향도 우려되고 있다.[31]

2009년 5월 준비서 종람이 한창일 때, 오끼나와방위국은 평가법에 없는 '추가조사'를 실시했지만, 조사라는 이름을 빌려 산호를 파괴하거나 듀공을 내쫓는 일이라고 시민들의 규탄을 받았다.[32] 준비서 작성을 위한 환경영향조사가 불충분하다는 것을 스스로 인정한 행위였다.[33] 이처럼 정부는 '방법서' 이전 단계에서 해서는 안 되는 '사전조사'를 실시했고, 조사를 완전히 종료했기 때문에 '준비서'를 작성했을 터인데도 그후에 '추가조사'를 실시하여 환경영향평가법을 연속으로 위반했다. 이 '추가조사'에서도 시민들이 의견을 말할 기회는 없었다. 사전조사와 추가조사는 애초에 환경영향평가법 위반이었기 때문에 방위국이 시민의 의견을 구할 리가 없었고, 역으로 시민들의 의견을 차단하고 싶을 정도의 나쁜 정보를 평가에 끼워넣기 위해서 이와 같은 위법조사를 했을 가능성도 의심된다.

환경영향평가 재실시 요구

2009년 8월 19일, 시민 344명이 원고가 되어 정부를 상대로 환경 영향평가 절차상의 방법서와 준비서 재실시를 요구하며 나하 지방 재판소에 행정소송을 제기했다.[34] 원고는 그후에 622명까지 늘어 났다.

원고 측은 사업자인 오끼나와방위국이 (1) 방법서 작성 재실시 의무가 있다는 것, (2) 준비서 작성 재실시 의무가 있다는 것, (3) 방법서 작성 후의 추가 수정사항에 대해 환경영향평가를 재실시할 의무가 있다는 것을 인정할 것을 요구했고, (4) 주민 등이 의견을 진술할 권리를 침해당한 것에 대한 손해배상을 청구했다.[35]

그 이후에는 2009년 가을부터 2011년 말까지 법정에서 진행된 구두변론 14회, 오끼나와방위국의 '평가서' 현청 반입 강행(후술)을 거쳐,[36] 2012년 초부터는 증인심문을 포함한 집중심리가 실시되었고, 7월 18일에 결심, 2013년 2월에 판결이 예정되어 있다.[37] 판결 에서는, 상술한 환경영향평가법 위반이나 뒤에서 나올 것처럼 '준비서' 단계까지는 MV-22 오스프레이 도입 계획이 은폐되어 있다가 환경영향평가 최종단계인 '평가서'에 갑자기 등장함으로써, 시민이 의견을 표명할 권리를 박탈당한 것에 대한 위법성 판결이 내려진다.[38)39]

듀공 대 럼즈펠드 재판

한편, 2003년에는 헤노꼬의 신미군기지 건설을 저지하기 위해 오끼나와 듀공, 오끼나와 시민, 일본의 환경 NGO와 법률가단체가 원고가 되어, 미국 국방부를 상대로 캘리포니아 북부지구 미합중국연방법원에 소송을 제기했다. '듀공 대 럼즈펠드(게이츠) 재판'이라고 불리는 이 소송에서, 원고들은 듀공에게 야기될 수 있는 악영향에 대한 고려를 미국방부가 태만히 한 것이 미국문화재보호법(NHPA) 402조 위반이라고 주장했다. 듀공보호캠페인센터(SDCC) 국제 담당관이자 오끼나와 생물다양성 시민네트워크 전 사무국장인 요시까와 히데끼(吉川秀樹)는, 이 소송은 오끼나와·일본·미국의 시민·법률가·환경계 NGO의 협력관계의 결과물이며, 이 소송 투쟁이 오끼나와 신기지 반대운동을 더 국제적인 운동으로 발전시켰다고 말한다. 2007년 9월, 쌘프란시스코에서 열린 공청회로 향하던 마끼시 요시까즈와 히가시온나 타꾸마(東恩納琢磨)는 "미국은 민주주의가 더 발전해 있기 때문에 판결에서 이길지도 모른다"라는 기대를 품었다. 그리고 4개월 후, 그대로 되었다.[40] 2008년 1월 24일, 재판부는 원고 승소 판결을 내렸다.[41] 동물을 문화적·역사적 재산으로 보고 있는 미국문화재보호법이 적용된 것, 그리고 미국 연방정부의 국외사업에 이 법이 적용된 것도 전례가 없는 일이었다.[42]

재판부는 미국문화재보호법에 근거하여 미국방부가 [미군기지 건설] 사업이 듀공의 문화적·역사적 가치에 주는 영향에 '배려'를 하지 않으면 안 된다고 판시했다. 이 '배려'에는 기지 건설 사업

8-1. 오오우라 만의 듀공과 바다거북

이 오끼나와 듀공에 어떤 영향을 주는가에 대한 정보의 생성·수집 및 비교 검토를 하고, 좋지 않은 효과가 발생할 것인지 여부, 그리고 필요하다면 불이익의 효과를 회피·완화할 수 있는 사업대체안이나 사업수정안 개발이 포함된다. 미국방부는 이들 책무는 일본정부의 환경영향평가로 충족된다고 주장하고 있는데, 듀공에 대한 일본 환경영향평가의 내용이 미국방부의 미국문화재보호법 준수의무를 만족시킬 수 있을지의 판단이 매우 중요하다.[43]

또한 이 판결로 기지 건설 계획에서 미국의 책무가 확인되었으며, 미국은 이제 모르는 체 방관만 할 수 없게 되었다. 일본도 미국이 건설 계획의 상세한 내역에 관해 정보를 제공하지 않기 때문에 알지 못한다고 말할 수 없게 되었다. 요시까와가 지적한 '무책임의 악순환'을 차단할 수 있게 된 것이다.[44]

종속의 도구가 된 환경영향평가

'칸'에서 '미꾸라지(노다)'로

2009년 8월 말의 총선거에서 '현외' 공약을 내건 민주당이 정권을 잡은 직후, '준비서'를 심사한 오끼나와현 환경영향평가 심사회는 "예측·평가가 불충분"하다며 필요한 조사를 추가·보충하여 59개 항목, 412건의 의견을 답신하고, 환경영향을 충분히 저감할 수 없을 경우에는 사업 중지를 검토할 것까지 요구했다.[45] 그에 기반하여 나까이마 히로까즈 지사는 10월 13일, 매립이나 항공기 소음의 환경부하 예측·평가를 전체적으로 재실시할 것, 듀공 상태의 복수년 조사 등 60항목, 502건에 이르는 '지사 의견'을 제출했다. 그러나 나까이마 지사는 그만큼의 평가 부족을 인정하면서도, 환경영향평가의 재실시를 요구한 것은 아니었다. 당시는 '현외가 최선'이라고 말하면서도 현내 이전을 용인하는 자세를 바꾸지 않은 상태였고, 2009년 8월의 총선거에서 오끼나와 현내 이전에 반대하는 후보가 전원 당선된 민의를 제대로 반영하지 않는다는 비판도 받고 있었다.[46] 그후에, 환경영향평가의 절차는 〔'하또야마의 난'으로 인해〕 후뗀마기지 문제에 대한 국가의 방침이 모호한 가운데, 정체되었다.

2010년 6월, 하또야마의 '헤노꼬 회귀'를 무비판적으로 계승한 칸 나오또 총리는 부임 직후인 6월 11일 소신 표명 연설에서 오끼나와 위령의 날(6월 23일) 기념식에 출석할 것을 표명하고, "장기간의 과중한 부담에 대한 감사의 마음을 돈독히 하는 것에서부터 시작하고 싶다"라고 말했다. "미일합의를 발판으로 삼는(踏まえる)" 새로운 기지의 강요 선언과 함께 내놓은 '감사의 마음'이라는 단어에 대해, 미야기 야스히로 전 나고시의원은 이렇게 응수했다.

감사 따위 필요없으니까, 밟고 있는(踏んでる) 발이나 치워주지 않겠는가.[47]

이처럼 토오꾜오 고관의 입에서 반복해서 나오는 '감사' '사죄' '성심성의' '부담 경감' '위험성 제거'와 같은 상투적인 말들은 대개 더욱더 기지부담을 강요하는 오만과 폭력을 품고 있다.

칸 정권이 12월에 발표한 '신방위대강'은 '도서부'의 방위강화, 전수방위의 원칙을 벗어난 '동적 방위력'의 구축 등, 자민당이 무색할 정도의 군비확장책을 제안하고 있었다. 9월에 국경 부근의 도서부에서 일어난, 어선과 해상보안청 순시선의 충돌 사건을 이용하여 증폭시킨 중국에 대한 적대적 분위기 속에서 발표된 것이었다. '신방위대강'의 방향성은 2년 후인 2012년 9월 요나구니를 비롯한 남서제도에서의 자위대 배치·강화, 일본의 '국유화'가 점화시킨 이들 도서군을 둘러싼 중일대립의 격화, 오스프레이 배치 강행, 여·야당에서 증대하고 있는 집단자위권 행사의 용인·지지 분위기 등의 형태로 착실히 구현되고 있다.

칸 정권은 2010년 말, '신방위대강'을 발표한 직후에 오끼나와에 대한 공세를 한층 더 강화했다. 센고꾸 요시또 관방장관은 오끼나와에 헤노꼬 이전을 '감수'하라고 말했고, 칸 총리는 분노하는 오끼나와에 들어가서 현청을 포위하고 항의하는 시민들을 본체만체 지나친 뒤 나까이마 지사를 상대로 "헤노꼬는 최선은 아니지만 차선의 선택"이라고 말했다. 자위대 헬기로 공중에서 헤노꼬를 보러 왔던 칸에게 보이도록, 시민들은 '菅'의 발음(칸, かん)에 맞추어 빈 깡통(かん)으로 커다란 'NO'자를 만들었다. 시민운동가 출신의 정치가이면서도, 나고의 땅에 내려서 시장이나 시민들과 대치할 용기도 없는 칸의 자세는 측은하기조차 했다.

그렇다면 칸 정권은 나고에 대해 무엇을 했는가. 한 일이라고는 '재편교부금' 2009·10년도분 16억 엔을 취소하거나,[48] 나고시장이 기지 건설을 위한 '현황조사'를 거부한 것에 대해 '이의제기'를 하는[49] 등 방위성을 통한 징벌뿐이었다. 또 방위시설국은 북부 타까에의 헬리패드 공사를 저항운동이 약해지는 연말인 12월 22일, 새벽을 틈타 강행·재개했고, 다음 날 밤에는 미군 헬기가 저공으로 비행하여 연좌농성 텐트를 날려버렸다.[50]

칸 정권은 아무것도 할 수 없는 상황에서 2011년 3월 11일의 대지진을 당했다. 대지진, 특히 원자력발전소 사고 대응에 쫓기던 칸 내각은 8월의 재생가능에너지 특별조치법안 등의 통과 직후 총사직했다. 그후, 신자유주의적인 '마쯔시따 정경숙(松下政經塾)'[51]의 첫번째 총리대신인 노다 요시히꼬는 9월에 부임하자마자 유엔에서 원자력발전소 수출 지속과 '더 안전한' 원자력발전의 개발 의지를 표명하여 미국 등 핵 추진 국가들을 안심시켰다. 또한 환태평양동반자협정(TPP, Trans-Pacific Partnership)에 참가를 표명하는 등 대미종속 노선을 가속시켰다. 노다는 스스로를 국민을 위해 땀을 흘리는 '미꾸라지'에 비유했지만, 실제로는 국민은커녕 속국의 진흙탕 속으로 빠져든 총리대신에 불과했다.

'미국의 앞잡이'

2011년 말, 잠자고 있던 환경영향평가는 노다 정권하에서 깨어났다. 로버트 게이츠의 뒤를 이은 리언 패네타 미국방장관의 첫 방일을 한주 앞두고 있던 10월, 이찌까와 야스오(一川保夫) 방위대신은 나까이마 오끼나와 현지사에게 환경영향평가 '평가서'를 연내에 현에 제출하겠다는 의사를 전달했다.[52] 나까이마는 "상황이 변하고 있다. (헤노꼬 회귀) 사실에 대해 현민이 분노하고 있다."라고 답했다.[53] 12월에는 미국의회에서 괌 이전을 둘러싼 예산 심의가 최종단계에 접어드는 점도 고려되고 있어서, 일본정부가 미국에게 눈에 띄는 형태로 '진전'을 보여주는 도구로 '평가서 제출'을 사용했던 것이다. 패네타는 일본을 방문했을 때, 이찌까와 방위대신, 노다 총리, 겐바 코오이찌로오 외무대신 등 3인이 번갈아가며 "연내에 평가서 제출"이라고 말하는 것을 듣고 "대단히 기쁘게 생각한다"라고 말했다.[54] '정치 주도'를 내걸고 출발한 지 1년, 민주당정권은 오끼나와의 분노를 짓밟으면서 앞다투어 미국에 아양을 떠는 부끄러운 속국집단으로 전락해버렸다.

오바마 정권이 신기지 건설 계획 진전에 대해 실제로 얼마나 초초해하고 있었는지는 분명치 않지만, 언제나처럼 미국의 지일파들과 일본 관료 및 언론이 손을 잡고 '오바마의 압력'을 연출하고 있었던 것으로 의심된다. 9월 21일의 미일 정상회담에서는 확실한 기록이 없었는데도, 일본의 각 언론사는 커트 캠벨의 보고를 왜곡하여 오바마가 노다에게 후뗀마 문제와 관련하여 "결과를 요구했다" "강하게 압박했다"라고 일제히 보도했다. 하지만 외무성의 기록에도 후뗀마 문제에 대한 오바마의 발언은 없으며, 노다 총리도 그와 같은 발언은 없었다고 부정했다.[55]

한편, 마치 미국에 선사할 선물처럼 제기된 '평가서 연내 제출'에 대해, 오끼나와에서는 분노와 경계심이 확산되었다. 11월 14일 오끼나와 현의회는 환경영향평가서 제출 단념을 요구하는 의견서를 만장일치로 채택했고, 전 지사인 이나미네 케이이찌나 오오따 마사히데도 보수-진보의 차이를 넘어서 찬성했다.[56] 마찬가지의 의견서가 나고시나 우루마시, 이시가끼시 등의 시정촌, 미육군기지를 안고 있는 카나가와현의 자마(座間)시의회에서도 나왔다. 『류우뀨우신보』는 이찌까와 방위대신을 미국의 '주문배달부(御用聞き)'라고 부르면서 환경영향평가서 제출은 '앞잡이 같은 관료'가 미국에 책략을 빌려준 것이 아니냐며 의문을 제기했다.[57] 실제로 관료가 미국 고관을 모체로 각료를 앞잡이로 만드는 일이 있었다는 점은 6장에서 언급한 대로다. 또한 11월 말에는 타나까 사또시(田中聰) 오끼나와방위국장이 언론 관계자 간담회에서 평가서 제

출 시기에 대해 질문을 받고, "덮치기 전에 '지금부터 덮칩니다'라고 말합니까"라고 발언하여 오끼나와의 분노는 정점에 달했다. 타나까는 바로 경질되었지만, 한달 후에는 타나까가 예언한 대로, 오끼나와에 대한 국가의 강간적 행위가 벌어졌다.

2011년 말, 미명의 급습

오끼나와방위국은 '평가서 연내 제출' 계획에 대해 오끼나와의 분노가 확산되고 있다는 것을 알고서 반입·우편 송부에 의한 제출을 저지하기 위해 감시활동을 계속하던 시민들의 틈을 노렸다. 종무일이던 12월 28일 새벽 4시, 오끼나와방위국은 '좀도둑처럼' SUV차량에 나눠 타고 오끼나와 현청 출입구에서 골판지 박스에 든 '평가서'를 수위실로 반입했다. 시민들이 알아채고 서둘러 저지하려 했지만, 법령으로 정해진 20부 가운데 16부가 반입되어버렸다.[58] 평가서는 7천면에 이르는 장대한 것이었지만, 결론은 사업실시가 환경에 어쩔 수 없이 영향을 미치지만 "환경보전에 특별한 지장은 발생하지 않는다"라는 것이었다. 듀공에 대해서는, 확인된 듀공 개체는 헤노꼬를 먹이장으로 하지 않기 때문에 "시설 등의 존재에 의한 해수면 소실에 따라 듀공의 생식지역이 감소하는 일은 거의 없다"라고 결론을 내렸다.

환경영향평가를 계속해서 감시해온 사꾸라이 쿠니또시(櫻井國俊)의 대응은 빨랐다. 반입 강행 당일의 논평에서, 듀공이 1998년부터 2003년까지 헤노꼬 앞바다를 포함한 오끼나와 본도 동쪽 해안에서 빈번하게 관찰되고 있었는데, 2007년 8월부터 2009년 4월

사이에 실시된 듀공 조사에서는 듀공이 이 시기에 헤노꼬에서 관찰되지 않은 이유를 전혀 분석하지 않았다고 비판했다. 조사 자체에 의해 듀공이 쫓겨나게 되었을 가능성 이외에, 캠프 슈워브의 해병대가 빈번하게 실시하고 있는 상륙 연습도 듀공의 행동에 영향을 주었을 가능성이 있다. 오끼나와방위국은 2010년 준비서 이후의 조사에서 듀공 한마리를 관찰했지만, 사업이 듀공에게 미치는 영향이 적다는 준비서의 주장을 평가서에서도 바꾸지 않았다. 또한 사꾸라이가 방법서 작성 때부터 제기해왔던 정량적 예측의 필요성, [이전에 관찰되던 개체가 환경조사 사업의 실시로 인해 서식지에서 발견되지 않게 된] 유사한 사례들을 조사·비교해야 한다는 요구에도 오끼나와방위국은 답변하지 않았다. 사꾸라이는 이 평가서는 듀공 소송에서 "미국연방법원 지방재판소(캘리포니아 북부지구)가 미국방부에 부과했던 조건을 충족하지 않고 있다"라고 결론지었다.[59]

특히 이 평가서가 준비서 단계에서부터 '사상 최악의 평가'[60]라는 오명을 얻게 한 결정적 요소는, 오끼나와 현민이 계속 우려를 표명하고 있었음에도 불구하고 정부가 계속해서 부정하던 MV-22 오스프레이 도입 계획을 준비서 단계까지 완전히 은폐했다가 평가서에서 갑자기 언급한 속임수였다. 일본정부는 평가서를 의식해서인지 2011년 6월 6일에 돌연 오스프레이의 2012년 후뗀마 배치 계획을 발표했고, 연말에는 현지사밖에 의견을 제출할 수 없게 되어 있던 평가서에 오스프레이 배치를 끼워넣었던 것이다. 이것은 평가 절차가 한창 진행되던 중에 사용 내용을 수정한 경우에 해당하며, 이러한 수정에 대한 대응을 요구한 환경영향평가법 28조의 명백한 위반이다. 사꾸라이는 이것은 "지속 가능한 사회를 구축하는 데 불가결한 제도인 환경영향평가 제도를 유명무실화시켜 일본의 미래를 빼앗는 일이다"라고 단언했다.[61]

지사의 의견: '불가능'

2012년 1월 말, 오끼나와현 환경영향평가 심사회는 평가서가 충분히 준비되지 않았음을 엄중히 지적했고, 헤노꼬 이전을 사실상 부정하는 답신을 정리했다.[62] 그것을 받아들인 나까이마 지사는 2월 20일에 평가서의 비행장 설치 사업에 대한 지사 의견을, 3월 27일에는 공유수면 매립사업에 관한 지사 의견을 오끼나와방위국에 제출했다.

나까이마 지사는 이 두개의 의견서를 통해, 일단 실시되면 현재의 자연을 본래의 모습으로 되돌릴 수 없다는 '불가역성'을 강조했고, 또한 환경에 대한 영향이 '지극히 크다'는 점을 강조했다. 그리고 "평가서에 제시된 환경보전 조치 등으로는 사업실시 구역 주변지역의 생활환경 및 자연환경 보전을 도모하는 것이 불가능"하다고 결론지었다. 그리고 사업자인 국가가 방법서나 준비서에서 새롭게 추가·수정하거나 듀공의 복수년 조사를 하지 않은 것, 지사 의견에 충분히 대응하지 않은 것 등에 대한 불만을 표명하고, 듀공이나 해초군락에 대한 영향 조사가 불충분함을 지적했다.

비행장에 대해서는 오스프레이 배치 및 V자형 활주로와 관련한 비행경로 변경 및 소음 관련 정보를 평가의 최종단계인 평가서에

서야 밝힌 것을 심각하게 보고, "수속의 최종단계에 이르러서야 중
요한 환경정보가 제시·변경된 것이 환경영향평가 제도의 전례가
되고 있다는 점에 크나큰 의문을 품고 있다"라고 했다. 이러한 언
급은 이 평가서가 "일본의 미래를 빼앗는 일"이라고 의문을 제기
한 사꾸라이의 문제의식을 공유하고 있는 것이다.

매립에 대해서는, 필요한 2,100만 세제곱미터의 토사 가운데
80%에 달하는 1,700만 세제곱미터라는 방대한 양의 조달처가 정해
져 있지 않기 때문에, "매립공사에 필요한 기간의 설정이 적절하다
고 판단할 수 없다"라고 했다.

나까이마 지사는 또 "현지의 이해를 얻을 수 없는 이전안을 실현
하는 것은 사실상 불가능"하므로 현외로 이전해야 한다는 현의 입
장을 다시 한번 명확히 했다.[63] 이나미네 나고시장은 이것을 "현민
의 의견을 고려했다"라며 크게 평가했고, 지사 의견 이후에 이전을
추진한다면 "민주주의국가, 법치국가라는 위장을 그만두는 것이
좋을 것"이라고 일침을 가했다.[64]

지사의 의견에 기초하여 방위성은 평가서를 보정하기 위한 '전
문가연구회'를 설치했지만 시민 참여와 정보를 공개하라는 호소
는 받아들이지 않았다. 9월 20일, 환경 NGO인 '오끼나와 듀공 환
경평가 감시단' '오끼나와 생물다양성 시민네트워크' 'JUCON(오
끼나와를 위한 미일 시민네트워크)' '공익재단법인 일본자연보호협회'는
지사 의견의 중요 항목에 덧붙여, 합동으로 NGO의 의견을 제출
했다.[65]

2007년 기지 건설에 반대하는 시민들을 향해 해상자위대 소해함

을 출동시킴으로써 막을 열었던 평가 절차는, 5년이 지난 지금 되돌아보면, 그 위법성·비민주성·비과학성으로 영향평가 본래의 목적을 짓밟은 국가폭력의 연속을 예언한 것이었다. 그리고 그 폭력 위에 다시 폭력이 덧칠되어 있다는 점이 2012년에 밝혀지게 되었다. 2006년 이후 86억 엔 이상의 국민세금이 사용된 34건의 환경영향평가 관련 사무의 수주처는 대부분 방위성 출신이 낙하산으로 간 곳이었다. 또 일반 경쟁입찰이 아니라 낙찰률이 90% 이상을 보였다는 점에서 담합을 의심할 수밖에 없는 것이었다.[66] 민주당이 2009년에 정권을 잡기 전부터 그 뿌리부터 다스리겠다고 했던 공공사업 이권 구조는 아무것도 변하지 않았던 것이다. 관료들이 낙하산으로 갈 곳을 확보하고 그와 맞바꾸어 이익을 공여한 이 오직(汚職)이 〔환경영향〕 '평가'라는 이름하에 공공연하게 오끼나와의 자연과 주민생활을 침해하면서 수행되어온 것이다.

그리고 그 겹겹의 폭력의 정반대에는, 안팎의 네트워크와 예지와 정열을 결집하여 결코 굴하지 않고 저항해온 시민들이 있다.

타까에와 오스프레이용 헬리패드

오끼나와 북부의 얀바루 숲은 고등식물 1천종과 동물 5천종의 서식처이며 오끼나와 본도 생활용수의 60%를 제공하는 소중한 수자원을 간직하고 있다. 1957년부터 얀바루 숲 가운데 7,833헥타르가 해병대의 '북부훈련장'으로 사용되고 있고, 베트남전쟁 시기에

8-2. 연좌농성이 2,800일 이상 이어지던 헤노꼬 반대운동 텐트를 방문한 본토의 고등학생들(2011.11.11)

는 미군이 고엽제를 살포하기도 했다. 1996년의 SACO 합의에서는 얀바루 숲의 훈련장 중 약 4천 헥타르를 반환할 것이라고 약속했지만, 22곳에 있던 헬리패드 가운데 반환지역에 있는 일곱곳을 '이전'한다는 명목으로 여섯곳에 헬리패드를 새로 만들고, 바다로부터의 상륙작전훈련을 위한 수역과 토지를 제공한다는 계획이 세워졌다.[67]

　이 합의의 배경에는, 상술한 것처럼 2011년까지 일본정부가 은폐했던, 오스프레이 배치가 있었다는 점을 이제 주민들은 알고 있다. 계획되었던 시설은 '헬리(콥터)패드'라기보다 '오스프레이패드'라고 불러야 할 것이다. 이것들은 인구 160명의 타까에 마을을 둘러싸는 형태로 계획되어, 소음이나 위험성이 늘어날 것으로 예상되었다. 주민들은 반대행동에 나섰다. 히가시촌 타까에구는 두 번의 반대결의를 채택했지만, 계획은 바뀌지 않았다. 2007년 7월에는 오끼나와방위국이 헬리패드 공사를 시작할 것이라고 발표했다. 그때부터 타까에 주민과 지지자들('헬리패드는 필요없다 주민의 모임')은 연좌농성을 계속하고 있다.[68] 블로그 '얀바루 히가시촌 타까에의 상황'[69]에서는 매일의 투쟁 상황을 일본과 세계에 전하고 있으며, 먼 곳에서도 할 수 있는 지원 방법을 소개하고 있다.

그러나 교통수단이 적다는 이유 등으로 인해, 타까에의 연좌농성은 2004년부터 계속되고 있는 헤노꼬의 연좌농성보다 오히려 더 고독하고 힘든 상황에서 진행되고 있다. 타까에 계획에 대해서는 히가시촌이나 현지사도 용인하고 있으며, 본토는커녕 오끼나와의 언론도 그다지 크게 다루지 않고 있다. 2012년 오스프레이 배치 계획에는 현이 모두 힘을 모아 반대의 목소리를 보였지만, 9월 9일에 10만명이 모인 현민대회에서도 오스프레이패드의 공사가 강행되고 있는 타까에를 언급한 발언자는 한명뿐이었다.[70]

전대미문! 국가가 연좌농성한 주민을 고소하다[71]

타까에에서 남편과 함께 여섯 아이들을 키우고 자급자족으로 생활하면서 '카페 야마가메(山甌)'를 운영하는 아시미네 유끼네(安次嶺雪音)의 집에 2008년 12월의 어느날, 나하 지방재판소에서 소환장이 도착했다. 아시미네는 재판원(일본의 배심원 제도) 통지라고 생각하고 봉투를 열었다. 그러나 그것은 타까에 주민 15명(아이도 포함)을 상대로 오끼나와방위국이 '도로통행방해' 가처분을 제기하여, 재판소에서 호출한 것이었다. 아시미네는 아연실색했다.[72) 일반적으로 시민운동을 위협하고 쳐부수기 위해, 우위에 선 정부나 대기업 등이 본보기로 일으키는 소송을 'SLAPP'(Strategic Lawsuit Against Public Participation)이라고 부르는데, 영어의 SLAP(뺨을 때리다)을 연상시키는 용어이기도 하다.

이후에 아이는 처분 대상에서 제외되었지만, 1년 후인 2009년 12월, 나하 지방재판소는 주민 14명 가운데 두명, 아시미네의 남편 아시미네 겐따쯔(安次嶺現達)와 이사 마사쯔구(伊佐眞次)에게 통행방해금지를 명령했다. 두사람은 다른 주민들과 다름없는 생활을 하고 있었지만, '헬리패드는 필요없다 주민의 모임'의 공동대표를 맡고 있었다.[73) 주민들은 이에 불복했지만, 2010년 1월에 방위성은 두 사람에게 본소송을 제기했다.[74) 방위성은 현장에서의 항의활동뿐만 아니라 인터넷에서 항의운동에 참가를 호소한 것마저 통행방해에 해당한다고 주장했다. 주민들은 이것이 부당한 SLAPP 소송이며 헌법에서 보장하는 표현의 자유를 침해하는 것이라고 주장한다.

나하 지방재판소는 2012년 3월 14일, 이사에게만 통행방해금지를 명령했고, 아시미네에 대해서는 국가의 청구를 기각했다.[75) 류우뀨우대학의 아베 코스즈(阿部小涼) 등 수백명의 시민들이 항의성명을 발표했고, "이 재판은 부당 판결이기 이전에 부당 소송"이며 "인권을 보호해야 할 법정의 중대한 과실" "재판소 자체가 인권침해에 가담한 공범이다"라며, 정부의 민주적 절차 유린에 대한 사법부의 가담을 규탄했다.[76) 변호인단은 항소 의사를 표명했다. 이 판결이 시민의 항의행동을 위협하는 국가의 SLAPP 소송의 선례가 되어, 오끼나와뿐만 아니라 전국의 시민운동을 위축시키는 것은 아닐까 하는 의구심과 비판의 목소리가 높아지고 있다.

오스프레이 배치, 20년간 은폐된 폭력

현재 미해병대가 사용하고 있는 헬리콥터 CH-46은 대형 헬기지만 소음이 커서, 주민들이 오래전부터 격렬한 소음에 괴로워하고 있었다. 1982년부터 육군이 개발한 오스프레이는 회전날개의 각도를 바꾸기 때문에 헬기처럼 활주로가 없는 장소에서도 이착륙을 할 수 있으며, 수평비행 때에는 프로펠러처럼 고속(시속 500킬로미터 초과)으로 이동할 수 있다.[77] 탑재중량은 CH-46의 세배, 항속거리는 5.5배로 3,900킬로미터까지 가능하다.[78] 그러나 1989년 첫 비행 이래, 빈번한 사고로 30명 이상의 사망자를 냈고,[79] 양산 결정 후 5년간(2006~11) 58건의 사고가 일어났다.[80] 2012년 4월 11일에는 모로코에서 사망자 두명,[81] 6월 13일에는 플로리다에서 부상자 다섯명을 낸 추락 사고가 일어났다.[82] 오스프레이 배치 반대집회 전날인 9월 8일에는 이틀 전에 노스캐롤라이나주의 시가지에 오스프레이가 긴급 착륙했다는 보도가 들어와서[83] 현민의 반대감정은 더욱 높아졌다. 현민대회 직후 오끼나와를 방문한 모리모또 사또시 방위대신은 긴급 착륙은 차를 일시 정지하고 확인하는 것과 같은 것이라고 비유하여 현민의 분노를 샀는데, 이 긴급 착륙 때는 인근의 주민들이 연기가 나고 집이 흔들렸다는 증언을 한 바 있다.[84]

오스프레이의 오끼나와 배치 논의는 최근에 시작된 것이 아니다. 미해군성은 1992년의 '후뗀마비행장 마스터플랜(기본 계획)'에서 이미 후뗀마비행장의 북서부에 거점을 둔 배치 방침을 명기했다.[85] 더구나 후뗀마 반환과 대체시설 건설 계획을 내세운 1996년의 SACO 합의에 이른 미일협의에서도, 대체시설에 오스프레이 배치를 전제로 논의가 진행되었다. 일본정부의 강한 요청으로 SACO 최종보고에는 오스프레이가 언급되지 않지만, 양국 정부는 오스프레이 배치를 전제로 후뗀마 대체시설의 형상, 활주로의 길이, 오끼나와의 반발에 대한 대처법 등을 검토하고 있었다. 특히 미국이 오스프레이에 적합한 활주로의 길이와 시설 형상에 집착하여 오스프레이 배치 계획을 일본정부가 빨리 발표해야 한다고 생각하고 있었던 데 반해 국민, 특히 오끼나와에서의 반발을 두려워한 일본 측은 오스프레이 배치를 비밀로 해둘 것을 강하게 주장했다.[86] 어떤 회의에서는 일본 측이 오스프레이 배치를 오끼나와와 이야기할 때의 전략에 대해 미국에 조언을 구하기도 했다.[87] 11월 22일자의 SACO 최종보고 초안에는 'MV-22(오스프레이)'가 언급되지만, 12월 2일의 최종보고에는 그 이름이 지워져 있었다.[88]

방위청 관료의 은폐공작

1996년 11월, SACO 협의 과정에서 방위청의 타까미자와 노부시게 방위정책국장이 오스프레이의 생산 상황, 성능, 곤란점, 미해병대의 오스프레이 배치 예정, 소음, 비행경로 등에 대해 주민으로부터의 질문을 상정한 문답집을 미국 측에 제출했는데, 방위청이 선호하는 답까지 빈틈없이 계획된 것이었다. 타까미자와는 "SBF(Sea-based Facility, 후뗀마 대체 해상시설)는 현재 후뗀마기지에 배치되어 있는 헬리콥터의 이전지라고 생각한다. 이 관점에서 보면, SBF는 헬리포트다."라고 적었다.[89] 게다가 타까미자와가 문답집과 함께 제출한 방위청의 보고서에도 "2003년 무렵 후뗀마의 헬리콥터는 MV-22(오스프레이)로 변경될 예정"이라고 적혀 있다.[90] 즉, 1996년의 SACO 합의 시점에서 일본정부는 후뗀마 대체시설에 오스프레이를 배치할 미국의 계획을 이미 숙지했고, 그것을 시민, 특히 오끼나와 사람들에게 필사적으로 은폐하려 했던 것이다.

일본정부가 시민들에게 은폐하려 했던 것은 그것만이 아니었다. SACO 최종보고의 문구에 대한 논의에서 미국 측은 대체시설의 "(캠프 슈워브라는) 후보지명을 최종보고서에 명시해야 한다고 믿었"지만, 일본정부는 "지명을 발표하는 것에 반대했다".[91]

SACO 최종보고서에 오스프레이나 후보지명이 나타나지 않도록 하는 데 성공한 일본정부는 그후에도 미국의 오스프레이 오끼나와 배치 계획을 모른다고 일관되게 주장했다. 1997년 9월, 후뗀마 대체시설로의 오스프레이 배치에 대해 언급한 미국방부의 문서를 오끼나와 사람들이 알게 되었다.[92] 같은 해 11월 18일의 주민설명회에서, 오스프레이 배치에 대해 질문을 받은 방위시설청은 현재의 CH-46과 CH-53을 오스프레이로 바꾼다는 계획은 들은 바가 없다고 주장했다.[93] 국회에서 추궁당했을 때도 일본정부는 모른다고 주장했다.[94] 2010년 가을, 미해병대는 2010년 10월과 2013년 10월 두번에 나누어 후뗀마비행장의 CH-46 헬리콥터 24기를 오스프레이 두개 중대와 교체하여 배치할 것이라고 발표했다.[95] 그러나 일본정부는 "미국으로부터 통지는 없었다"라며 모른다고 잡아뗐다.

배치 강행

오스프레이 배치에 대해 다년간 국민을 속여왔던 일본정부도, 2011년 5월에 게이츠 미국방장관이 키따자와 토시미 방위대신에게 2012년 후반부터 오스프레이를 후뗀마비행장에 배치할 방침을 전달할 것이라고 보도되자, 더이상 '무지'를 주장할 수 없게 되었다.[96] 2011년 6월 6일, 오끼나와방위국은 미해병대가 수직이착륙 수송기 MV-22 오스프레이를 2012년부터 후뗀마비행장에 배치한다고 오끼나와현과 기노완시, 나고시, 킨정 등 관계 지자체에 전달했는데, 팩스를 한장 보낸 것이 전부였다.[97]

2009년 9월에 민주당정권이 발족했을 때, 민주당 간부 가운데는 오스프레이 배치에 대해 일본정부가 속이고 있다는 것을 알아챈 사람도 있었다. '위키리크스'로 관련 사실이 알려지게 된 10월 15일자 존 루스 대사의 전문(09TOKYO2369)에 따르면, 캠벨 미국무차관보와 회담한 마에하라 세이지는 "MV-22의 캠프 슈워브 배치 계획에 대해서, 소음에 대한 우려가 나오는 것이나 최근 환경영향평가에서 배치가 기재되어 있지 않은 것도 있어서, 주민들이 이전을 받아들일 것인지 아닌지에 영향을 주고 있다"라며 우려를 표명했다. 그에 대해 캠벨이 어떻게 답했는지는 전문에 나와 있지 않지만, 루스의 주석에 따르면 타까미자와 방위정책국장이 다른 장소에서 캠벨에게 "현행 환경영향평가에서는 장래 배치할지 모르는 항공기에 대해서는 우려할 필요가 없다"라고 전했다고 한다.[98] 이것은 아마 마에하라가 자리를 비운 사이에 속삭인 것일지도 모르지만, 환경영향평가의 정의 자체가 예정 사업의 환경적 영향을 조사하는 절차이기 때문에 향후의 오스프레이 배치에 대해 그와 같이 말한 것은 타까미자와의 사기성을 또 한번 드러낸다.

타까미자와는 10월 12일, 나가시마 아끼히사 방위부대신이 캠벨 등 국무부·펜타곤의 대표단들과 회담을 한 뒤에, 나가시마를 뺀 오찬회의에서 "현행안에 대한 나가시마의 평가를 액면 그대로 받아들일 필요는 없다"라고 말하고, 재편안을 민주당정권의 마음에 들도록 수정하는 것에 대해 "어설프게 유연한 태도를 보이지 않도록" 경고한 인물이기도 하다.[99] 말하자면 대신들이 자리를 비운 동안에, 미국 측에 거짓과 음모를 교사한 상습 사기범이라고 할 수 있을 것이다.

2012년 3월, 622명의 원고가 환경영향평가의 재실시 의무 확인 등을 요구한 '헤노꼬 위법 평가 소송' 공판에서, 나하 지방재판소는 타까미자와를 증인으로 심문했다. 오스프레이 배치에 대해서는 미국 측과 논의가 있었다는 점을 인정하면서도, "1996년 당시는 개발 중으로, 배치할 기지를 결정할 단계는 아니었다"라고 대답했다. 현지 주민을 속이기 위한 문답집의 작성에 대해 추궁당하자, "심문 대상이 아니"라며 대답을 거부했다.[100]

타까미자와가 저지른 범죄는 무겁다. 2011년 말부터 다음 해 초에 걸쳐 제출된 환경영향평가의 '평가서'에서 처음으로 오스프레이 배치가 명기되어, 수면장애 등을 초래한다는 헬리콥터 특유의 저주파음에 대해 나고시 아베 집락촌에서 건강영향에 대한 예측조사가 이루어졌는데, 진동이나 소음도가 조사지점 14곳 전부에서 예상치를 상회했다.[101] 더욱이 타까에 등 다른 기지로 이동할 때의 비행경로는 조사되지도 않았다. 미국 서해안에서는 오스프레이 배치가 환경에 미치는 영향에 대해, 9년에 걸쳐 10회의 공청회를 포함한, 상세한 대규모 조사가 실시되고 있다. 일본에서 동일한 환경영향평가를 하지 않는 것은 확실한 이중잣대였다.[102]

이 정도의 법적·인도적 문제를 떠안고 있으면서도, 오스프레이는 2012년 7월 말에 '송구스럽게도' 오끼나와를 피해 이와꾸니에 12기가 안착되었다. 그리고 9월 9일에 10만인 반대집회가 열린 직후, 일본정부는 시민은 도저히 납득할 수 없는 '안전 확인'을 선언하는 퍼포먼스처럼 시험 비행을 하고는 9월 말에 후뗀마기지로 오스프레이를 배치하겠다고 발표했다.

오스프레이 '배치 그 자체'에 대한 논쟁은 어느새 '안전성' 논쟁으로 바뀌었고, 원자력발전소 재가동과 마찬가지로, 정부 측은 마음대로 '안전 선언'을 함으로써 배치를 강행했다. 오끼나와가 분노하고 있는 것은 오스프레이의 위험성만이 아니며, 또한 오스프레이 배치 그 자체만도 아니다. 분노의 배경에 있는 것은, 앞에서 서술한 은폐와 위법적인 환경영향평가는 물론, '복귀' 후 40년 동안 오끼나와에는 선택권도 없이 당사자를 제쳐둔 채로 실시된 다수의 국책사업에 유린되어온 것, 16년 전에 '반환한다'고 했던 기지를 돌려주기는커녕 신기지 건설의 구실로 삼은 것, 후뗀마로 오스프레이 배치의 '고정화' 움직임처럼 반대하면 할수록 부메랑처럼 본보기 처벌식으로 기지강화책이 되돌아오는 것. 그리고 다년간의 정치적·군사적·문화적·경제적 등 모든 측면에서 계속해서 차별을 받아온 역사에 대한 분노다. 참의원 의원인 이또까즈 케이꼬는 오스프레이 비행이 임박한 9월 26일, 다음과 같이 말하며 분노를 표출했다.

복귀 전의 '섬 전체 투쟁'처럼 오끼나와가 힘을 모아 배치에 반대하고 있는데도, 일본정부는 전혀 귀를 기울이지 않습니다. 민의를 무시한다는 것은 의회제 민주주의의 근간에 관련된 문제입니다. 그 이상으로, 이렇게까지 오끼나와가 무시되고 있다는 것에, 우리들 현민은 '과연 같은 국민으로 취급되고 있는 것인가, 오끼나와만 차별받고 있는 것은 아닌가' 하는 분노를 억누를 수 없습니다.[103]

이또까즈는 이렇게까지 말하고 싶지 않았을지 모르지만, 1903년의 오오사까 만국박람회에서 오끼나와인이나 아이누인을 '전시'했던 '학술인류관' 사건 무렵부터, 일본정부의 차별적 태도는 바뀌지 않은 게 아닌가 의심할 수밖에 없다.

09
RESISTANT ISLANDS

동맹의 '심화':
칸 어젠다

2010년 6월 초에 칸 나오또가 정권을 인수했을 때, 일본 언론은 그의 핵심 임무를 하또야마가 야기한 동맹의 '상처'를 치유하고, 일본에 대한 워싱턴의 신뢰와 확신을 복원하는 것, 그리고 신기지를 받아들이도록 오끼나와를 '설득'함으로써 오끼나와 문제를 해결하는 것으로 잡았다. 총리대신으로서 칸의 첫번째 행동은 오바마 대통령에게 전화를 걸어, 요청받은 대로 일을 할 것이라고 보장하는 것이었다. 칸 총리는 국회에서의 취임연설에서 "동맹관계를 점차 심화"시키겠다고 말했고, 그것이 바로 그가 의미한 바였다.

하또야마와 마찬가지로, 칸도 동맹의 '심화'가 결코 쉽지 않다는 것을 알게 되었다. 동맹이 어떻게 심화될 것인지에 대한 공동성명을 합의하는 것뿐만 아니라, 헤노꼬에 관한 5월의 협정(하또야마가 서명한 5·28 협정)을 구체적으로 어떻게 수행할 것인지를 논의하는 것도 어려운 문제였다. 양측은 합의의 수행을 진전시킨다는 외관을 유지했지만, 서로를 비난하면서 협정을 후퇴시켰다. 민주당은 11월 말의 오끼나와 현지사 선거에 나설 후보를 물색 중이기도 했다. 양측은 모두 오끼나와 현민의 거부라는 민주주의적 개입을 두려워했다.

칸이 2010년 9월 14일의 민주당대회에서 도전자 오자와 이찌로오에 대항하여 주도권(과 총리대신 직위)을 방어하려고 했을 때, 후뗀마는 가장 큰 논란거리였다. 칸과 오자와는 모두 대미관계의 중요성을 강조했고, 동맹에 대한 심각한 의심으로 해석될 여지가 있는 것들을 피하려고 했다. 칸은 5월의 협정이 존중되어야 한다고 (따라서 헤노꼬기지가 건설되어야 한다고) 주장했으며, 오자와가 그곳을 재방문하기를 원함으로써 '혼란'을 초래하고 있다고 비난했다.[1] 하지만 그는 또한 "지역 주민들의 머리 위에서 결정하지는 않을 것"[2]이라고 주장했고, 심지어 "오끼나와 현민들에게 이 협정이 수용될 수 없을 것이라는 점을 충분히 알고 있다"라고까지 말했다.[3] 오자와는 초기에는 오끼나와의 기지문제에 대해 침묵을 지켰지만 2009년 말에는 "이 아름답고 푸른 바다를 메워버리는 것이 허용될 수 있을까?"라는 수수께끼 같은 수사학적인 질문을 던지기도 했으며, "오끼나와 주민들의 반대로 현재의 계획을 수행할 수 없기" 때문에 협정이 개정되어야 한다고 모호하게 언급하기도 했다. 하지만 그것을 어떻게 개정할지에 대해서는 뚜렷한 방법이 없다는 점을 인정했다.

사실, 모호함을 유지하는 것이 양측의 기본적 자세이기도 했다. 그들은 미국과의 협정이 요구하는 바를 수행하려고 했지만, 그것을 강제로 달성할 수는 없었다. 양측 모두 협정의 수행이 불가능하다는 것을 알지만, 입 밖으로 낼 용기가 없다는 의미일 뿐이었다.

하지만 미국은 칸이 더 마음에 들었다. 칸은 전임자의 정책을 역전시켜, 미국과 관계를 회복하고 미국의 신자유주의 정책에 지지를 보내려고 했고, 그의 노력은 워싱턴의 신뢰 회복으로 보상되었다. 반면, 미국과의 안보관계에 관한 오자와의 비전은, 예를 들면 요꼬스까를 모항으로 하는 미군 제7함대가 서태평양의 안보 목적에 충분하도록 운용되어야 한다는 2009년의 논쟁적인 주장을 반복하거나, 후뗀마기지뿐만 아니라 다른 과도한 기지들도 일본(과 오끼나와)에 반환되어야 한다고 주장했을 때, 워싱턴을 불길한 예감에 휩싸이게 하곤 했다. 워싱턴의 '후견인'(Japan handler)들은 이런 것들을 참을 수 없었다. 오자와가 미국인을 "단세포적"이라고 생각하면서도 "바보 같다"라고 말하는 대신에 조금 온화하게 미국인들을 "좋아한다"라고 대충 둘러댔을 때,[4] 워싱턴은 아마 불쾌했을 것이다. 오자와가 2009년에 민주당이 집권하자마자 비행기 다섯대분의 의원들과 기업가들을 데리고 베이징을 방문했을 때, 리처드 아미티지는 "일본의 인민해방군이 베이징에 내렸다"라고 통렬히 비난했다.[5]

하지만 칸과 오자와 모두, 1996년으로 거슬러올라가는 헤노꼬기지 건설에 관한 양국 간의 일련의 협정이 더이상 이치에 맞지 않는다는 것을 쉽게 인정할 수 없었다. 오끼나와에 원치 않는 기지를 강요하는 것이 불가능했을 뿐만 아니라, 해병대가 '억지력'으로 핵심적인 역할을 하고 동아시아의 평화와 번영이 어느정도는 그들에게 의존하고 있다는 생각은, 그들 대부분이 이라크전과 아프가니스탄전을 위해 부재중이라는 사실을 고려하면 설득력이 없었다. 펜타곤 자신도 서태평양과 동아시아에서 해병대의 핵심 거점을 괌에 건설하기로 결정을 내린 상태였다.

확실히 오자와는 모순적인 인물이기는 하지만, 지난 10년간 대미관계를 재협상해야 할 긴급성과 속국의 불명예를 인식하고, 균형을 맞추기 위해 이웃나라들과 긴밀한 관계를 형성해야 한다고 생각하는 일본의 정치 지도자 가운데 한사람으로 보였다. 바로 이런 점들이 토오꾜오와 워싱턴에서 공격적인 것으로 인식되었던 것이지, 오자와 경력의 오점, 다시 말해서 오자와가 일본의 임시변통적인 '올드 스타일'의 이익조작형 총리대신의 전형인 타나까 카꾸에이(田中角榮)의 후계자라는 점 때문이 아니었다. 오자와에 대한 워싱턴의 적대감은 일본의 언론 전체를 통해 퍼져나갔다. 오자와의 승리를 통해서, 초기 하또야마의 정책적 지향이 일부나마 되돌아오는 것을 토오꾜오와 워싱턴의 엘리뜨들은 참을 수가 없었을 것이다. 오자와에 반대하는 언론 캠페인이 동력을 얻어갔고, 칸은 때맞춰 승리를 거두었다.

하지만 칸 정권하에서도 협정 체결과 연기 결정이 반복될 뿐이었다. 14년간 이어졌던 패턴이 반복되었다. 미일 양국 어느 쪽도 오끼나와의 저항에 의해 그들이 결코 무시하거나 침해할 수 없는 벽이 쌓이고 있다는 사실을 인정할 수 없었다. 오랫동안 '오끼나와 문제'를 해결하는 데 실패함으로써 엘리뜨 집단 내부에는 좌절과 불화밖에 남아 있지 않았다. 칸 정권이 계획을 진척시키기 위해 무용한 분투를 계속함에 따라, 오끼나와 쪽의 제방을 무너뜨린 분노의 마그마[즉, 오끼나와의 반기지운동과 선거 결과]가 미일관계 전반에도 영향을 미쳤다. 두 정부는 조항의 해석과 상호간의 위반 여부를 둘러싸고 다투었다. 결과적으로 '심화'된 것은, 수행되지도 않고 수행될 수도 없으며 장기간 계속된 일련의 협정들에 의해 자라난 불화였다.

헤노꼬 대 괌

협상의 세부사항을 둘러싼 불화 가운데 하나는 괌과 헤노꼬, 어느 쪽인가의 문제였다. 2010년 8월, 펜타곤에서 흘러나온 정보는 충격적이었다. 오끼나와처럼 오랫동안 기지 주둔의 부담을 져온 반(半)식민지 상태의 미국령인 괌정부가 일본정부기관인 일본국제협력은행(JBIC)에서 빌린 대부금 약 4억 3,500만 달러의 상환 약속을 거부한 것이다. 상하수도와 전력 등 기반시설에 투자된 이 자금을 상환할 능력이 안 된다는 것이었다.[6] 이런 계약 위반의 경우, 일본정부가 미국정부로부터 적절한 법적 구제를 받는 것이 일반적이겠지만, 이 대부의 경우 상환 여건이 악화될 시에 "일본정부가 책임지도록" 구성되어 있었다. 자금 이전이 늦어지는 것을 피하기 위해서 일본정부가 "기반시설 건설비용을 책임져야 할 가능성을 배제시키지 않았다"라는 것이다.[7] 또 일본정부가 60억 1천만 달러로 자금 지원을 늘리기로 (또한 아마도 괌·미국정부가 거부의사를 밝힌 총액 탕감에) 합의했다고 보도되었다.

오끼나와의 미해병대를 괌으로 이전시키기로 합의했던 원래 날짜에 대해서는 양측 모두 불가능할 것으로 보았다. 기반시설 문제(펜타곤의 계획에서 예상되었던, 괌의 대규모 팽창을 위한 용수와 전력 및 다른 필수품들 조달)가 만만찮았고 노동력도 부족했다. 후뗀마에서 괌으로 이전하는 시기는 아무리 일러도 2017년이 될 것이며, 펜타곤의 한 관리는 6년이 지체된 2020년까지 늦춰질 수 있다고 『요미우리신문(讀賣新聞)』에 밝혔다.[8] 펜타곤의 메시지는 분명했다. 일본이 원래 지불하기로 했던 것보다 수십억 달러를 더 지불할 경우에만 의무를 이행하기 위한 조치를 취하겠다는 것이다.

헤노꼬 프로젝트: 비행경로와 활주로 디자인

헤노꼬 프로젝트를 둘러싼 난관들도 비슷하게 첨예했다. 5월 28일에 하또야마가 서명하고 칸이 보증한 협정하에서 새로운 기지 건설의 세부사항은 8월 말까지 해결되어야 했지만, 그때까지도 일반적인 윤곽만 잡혔을 뿐이다. 해상 건설이 다시 대두될 수 있었다. 그외에도 신기지의 모양과 세부사항(V자 혹은 I자)을 둘러싼 논쟁이 깊어졌고, 정확히 어디에 건설할 것인지, 건설 방식과 항공기의 비행경로, 그리고 일본의 자위대가 공동으로 사용할 것인지 등의 문

제가 해결되지 않았다. 이 문제들은 2011년 6월까지도 해결되지 않았다.[9]

기본 디자인의 문제를 보면, 미국은 2006년의 로드맵에서 채택되었고 괌협정에서도 채택된 V자형(존 루스 대사에 따르면 "유일하게 가능한 방식")을 주장했지만,[10] 일본은 I자형의 단일 활주로를 선호했다. 두 디자인은 산호와 해초, 해양생물에게 미치는 영향에서 달랐고, 오오우라 만 주변의 거주지에 대한 안전과 소음 수준에서도 차이를 보였다. 미국이 선호하는 디자인은 205헥타르를 차지하며, 그 가운데 160헥타르는 바다였다. 그리고 일본정부가 선호한 디자인은 150헥타르를 차지하며, 그 가운데 120헥타르가 바다로 메워진다.[11] 두 정부의 의견이 크게 어긋났던 비행 진입 경로의 문제는 8월의 보고서에 언급되지 않았다. 두 계획은 헤노꼬와 오오우라 만에 거대한 군사시설을 강요하는 단순한 변종들일 뿐이었다. 단일 활주로의 I자형 디자인이 이중 활주로의 V자형보다 9개월이 더 걸리고, 비용이 3% 덜 들고, 산호를 1.4헥타르 덜 파괴한다는 등 보고서에 언급된 것들은 그런 맥락에서 중요한 것이 아니었다.

전문가의 보고서는 각각의 계획에서 상정된 근본적인 모순들, 그리고 무엇을, 언제, 그리고 어디에 등의 문제에서 양측이 틀어져 있다는 사실이 갖는 의미에 대해 거의 아무것도 주목하지 않았다. 즉, 오끼나와인 대다수가 어떠한 기지의 건설에 대해서도 용인하지 않기로 결정했다는 점 말이다. 오까다 카쯔야 외무대신은 "중요한 것은 오끼나와 현민의 이해를 구하는 것이다. 그것이 없다면, 우리는 앞으로 나아갈 수 없다"라는 입장을 반복했다.[12] 하지만 오끼

나와에서는 어떠한 변형 계획 제안에 대해서도 'No'라고 말한다
는 전례없는 합의가 형성되어 있었고, 오끼나와의 감정을 계속해
서 무시하는 일본정부에 대한 광범위한 분노가 확산된 상태였다.
2010년 7월에는 나까이마 히로까즈 지사조차 기지를 건설할 유일
한 방법은 1950년대처럼 '총검과 불도저'를 사용하는 길뿐이라고
말했다. 나고시의 이나미네 케이이찌 시장은 땅이든 바다든 자신의
도시에 어떤 기지도 건설되지 않을 것이라고 주장했으며, 7월 9일
에는 오끼나와 현의회가 5월 28일 협정의 철회를 요구하는 결의를
만장일치로 통과시켰다.[13]

헤노꼬: 자위대와 공동사용?

헤노꼬 프로젝트를 괴롭히고 있는 많은 문제와 논쟁들 중에는
헤노꼬 시설을 자위대와 공유하자는 일본정부의 요청도 있다. 미
국정부와 미해병대는 5월 28일의 협정이 "공동사용 기회를 증가시
킨다"라고 단순하게 규정하고 있을 뿐이라고 지적하면서, 공동사
용을 단호하게 거부하고 있다. 일본에게 그것은 공동운용을 의미
하지만, 미국에게는 자위대가 주말 훈련캠프나 그 비슷한 것을 수
행하도록 때때로 허가해준다는 것을 의미했다.[14]

『류우뀨우신보』는 프로젝트의 세부사항을 둘러싸고 논쟁을 벌
이고 있는 이 차이들은 두 정부의 "변치 않는 성격", 즉 그들의 계
획에 대한 오끼나와 시민사회의 적대감을 극복하기 위해 언제나

진실을 감추거나 조작할 준비가 되어 있다는 것을 보여줄 뿐이라고 지적한다.[15]

설득에서 강요로

2010년 11월 지사 선거에서 오끼나와 현민의 명확한 의사 표현을 접한 뒤, 문제를 해결할 수 있는 밀실 거래를 예상하면서 칸 총리는 순종을 강요하는 압력에 의지할 수밖에 없다고 느낀 듯하다. 칸 정부는 헤노꼬 지역에 대한 오끼나와방위국의 추가적인 환경영향평가를 거부한 나고시에 대해, '재편교부금'으로 알려진 예산(16억 엔)의 일부를 중지함으로써 나고시를 쥐어짰다. '재편교부금'은 기지 건설 계획이 계획대로 진행된다는 조건하에서 제공되고 있었다. 12월 22일, 칸 정권은 시민들의 저항이 약해졌을 것이라고 예상한 새벽녘에 오끼나와 저항운동의 가장 약한 지점 가운데 하나라고 생각되는 얀바루 숲속에 있는 타까에 연좌농성 텐트를 공격했다. 오끼나와방위국은 100여명의 직원을 동원하여 농성자들의 텐트를 뚫고 건설을 재개했다. 다음 날 밤에는 미군의 헬리콥터가 농성장 텐트에서 불과 15미터 위로 날아와 고의적으로 위협을 가했다. 오끼나와 출신의 국회의원과 현의회의원들을 동반한 주민들이 오끼나와방위국에 항의했지만, 미군으로부터 그런 사고에 대해 통보받지 못했다는 말을 들었을 뿐이다. 그리고 2011년 1월에는 캠프 슈워브의 기지 건설 장소와 헤노꼬 어항(漁港)을 분리하는 기존의

9-1. 헤노꼬 해안에 나타난 탱크(2010.10)

철책장벽을 대체할 벽이 건설되기 시작했다. 1월 초에 탱크가 열을 맞추어 울타리를 가로질러 나타났을 때, 시위대는 공포에 떨며 그 광경을 지켜보았다.[16) 나아가, 1월 말에 방위성은 헤노꼬에서의 '현황조사'를 허락하지 않는다는 이유로 나고시에 대한 소송을 제기함으로써 압력을 높였다.[17)

지리적으로는 변경이지만 정치적으로는 핵심적인 타까에와 나고에 점차 압력을 높여가는 가운데, 칸 정권은 오끼나와가 굴복하지 않는 한 위험하고 노후한 후뗸마기지가 기약 없이 남게 될 것이라고 암시함으로써 나까이마 지사를, 그리고 그를 통해 오끼나와 현민들을 위협했다. 센고꾸 요시또 관방장관이 토오꾜오의 언론인 회의에서 오끼나와인들이 신기지를 "인내해야" 한다고 발언했을 때, 대중의 분노가 폭발했고 그는 발언을 철회해야 했다. 2010년 12

월, 칸 총리는 오끼나와로 날아와 오끼나와가 취급받아온 방식에 대해 "일본인으로서 참을 수 없는 부끄러움"을 느낀다고 표현했지만, 그것은 후뗀마기지의 헤노꼬로의 재배치가 "오끼나와 사람들에게 최선의 선택이 아닐 수 있지만, 실질적으로는 더 나은 선택이 될 것"이라고 말하기 위한 것이었다.[18] 나까이마 지사는 총리대신이 잘못 알고 있으며 현내 어디로의 재배치도 "나쁜" 선택이 될 것이라고 반박했다.[19]

12월의 방문 때 칸 총리는 오끼나와에서 받을 대접을 매우 두려워했고, 그래서 지사 이외에는 아무도 만나지 않았다. 자신의 정당인사들과의 만찬도 회피하면서, 안전한 자위대 헬기 내부에 앉아서 적대적인 현을 조사하는 비참한 광경을 보여주었다. 근대 이후에, 일본의 특정 지방에서 총리가 그처럼 노골적으로 적대를 받았던 경우는 생각하기 어렵다.

며칠 후, 마에하라 세이지 외무대신이 칸을 따라 오끼나와로 왔다. 인구밀도가 높은 기노완시의 학교와 병원들을 재배치함으로써 후뗀마기지에 의해 발생한 위험을 해결하겠다고 제안했을 때, 지역 주민들은 믿으려 하지 않았다. 그러한 제안은 기노완시를 위협하고 침식하는 기지를 제거하기보다, 기노완시의 시민들과 사회기구들을 기지 주변에서 제거해서라도 미국의 이익에 복무하려는 것으로 보였다. 나까이마 지사는 후뗀마비행장을 영구화하려는 어떠한 제안도 "극도의 퇴보"라고 비난했다. 그는 "기본적인 과제는 하루라도 빨리 후뗀마의 위험을 제거하는 것이며, 전환의 출발은 기지가 영구적일 것이라는 가정에서 거꾸로 추론하기 시작하는 것"

이라고 말했다.[20]

일본의 '3·11 대지진'의 직접적인 결과 가운데 하나는 국민의 관심이 완전히 동북쪽으로 옮겨가 오끼나와에서 멀어졌다는 것이다. 만일 하루만 더 지났더라면 칸은 사임하지 않을 수 없었을 것이다. 바로 몇주 전에 마에하라 외무대신을 사임시켰던 문제, 즉 불법 선거자금 제공을 바로 이튿날 아침에 인정하도록 압력을 받고 있었기 때문이다. 하지만 그날 오후에 일어난 재난으로 인해 마에하라의 뒤를 따르라는 압력에서 벗어날 수 있었다. 물론 그는 곧바로 일본에서 평화시기에 일어난 가장 큰 재난을 해결하라는 거대한 압력에 맞닥뜨렸다.

3월 11일 이후, 칸 정권으로부터 어떤 명쾌한 조치를 기대하는 것은 불가능하게 되었다. 칸 정권의 지지율은 2010년 6월의 60%가 넘는 수치에서 2011년 초에는 20% 부근으로, 사임하기 직전인 2011년 8월에는 15.8%까지 지속적으로 하락했다.[21]

10
RESISTANT ISLANDS

동맹의 '심화':
워싱턴 어젠다

군사통합의 진행과 그 댓가

워싱턴의 동맹에 대한 장기적인 계획은 1995년의 조지프 나이 등의 권고에 따른 것으로, 일본 자위대와 미군의 긴밀한 협조관계를 도모하는 것이었다. 핵심 개념인 '상호운용성'은 다분히 '펜타곤적인 개념'이라고 할 수 있다. 그것은 현재 미일관계에서, 주일미군과 자위대의 공동훈련, 재편 통합, 기지의 공동사용을 의미한다. 집단자위권에 대해 일본이 헌법을 개헌하거나 재해석할 수 있게 되면, 일본의 약 24만명에 달하는 자위대가 미국의 세계적 전략 투사 능력에 완전하게 통합되어 미국과 함께 참전하면서 공생공사의 태세를 취할 수 있게 하는 개념이다.

이런 상황에서, 일본이 국방정책을 자율적으로 결정하고 있다고 보기는 어려울 것이다. 일본이 자위대를 미국에 차출해줌으로써 '속국' 정책을 착실하게 추진하고 있다고 보는 쪽이 더 정확할 것이다. 지리적으로 멀리 떨어진 곳〔이라크와 아프가니스탄 등지〕의 전쟁에서 육상군을 철수시킬 계획을 하고 있는 미국에는 지역적 (혹은 세계적 차원의) 군사 개입에 미군을 일본군으로 치환하는 일은 필시 매력적일 것이다. 컬럼비아대학의 제럴드 L. 커티스(Gerald L. Curtis)는 후뗸마 문제의 뒤틀림, 즉 오끼나와 미군기지에 반대하는 시민들의 목소리가 거세지자 미국은 "최종적으로 일본에서 미군 전용기지는 없애고, 일본의 자위대 기지 내에 미군을 두는 것을 지지해야 한다"라고 논하였다. 미군이 일본에 계속해서 주둔하는 것을 정치적으로 가능하게 하기 위해서는 그와 같은 "기지 공유"의 길을 찾는 것이 최선이라는 것이다.[1]

하또야마 정권이라는 '공백 기간'은 워싱턴에 미국의 동아시아 전략이 '백지화'되어버리는 것이 아닐까 하는 불안을 주었지만, 하또야마가 퇴진하고 2010년 6월에 칸 정권이 탄생하며 '궤도 수정'이 시작되었다. 2010년 9월 하순에 칸이 워싱턴을 방문했을 때, 쌍방은 동맹의 중요성을 재확인하고 안전보장·경제·인적 교류 등 세 가지 의제를 기둥으로 동맹을 '심화'시켜나가겠다고 합의했다. 또한 칸은 하또야마 총리가 제창한 '동아시아공동체' 구상에 찬동하지만 그것에 미국을 포함하고 싶다며 워싱턴의 비위를 맞추기 위해 노력했다.[2]

2010년 12월 17일, 칸 정권은 '헤이세이 23년(2011) 이후에 관련된 방위계획의 대강'을 내각에서 결의하였다. "일본을 둘러싼 안보

환경"의 일부로 중국의 "군사력의 범위 및 급속한 근대화"에 대한 우려를 언급하고, 미국과 동맹을 강화하여 '동적 방위력'을 종래의 '기반적 방위력'을 대체하는 개념으로 제기했다. 또 '도서부', 즉 이시가끼, 미야꼬, 요나구니 등 오끼나와의 이도에 자위대를 배치할 계획을 명확히 내세웠다. '중국의 위협'을 종래의 '북한의 위협'에 추가함으로써, 자민당 시대에는 생각할 수 없었던 방위계획을 추진할 수 있게 되었다.[3]

군사평론가 마에다 테쯔오(前田哲男)는 이 방위대강은 민주당정권의 안전보장 매니페스토를 "자기부정하는 내용"이라고 비판했다.

'기반적 방위력'은 전수방위로서의 자위대, 일본열도의 수비대로서의 자위대, 그리고 자위대 합법성을 담보로 해 1976년에 처음으로 방위대강을 책정한 이래 2회의 개정에서도 계승되어 왔다. '동적 방위력'으로 전환하는 것은 전수방위를 실질적으로 포기하는 것으로서, '전투하는 자위대'로 변모하는 것이라고 말할 수 있다.[4]

2011년 3월 11일 동일본대지진의 피해를 입은 뒤, 후뗀마기지 소속의 헬기부대를 포함한 해병대가 구조에 동원됨으로써 일본 동북지방에서 일어난 일과 미일동맹 및 방위정책의 문제가 연계되었다. 칸 정권은 '친구 작전'(Operation Tomodachi)이라고 불렸던 미군의 구조활동을 중요하게 생각했고, 신속하고 대대적인 미군의 원조가 '동맹'의 가치를 증명하는 것으로 인식되어 오끼나와의 기지 건설 계획을 후원하는 듯한 풍조가 일본 본토에서 만들어지고 용인되었다. 『요미우리신문』은 사설에서 "이만큼의 대규모 지원은 미일이 다년간에 걸쳐 쌓아온 신뢰관계 때문일 것"이라고 썼다.[5]

'친구 작전'에는 1만 8천명 이상이 동원되었고, 함선 19척과 항공기 약 140기가 피해지에 물자를 전달했으며,[6] 바지선을 통해 몇만 톤의 담수가 후꾸시마의 원자로 냉각용으로 운반되었다.[7] 미군의 센다이(仙臺)공항의 복구, 쓰레기 제거, 행방불명자 수색 등의 활동이 언론에 부각되어, 타국의 원조활동은 거의 눈에 띄지 않을 정도였다. 미해병대 태평양기지 정무외교부 부참모장보인 로버트 D. 엘드리지(Robert D. Eldridge)는 '친구 작전'에 대해, 1990년대 조지프 나이의 "안전보장은 산소와 같은 것이다. 없어질 때까지 그 중요함을 깨닫지 못한다."라는 주장을 뒷받침하는 것이라고 평가했다.[8]

2011년의 '2+2'합의

엘드리지는 '안전보장'(security)이 최근 군사만이 아니라 인간의 안전보장, 인도적 지원, 재해 구조와 같은 분야에도 적용됨으로써 해병대가 완수할 수 있는 역할이 커지게 되었다고 말하지만,[9] 역시 군사력이 미일 쌍방의 최대 관심사일 것이다. 미일 쌍방의 외무·방위 담당 각료로 구성된 '미일안전보장협의위원회(2+2)'는 2011년 6월 21일 '더 심화되고 확대된 미일동맹을 향하여—50년간의 파트너십의 기반 위에'라는 제목으로 공동발표를 내놨다.[10] 2007년 이래 4년 만에 열린, 민주당정권 발족 이래 처음으로 열린 '2+2'회의였다. 정권교체 이후 후뗀마기지 이전 문제로 오랫동안 이어진 긴장과 마찰로부터 두 나라의 관계를 구한다는 목적에 중점이 있었던 것 같다.[11]

공동발표는 기본인 원리·원칙, "공유된 가치, 즉 민주주의의 이상, 공통의 이익과 인권 및 법의 지배의 존중" 등을 확인한 것 외에, 미군과 자위대 통합의 지리적 범위를 확대하기 위한 새로운 항목이 포함되었다. '공통의 전략 목표'에서는 처음으로, "호주 및 한국 쌍방과의 사이에서 각각, 3개국 간의 안전보장 및 방위협력을 강화한다"라고 하였다. "강하고 확고부동한 아시아·태평양 파트너십"으로 인도를 환영하고, 미·일·인 3개국 간의 대화를 촉진하기로 했다.[12]

주일미군 재편에 있어서는 미군과 자위대의 통합이 한층 더 진행되었다. 문제시되고 있는 후뗀마 대체시설에 대해 2006년 로드맵의 헤노꼬 V자형 활주로안을 답습했으나, 로드맵에서 2014년을 완성 목표 시점으로 하고 있던 것을 포기하고 "2014년 이후 가능한 한 빨리 완료"하는 것으로 변경하였다.[13]

이 가운데 주목해야 할 점은 세가지다. 첫번째는 오끼나와를 포함한 일본이나 태평양 지역에서 "미국의 시정하에 있는 영역에서 미일의 시설에 대한 두 나라 간의 접근성 확대를 촉진한다. (…) 이 단계는 더 긴밀한 두 나라 간의 조정, 상호운용성의 향상 및 현지와의 더 강고한 관계에 기여하는" 부분이라는 것,[14] 두번째는 "지역의 인도적 지원, 재해 구조 분야의 후방지원 거점을 일본으로 이전하는 것"의 중요성에 합의한 것,[15) 세번째는 카고시마현 오오스미(大隅)제도의 마게시마에 새로운 자위대 시설을 만들어, "미군의 항공모함 탑재기의 이착륙훈련의 항구적인 시설로 사용한다는 것"이며 일본정부가 "현지에 설명"하게 되어 있다는 점이다.[16)

말하자면, 오끼나와 전체의 반대를 무릅쓰면서까지 불가능한 기지를 만들 결심을 새롭게 한 것에 더하여, 일본정부는 새로운 약속까지 한 것이다. 미국의 정보·통제씨스템의 통제 아래 자위대를 통합하고, 후뗀마기지의 헤노꼬 이전을 강행할 뿐만 아니라, 나아가 남서제도에 새로운 군사기지를 만든다는 것이다. 일본정부는 마게시마뿐만 아니라 3천 미터 활주로를 가진 민간공항이 있는 오끼나와현 미야꼬지마시 시모지지마에 아시아·태평양 지역에서의 재해구조를 위한 활동 거점을 설치할 것을 제안했다.[17) 재해 때 물자수송 거점으로 사용하자는 제안이지만, 자위대 배치나 미군과의 공동사용 등 군사적 이용이 우려되고 있다. 헤노꼬 이전에 대한 반대는 이미 오끼나와 전체에 확산되고 있지만, 이 새로운 사건의 전개를 맞이하여 마게시마가 있는 카고시마현 니시노오모떼(西之表)시와 시모지지마가 있는 오끼나와현 미야꼬지마시를 비롯한 여러곳에서 새롭게 반대의 기운이 높아졌다. 나까이마 지사는 시모지지마에 자위대 배치는 인정하지 않겠다고 말했다.[18)

'2+2'합의가 발표되기 보름 전인 2011년 6월 6일, 키따자와 토시미 방위대신은 오끼나와 지사에게 헤노꼬안과 V자안을 지키고, 2012년 후반에 오스프레이를 오끼나와에 배치할 것이란 의도를 일방적으로 전달했다. 『류우뀨우신보』는 사설에서, "민주당정권은

'민주'를 말할 자격을 잃었다"라고 비판하고, 미국의 주장에 "유유낙낙하면서 따르기만 하는" 일본정부를 '이라란미이(イラランミ一, 오끼나와말로 사태의 해결이 도저히 기대되지 않는 방책을 스스로 선택하여, 출구가 없는 길로 들어서는 것)'라고 불렀다.[19] 로버트 게이츠 국방장관은 '2 + 2' 기자회견에서, 1년 이내에는 '구체적인 진전'이 있어야 한다는 점이 중요하다고 강조했다.[20] 일본정부에게는 명령에 가까운 말이었다.

속국 일본의 '배려'

오끼나와 '반환' 과정에서 미국은 자신의 군사기지를 전부 유지했고 일본정부가 오끼나와를 '구입'한 덕택에 재정적 부담 없이 기지를 입수할 수 있었으며, 필요하다면 언제라도 핵무기를 다시 도입할 수 있는 밀약을 체결함으로써 최선의 조건을 확보할 수 있었다. 거기에 더해 미군이 철수하겠다는 등의 생각을 하지 않도록 일본이 재정적 보조를 계속한다는 원칙이 추가되었다.

일본만큼 미군에게 선심을 쓰는 나라는 없다. 일본은 미군에게 국토의 가장 좋은 땅을 제공하고, 도로·항만을 무료로 사용하게 하고 있으며, 병사의 숙소나 사관용 주택, 훈련시설, 학교, 병원, 스포츠·레저시설, 영화관이나 쇼핑센터를 건설해주고, 수도와 전기를 비롯하여 가스, 하수도를 제공하고 있으며, 고속도로 부근에서의 실탄연습 및 시가지 인근에서의 낙하산훈련이나 야간착륙훈련을 허락하고 있다.

속칭 '배려예산(思いやり豫算)'이라고 불리는 '주일미군 주둔경비 부담'은 일본이 부담하고 있는 '주일미군 관계 경비'의 일부다. 1970년대 엔고와 물가상승을 배경으로, 당시 방위청장관이던 카네마루 신(金丸信)이 주일미군을 지원하는 이유를 "배려의 정신"이라 칭하면서 이렇게 불리게 되었고, 1978년부터 예산에 계상을 시작했다. 기지노동자의 복리비, 제공시설 정비비 등은 지위협정의 범위에 포함된다고 규정되었고, 1987년 이후부터는 '주일미군 주둔경비 부담 특별협정'에 의해 기본급을 포함한 노무비, 광열수비, 훈련 이전비 등으로 점차 범위가 확대되고 액수도 늘어갔다.[21] 1999년 정점에 달했을 때에는 2,756억 엔(세출 기준)이 되어, 1978년 개시 당시 62억 엔의 44배가 되었다. 1978년의 창설에서 현재에 이르기까지, 일본은 지위협정으로는 정당화할 수 없는 예산이 대부분을 차지하고 있는 이 예산 내에서 통상 약 6조 엔을 미국에 바쳐왔다.[22] '배려예산'이라고 불리는 '주일미군 주둔경비 부담'은 직접지원이며, 여기에 "토지의 무상사용, 집값 면제, 세금·국세 면제, 유료도로·항만 사용료 면제"와 같은 간접지원을 고려하지 않으면 안 된다.[23]

2003년에 펜타곤에서 실시한 조사에 의하면, 2001년 일본에 의한 HNS(Host Nation Support, 접수국지원)는 약 46억 달러(약 34억 5천만 달러가 직접지원, 약 11억 5천만 달러가 국유지 제공 등 간접지원)로, 2위 독일(약 8억 6천만 달러)이나 3위 한국(약 8억 달러)과는 큰 차이가 있었다. 이 액수는 NATO동맹국 총액(약 15억 6천만 달러)의 약 세배, 미국에 접수국지원을 하고 있는 동맹국 지원 총액의 약 60%를 차지하고 있다. 즉 다른 동맹국 전부를 합친 금액(약 40%)보다도 1.5배가 많은 것이다.[24] 미국정부는 그 이후에 같은 데이터를 발표하지 않았지만, 일본정부의 자료에서는 2012년의 상황을 알 수 있다.

자료 10-1에 의하면 2012년도 예산의 주일미군 관계 경비는 방위성 관계 예산 3,689억 엔, SACO 관계 경비 86억 엔, 미군 재편 관계 경비 627억 엔, 방위성 관계 예산 이외의 기지교부금 381억 엔(2011), 제공보통재산임차시산 1,656억 엔 등으로 총계 6,439억 엔이 된다. 이른바 '배려예산', 즉 '주일미군 주둔경비 부담'은 1,867억 엔으로, 일본정부가 부담하는 주일미군 관계 경비의 약 29%밖에 되지 않는다는 것을 알 수 있다. 일본이 주일미군에게 쓰고 있는 비용은 '배려예산'을 훨씬 넘어서서, 1달러를 80엔으로 환산하면, 미국달러로 약 80억 달러에 이른다.

'배려예산'의 재검토는 더 큰 '배려'

민주당은 2009년 선거공약에서 '배려예산'(주일미군 주둔경비 부담)을 재검토하겠다고 했다. 2008년에 민주당을 포함한 야당의 반대로 참의원에서 부결되긴 했지만, 중의원과 참의원의 의결이 다른 경우는 중의원의 의결을 우선한다는 원칙에 따라 특별협정이 3년간 연장되어 있었기 때문에, 하또야마가 정권을 계승했을 때는 특별협정이 유효했다. 하또야마의 관심이 오로지 후뗀마 이전 문제에 집중되어 있었기 때문에, 이 협정이 신중하게 재검토되지는 않았다. 하지만 칸이 2010년 6월에 정권을 이었을 때는, 다음 해에 기

주일미군 주둔 관련 경비(방위성 관계 예산)	주일미군 주둔경비 부담(통칭 '배려 예산', 지위협정)	제공시설정비(FIP)	206	1,867	3,689
		노무비(특별협정에 의한 복리비 등)	269		
		노무비(기본급 등)	1,139		
		광열수 등	249		
		훈련 이전비	4		
	그외(위 건 이외의 주일미군의 주둔에 관련한 경비)	주변대책	571	1,822	
		시설 임차료	991		
		재편비용	5		
		그외(조업 보상 등)	255		
SACO 관계 경비	토지반환을 위한 사업		21	86
	훈련개선을 위한 사업		2	
	소음경감을 위한 사업		24	
	SACO 사업 원활화 사업		28	
	훈련 이전비(특별협정에 의한)		11	
미군 재편 관계 경비	주오끼나와 해병대 괌으로 이전		88	627
	오끼나와에서의 재편을 위한 사업		38	
	미육군사령부 개편 사업		22	
	항공모함 탑재기의 이주 등을 위한 사업		326	
	훈련 이전 사업(시설정비 관련 등)		0	
	재편 관련 조치의 원활화를 위한 사업		113	
	훈련 이전을 위한 사업(특별협정에 의한)		40	
방위성 관계 예산 이외	기지교부금 등(2011년도 예산)		381	
	제공보통재산임차시산(2012년도 예산)		1,656	
계			6,439	

10-1. 주일미군 관계 경비(2012)   (단위: 억 엔)

간이 끝난다는 것을 알고 있었기 때문에 재검토가 시급했다. 역으로 워싱턴은 일본에 '재검토'는 안 된다는 압력을 가하고 있었다. 마이클 그린 미부국방차관보(동아시아 담당)는 2010년 3월 미하원 군사위원회에서 '배려예산'이 "미일동맹의 중요한 전략적 축"이라고 말하고, 삭감에 반대한다는 의견을 밝혔다.[25] 같은 해 7월 27일에는 윌리스 그레그슨 미국방차관보(아시아·태평양 담당)가 동 위원회의 공청회에 제출한 서면에서 같은 주장을 반복하면서, 일본의 방위비와 '배려예산' 증액을 요구했다.[26] 결과적으로 2010년 말에 발표된 칸 정권의 '주일미군 주둔경비 부담의 포괄적인 재검토'의 결과는 배려예산을 삭감하기는커녕 3년마다 재검토하던 기간을 5년으로 연장하고,[27] 2010년 수준(1,881억 엔)을 5년간 유지한다는 것이었다. 재검토된 것은 노무비의 노동자 수 상한을 2만 3,055명에서 430명(2%) 삭감할 것과, 일본 측 광열비 부담을 현행의 76%에서 72%까지 단계적으로 삭감한다는 것뿐이었지만, 그것도 감액분이 '제공시설 정비비'의 증액분으로 충당되게 되어 실질적인 삭감은 아무것도 이루어지지 않았다. 그뿐만 아니라, 배려예산이 근래 삭감 경향이었다는 점을 감안하면, 실질적인 증액 결정이었다고도 말할 수 있다.[28] 게다가 1997년 이후의 'SACO 관계 경비', 2007년 이후의 '미군 재편 관계 경비'로 제2, 제3의 배려예산 범주라고 할 수 있는 경비가 더해져 도리어 주일미군 관계 경비 전체를 크게 끌어올렸다.[29]

재정난을 겪고 있는 펜타곤에게 연간 80억 달러가 넘는 지원이라는 달콤한 과즙은 아무리 마셔도 부족한 것이 아닐까? '평화헌법'

을 가진 일본의 가장 얄궂은 점은 일본이 미국이 벌이는 전쟁의 가장 강력한 후원자였다는 것이다. 일본은 패전 직후, 얼마 되지 않는 국가예산에서 미군 주둔경비를 쥐어짜냈었다. 1946년부터 1951년까지 6년 동안 약 5천억 엔, 국가예산의 두배에서 세배를 '종전 처리비'라는 명목으로 미군 주둔경비로 사용했다. 요시다 시게루(吉田茂) 총리는 무비판적이었지만, 당시 대장대신 이시바시 탄잔(石橋湛山)은 증가하는 주둔경비에 이의를 제기했다가 연합군 최고사령관 총사령부(GHQ, 1945~52년 연합군의 대일점령통치기구)에 의해 공직에서 추방을 당했다.[30] 일본은 1990~91년 걸프전쟁에는 130억 달러를 지원했고, 2009년에 하또야마 정권은 아프가니스탄 부흥 지원이라는 명목으로 50억 달러(약 4천억 엔)를 5년에 걸쳐 각출하기로 약속했다. 주일미군 재편에서 일본 지출분은 수십억 달러가 넘는다. OECD 가맹국 중에서도 가장 많은 GDP 대비 정부부채를 떠안고 있으며, 동일본대지진을 딛고 일어서는 데 거액의 자금이 필요한 상황에서 이와 같은 지출을 정당화할 수 있을 것인가? 이와 같은 선심을 부리고 기지 사용에 있어 사실상 미군에게 전권을 위임하고 있는 국가는 세계에서도 드물며, 바로 그렇기 때문에 펜타곤은 배려예산이나 다른 미군 관련 예산의 삭감은커녕 동결 따위는 절대로 있을 수 없는 일이라는 자세를 허물지 않고 있는 것이다.

동일본대지진이 일어나고 미군의 '친구 작전'이 높게 평가되면서 배려예산에 대한 비판은 잠잠해졌다. 민주당은 2008년에는 특별협정 연장에 반대하는 입장이었지만, 예산을 5년간 현상 유지하는 새로운 '주일미군 주둔경비 부담 특별협정'[31]을 2011년 1월 21일에

서명, 3월 31일에는 국회 양원을 통과하여 4월 1일에 발효했다.[32]

미국무부 일본부 부장인 케빈 메어가 2010년 말에 미국인 대학생 그룹과 만나 "일본이 현재 지불하고 있는 거액의 접수국지원은 미국에 유익한 것이다. 우리 미국은 일본에서 득을 보고 있다."라고 말했을 때,[33] 메어는 집주인이 세든 사람에게 집세를 지불하는 것과 같은 씨스템이라고 말하고 있었던 셈이다. '친구 작전'의 총비용은 약 8천만 달러로 추산되고 있지만,[34] 이 금액은 일본이 주일미군 관계 경비로 지불하고 있는 연간 80억 달러의 1%밖에 안 된다. 지진 직후의 혼란 속에서 국회가 가결한, 이후 5년간 현행 수준으로 유지되는 '배려예산'은 연간 1,881억 엔으로 미국달러로 환산하면 23억 달러가 넘는다. 미국은 '친구 작전'의 비용 정도는 충분히 회수했다고 말할 수 있다.

'친구' 관계의 굴절

교묘한 조종과 공갈협박의 달인

2011년 동일본대지진 직전에, 미일관계의 모순을 상징하는 또 하나의 사건이 있었다. 미국무부 고관의 오끼나와와 일본에 대한 모멸에 찬 발언이었다.

2010년 12월 2일, 미국무부 일본부 부장(전 주오끼나와 총영사) 케빈 메어는 일본과 오끼나와로 학습여행을 갈 예정인 워싱턴 D.C.의 아메리칸대학 학생들을 상대로 강연했다. 출석한 학생들이 적은 메모의 내용을 보면, 메어는 당시 외교관으로서의 겉치레를 버리고 자신의 본심을 말했다는 것을 알 수 있다. 메어는 오끼나와 사람들에 대해 "지나치게 게을러서 고야도 키울 수 없다"라고 말하고, "토오꾜오를 교묘하게 조종하는 공갈협박의 달인"이라고 불렀다.[35] "푸에르토리코 사람처럼" "피부색이 좀 진하고" "키가 작고" "사투리를 쓴다"라고도 말했다고 한다.[36] 오끼나와 사람들에게 돈보다 중요한 것은 없고, 정부가 오끼나와 지사에게 "돈을 원한다면 서명해라"라고 말하기만 하면 기지를 이전하는 것은 가능하다고도 했다. 또 일본문화를 "합의에 근거한 화(和)의 문화"라고 하면서, 사람들은 그것을 "공갈협박의 수단"으로 사용하여 "합의를 하는 척을 하면서, 조금이라도 많은 돈을 받으려고 한다"라고 말했다.

메어의 발언은 3월 7일에 보도되었고, 오끼나와에 큰 충격을 주었다. 『오끼나와타임스』는 사설에서 "후뗀마비행장 이전·반환교섭의 미국 담당자는 마음속에서는 오끼나와를 모욕하고 기지문제를 경시하고 있었던 모양"이라고 비난했다.[37] 『류우뀨우신보』는 메어의 발언은 "의도치 않게 미국의 본심을 드러냈다"라고 지적했다.[38]

메어는 3월 10일에 경질되었지만, 국무차관보 커트 캠벨과 주일 미대사 존 루스의 사죄는 형식적인 것으로 들렸다. 메어 사건은 차별 발언이 보도된 지 불과 나흘 후에 일어난 동일본대지진의 그늘에 묻혀서 별 관심을 받지 못했다. 메어는 경질되었지만 해고는 되지 않았고, 미국정부에 의한 재해 구조 사업인 '친구 작전'의 조정관으로 재기용되었다.[39] 워싱턴은 메어의 모욕 발언을 부끄러워해야 할 것이라고 생각하지 않았던 것이다. 4월 6일부로 국무부를 퇴직한 메어는 그후에 전 국방차관 리처드 롤리스 등이 창립한 민간 컨설팅 회사의 상급고문으로 들어가서 사용이 끝난 핵연료의 재처리 문제 등을 담당했다.[40] 2011년 5월 11일에는 민간인으로서 총리대신 관저를 방문하여 한시간 반이나 머물렀다.[41] 총리대신 관저는 오끼나와를 우롱하는 발언을 한 인간을 초대해서는 안 되는 차별주의자라고는 생각하지 않았던 것 같다.

메어에 대해 덧붙이자면 '위키리크스'는 2011년 8월 말, 메어가 오끼나와 총영사로 재직하던 2007년에 작성한 기밀서류를 공개했다.[42] 2007년 6월, 'USS 가디언'(USS Guardian)과 'USS 패트리엇'(USS Patriot)이라는 대기뢰전함(對機雷戰艦)이 요나구니의 소나이(祖內)항에 기항했다. 요나구니는 일본의 최서단에 위치하고 있으며, 대만에서 약 100킬로미터 정도밖에 떨어져 있지 않다. 반환 이래 오끼나와의 민항에 미해군의 군함이 기항한 것은 처음이었다. 메어는 이 기항을 "운용상 의의가 있는" 사건으로서, 중요한 "전례"가 된다며 만족스러운 듯이 보고했고, 가까운 장래에 이시가끼에도 마찬가지로 기항이 이루어지기를 원했다. 또한 소나이항은 대기뢰전함이 "한번에 네척은 입항할 수 있는 깊이"일 것이라고 예측하고, 민간비행장이 근처에 있기 때문에 대기뢰전함 지원용으로 이 비행장에서 헬기를 사용할 수 있다면 "대만해협에서의 유사시"에 요나구니가 대기뢰전함의 거점이 될 수 있을 것이라고 말했다. 메어가 이 전문에서 열정적으로 보고하고 있는 것처럼, "조원휴식"이라는 명목으로 정보를 수집하고 중국 국경 부근에서 일본의 군비를 미국 주도로 진척시켜 중국과 대만의 충돌에 오끼나와와 일본을 휩쓸리게 하려는 시도는, 2010년 방위대강에서 밝혔던 일련의 '도서부' 군비강화나 최근의 영토 문제 표면화에 의한 위협감 선동으로 이어지고 있다.

'친구 작전'

동일본대지진에 이어 토오꾜오전력 후꾸시마 제1원자력발전소에서 사고가 일어났을 때, 미국은 친밀한 미일관계에 입각한 인도적 지원으로서 '친구 작전'을 추진했다. 특히 펜타곤은 이것을 주일미군 이미지 상승을 위한 절호의 기회로 받아들였고, 일본 언론도 연일 미군의 활약을 보도하면서 미군에 협력했다. 또한 이 작전은 미군과 지자체의 직접적인 협동작업의 전례도 만들었다. 지진 구조 작업은 '자위대·미군 통합 운용' '미군에 의한 민간공항·항만 사용' '피해지 상륙에 의한 물자 반입'으로 확대되었다.[43] 이를 기반으로 앞서 언급한 2011년 6월 2일 미일안전보장협의위원회 '2+2'에서는 특별문서 '동일본대지진 대응에 있어서의 협력'을 작성하여, "각료는 지방공공단체에 의해 실시되는 방재훈련 미군 참가가 미군 및 기지를 받아들이고 있는 커뮤니티와의 관계 강화에 도움이 된다는 인식을 공유하였다"라는 문구를 포함시켰다. '친구 작전'은 "다년간에 걸친 양국의 훈련, 연습 및 계획의 성과를 실증하였다"라며 마치 주일미군의 애초 목적이 재해 지원에 있었던 것처럼 연출했다.[44]

그러나 군사적 측면에서, 미국의 의식 기저에서는 지진과 원자력발전소 사고 덕분에 미래에 맞닥뜨릴지 모르는 핵으로 오염된 전장에서의 공동작전을 위한 예행연습이라고 생각하고 있었던 것은 아니었을까?[45] 지진 직후인 3월 14일, 재해 구조에 종사하고 있던 헬기 세대의 승무원 17명이 저준위 방사선 피폭을 당했다고 보도되었다. 3기는 원자력 항공모함 로널드레이건호에 착륙했지만, 항공모함 자체도 방사능에 오염되어 있다는 것을 알게 되었다. 로널드레이건호와 재해 구조를 위해 출동한 제7함대의 다른 함선들은 원자력발전소의 풍향에서 대피하도록 명령을 받았다.[46] 3월 16일, 미군은 자국민에게 원자력발전소로부터 반경 80킬로미터 밖으로 벗어나도록 명령하고, 미군 관계자도 대피했다.[47] 미해병대의 화학생물사태 대처부대(CBIRF) 145명으로 구성된 특별부대가 미국 본토 메릴랜드주의 본거지에서 출동했다고 일본 언론이 보도했지만,[48] 4월 초순에 일본에 도착하여 요꼬따기지를 거점으로 자위대와 공동훈련 등을 실시했을 뿐이다. 원자력발전소 사고 현장 주변에는 한번도 들어가지 않았고, 사고로 발생한 행방불명자도 수색하지 않고, 4월 하순에는 본국으로 돌아가버렸다.[49]

일본의 언론 가운데는 총리대신 관저가 미국의 협력을 거부하였다든가, 원자력발전소 사고에 대한 미군의 개입에 협력하지 않아서 미일관계가 붕괴된다든가, 마치 사고의 제일 큰 피해는 미일관계의 훼손이라는 듯한 기세로 칸 정권을 비판하는 대미종속적 논조를 펴는 곳도 있었다.[50] 그러나 실제로는 그런 '걱정'의 여지는 전혀 없었다. 4월 4일 토오꾜오전력의 오염수 해양 투기는 어느 나라보다 먼저 미국이 알게 되었다. 가장 가까운 한국이나 중국, 러시아를 제쳐놓았다가 미국의 '내락(內諾)'이 있고 나서야 알렸다는 데,[51] 과연 미국에게 어떤 권한이 있었던 것일까. 원자력발전소 사고 이후, 일본정부는 일본시민을 제쳐놓고 가장 먼저 방사선확산예방씨스템(SPEEDI) 데이터를 미군에 제공했고, 미국은 즉시 모니터링 조사를 실시했는데, 미국이 자국민의 피난에만 이 정보를 사용했을 가능성이 높다. 미일 양 정부 모두 일본시민에게는 얼마동안 알리지 않았고, 그 탓에 발전소 부근의 주민 중에는 오염도가 더 높은 지역으로 피난했던 사람도 여럿 있었다.[52] 많은 시민을 불필요하게 피폭시킨 것은 원자력발전소 사고에서 가장 심각한 미일 공모 범죄라고 할 수 있을 것이다.

그러나 전반적으로는 지진 대응에서 양호한 협력관계를 지킬 수 있었다고 양국 언론에 보도되어 두 정부는 만족하고 있었을 것이다. 또한 일본정부는 이것으로 오끼나와의 반대를 극복하고 재편계획 진행도 쉬워질 것이라고 기대하고 있었을 것이다. 칸 총리도 키따자와 방위대신도 '친구 작전'의 찬사에 여념이 없었다. 키따자와는 4월 4일에 원자력 항공모함 로널드레이건호를 방문해 감사의 뜻을 표하고, "미일 공동의 구조 작전이 양 국민의 가슴에 뜨겁게 새겨져, 이후 미일동맹을 한층 더 심화시킬 것이라고 단언한다"라고 강조했다.[53] 칸은 4월 15일 『워싱턴포스트』에 기고하여, "(친구 작전에 담긴) 미국의 따뜻한 마음은 우리 일본국민의 마음에 깊게 닿아 있습니다"라고 전했다.[54]

정치적 이용에 대한 반발

'친구 작전'에 대한 노골적인 칭찬에 대해 차가운 비판이 없었던 것은 아니었다. 『류우뀨우신보』는 3월 18일자 사설에서, 구조에 참가한 사람들에게 경의를 표시하면서도 "재해 지원은 매명(賣名) 행위가 아니"라며 경종을 울렸다. 미군은 후뗀마기지의 위치가 제3해병원정군의 재해 구조활동에 중요했다는 것이 증명되었다고 밝혔지만, 피해지 부근의 기지가 아니라 가장 멀리 떨어진 기지의 위치가 중요했다고 강조하는 미군의 설명은 "독단적이며 이치에 맞지 않는다"라고 비판하고, "미군이 어떤 수사를 사용하든, 현민을 위험에 처하게 하는 후뗀마비행장이나 대체기지는 오끼나와에 필요없다"라고 단언했다.[55]

며칠 후 『오끼나와타임스』도 3월 19일까지 16개국의 구조대가 일본에 들어온 것을 언급하고, 동맹국만이 아니라 중국이나 러시아 등 지원해준 나라 전부에게 감사해야 한다며, 미군이 지진 구조활동을 정치적으로 이용하는 것은 '문민통제'의 관점에서 문제라고 논평했다. 지진 구조 지원을 정치적으로 이용하는 것은 "사명감을 가지고 '친구 작전'에 종사하는 병사들에게 실례"이며, 구조활동을 기지문제로 가져와 이용하는 것을 "피해자는 어떻게 받아들일까"라고 의문을 제기하면서 "엄중하게 삼가야 할 것"이라고 논했다.[56]

물론 미군병사 한사람 한사람의 구조활동에 대한 헌신은 의심할 것도 없다. 그러나 자위대와 미군 모두 출동 가능했기 때문에 출동한 것은 당연한 일이다. 만약에 출동하지 않았다면 훨씬 더 큰 도덕적 책임을 져야 했을 것이다. 당연한 구조활동에 대해서 응당한 평가를 해야 하지만, 그 이상의 정치적 이용이 허용되어선 안 된다.

일본정부는 미해병대의 '친구 작전'에서의 공헌을 기반으로, 후뗀마기지의 현내 이전에 대한 반대가 조금은 수습될 것이라고 기대하고 있었을지 모른다. 하지만 지진 다음 달에 실시된 조사에서도 오끼나와 현내의 41개 시정촌장 전원이 현외나 국외 이전을 주장했고, 현내 이전을 용인한 수장은 한사람도 없었다. 요나구니는 후뗀마기지를 토오꾜오에 이전해야 한다고 회답했다.[57]

웨브·레빈·매케인의 충격

칸 정권이 헤노꼬와 타까에에 대한 공격을 한층 더 강화한 한편 워싱턴은 급증하는 재정적자와, 막대한 비용이 들고 있는데다가 정체 상태인 이라크와 아프카니스탄의 전쟁, 더 나아가 중국의 대두와 확대되는 사회적·경제적 위기, 예산·사회보장정책에서 정치적으로 곤란한 처지에 직면하고 있었다. 합동참모본부 의장 마이클 멀린은 2010년 6월 24일에 "국가안전보장에 있어서 최대의 위협은 우리나라의 부채"라고 언급했다.[58] 2010년 5월에는 미국 민주당의 바니 프랭크(Barney Frank)와 공화당의 론 폴(Ron Paul) 하원의원이 이끄는 군사예산 삭감을 위한 초당파 위원회, '지속 가능한 군사 검토 작업 그룹'이 발족했다. 프랭크 의원은 "1만 5천명의 주오끼나와 해병대가 중국에 상륙하여 몇백만명의 중국군과 싸우는 시나리오 따위는 누구도 생각하고 있지 않다. 우리는 오끼나와에 해병대를 필요로 하지 않는다. 그들은 70년 전에 끝난 전쟁의 유물이다."라고 말했다. 이 두사람은 군사예산의 근본적인 삭감을 주장하고 있으며, 그 방법으로 해외 주둔 미군의 삭감을 제창하고 있다.[59] 론 폴은 이렇게 말한다. "지금이야말로 일본이 (방위의) 모든 책임을 져야 한다. (…) 중국이 뉴욕시에 기지를 만들고 싶다고 말한다면 어떨까? 미국인은 격노할 것이다."[60] 이러한 상황에서, 미 의회에서 고위급의 '칼잡이'(razor gang)라고 할 수 있는 미국재정책임개혁위원회(NCFRR)가 재정지출에서 삭감할 수 있는 분야를 자세히 조사한 결과, 해외 군사기지가 주목되었다. 2010년 11월에 발표한 공동의장 초안에서는 아시아나 유럽에 주둔하는 미군을 3분의 1로 삭감할 것, 오끼나와에 배치 예정인 MV-22 오스프레이 조달을 중단할 것이 권고되었다.[61] 12월의 최종보고에서도 "삭감 대상에 예외는 없다. 여분으로 쓸모없고 효과가 약한 지출은 삭감해야만 하며 (…) 방위도 예외는 아니다."라고 가차없이 평가했다.[62]

2011년 4월에는 칼 레빈(Carl Levin) 미상원 군사위원회 위원장과 전 해군장관이자 상원 외교위원회 동아시아·태평양 소위원회 위원장인 짐 웨브(Jim Webb) 상원의원이 토오꾜오·오끼나와·한국을 시찰했다. 토오꾜오에서 키따자와 방위대신 및 칸 내각 각료들로부터는 미군 재편과 기지 재편이 미국과 일본의 합의에 따라서 진행되고 있다고 들었지만,[63] 전날 오끼나와에서 들었던 이야기와는 완전히 다른 것이었다. 나까이마 지사는 자신의 트레이드마크처럼 된 "후뗀마의 현내 이전은 대단히 어려워지고 있다"라는 말을 전했고,[64] 『류우뀨우신보』는 영어판 공개서한도 준비해 레빈(과 미 의회 전체)에게 후뗀마기지의 폐쇄·철거를 요청하고 "미국 민주주

의의 진가를 보여주십시오"라고 호소했다.[65]

몇주 후에 나온 보고서를 보면, 레빈과 웨브 상원의원이 이 편지를 읽었음이 틀림없다. 두사람은 공화당의 전 대통령 후보이자 상원 군사위원회 부위원장인 존 매케인과 함께 재편 계획은 "비현실적이며 실행 불가능하고 비용이 지나치게 든다"라는 공동성명을 냈다.[66]

웨브가 작성한 상세 보고서에서는 "넓은 지역을 매립하고 기존 시설을 해체·이전하는 데에는 몇억 달러가 넘는 비용이 들고 적어도 몇년, 경우에 따라서는 10년이 걸릴 것으로 예측되는" 곤란한 계획이라고 지적하고 있다.[67] 3인은 공동으로 국방부에 다음과 같이 제안했다.

해병대의 재편 계획을 수정하여, 다른 곳에 소속된 실전부대의 순환배치를 통해 강화된 상주 사령부대를 괌에 주둔시키고, 섬에서 떨어진 훈련장을 검토할 것. 또한 캠프 슈워브에 예산이 많이 드는 대체시설을 건설하는 대신 후뗀마의 해병대 자산을 카데나공군기지로 이전하고, 카데나기지의 자산 일부를 괌의 앤더슨공군기지 및 일본의 다른 장소로 이동시키는 안의 실행 가능성을 조사할 것.[68]

이 안에 따르면, "수십억 달러의 세금 절약, 지역에 미군 존재 유지, 후뗀마를 둘러싼 정치적 문제에 드는 시간의 대폭적인 삭감, 오끼나와에서 미군의 족적(footprint)을 줄이는 것이 모두 가능하다"

라고 3인은 주장한다.

당연히 이 세 워싱턴 실력자들은 점점 심각해지고 있는 미국의 재정위기를 염두에 두고 있었다. 그들은 아마도 다른 누구보다도 14조 달러의 부채(2011.7), 진행 중인 여러 전쟁에 드는 경비, 세계 군사지출의 절반가량을 차지하는 군사예산, 1천여개가 넘는 군사기지에 드는 비용에 대해 인식하고 있었을 것이다. 해병대의 괌 이전 비용이 2006년의 로드맵합의에서 예측된 42억 달러를 크게 상회하여 112억 달러에 달한다는 미연방회계감사국의 냉엄한 보고서도 훑어보았을 것이다.[69]

이와 같은 견해는 워싱턴에서 영향력 높은 사람들에게서 대승적인 지지를 받았다. 특히 2010년 10월까지 오바마 대통령 밑에서 국가안전보장문제 담당보좌관으로 근무한 전 해병대총사령관 제임스 존스(James Jones)는 "해병대는 어디로 이동해도 상관없는 부대"라고 말하면서, 자주 이야기되는 것처럼 오끼나와가 억지력으로서 지리적으로 중요한 위치를 차지하고 있다는 견해를 단호히 부인했다.[70]

칸 정권은 워싱턴의 유력자가 이와 같은 견해를 가지고 있다는 것에 쇼크를 받았음에 틀림없다. 에다노 유끼오(枝野幸男) 관방장관은 레빈 등은 미국정부와는 다르며, 중요한 것은 정부 간의 합의라는 따위의 공허한 주장을 반복했다.[71] 그러나 사실 이들 그룹의 영향력은 대단히 강하며, 그들의 제안은 간단히 무시될 수 있는 것이 아니다. 실제로 2011년 12월, 양원의 군사위원회가 2012년의 괌 이전 관련 예산 약 1억 5천만 달러를 전액 삭감한 데서 웨브·레빈·

매케인의 정치적 영향력이 명백히 드러난다.[72]

깊어지는 재정위기 속에서 미국은 미국 나름의 논리로 움직일 수밖에 없다. 미의회는 대통령이 기한으로 정한 2011년 11월 말까지, 2013년 1월부터 시작된 10년에 걸친 적자삭감안을 만들 수가 없었고, 따라서 이제부터 군사예산에 대한 삭감 압력은 점점 더 높아질 것이다. 앞으로 10년간 2조 4천억 달러를 삭감해야 하며, 해외 기지는 좋든 싫든 삭감 대상이 될 것이다.[73] 오끼나와 해병대의 존재는 일본정치의 '불안정화' 요인이자 "70년 전의 유물"로 취급되고 있으며,[74] 오끼나와 해병대를 미국 본토로 철수시킬 가능성이 공적으로 논의되기 시작하고 있다.[75]

11
RESISTANT ISLANDS

센까꾸/댜오위:
동중국해의 폭풍

2013년의 동아시아에는 여전히 일본어로는 '센까꾸', 중국어로는 '댜오위', 그리고 대만어로는 '댜오위타이'로 알려져 있는 작은 무인도들의 주권 문제가 남아 있다. 세 정부는 모두 이 섬들에 대한 주권을 주장하고 있다. 불모의 바위섬에 불과하지만, 각국에서 대단한 열정과 비타협적 감정을 집중시키고 있고, 거의 한세기 전 중국의 북동부(만주)에 필적할 만큼의 중요성이 부여되고 있다.

오늘날 불길한 기운이 감돌면서도 이 섬들의 위치는 장밋빛 환상을 불러일으키기도 한다. 후꾸다 야스오(福田康夫) 일본 총리대신과 후 진타오(胡錦濤) 중국 주석은 2008년 2월에 동중국해가 '평화와 협력, 친선의 바다'가 되어야 한다는 데 서로 동의했다.[1] 2009년 9월의 양국 정상회담에서 하또야마 유끼오 총리는 동중국해가 '우

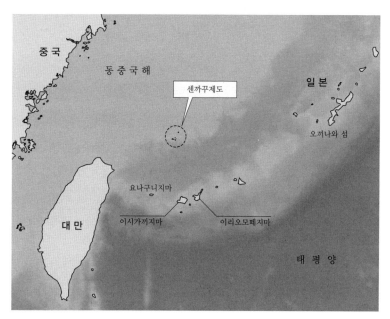

11-1. 센까꾸/댜오위제도 지도

애의 바다'가 되어야 한다고 제안했고 후 주석도 긍정적으로 답변
했다.[2] 또 2012년에 대만의 마 잉주(馬英九) 총통은 '동중국해 평화
구상'을 제창했다. 하지만 그런 평화와 협력의 미래가 실현되기 위
해서는 주권 문제가 먼저 해결되고 협력적 자원개발에 대한 합의
가 이루어져야 한다. 이런 것들이 가능하기 위해서는 우선 섬들을
둘러싼 거친 파도가 잠잠해져야 할 것이다.

센까꾸/댜오위제도는 다섯개의 무인도(와 몇개의 암초들)로 이
루어져 있는데, 각각 일본명과 중국명으로 우오쯔리지마(魚釣島)/
댜오위다오(釣魚島), 키따꼬지마(北小島)/베이샤오다오(北小島),
미나미꼬지마(南小島)/난샤오다오(南小島), 쿠바지마(久場島)/황웨

11-2. 센까꾸/댜오위제도

이위(黃尾嶼), 타이쇼오지마(大正島)/츠웨이위(赤尾嶼)라는 이름을 갖고 있다.[3] 가장 큰 섬(우오쯔리/댜오위, 일본어로는 물고기-잡이, 중국어로는 잡이-물고기라는 뜻)은 4.3제곱킬로미터이며 다섯개 섬의 총면적은 6.3제곱킬로미터다. 세개의 중심부 섬들로부터 100킬로미터 멀리 떨어진 섬(타이쇼오지마/츠웨이위)도 있는데, 이 섬은 중국 대륙붕 가장자리의 상대적으로 얕은 바다에 위치하고 있고, 오끼나와로부터는 '오끼나와해협'(중국에서는 중국-류우뀨우해협)으로 알려진 깊은 해구(최대 수심 2,940미터)[4]에 의해 분리되어 있다. 주요 섬들은 중국 본토의 해안에서 동쪽으로 330킬로미터, 대만에서 북동쪽으로 170킬로미터, 오끼나와제도의 요나구니(혹은 이시가끼)에서 북쪽으로 170킬로미터 떨어진 곳에 위치하고 있다.

14세기부터 확인되는 중국 측의 자료들은 이 섬들이 특히 명·청 왕조 시기에 류우뀨우를 오가는 조공무역에서 중국 연안(푸저우撫

州)과 류우뀨우왕국의 수도인 슈리를 잇는 중요한 항해 지점이었다고 기록하고 있다. 하지만 이 섬들의 영유권은 누구에게도 큰 관심사가 아니었다. 사실상 아무도 거주하지 않았던 것으로 보인다. 오늘날 이 섬들은 러시아가 통제하고 있는 소위 '북방영토'나 한국이 통제하고 있는 독도/타께시마와 달리, 일본의 실질적인 통제하에 있는 유일한 영토 분쟁 지역이다.

근대의 중일관계에서 센까꾸/댜오위제도는, 지리적으로는 구분되지만, 류우뀨우제도의 처분과 밀접하게 연결되어 있었다. 근대 일본국가가 1879년 일방적으로 류우뀨우왕국을 폐지하고 베이징 중심의 '조공 세계'와의 오랜 연계를 단절시켰을 때, 중국은 이에 항의했고 미국의 율리시스 S. 그랜트(Ulysses S. Grant) 대통령은 양국의 입장차를 중재하려 했다. 일본은 1871년에 양국 사이에 체결한 청일수호조규를 포괄적으로 개정하려 했다. 일본은 기존의 제국주의 강국들이 중국과 맺은 것과 같은 불평등조약(최혜국 지위)을 맺기를 원했다.[5] 일본은 류우뀨우의 분할을 제안하여, 류우뀨우의 남부 제도인 미야꼬와 야에야마제도를 중국에 양도하려 했다(분도·증약안). 중국은 삼분할안을 제안했는데, 아마미를 포함한 북부를 일본의 메이지정부에 넘기고, 복귀한 류우뀨우/오끼나와국왕의 통치하에 오끼나와 본도를 독립시키며, 남부를 중국에 양도하라는 것이었다(류우뀨우 삼분할안).[6] 두 제안은 미야꼬와 야에야마제도(즉, 오끼나와제도에서 센까꾸/댜오위와 가장 가까운 지역)가 중국의 영토가 되어야 한다는 데 일치했다. 중국의 제안에 따른 협정안이 1881년에 작성되었지만, 중국정부 고위층의 반대로 실제로 채택되지는 못했다. 중국의 저명한 지도자인 이홍장(李鴻章)은 "류우뀨우는 중국이나 일본의 영토가 아니라 독립국가"라며 협정에 반대했다고 한다.[7] 130여년 후 중국이 양국 사이에 오끼나와의 지위에 관한 협정이 존재하지 않았으며 따라서 그 지위 문제는 '미해결' 상태라고 주장한 것은 단순히 역사적 사실을 진술한 것이었다.[8]

　1879년의 '류우뀨우 처분'에서 16년이 지난 뒤인 1895년 1월, 일본정부는 우오쯔리지마/댜오위다오와 쿠바지마/황웨이위를 일방적으로 병합하면서, 자신들이 이곳을 발견했으며 (어떤 국가에 의해서도 점령되거나 소유권이 주장되지 않은) '무주지'(*terra nullius*)라는 것을 알게 되었다고 주장했다. 1896년 일본의 개척 기업가였던 코가 타쯔시로오(古賀辰四郎)에게 이 섬들을 임대하면서, 일본정부는 나머지 두 섬들도 여기에 추가했다. 다섯번째 섬인 타이쇼오지마/츠웨이위는 임대 목록에 포함된 적이 없지만, 1921년 일본정부는 간단히 이 섬에 대한 권리를 주장했다. 1926년 일본정부는 네 섬에 대한 차지권(借地權)을 코가 가문에 허락된 자유보유권으로 전환했다.[9] 코가와 그의 가족들은 1940년 무렵까지 섬에 남아 있었고, 군국주의 일본의 붕괴가 다가옴에 따라 철수했다. 1945년 미국은 오끼나와와 그 주변의 섬과 바다에 대한 통치권을 획득했고, 1951년 쌘프란시스코에서 대일강화조약을 통해 그러한 통치를 확정했으며, 1953년에는 센까꾸/댜오위를 포함한 '류우뀨우제도'의 경계를 신중하게 정의했다.[10]

　이 섬들은 1968년에 유엔의 아시아극동경제위원회(ECAFE)가 극동지역에서 "마지막으로 남은, 풍부하지만 아직 개발되지 않은 석유와 천연가스의 저장고"일 수도 있다고 하기 전까지는 거의 아무도 관심을 보이지 않았다.[11] 오끼나와 반환을 위한 협상 시기 (1969~72)가 되자, 미국은 점령 지역 사이에 선을 긋고, 류우뀨우는 일본에 주권을 이전했지만 센까꾸는 시정권만 넘겼다. 류우뀨우로부터 센까꾸를 분리함으로써, 암묵적으로는 이 섬들이 영유권 분쟁의 대상이 될 수 있음을 인정했던 것이다. 최근의 연구들은 이러한 결정에 마키아벨리적인 고려가 있었다고 주장하고 있다. 하라키미에(原貴美惠)는 미국은 이 섬들이 중국을 "봉쇄하는 쐐기"로 기능할 것이며, "중국과 일본 사이의, 특히 오끼나와에 가까운 섬들에 대한 영토 분쟁은 미군의 오끼나와 주둔을 일본이 더 받아들일 수 있도록 만들 것이라고 이해했다"라고 한다.[12] 토요시따 나라히꼬(豊下楢彦)에 따르면, 미국은 중국과 일본 사이에 영토를 둘러싼 충돌의 씨앗 혹은 불씨를 뿌리면서, 영토의 경계에 의도적으로 "애매한" 태도를 취했고,[13] 그럼으로써 일본이 미국에 더 오래 의존하도록 미군기지의 주둔을 정당화하려 했다는 것이다.[14]

두 연구의 함의는 분명하다. 오늘날 센까꾸/댜오위 문제는 미국 정책 결정의 결과라는 것이다. 의식적인 의도를 증명하는 것이 쉬운 것은 아니지만, 이들 가설은 미국의 입장 변화에 대한 그럴듯한 설명을 제공한다. 센까꾸/댜오위의 소유권에 대한 '애매하며', 미해결된 '쐐기/불씨' 도식은 중일관계에 지속적인 마찰을 보장함으로써, 일본을 속국 혹은 미국에 종속적인 국가의 자리에 가둬버리는 열쇠 역할을 담당했다.[15]

폭풍의 눈: 센까꾸/댜오위

근대 일본과 중국은 1972년과 1978년의 연속적인 두 회담에서 센까꾸/댜오위에 관심을 쏟았다. 1972년 9월 27일, 중국의 저우 언라이(周恩來) 총리와 일본의 타나까 카꾸에이 총리 사이에 진행된 네번의 회담 가운데 세번째 만남에서, 타나까는 센까꾸/댜오위 문제를 제기했고, 저우는 문제를 개봉하는 것이 국교정상화를 복잡하게 하고 지체시킬 것이기 때문에 보류되어야 한다고 응답했다.[16] 6년 뒤, 평화우호조약을 협상하기 위해 일본을 방문한 덩 샤오핑(鄧小平)은 다시 보류를 했고, '다음 세대'가 문제를 해결하기에 충분한 지혜를 발견하도록 내버려두기를 바랐다.[17] 그후 대략 30년 동안 잠정적 타협(*modus vivendi*)이 이루어졌다. (홍콩의 기지에서 온 중국 활동가들과 일본 우익들에 의해) 일시적으로 문제가 발생하기도 했지만, 양국 정부는 전술적으로 협력해 문제를 봉쇄했다. 그러는 동안 일본은 섬에 개인을 거주시키거나 주변 해역을 개발하는 것을 자제했다.[18]

관방장관을 역임한 87세의 노회하고 보수적인 일본 정치가 노나까 히로무(野中廣務)는 2013년, 타나까가 사실 41년 전에 '보류' 합의에 대해 자신에게 말했다고 회상했다.[19] 하지만 현재 일본 외무성은 그런 합의는 없었다며 부인하고 있다.[20] 공식적 외교문서가 없다는 점은 명백해 보인다. 하지만 언급한 대화는 사소한 것이 아니다. 양측이 각기 다른 입장을 가지고 있었지만, 국교정상화가 뒤집히는 것을 막기 위해 공식 협상을 피했다는 해석이 그럴듯해 보인다.[21] 일본의 학자 야부끼 스스무(矢吹晋)는 두 증거가 일본의 주권에 대한 공식적이며 널리 인정받는 판결을 손상시킬까 우려하여, 1972년 타나까-저우 회담의 의사록을 변경하고 1978년 소노다-덩 회담 의사록을 "불태우고 파기한" 일본 외무성의 "변명의 여지가 없고 무도한" 행동을 비난하고 있다.[22] 엄청난 혐의를 제기하는 것인데, 2001년 정보공개법이 통과되기 직전에 엄청난 양의 외무성 문서를 고의적으로 파기했던 것에 비추어보면 개연성이 충분하다.[23]

암묵적인 상호 이해가 거의 40년 동안 논쟁을 봉쇄해왔지만, 2010년에 상황이 바뀌었다. 일본 민주당정부는 센까꾸 해역에서 고기를 잡는 중국 배의 선장을 체포했고, 이 섬들이 일본영토의 뗄 수 없는 일부라는 점에 "의심의 여지가 없다"라고 주장했다. 또 영토 분쟁이나 외교 문제는 없으며, 단순히 중국 배가 일본 법률을 위반(공무를 수행하는 관리들을 방해)했을 뿐이라고 주장했다. 하지만 중국이 격노하자 곧바로 물러나 혐의를 추궁하지도 않고 중국인 선장을 석방했다. 문제의 해결은 더 어려워졌다.

중국 입장에서는, 일본이 국경에 대한 양국의 분쟁을 해결하기 위해 외교적 노력에는 집중하지 않고, 미일안보조약 제5조에서 규정하고 있는 "일본의 시정권하에 있는 영토"가 무력공격을 받았을 경우에 미국에게 일본을 지키도록 규정한 조항에 이 섬들이 해당한다는 점을 미국정부로부터 확약받는 데 최우선 순위를 두면서, 이 사안을 미국까지 포함하는 안보문제로 확장한 것은 충격적이었다. 힐러리 클린턴 미국무장관은 2010년 8월에는 그러한 입장을 명확히 보증했고,[24] 적절한 절차와 일본의 강력한 재촉에 따라서, 2013 회계연도의 미국방수권법(National Defense Authorization Act)에 입법되어 2012년 9월 29일 상원을 통과했다.[25] 여기에서 미국은 "센까꾸제도에 대한 일본의 시정권"을 계속해서 확인했지만 주권 문제에 대해서는 어떤 입장도 취하지 않았다.[26] 미국이 센까꾸제도를 어떤 나라가 소유해야 하는가에 대해, 심지어 이들을 어떻게 불러야 할지에 대해서조차 아무런 견해도 밝히지 않은 반면에, 일본의 청구권을 방어하기 위해 전쟁에 돌입할 준비는 되어 있다는 의미다. 이것은 1971년에 헨리 키신저가 이 문제를 '난센스'라고 설명했을 때와 동일한 입장이다.[27]

19세기 말까지 이 섬들이 일본에는 거의 알려져 있지 않았다는 사실에도 불구하고, 오늘날 일본에는 센까꾸제도가 일본의 명백한 또는 고유한, '고유' 영토라는 합의가 존재한다. '고유(固有)'라는 말의 정확한 영어 번역어는 없다. "먼 옛날부터"(from time immemorial)라는 영어식 표현에 해당하지만, 이 개념은 국가의 영토를 논의하는 외교 및 국제법에도 잘 알려져 있는 곳이 거의 없다.[28] 이 개념은 초기에는 (당시부터 '북방영토'로 불리기 시작한) 남쿠릴열도로 알려진 지역에 대한 일본의 청구권을 언어적으로 강화하려는 노력의 일부로 1970년 무렵에 일본에서 발명된 것 같다.[29] 이후 동아시아 문화권으로 퍼져서 한중일의 영토 분쟁은 무조건적인 절대주의를 주장하게 되었고, 타협은 배제되었다. 1945년에 프로이센의 심장부 대부분을 희생했지만, 결과적으로 유럽의 중심으로 거듭나게 된 독일의 사례에서 잘 알 수 있듯이[30] (일부 해상 지역을 제외한) 국경은 거의 절대적이거나 신성불가침한 것이 아니라는 근대 세계사의 교훈은 잊혔다.

2012년 4월, 토오꾜오 도지사인 이시하라 신따로오(石原愼太郞)는 워싱턴의 보수적인 청중들에게 중국이나 대만의 주권에 대한 도전을 물리치기 위해서 토오꾜오가 우오쯔리지마, 키따꼬지마, 미나미꼬지마 등 세 섬의 사유지를 구입하기 위한 협상하고 있다고 연설했다.[31] 공적인 자리에서 이시하라는 이 섬들을 하나로 묶어서 설명해왔지만, 사실 이러한 발언은 타이쇼오지마/츠웨이위가 국유지라는 사실을 간과하는 것일 뿐만 아니라 일본 해양경비대에게조차 중국식 명칭으로 알려진 외딴섬 쿠바지마/황웨이위에 대해서는 아무런 주장도 하지 않는 것이다. 두 섬은 반세기 이상 '폭격장' 취급을 받으며 미군의 통제하에 놓여 왔으며, 한번도 일본의 중앙정부나 대도시의 지자체가 이 섬들의 반환을 위해 노력하거나 불평한 일도 없었다. 왜 이 섬들을 회복하기 위해 아무런 노력도 기울이지 않느냐는 국회 질의에 일본정부 대변인은 미국이 "두 섬을 반환하겠다는 의사를 보이지 않기" 때문이라고 말했다.[32]

달리 말해서, 일본은 미국이 먼저 반환 의지를 명시하지 않으면 〔두 섬의〕 반환을 추진할 꿈도 꾸지 않는다는 것이다. '고유' 섬들에 대한 일본의 분노는 다섯개가 아니라 세개의 섬에만 한정된 것이며, '고유'의 의미를 어떻게 정의하는지 몰라도 다른 나라가 그곳을 폭격하여 산산조각을 내더라도 그 나라가 미국인 한, '고유' 영토의 미국의 점령은 모순이 아니라는 것이다. 일본의 지도자들은 중국에게는 고함을 질러대고 일본의 '고유한' 영유권을 단호하게 주장하다가도, 미국 앞에서는 목소리를 줄인다.

중국――혹은 지나, 이시하라는 모욕적인 전시의 명칭을 다시 끄집어냈다――이 "선전포고 직전까지"[33] 오고 있으며 "센까꾸/댜오위 문제를 자신의 야망을 위한 첫걸음으로 삼아, 태평양에서 패권을 추구하는"[34] '강도'에 불과하다는 취지의 이시하라의 언급은, 다음과 같은 주장에 관한 국민적 합의를 형성하는 데 도움을 주었다. 즉, 이들 섬에 대한 일본의 소유권은 "의심의 여지도 없고" 논쟁의 여지도 없다는 것, 그리고 그에 대한 도전은 미국과의 안보동맹의 중요성을 재확인시켜주었다. 모든 일본의 언론은 "역사적으로 보나 국제법적으로 보나 일본의 뗄 수 없는 일부"라거나 "역사적으로도 법적으로도 (…) 일본영토의 뗄 수 없는 일부"[35]라는 문구를 동원하면서, 이 섬들에 대해 언급하고 있다.

2012년 동중국해의 여름은 이시하라의 도발로 뜨거웠다. 서로 다른 깃발을 꽂은 경쟁 그룹들이 이 섬들에 상륙하거나 상륙하려고 시도했다. 7월 7일, 중일전쟁 75주년 기념식에서 노다 총리는 이시하라의 명분을 채택하여, 일본정부는 (세개의) 섬을 구입하거나 '국유화'할 것이라고 선언했다. 7월 말에는 섬을 방어하기 위해 자위대를 배치할 준비가 되었다고 선언했고, 9월에는 (205억 엔에) 섬을 구입하여 '국유화'하고 유엔총회에서 이 섬들이 "고유한(intrinsic) 일본영토"였으며 그에 대한 분쟁도 협상도 없을 것이라고 선언했다.[36] 하지만 두개의 '다른' 섬들에 대한 언급은 없었다.

홍콩에서 항의시위가 일어났고 중국 전역의 도시와 농촌으로 확산되었다. 자동차는 전복되었고, 일본 레스토랑의 창문은 박살났으며, 일본제품은 휴지통에 버려졌다. 여행 그룹, 학생, 기업의 교류는 중단되었다. 그해 말, 아베 신조오는 중의원 선거를 "나라를 되찾자"라는 슬로건으로 도배하고 일본의 '고유' 영토인 센까꾸의 1밀리미터도 포기하지 말자고 주장하면서[37] 이 문제에 관한 분쟁도 없으며 토론이나 협상의 여지도 없다고 외쳐댔다.

이 문제에 외교교섭의 여지 따위는 없다. 센까꾸 해역에 필요한 것은 교섭이 아니라 (상대방이) 오해하는 것을 불가능하게 할 물리적인 힘이다.[38]

하또야마 전 총리대신은 (베이징을 방문하는 동안) 일본정부에 도전하면서 다음과 같이 말했다.

그러나 역사를 돌아보면 분쟁은 존재했다. (…) 당신이 계속 "영토 분쟁은 존재하지 않는다"라고 말하면, 결코 해답을 찾을 수 없을 것이다.[39]

이에 아베의 방위대신인 오노데라 이쯔노리(小野寺五典)는 하또야마를 '국적(國敵)'이라고 불렀다.[40]

2013년 일본정부의 비타협적 언어는 1937년을 연상시킨다. 당시 일본의 지도자였던 코노에 후미마로는 중국과의 전면전으로 이어질 운명의 몇개월 동안, 중국의 장 제스(蔣介石)와의 협상을 배제했고, 일본의 언론들은 지금처럼 독선적으로 중국의 '도발'과 '비이성'을 멸시했다.[41] 중국 일본의 도전은 단순해 보인다. 4월, 댜오위는 처음으로 중국의 '핵심 이익'으로 선언되었고, 5월에 『인민일보(人民日報)』는 오끼나와 지위 자체가 협상되어야 한다고 덧붙였다. '물리적 힘'이라는 아베의 위협에 대해 중국은 몇개월 뒤에 뤄 위안(羅援) 중국 인민해방군 소장이 중국은 댜오위 문제의 해결책을 "포괄적인 국력의 성장"에서 찾을 것이라는 선언으로 응수했다. 그러기 위해서 댜오위 해역으로 군대를 동원할 것이며, "필요하다면 세개의 주력 함대를 (일본의) 칼날을 움켜쥘 철권으로 바꿀 것이다"라며 말이다.[42]

난징학살과 이른바 '위안부'의 존재를 부인하며, 헌법 개정을 통해 더 강력한 군사력으로 강한 일본을 만들어야 한다고 주창하고, 천황 중심 일본의 유일성을 믿는 신도(神道) 신봉자로 범벅된 정부를 낳은 2012년 말의 선거는 중국과 다른 아시아 국가들에 경종을 울렸다.[43] 또 아베의 신국수주의적이며 역사수정주의적인 ("제국 일본의 침략과 다른 아시아 국가들의 희생"이라는 서사를 거부하는) 어젠다가 '분열적'일 수 있으며, "미국의 이익을 손상시킬 수 있다"라는 우려가 (미국 언론을 통해) 워싱턴에 확산되었다.[44]

클린턴 미국무장관이 2013년 1월에 워싱턴에서 키시다 후미오(岸田文雄) 외무대신을 만나 (영토) 분쟁은 실재하며 일본은 중국과 협상 테이블에 앉아야 한다고 말했을 때,[45] 그것은 사실상 꾸중이나 다름없었다. 아베는 곧바로 발언 수위와 정책을 완화했다. 그러나 2013년 2월 말에 워싱턴을 방문했을 때, 아베는 저녁만찬이나

합동기자회견도 제공받지 못했고, 공동성명에도 그가 정말로 추구해왔던 것, 즉 센까꾸/댜오위에 대한 일본의 주권 주장에 대한 미국의 지지를 받지 못했다.[46] 대신에 공동성명은 하나의 이슈, 즉 워싱턴의 주요 의제인 환태평양동반자협정(TPP)에 관한 것으로 채워졌다.

일본의 센까꾸

센까꾸에 대한 일본 측의 영유권 주장은 세가지 기본적인 근거에 기반하고 있다. 중국이 청일전쟁에서 패배한 직후 1895년에 이 섬들은 일본에 병합되었고 그 3개월 뒤에는 대만과 그외의 섬들이 시모노세끼조약으로 일본에 양도되었지만, 이 섬들은 '전리품'(혹은 1943년 카이로선언의 용어로는 '빼앗긴 영토')이 아니라 다른 어떤 나라에 의해서도 소유되거나 권리가 주장된 바 없는 '무주지'였다는 것, 1895년의 병합과 1968년 ECAFE 보고서의 출판 사이에 일본의 점유에 대해 아무도 도전하지 않았다는 것, 그리고 거의 형이상학적인 의미에서 이 섬들은 일본의 고유하며 양도할 수 없는 '고유영토'라는 것이다.

제국주의 국가들이 마음대로 세계를 분할하던 시대를 떠올리게 하는 '무주지' 주장은 호주와 같은 몇몇 경우에는 최고재판소 수준에서 법적으로 기각되었다는 것을 생각할 때[47] 확실히 그 유효성이 의심스럽다. 오늘날 (청일 간의 협상에 뒤이은 10여년의 심사숙고 끝에 실시한) 1895년의 병합이 청일전쟁에서의 승리와 무관하다고 주장하는 것은 망신스러운 일이다. 이 섬들에 대한 일본의 병합은 57년 동안 (1952년 일본 외교기록의 전후 편찬을 통해 출판되었을 뿐) 여전히 외교 기밀로 남아 있었다. 1895년의 내각 결정에 의해 승인된 '표지'가 이 섬들에 설치되었다고 주장하고 있지만, 사실 이 표지들은 1969년 5월까지 섬에 설치되지 않았다.[48]

중국 측의 입장에서 보면 류우뀨우(1879)에서부터 센까꾸(1895), 대만(1895), 동베이(東北) 혹은 만주(1931)까지 하나의 단일한 선이 그어질 수 있다. 2013년 5월 『인민일보』의 보도는 정확히 그런 선을 그은 것이다.

적어도 '센까꾸제도'가 오래전부터 류우뀨우제도의 '일부'였다는 것을 암시하면서, 현재 '센까꾸제도'에 대한 거의 모든 언급에서 '고유의 영토'를 접두사처럼 붙이는 것 역시 그 유효성이 의심스럽다. 전근대에도 1879년 오끼나와현이 건설되었을 때에도 이 섬들은 류우뀨우의 '36개 섬'의 일부가 아니었고, 16년이 지나서야 오끼나와현에 접합되었다. '고유의 영토'라는 호칭은 매우 역설적이다. 19세기 말까지 이 섬들은 일본에 알려져 있지 않았고, 당시에 영국 해군이 언급하고는 있었지만 1895년까지는 일본의 영토로 선언되지 않았으며, 1900년까지는 이름도 없었다. 이름이나 일본의 주장도 1952년까지는 드러나지 않았고, 문서에 드러났을 때조차 때로는 둘, 때로는 셋, 그리고 때로는 다섯개의 섬으로 언급되었다.

1970년까지 일본의 섬 점령에 관한 중국의 침묵이 동의를 표시한 것으로 볼 수 있다는 일본의 주장은 오랫동안 유지된 일본의 기밀주의 및 전후 평화정착을 위한 대일강화조약에 중국이 배제되었다는 점 때문에 토대가 허물어진다. 어쨌든 전후의 국제법은 고통받던 식민지 또는 반(半)식민지 국가들이 호소할 수 있는 씨스템을 제공하지 못했다. 〔오끼나와의 경우를 통해서 보자면〕일단 오끼나와로부터 미군의 철수가 임박하고 무엇이 '오끼나와'이며 무엇이 아닌지 그리고 누구에게 '반환'되어야 하는지에 관심이 집중될 때마다 중국과 대만 모두 센까꾸/댜오위에 대한 자신의 주장을 강화했다.

중국의 댜오위

댜오위에 대한 중국 측의 주장은 역사(명·청왕조의 기록)와 지형(대륙붕 및 류우뀨우제도로부터 센까꾸/댜오위를 분리하는 심해)에 의존하고 있다. 이 섬들은 대만 영토의 뗄 수 없는 일부이며, 중일전쟁 동안 일본에 의해 '전리품'으로 불법적으로 전유되었고, 따라서 포츠담협정에 의거하여 중국에 반환되어야 한다는 것이다.

중국은 동중국해와 남중국해에서 극단적인 팽창주의적 주장을 하고 있는 것으로 일반적으로 인식되고 있다. 그러나 중국이 해양 영토와 자원을 노리고 있다는 주장에 세계가 집중하고 있는 사이, 1982년의 해양법에 관한 유엔협약(UNCLOS)에서는 대부분 이전 제국주의·식민강국이었던 선진국들의 권리에 관해 훨씬 더 중요한 결정이 내려졌지만, 거의 아무런 주목을 받지 못했다. 가장 큰 수혜자는 미국·영국·프랑스였고 호주·뉴질랜드·러시아도 수혜를 보았으며, 마지막으로 센까꾸/댜오위의 영유권에 관계없이 해양강국으로서 중요성이 커진 일본도 그 수혜자에 포함되었다.[49] "19세기와 20세기에 태평양을 분할할 때도 지금도 대양을 분할하는 데 아무런 역할을 하지 못하고 있는"[50] 중국은 세계 해양권력에서 31위를 차지했는데, 이것은 몰디브와 소말리아 사이 정도의 성적이다.[51] 반면, 다섯배로 넓은 바다를 통제하고 있는 일본은 배타적 경제수역(EEZ)에서 6위를 차지했으며, 바다의 깊이와 실제 부피를 고려하면 4위로 추정되고 있다.[52] (센까꾸/댜오위 이외에 영유권을 주장하지만 이론의 여지가 있는 섬들을 포함한) 다양한 해양지대에서 천연가스, 희토류, 상당한 양의 귀금속과 산업용 금속이 발견되어 해양강국이 될 잠재성이 엿보인다.[53] 하지만 중국이 세계 해양에 대한 권리 주장에서 약자라는 바로 그 사실이, 아마도 센까꾸/댜오위와 같은 영토를 양보하지 않으려는 결정을 강화했을 것이다.

석유와 천연가스의 노다지라는 전망을 제기한 ECAFE의 보고서로부터 45년이 지나서, 일본의 자료들은 이 지역에 이라크와 맞먹는 대략 천억 배럴의 석유와 가스 자원이 매장되어 있다고 예측하고 있다.[54] 주변의 바다에는 탄화수소가 아주 풍부할지 모르는데, 실제로 그렇다고 하더라도 어느 한쪽이 상대방의 적대를 성공적으로 무시하면서 자원개발을 진행시킬 수 있을 것 같지는 않다. 예컨대, 일본이 성공적으로 약간의 자원을 추출하게 되더라도 류우뀨우해협을 거쳐서 일본의 시장으로 운반하려는 시도는 중동의 석유를 히말라야를 거쳐서 일본으로 운반하는 것과 다름없을 것이다.

반면, 대륙붕 끝에서 중국시장으로 자원을 운송하는 것은 거의 문제없이 이루어질 수도 있다.[55] 따라서 정치적 고려를 완전히 배제한다면, 엄청난 기술적 어려움과 수반되는 위험은 다양한 정부와 금융 집단들 사이의 협력을 개발의 필수조건(sine qua non)으로 만들 것이다.

다섯가지의 일반적인 논점이 있을 수 있다.

첫째, 쿄오토대학의 이노우에 키요시(井上淸)가 40여년 전에 지적한 것처럼, "조약을 통해 (센까꾸)제도를 중국으로부터 얻어내지 못했음에도 불구하고, 그 섬들을 조약이나 협상 없이 전쟁에서의 승리를 이용하여 살그머니 거머쥐게 되었다"라는 점이다.[56] 2012년 이데올로기적 스펙트럼의 반대편 끝에 있는 『이코노미스트』(The Economist)에 의해 확인된 판결문은, "섬들에 대한 일본의 권리 주장이 합법적이건 아니건 간에, 그 뿌리는 잔인한 제국 건설에 놓여 있다"라는 것이다.[57]

둘째, 1951년 쌘프란시스코에서 주요 집단들이 불참한 가운데 채택된 모호한 공식은 격렬한 논쟁을 낳았고, '분쟁이 있다'라고 일본이 인정할 때까지는 현재 이 섬들을 둘러싸고 고조되고 있는 군사적 대결의 진전은 상상하기 어렵다는 것이다. 일본의 저항이 길어질수록 일본은 더 체면을 잃어 고통받을 것이고, 결국에는 아마도 미국의 압력에 분쟁을 인정해야만 할 것이다.

셋째, 문제는 단순하게 영토적인 것이 아니라, 역사에 깊이 뿌리를 두고 있다.[58] 일본은 쉽게 잊는 경향이 있지만 중국은 잊을 수 없을 것이다. 난징학살에 대한 고위층의 부인, 역사교과서를 살균

하려는 우익들의 정기적인 시도, 아시아 전역에 걸친 일본군 성노예제도 희생자들에 대한 공식적·법적 책임 인정 거부, 일본 총리대신과 각료들의 주기적인 야스꾸니 방문 등, 오늘날 '센까꾸' 문제는 일본이 오랫동안 무시하거나 충분하게 해결하지 않은 전쟁 책임 문제에 대한 중국의 해소되지 못한 의심이라는 '역풍'의 성격을 가지고 있다. 2013년 4월에도 아소오 타로오 부총리와 168명의 중의원 의원들이 야스꾸니의 봄 의례에 참석했다.

넷째, 일본의 엘리뜨와 언론은 모두 중국의 위치를 고려하거나 스스로의 위치를 비판적으로 인식할 능력을 상실한 것 같다. 그들은 중국의 모습을 위협적인 '타자'로 투사하면서, 이 섬들에 대한 중국의 권리 주장을 둘러싼 상황이나 일본에 대한 일반적 의심의 이유에 대해서는 거의 주의를 기울이지 않고 있다. 그들은 이 섬들의 일본 '소유'를 당연시하면서 그것을 둘러싼 위기를 비난한다. 그리고 1972년과 1978년의 '보류' 협정의 존재를 단순히 부정하면서, 휴지통에 버린 데에 대한 책임의식도 없는 상태다.[59] 일본의 주장은 수사학적이며 모호하고 조작적이며, 타협이나 협상에 적대적이고, 여전히 일본의 위치가 "현재의 국제법하에서 근본적으로 견고하며 유지 가능하다"[60]라는 점을 거의 의심하지 않는다.

다섯째, 일본에 센까꾸/댜오위는 동아시아와 세계에서의 역할을 정의하는 데 핵심적인 요소가 되었다. 즉, 일본은 민주당이 집권한 짧은 시기 동안 동아시아지역에서 협력적 질서를 건설하는 데 집중하는 지역 국가로 스스로를 정의하기도 했지만, 전후부터 지금까지 중국을 봉쇄하는 구조를 건설하는 데 있어서 미국에 협력하는 속국으로 스스로를 정의해왔다. 그러면서도 일본은 일본인의 의식에 깊게 남아 있는 닉슨 쇼크처럼, 미국이 어느날 아시아의 핵심 이익을 일본에서 중국으로 바꿀지도 모른다고 두려워하고 있다. 합리적인 토론을 삼켜버렸던 '고유' 영토 및 분쟁의 부재에 관한 기만과 궤변을 파기하기 위해서는 거의 '정신 혁명'을 해야 할 것이다.[61] 그 시급성도 점차 증대하고 있다. 2013년 중반에 '보류' 협정을 재가동하기 위한 중국의 준비는 양측 모두 화를 식힐 수 있는 길을 제공함으로써 일말의 타협책에 관한 논의의 장을 열 수 있을지도 모른다.[62]

하지만 겉으로는 어려워 보이더라도, 후꾸다 야스오, 후 진타오, 하또야마 유끼오를 비롯한 여러 사람들에 의해 이미 시사된 바 있는 종류의 동중국해 지역 문제의 진전이 그렇게 어려울 이유는 없으며, 적어도 원론상으로는 손쉽게 해결될 수도 있다. 주권 문제의 해결 전망이 가장 어둡기 때문에 최선은 주권 문제를 제쳐놓고 1972~2010년의 '보류' 협정으로 돌아가서 그것을 섬 주변과 '밑'에서의 능동적인 협력과 결합하는 것이다. 자원을 공유하고 (가능하면 유엔 세계자연문화유산으로 지정해) 자연을 보호할 책임 및 섬과 바다에 대한 공동 순찰과 관리에 관한 협정이 논의될 수 있다. 어업과 자원 추출에 관한 협력의 틀은 2010년 위기 이전에 일부에는 이미 설정되어 있다가 메커니즘의 대부분이 동결되었지만, 다시 복구되고 확장될 수도 있을 것이다.

서로 경쟁적인 주장을 하는 세 국가 행위자들 사이에 놓여서, 오끼나와는 특히 민감하며 취약한 위치를 차지하고 있다. 이 지역의 해상에서 주권에 대한 경합이 자신들에게 위협적이라는 점을 오끼나와인들은 뼛속 깊이 알고 있다. 류우뀨우대학 명예교수인 히야네 테루오(比屋根照夫)가 지적한 것처럼, 센까꾸를 방어하기 위한 전쟁은 "우리 오끼나와인들을 희생자로 휘말리게 하는, 제2차 세계대전의 재발"이 될 것이다.[63]

따라서 센까꾸에 대한 오끼나와인들의 사고는 매우 독특하다. 오끼나와 시민사회는 배제보다는 협력적이고 포괄적인 지역적 해결책을 구상하고 있다. 그들은 또한 (일본 본토와는 대조적으로) 중국과 우호적인 관계를 맺었던 긴 역사적 기억을 돌아보는 경향이 있다. 따라서 그들은 '고유의 영토'라는 언어를 버리고, "일본·중국·대만이 공존·공생하는 공간이며 선의의 상징"인 "생활권"(livelihood zone)에 대해 이야기한다.[64] 그들은 오끼나와를 "아시아의 평화허브"로 바꾸기 위해 노력하고 있다. 그들은 동중국해(와 센까꾸/댜오위와 같은 섬들)의 새로운 미래를 논의하기 위해, 이 지역을 더욱 군사화하려는 일본과 미국의 계획을 10여년 동안이나 좌절시켰던 오끼나와의 시민민주주의의 원리를 확장하려 한다. 민족국가를 상대화하고 국경을 가로지르는 협력의 구조를 만들려는 그러한 전망은 확실히 가장 급진적인 것이다. 하지만 그러한 노력이야말로 센까꾸/댜오위 문제를 해결할 수 있는 최선의 전망을 제공해주며, 또한 '팍스 아시아'(*Pax Asia*)의 탄생을 알리는 신호가 될 수도 있을 것이다.

12
RESISTANT ISLANDS

역사를 움직이는
사람들

역사의 분기점에서 압도적인 힘의 차이에도 미국과 일본이라는 두 강대국을 상대로 계속해서 투쟁하고 있는 사람들은 어떤 사람들인가? 개인적인 것이 곧 정치적인 것이며 그 반대도 역시 마찬가지라는 신념에 근거하여, 시민운동이나 정치활동, 저술업이나 학술연구, 그리고 무엇보다도 일상의 생활을 통하여 오끼나와운동을 짊어져왔던 오끼나와 사람들 중 남녀 네명씩을 선별했다. 요나미네 미찌요(與那嶺路代), 아시미네 유끼네, 미야기 야스히로, 치넨 우시, 킨조오 미노루, 요시다 켄세이, 오오따 마사히데, 우라시마 에쯔꼬 등이 바로 그들이다. 다음의 질문을 기초로 자유롭게 대답하도록 했다. 오끼나와의 미래를 만드는 것은 오끼나와의 사람들이며, 따라서 이 장이야말로 이 책의 중심적 존재라고 할 수 있다. 그런 의미에서 보자면, 앞의 이야기들은 이 장에서 소개하는 오끼나와의 목소리를 전달하는 배경설명이라고 할 수도 있을 것이다. 여덟명에게 던진 질문은 다음과 같다.

- 언제부터 어떤 계기로 오끼나와 운동을 시작했습니까? 운동은 당신의 삶에 얼마나 영향을 주었고 운동의 목표는 무엇입니까?
- 시작했을 때와 비교하여 그 문제는 해결에 가까워졌습니까? 운동의 이후 전망은 어떻습니까?
- 당신은 스스로를 오끼나와인, 일본인, 그외 중 무엇으로 정의합니까? 그와 같은 정체성은 운동에 어떤 영향을 미칩니까?
- 오끼나와 문제에 대한 일본정부의 대응에 대하여 어떻게 생각하십니까?
- 일본 본토와 미국에 대해서 오끼나와가 제시하는 문제점과 메시지의 핵심은 무엇입니까?
- 오끼나와전 체험이나 기억(지식)은 오끼나와 운동에 어떤 영향을 주고 있습니까?
- 일본 헌법은 당신에게 어떤 의미이고 헌법 제1~8조(천황조항)와 제9조는 일반적으로 오끼나와에서 어떻게 해석됩니까?
- 오끼나와 문제에 대한 정당하며 타당한 해결책을 시사하는 문서나 책이 있다면 어떤 것을 들겠습니까? 당신에게 큰 영향 또는 계속해서 용기를 준 문서나 책이 있습니까?
- 당신이 보기에, 류우뀨우/오끼나와의 역사에서 오끼나와 정신의 중추를 보여주고 있다고 생각되는 사람은 누구입니까?

요나미네 미찌요

1976년 나하시 출생,『류우뀨우신보』기자.

"약자의 편에 서는 것이나 부조리를 밝히는 것은 신문기자로
서 당연한 임무다. 본질은 일본국민의 잠재의식에 있는 오끼나
와에 대한 구조적인 차별을 없애는 것이다."

오끼나와의 신문기자라
면, 미군기지 문제는 피할 수
없는 가장 큰 주제입니다. 제
가 특히 기지문제를 계속해
서 취재하게 된 것은 2004년
8월, 후뗀마에 인접한 오끼
나와국제대학에 미군 헬기
가 추락한 것이 계기였습니
다. 당시, 후뗀마비행장을 떠

12-1. 요나미네 미찌요와 아들

안은 기노완시가 담당부서였던 저는 사고현장에 가장 먼저 달려가
참상을 목격했습니다. 공공도로에 멋대로 통제선을 치고, 지방 경
찰이나 언론, 주민을 쫓아내는 미군의 행동에서 지금도 남아 있는
점령의식을 목격하게 되었습니다. 이후 토오꾜오 보도부나 정치
부, 워싱턴 특파원을 담당했고, 정치의 장에서 후뗀마 문제를 취재

하게 되었습니다.

그러나 기지문제에 대한 제 생각의 원점으로 거슬러올라가면, 초등학교 1학년 무렵의 선생님이 히메유리(ひめゆり)학도대였다는 것에 있습니다. 폭탄으로 인한 흉터가 남아 있던 선생님의 팔은 전쟁의 무서움과 평화의 중요함을 이야기해주고 있었습니다. 자신의 체험을 말해주었던 선생님의 수업은 아직 어렸던 제 기억에 남아 있습니다. 오끼나와에서 태어나고 자라면서 전쟁을 가까이에서 느껴왔던 것이 제 기억을 형성했고, 기자로서 기지문제와 최전선에서 마주 서게 되었던 것이 지금 제가 서야 할 위치를 확고하게 했다고 생각합니다.

오끼나와로부터 기지를 없애는 것을 목표로 하고 있지만, 그것은 물리적인 의미만은 아닙니다. 본질은 일본국민의 잠재의식 속에 있는 오끼나와에 대한 구조적인 차별을 없애는 것입니다. "오끼나와는 지리적으로 중요하기 때문에 미군기지가 모여 있는 것은 어쩔 수 없다"라는 만연한 오해를 바로잡고, 최종적으로는 오끼나와가 기지의 영향을 받지 않게 되어 자립하는 것이 목표입니다.

기지문제는 변하지 않았습니다. 몇십년 전의 신문을 다시 읽어보면, 미군의 만행이나 오끼나와의 반발, 중앙정부의 무관심 등의 기사가 지면을 뒤덮고 있고, 지금도 상황이 거의 변하지 않았다는 것에 아연실색하게 됩니다. 하지만 그렇기 때문에 "상황은 변하지 않는다"라고 체념하는 것이 아니라, "반드시 바뀐다. 바꿔 보이겠다."라는 마음을 원동력으로 하고 있습니다.

정체성에 대해서는, 제 자신이 오끼나와인이나 일본인이라는 귀속의식은 그다지 없습니다. 제가 기지문제에 몰두하고 있는 것은 제 자신이 오끼나와 현민이기 때문이 아니라, 이른바 글로벌 스탠더드라는 시각에서 아무리 생각해도 오끼나와가 놓인 상황이 부조리하다고 생각하기 때문입니다. 약자의 편에 서는 것이나 부조리를 밝히는 것은 신문기자로서 당연한 임무입니다.

정부의 대응에 대해 말하자면, 오끼나와의 기지문제가 해결되지 않는 것은 정치적 태만을 명백히 보여줍니다. 일본의 외교·안전보장정책을 근본부터 바꾸는 일은 정치가에게 표를 가져다주지 않고 오히려 정치적 위험이 높기 때문에 누구도 시작하려고 하지 않습니다. 기지가 없는 섬을 목표로 하고 있는 오끼나와에 중앙정부는 언제나 '이상주의'라고 비웃으면서 "현실주의에 서라"라며 기지를 받아들일 것을 강요합니다. 그러나 양 정부가 결정한 후뗀마비행장의 헤노꼬 이전 문제는 합의한 지 15년이 지났지만 전혀 진전이 없습니다. 그럼에도 불구하고 "헤노꼬가 최선"이라며 지나치게 확신하고 다른 선택지를 배제하는 것이야말로 현실주의에 반하는 것입니다. 사고가 멎은 정부나 정치가가 헤노꼬라는 '(그들만의) 이상'에서 각성하려고 하지 않는 것은 태만이라고 생각합니다.

아시미네 유끼네

1971년 시마네(島根)현 마쯔에(松江)시 출생. 여섯 아이의 어머니, 카페 야마가메의 주인, 얀바루 숲 타까에의 헬리패드 증설에 반대하는 주민.

"연좌농성을 했을 뿐인데 주민이 정부한테 고소를 당했다. 미군기지 없는 평범한 생활을 하고 싶을 뿐이다."

나는 오끼나와 북부의 '얀바루'라고 불리는, 자연이 아름답고 마음이 여유로운 곳에서 아이를 키우기 위해 2004년 봄에 기지 마을인 카데나정에서 가족 다섯명이 이사를 와 살고 있습니다(현재는 여덟명으로 늘었습니다). 처음에 이 아름다운 숲

12-2. 아시미네 유끼네와 아들

의 하늘 위까지 미군 헬리콥터가 날아오는 것을 보고 "오끼나와는 어디를 가도 미군기지가 있네"라며 놀랐습니다. 그러나 자연환경이 아름답고 훌륭하며 아이들도 무럭무럭 자라면서 자연 속에서 뛰어놀고, 이상적인 생활을 할 수 있다는 것에 가족 모두 기뻐하고 있었습니다.

그런데 2007년 2월에 우리들이 살고 있는 히가시촌 타까에 마을을 둘러싸듯이 미군 헬리콥터 이착륙대(헬리패드)를 여섯곳이나 새로 만들겠다고 미일합의로 결정했다는 것을 신문보도로 알게 되었습니다. 그후에 곧바로 오끼나와방위국이 공민관에서 설명회를 했습니다.

그 무렵에 저희들은 기지문제에는 전혀 관여하지 않았기 때문에

방위국의 여러가지 전문적인 용어가 적힌 소책자나 설명이 무슨 뜻인지 전혀 알지 못했습니다.

다만 "더이상 헬리콥터가 늘어나는 것은 절대로 싫다!" "안심할 수 있고 안전한 삶을 지키고 싶다!" 이런 강한 생각이 있었기 때문에, 바로 기지문제에 정통한 분들을 초대하여 모임을 몇번 열어 공부를 했습니다. 그리고 처음으로 북부훈련장의 훈련 내용이나 오스프레이가 배치되기로 예정되어 있다는 것 등을 알게 되었고, "이 계획은 반드시 멈춰야 한다!"라는 의지로 현재의 '헬리패드는 필요없다 주민의 모임'을 만들었습니다.

이 문제 이후 저희의 생활은 완전히 변했습니다. 지금까지 매일 평범하고 즐겁게 생활하고 있었는데, 동료들과 대화를 할 때도 어느새 결국은 헬리패드 이야기를 하게 되고, 언제 어디서든 이 문제에서 벗어날 수가 없습니다. 저희들이 바라는 것은 단 하나, 오끼나와에서 미군기지가 없어져서 오끼나와 사람들이 평범한 삶을 살아갈 수 있게 되는 것입니다.

일본 역시 미국이 하라는 대로가 아니라 주체적으로 확실히 설 수 있기를 바랍니다. 먼저, 자급률을 올리는 것이 가장 좋다고 생각합니다. 반대운동도 물론 중요하지만, 자신이 먹는 것은 자신이 만든다는 것도 기지문제의 해결을 위해서는 중요하다고 생각하고 있기 때문에 조금씩이나마 자급을 실천하고 있습니다.

지금까지 일본정부가 국민을 위해 일해줄 것이라고 생각했지만 (정부가 국민을 위해) 기지문제에 관여할 것 같지는 않다는 것을 뼈저리게 깨닫게 되었습니다. 헬리패드 건설에 반대하고 동시에 정부와 방위국에 확실한 설명과 대화를 요구하면서 연좌농성을 하며 호소하자 정부는 시민을 '도로통행방해'라는 명목으로 법원에 고소했습니다. 설마! 국민을 지켜야 할 정부가 "우리의 생활을 지키고 싶다!"라고 주장하고 있을 뿐인 국민 15명을 역으로 고소를 하다니! 믿을 수가 없었습니다. 그중에는 전혀 관계없는 사람도 포함되어 있었고, 가장 놀라운 것은 현장에 간 적도 없는 여덟살 소녀까지 근거도 증거도 없이 고소 대상에 포함시킨 것입니다.

'정부가 우리의 생활을 지켜주는 일 따위는 없다!'라는, 정부에 대한 불신감이 점점 깊어졌을 뿐입니다. 결국, 15명 중 두명이 가처분 대상이 되었고 현재도 두명에 대한 재판이 계속되고 있습니다. 정부가 증거라고 내놓은 것 중에 증거다운 것은 아무것도 없습니다. 이런 무의미한 재판에 막대한 경비와 시간을 빼앗긴 것과 국가의 세금을 낭비한 것에 분노가 치밉니다.

미군기지의 대부분을 오끼나와에 떠넘기는 정부의 대응을 더이상 참을 수 없습니다. 정부는 오끼나와의 요구나 기분 등은 알려고 하지도 않습니다.

미야기 야스히로

1959년 나고시 출생. 1997년 나고시 주민투표에서 중심적 역할을 맡았다. 전 나고시의회 의원.

"'진흥 신앙'으로부터 탈각하여 자립된 오끼나와를. 제9조와 안보는 현 상황에서는 한묶음으로밖에 생각할 수 없다. 오끼나와는, 밝은 빛인 제9조가 야기한 암흑의 미일안보에 갇혀 있다."

1980년대에는 토오꾜오 연극단에서 활동을 하고 있었습니다. 그러나 베를린장벽이 붕괴하고 냉전의 섬이었던 오끼나와에도 변화가 오는 것이 아닐까 하는 기대에 나고로 돌아왔습니다. 오끼나와로 돌아왔다기보다는 고향인 나고로 왔다는 말이 맞겠죠. 나고시에 신기

12-3. 미야기 야스히로

지 건설 찬반 여부를 묻는 주민투표(1997) 때 주민투표를 요구하는 주민대표가 되었던 것이 제 운동 경험의 시작입니다. 주민투표에서는 반대가 과반수를 차지했지만 법적 구속력은 없었고 나고시장이 기지 건설을 받아들인다고 표명하고 사임하는 것으로 끝이 났습니다. 저는 그 이후에 주민투표 결과를 시정에 반영시키기 위해 시의회의원이나 시장 후보 등 정치활동을 하게 되었습니다. 선거에서 낙선하기까지 10년 정도의 기간이었지만 제 인생을 결정적으로 바꾸어버렸습니다. 현재는 집단적 사회운동에는 참가하고 있지 않지만, 10여년의 경험을 바탕으로 신기지 건설 문제를 시민의 시점에서 감시하면서 블로그 등에서 발언을 계속하고 있습니다. 제 목표는 신기지 건설을 저지하는 것과 함께 조금이라도 오끼나와의

자치에 일조하는 것입니다. 그것은 진흥책에 의지하지 않는 자치를 실현한다는 것을 의미합니다. 복귀 후인 1970~80년대의 오끼나와 진흥의 중심은 인프라 정비였지만 1990년대 이후에는 기지 유지 정책이 되었습니다. 기지 '부담 경감'을 위한 진흥이라고 이야기하지만, 실제는 부담을 속이기 위한 것입니다. 진흥책에 계속해서 의지만 해서는 기지와 공생할 수밖에 없습니다. 오끼나와에서 진흥개발체제를 어떻게 탈구축할 것인가가 과제입니다.

주민투표 이후 10년 동안, 현민 여론조사에서는 기지 건설 반대가 많았지만 자치단체의 수장이나 의원을 선출하는 선거에서는 정부와 협조하는 세력이 다수파가 되는 뒤틀린 상태가 계속되었습니다. 자민당에서 민주당으로의 정권교체가 되면 뒤틀림이 해소될 것이라고 현민들은 희망했지만 그마저 배신당했습니다. 지금은 현지사나 시장도 현내 이전에는 반대하고 있지만, 이것은 정권교체에 따른 희망의 여파라고 해도 좋을 것입니다. 이후에도 방심할 수 없는 상황이 계속되고 있습니다.

정체성에 대해 말하자면, 저는 확실한 오끼나와인이며 제 사고나 존재는 오끼나와의 상황에 영향을 받고 한계 지어집니다. 운동을 하면서 오끼나와전을 경험한 많은 선배들과 만났습니다. 이 경험이 풍화되어가는 것에 대한 위기감이 기지 건설을 저지하겠다는 의지를 강화시키고 있습니다.

정부 대응에 대해서는, 일단 오끼나와에 모든 미군기지를 즉시 반환하라고 말하고 있는 것이 아닙니다. 반환이라는 명목으로 새로운 기지를 건설하는 것은 '앞으로 영겁의 시간 동안 기지와 공생하라'는 미일 정부의 메시지일 뿐이며, 경제나 여러가지 타협책으로 겪은 혼란 끝에 오끼나와 민중들이 내린 결론인 '현외 이전'을 미일 양 정부는 정확히 보지 못하고 있습니다. 이 바람이 얼마나 간절한지 알고 있기 때문에 오끼나와에서는 보수 정치가조차 '현외 이전'을 주장하고 있는 것입니다.

오끼나와가 일본 본토에 보내는 메시지의 핵심은 오끼나와에 대한 '차별'을 멈추라는 것입니다. 그 식민주의는 헌법의 근간을 부식하고 오끼나와뿐 아니라 일본이라는 국가의 본질을 왜곡시키고 있습니다. 미국은 "환영하지 않는 (외국) 지역에는 기지를 두지 않겠다"라고 말했지만, 일본정부를 매개로 제2차 세계대전 후에도 오끼나와에 대한 군사점령을 지금까지 계속하고 있습니다. 그만두어야 합니다. 미국인들은 오끼나와에서 무슨 일이 일어나고 있는지 잘 모를 수 있습니다. 미국은 1945년에 오끼나와에 들어왔습니다. 그리고 오끼나와의 섬사람들은 컬트국가인 일본에 세뇌당해 (오끼나와전에서) '천황 만세'를 외치기를 강요당하면서 죽거나 살해당했습니다. 그 컬트의 대극으로 들어온 미국이 그때부터 계속해서 눌러앉은 것이죠. 초기 목적에서 벗어난 것입니다. 옳다고 인정할 수 있는 수준을 이미 넘었습니다. 10년, 20년이 아니라 1945년의 오끼나와전부터 안보체제라는 명목으로 눌러앉아 계속해서 피해를 주고 있습니다. 이제는 미국이 이 전쟁을 끝내고, 모든 전쟁을 끝내기를 바랍니다. 전쟁을 끝내고 나가주기를 바랍니다.

일본 헌법은 굉장히 이상적인 헌법이지만 제헌 과정에 오끼나와는 관여하지 못했습니다. 1972년의 시정권 반환 후에도 민중의 의지에 반하는 미군기지가 계속 남아 있는 상태로 오끼나와는 일본 헌법의 적용에서 제외되어왔습니다. 헌법의 천황조항과 제9조에 대한 일반적인 견해에 대해서는 잘 모르지만, 천황제가 국민통합의 상징으로 남아 있는 것은 이전의 대전(大戰)에 대한 반성을 명료하게 하지 않는 것이라고 생각합니다. 그 때문에 지금도 일본에서는 오끼나와전 등의 역사인식에서, 여러 극우 내셔널리즘 세력으로부터 역사수정주의적 공격이 야기되는 것이라고 생각합니다. 헌법 제9조에 대해서는 (현 상황에서는) 미일안보와 한묶음으로 생각할 수밖에 없으며, 오끼나와인으로서 제9조의 희망이 미일안보의 암흑 속에 억지로 갇혀 있는 것처럼 느껴집니다. 제9조가 그렇게 좋다면, 제9조와 한묶음인 안보도 받아들였으면 좋겠습니다. 즉, 일본 본토도 기지를 부담해야만 합니다. '오끼나와 문제'는 오끼나와에 문제가 있어서 생긴 것이 아닙니다. 일본의 문제가 야기한 것입니다.

책 1만권보다 오끼나와 민중의 역사, 생활, 투쟁 속에 미래를 위한 해결책이 있습니다. 전쟁 중에 토지를 빼앗아 만든 후뗀마기지의 대체시설 등을 요구하지 말고 현민에게 반환하는 것 외에는 타당한 해결책은 없습니다.

오끼나와 정신의 핵심을 체현하고 있는 것은 얀바루의 가난한 마을에서 고생 끝에 나고시에 정착하여, 가난한 생활 속에서도 우리 다섯 형제를 키워주신 제 부모님입니다.

치넨 우시

1966년 나하시 슈리 출생, 무누까짜아(むぬかちゃー,[1] 저술가). '카마도 오오과아(カマドゥー小)들의 모임'의 회원.

"목표는 오끼나와로부터 기지를 없애는 것과 오끼나와의 탈식민지화이다. 후뗀마기지는 '현외 이전(본토 이전)'하고 오끼나와에 떠맡긴 기지는 본토가 먼저 인수한 뒤 철거해야만 한다."

12-4. 치넨 우시

오끼나와 저항운동에 처음 참여한 것이 언제인지 기억은 없습니다. 오끼나와에서 태어나고 자란 사람으로 당연히 오끼나와 상황에 휘말려 있을 수밖에 없습니다. 토오꾜오에서 대학생활을 하는 중에도 항상 오끼나와란 무엇인가, 나는 누구인가라는 물음이 있었습니다.

제 '운동'의 목표는 오끼나와로부터 기지를 없애는 것과 탈식민지화입니다. 그러나 '운동'을 하고 있다고는 생각하지 않습니다. 오끼나와라는 장소에서 나답게 살기 위한 '생활'을 하고 있을 뿐입니다.

나는 '카마도오오과아들의 모임'에 2002년 무렵부터 참가하게 되었습니다. 이 모임은 1997년에 미해병대의 후뗀마기지 근처에서 생활하며 일하는 여성들에 의해 창립되었습니다. 후뗀마기지가 헤노꼬로 이전된다는 계획을 알았을 때, 아무것도 하지 않고 가만히 있을 수는 없었습니다. 나고시 주민투표 때, 모임 사람들은 나고시 여성들과 함께 집집마다 주민들을 방문하면서 "기지를 현내로 이전해서는 오끼나와에서 기지를 없앨 수 없습니다. 기노완 시민을 위해서라도 이전을 받아들이지 않는 것이 좋습니다. 함께 반대합시다."라고 호소했습니다. 그 이후, '카마도오오과아들의 모임'은 지속적으로 운동해오고 있습니다.

저희 모임은 오끼나와에 기지가 있는 것은 일본 본토의 여론 탓이라고 생각하고 있습니다. 본토인들, 즉 일본인 대다수는 기지 존재 자체는 인정하면서도 자신들 근처에 지어지는 건 곤란하다고 생각하고 있습니다. 기지 자체에 반대하는 〔본토의〕 소수파는 "일본에서 기지를 전부 없앨 때까지 기다렸으면 좋겠다"라고 말하지만, 그들에게 기지를 없앨 권한은 없습니다. 결국 어느 쪽이나 후뗀마기지처럼 오끼나와에 기지를 항구화시키는 세력이 되어버립니다. 후뗀마기지를 본토로 가져가지 않고 오끼나와에 두려고 하는 것이 그 일례입니다. 오끼나와와 일본의 역사적 관계를 근거로 우리 모임 사람들은 오히려 현외 이전을 호소합니다. '현외 이전'은 문자 그대로 '오끼나와현 바깥으로'라는 의미이지만 오끼나와에서는 '본토에'라는 의미로, "오끼나와에 억지로 떠넘긴 기지를 먼저 자신들이 있는 곳으로 가져가 스스로 철거해달라"라는 의미입니다. 이 입장은 오해를 받기 쉬우며, "기지나 미일안보 자체에는 반대하고 있지 않느냐"라는 비난의 폭풍을 불러일으키지만, 그래도 우리 모임 사람들은 단념하지 않습니다.

"이기적이라고 생각해도 좋다. 자신답게 산다."라는 입장은 이제까지의 오끼나와 여성운동의 성과와 전통에서 유래합니다. '카마도 오오과아'라는 이름이 산스크리트어의 '사랑스러운 사람'이라는 말에 어원이 있다는 것을 최근에 알게 되었습니다. 그러나 일본 병합 후의 근현대 류우뀨우사에서 오끼나와는 '문명화'라는 이름하에 '일본화'라는 동화를 강요당했습니다. 그때 특히 여성의 지위가 추락했는데, "변변치 못하고 열등하며 무지한 오끼나와 여성"이라는 이미지를 강요당하고 '카마도오오' 같은 오끼나와 전통적 이름은 그 상징처럼 취급당했습니다. '카마도오오과아들의 모임'의 멤버들은 그것을 알고서 이 이름을 골랐습니다. 그렇게 함으로써 오끼나와 언어와 전통문화를 반기지운동에 융합시키고, 운동 자체를 기지에 빼앗긴 토지를 반환시키는 것뿐만 아니라 오끼나와/류우뀨우를 반환·복귀시키는 운동으로 발전시켜가고 싶습니다.

오늘날은 점점 더 많은 오끼나와 사람들이 자신의 정체성과 '입장'을 인식하고, 미국과 일본, 특히 우리의 '친밀한 적'인 일본·일본인과 평등한 취급을 요구하며, 'No'(오끼나와에 의존하지 마!)라고 말하고 있습니다. 그 증거로 오끼나와 현민이 후뗀마기지 문제에서 현지사를 현내 이전을 용인하는 입장에서 '현외 이전(본토 이전)' 입장으로 전향시킨 것이 있습니다.

오끼나와인/류우뀨우인에게 현외 이전을 외치는 것은 '친밀한 적'인 일본인과의 관계에서 복잡한 내적 혼란을 넘어서는 것이며, '정신의 탈식민지화'의 구체적인 행동이라고 말할 수 있습니다. 이것은 대단히 중요한 변화이자 미래로의 첫걸음입니다.

이 책의 제목인 *Okinawa, the Japanese Islands That Say 'No'*(영문판의 가제)를 들었을 때 처음에는 의미를 몰랐습니다. "Okinawa that Japanese (main) islands say 'No' to"(일본 본토가 'No'라고 말하는 오끼나와)라고 생각하고, 'to'가 빠져 있어 문법이 틀렸다고 생각했습니다. 왜냐하면 '현외 이전'을 주장하고 있는 오끼나와에 대해, 계속 'No'라고 말하고 있는 것은 일본('본토')의 정부·관료·언론뿐만 아니라, 그것을 지탱하는 국민이기 때문입니다.

그러나 잠시 생각해보니 '일본 안에서 'No'라고 말하는 섬들'이라는 의미라는 것을 겨우 알게 되었습니다. 'Japanese'라는 단어가 우리(Islands)를 수식하는 데에 위화감을 느꼈습니다. 'Japanese'라는 단어는 "일본이 점령하고 있다"라든가 "일본이 식민지화하고 있는" 섬들이라는 의미로 주로 쓰이니까요.

정체성에 대한 질문은 솔직히 불편합니다. 토오꾜오에서 대학생활을 할 때부터 이런 질문을 자주 받았습니다. 왜 이런 질문을 일상적으로 받아야 하는 것일까요? 이런 질문은 본래 사람과 사람이 만나서 서로 이야기를 나누며 신뢰관계를 쌓은 뒤에 해야 하는 것이 아닐까요?

이렇게 일방적으로 질문을 받는 위치는 1903년의 '인류관 사건'을 떠올리게 합니다. 이것은 일본이 제국의 판도를 확장하던 때 식민지화한 지역의 인간을 학술용으로 전시하여 일본인에게 구경거리로 보여준 사건입니다. 류우뀨우인 외에 아이누인, 대만의 선주민, 자바인, 인도인도 전시되었습니다. 여기에서 권력을 가진 식민자가 '구경거리'로 전락한 피식민지 원주민을 흥밋거리로 보는 구조를 볼 수 있습니다.

이런 시선은 지금도 '오끼나와 붐' 같은 관광산업뿐 아니라 평화운동이나 학문에서조차 존재하는 것이 아닐까 생각하고 있습니다. '인류관 사건'의 또다른 문제점은 류우뀨우인들이 이 시선을 내면화해 "우리를 (전시된) 다른 민족과 같이 취급하지 말아달라"라고 말한 것입니다.

이와 같은 일을 두번 다시 겪지 않기 위해서 이 시선에 정면으로 맞서야 합니다. 이런 문제에 직면하고 있는 전세계 사람들, 그리고 이와 같은 '시선'을 알아채고 그로부터 자유로워지려고 하는 사람들과 함께 싸워야 합니다.

자, 정체성에 대한 질문에 답하자면 저는 일본 국적을 가지고 있지만 본토인 중심주의 아래 오끼나와인으로 위치 지어져 있는 사람으로서, 스스로를 오끼나와인이라고 생각하고 있습니다. 또한 동시에 근현대의 시간적·지역적 구분을 넘어서 류우뀨우인이자 여성으로서 살아가려는 자각이 있습니다.

그럼, 다음은 제 차례입니다. 이 질문을 한 당신은 어떤 사람인가요? 그리고 이것을 읽고 있는 당신은 누구인가요?

저는 오끼나와인들에게서 많은 것을 배워왔습니다. 특히 오끼나와인 동료들, 그중에서도 '카마도오오과아들의 모임' 사람들과 『무의식의 식민지주의——일본인의 미군기지와 오끼나와인』의 저자 노무라 코오야(野村浩也), 그외에 마하트마 간디(Mahatma Gandhi), 프란츠 파농(Frantz Fanon), 루 쉰(魯迅), 말콤 X(Malcolm X),

하우나니카이 트라스크(Haunani-Kay Trask), 벨 훅스(bell hooks, Gloria Jean Watkins의 필명)의 작품에서 영향을 받았습니다.

제게 오끼나와 정신의 핵심을 보여주고 있는 사람은 제 할머니입니다.

킨조오 미노루
1939년 하마히가지마 출생, 조각가.

"칸사이에서는 차별로부터의 해방으로서, 에이사아봉오도리는 저항의 표현이 되었다. 오끼나와의 카라떼 문화에조차 '류우뀨우 처분'이 있었다. '술집 독립론'이 현지 오끼나와로 월경했다."

오끼나와에서는 최근 현민대회가 빈번하게 열리고 있습니다. '류우뀨우 독립'이라고 쓰인 커다란 깃발은 빠지지 않지요.

'류우뀨우 독립'이라는 개념에는 오랜 역사가 있습니다. 오끼나와전의 막바지에 포로수용소에서 두개의 계파가 생겨났습니다. 한쪽은 조국 복귀를, 다른 한쪽은 독립을 주장했습니다. 쌍둥이

12-5. 요미딴에 있는 작업실에서 만난 킨조오 미노루

같은 이 두 계파는 역사의 급류에 휩쓸려 오늘날까지 왔습니다.

저는 오오사까에서 오래 생활을 했습니다. 그때는 오끼나와의 젊은이들이 단체로 칸사이에 취직해 오곤 했습니다. 오끼나와에서 데려왔을 때의 약속과는 다르게 여권을 압수하고 추석이나 정월에도 고향으로 돌아가지 못하게 했습니다. 숙소나 급여에서도 오끼나와인들은 차별을 받았습니다. 술집에서 시비가 붙는 일도 종종 있었습니다.[2] 그런 본토의 차별에 대한 저항으로 싹튼 것이 '류우뀨우 독립'이라는 발상이었습니다. 오끼나와 현지에서도 일본 본토에서도 이 이념이 점차 확대되어갔습니다.

그 무렵 오끼나와 젊은이들의 살인, 폭행, 자살이 사회문제가 되고 있었습니다. 어떤 청년은 사장 집에 휘발유를 뿌려 불을 질러 사장 부인을 죽이고 결국 형무소에서 자살해버렸습니다. '복귀' 다음 해였죠. 오끼나와의 대학교수나 지식인 중에는 젊은이들의 독립론은 '술집 독립론(居酒屋獨立談義)'에 지나지 않는다고 쓴웃음을 짓는 사람도 있었습니다. 그런데 이 청년의 자살을 계기로 칸사이, 오오사까의 오끼나와 청년 모임 '가주마루(ガジュマル)[3]의 모임'이 탄생했습니다. 이들은 오끼나와인으로서의 긍지와 저항을 내걸고 오오사까 타이쇼오구의 치시마(千島)그랜드에서 에이사아봉오도리(エイサー踊り)를 개최했습니다.[4] 보러 온 대부분의 오끼나와인은 망신스러운 춤이라고 말하면서 창피하다는 듯이 멀리 떨어져서 구경하곤 했습니다.

하지만 청년들은 에이사아를 자긍심을 되찾기 위한 저항의 춤이라고 생각했습니다. 저는 그때 고교 교사로 청년들을 후원했습니다. 당시 오끼나와 출신 교사 같은 중산층은 에이사아와 같은 것을 부끄러워하고 있었습니다. 그래서 저는 선두에 서서 큰북을 치고 깃발을 들고 맨발로 함께 춤췄습니다. 커다란 깃발에는 '풍년만작' '칸사이 가주마루 청년회'라고 적고, 긴 대나무 장대를 드높이 들어올렸습니다. 그때는 하마히가지마 출신의 후배들이 대부분이었고 20명 정도였는데, 지금은 매년 9월에 수천명이 모이는 축제가 되었다고 들었습니다. 칸사이에서 에이사아봉오도리는 차별에서의 해방을 상징하는 저항의 표현이 되었습니다. 그 무렵 오오사까 타이쇼오구의 구민은 네명 중 한명이 오끼나와 출신으로, 3만명 이상이 살고 있었습니다. 에이사아는 수치스러운 문화라고 보는 우찌나인(오끼나와인)과 본토의 오끼나와 차별에서의 해방을 향한 저항의 첫걸음이라고 자각한 청년들의 내부적 싸움이기도 했습니다.

열등감과 수치로 여겨졌던 에이사아는 코오시엔(甲子園) 고교야구대회에서 당당하게 공연되었고 대회 운영위원이 불평을 할 정도로 진화했습니다. 이에 뉴스캐스터 치꾸시 테쯔야(筑紫哲也)가 에이사아는 오끼나와의 전통이라고 위원회에서 반론했습니다. 칸사이에서 이런 격론이 벌어지는 동안 '술집 독립론'은 드디어 현지 오끼나와에도 전해졌습니다.

1995년의 소녀 성폭행 사건과 미군 범죄에 대한 미일 정부의 대처방식을 규탄한 현민대회(1995.10.21)와, 미군 재편과 오끼나와전 왜곡 교과서 검정을 규탄한 현민대회(2008.9.29)에서는 '류우뀨우 독립'이라는 깃발 아래 류우뀨우 독립선언문이 여러 언어로 번역되어 뿌려졌습니다. 첫 부분에는 "류우뀨우의 독립을! 우리들은 일본과는 다른 길을 걷자. 우리들의 손에 자기결정권을!"이라고 적혀 있었습니다. "류우뀨우고(琉球弧)⁵⁾의 섬들은 평화를 친구로 삼고 예술·예능·문화·스포츠를 힘으로 하는 오끼나와사회로, 아시아에서 살아가는 이웃동료들과 연대해서 살아가는 길을 선택합니다. 류우뀨우사회를 창조해갈 지혜도 능력도 충분히 있습니다. 군대가 유린하는 사회, 종속과 예속, 빈곤과 불평등으로부터 해방되어 인간으로서의 존엄을 되찾읍시다." 마지막에는,

영차! 하고 일어나라!(ヒヤミカチウキリ)⁶⁾
야마또 복귀하는 미래는 환상,
우리의 섬 류우뀨우 새 세상을 만들자

라고 되어 있던 전단지에 현민대회의 군중은 어떻게 반응했을까요? 어쨌든 '술집 독립론'이 경계를 넘은 것만은 사실입니다.

10만인 현민대회 광장에서의 외침은 바람을 타고 땅에 씨앗을 뿌려 언젠가 꽃을 피울 겁니다. 한국, 중국, 대만, 아시아, 자이니찌(在日), 오끼나와에 사는 외국인이나 세계 활동가들도 여럿 참가한 대회에서 드높이 쳐든 독립 깃발과 독립선언문이었습니다.

제가 오끼나와의 야스꾸니 투쟁, 야스꾸니 재판에 관여한 것은 1985년 나까소네 총리의 공식 참배에 항의하여 칸사이·오오사까의 원고 중 한명이 되었던 것이 시작이었습니다. 오끼나와에 돌아온 후부터는 코이즈미 총리에게 건 야스꾸니 재판의 원고단 단장을 맡았습니다. 26년의 세월이 지났습니다. 재판은 모두 패소했지

만 아무리 지더라도 계속 싸워야 합니다. 그것은 오끼나와인이라는 것에 대한 자각이며, 국가와 마주 섬으로써 오끼나와전과 미군기지 현실의 미래도 보이기 때문입니다. 오끼나와 미군기지와 일본정부의 대응이라는 측면에서 봐도 오끼나와의 미래는 야스꾸니신사와 분리해서 생각할 수 없기에 투쟁을 계속하고 있습니다.

노하라 코오에이(野原耕榮)의 『오끼나와 전통 공수〔手〕TIY의 변용(沖繩傳統空手〔手〕TIYの變容)』(球陽出版 2007)이라는 책이 있습니다. 공수도(카라떼)의 문화성을 설명하는 책입니다. 책 내용 중에 '공수의 류우뀨우 처분'이라는 서술이 있는데,[7] 카라떼 문화에서, 일본 본토의 정치적 구조로 오끼나와 공수회의 분단에 대해 기술한 것입니다.

오끼나와 공수계에는 '전오끼나와공수연맹'과 '전오끼나와공수·고무도(古武道)연맹'이라는 두개의 커다란 조직이 있습니다.

본토 중심으로 조직된 전일본공수도연맹(전공련, 회장 사사까와 료오이찌笹川良一)은 경찰청의 인맥을 통해 오끼나와 공수계에 가맹 등록을 강압했습니다. 본토의 전공련 간부는 대부분 오끼나와 공수계 문하의 제자임에도 불구하고, 전공련 가맹을 강요했고 가맹하지 않으면 국체(국민체육대회)에 참가시키지 않겠다고 했습니다. 1987년 오끼나와 국체를 눈앞에 두고 협상이 불발되었고 쌍방 교섭은 난항을 거듭했습니다.

그런데 국체의 심사위원 위촉을 둘러싸고, 1급 심사위원은 오끼나와 공수계인 야기 메이또꾸(八木明德), 히가 유우쪼꾸(比嘉祐直), 우에찌 칸에이(上地完英) 등 3인을 선정했지만, 3단, 4단, 5단의 심사는 본토 사람이 하고, 6단 이상은 자비로 상경하여 전공련의 심사를 받아야 하게 되었습니다.

정치와 재력으로 오끼나와 공수계에 침을 뱉었던 것입니다. 노하라는 이 강권적 사고를 '류우뀨우 처분'이라고 분석했습니다. 그 대립이 현재까지 이어지고 있지만, 오끼나와정도장이 오끼나와의 정체성을 지키며, 오끼나와 공수도 문화의 자긍심을 높이 세우고 있습니다. 올해 10월 세계 오끼나와인 대회에서 전세계공수대회가 개최됩니다. 미군 재편에 흔들리는 가운데서도, 오끼나와의 혼으로 저항할 것입니다.

에이사아나 공수도는 오끼나와 문화를 자각하고, 차별과 열등의식을 극복하기 위한 것입니다. 더욱이 전국야구대회에서 코오난(興南)고교의 전국 우승[8]은 신기하게도 후뗀마 현내 이전 반대 10만인 집회가 한참이던 때였습니다. 저는 패전 직후 미군에 빼앗긴 토지를 지키는 농민들이나 가축의 저항을 새긴 등신대 이상의 100미터 크기의 조각, 입체조각 「전쟁과 인간」의 일부, 40~50명의 사람과 동물을 새긴 「총검과 불도저」라는 조각작품으로 현민대회에 참가했습니다.

차별과 억압에 울지 마라! 우찌나!
저항의 유전자는 반드시 진화하니까.

요시다 켄세이

1941년 이또만시 출생, 언론인, 전 오오비린(櫻美林)대학 교수.

" '민주주의국가' 미국이 오끼나와에 대해서는 완전히 모순되어 있다. 안보와 지위협정은 일본정부에 의한 헌법 위반이며, 언론도 본토의 국민도 묵인하고 있다."

저는 활동가(운동가)라기보다 오끼나와 출신의 언론인으로서 '오끼나와 문제'에 관여해왔습니다. 제가 중학교, 고등학교를 다닐 때 오끼나와는 군정부통치(점령), 군용지 강제접수, 본토 복귀, 토지 문제로 술렁이고 있었습니다. 1960년대 후반에 미국 대학에서 언론학

12-6. 요시다 켄세이

을 전공하고 학위를 취득한 뒤 현지 신문기자로서 미군이나 민정부(USCAR)를 취재했던 것이 언론인으로서 오끼나와 문제에 발을 담그게 되는 계기가 되었습니다. 주임을 맡았던 『위클리오끼나와타임스』(Weekly Okinawa Times)의 주요한 역할은 영어로 오끼나와의 상황을 보도하고 해설하는 것이었습니다. 두번째의 유학 때에는 오끼나와 문제에 관해 현지 신문에 투고하거나 복귀운동에 관한 오끼나와 신문사설에 대해 석사논문을 쓰기도 했습니다.

2001년에 웨스턴워싱턴대학의 동아시아연구센터에서 출판된 『배반당한 민주주의: 미군 점령하의 오끼나와』(*Democracy Betrayed: Okinawa under U.S. Occupation*)는 오끼나와 문제에 관한 당시까지의 제 '활동'을 집대성해놓은 것입니다. 그 책에서 저는 안팎으로 인권에 대해 설파하는 미국이란 나라가 오끼나와에서 보이는 모순에 대해 비판합니다.

그후, 미국 각지의 많은 퇴역 병사들의 인터뷰를 통해 50년 전 오끼나와전 체험을 한권으로 정리했습니다. 시정권 반환 후 미군 주둔을 정당화하고 그 부당성을 묵인하는 일본의 정치가나 관료들, 오끼나와 주민에게 기지를 받아들이도록 하려는 미군의 선전작전인 "좋은 이웃 프로그램"(Good Neighbor Program)에 대해 쓴 책에 주오끼나와 해병대사령부 이름의 유래이기도 한 해병대의 영웅, 스메들리 D. 버틀러(Smedley D. Butler)의 책 『전쟁은 사기』(*War Is a Racket*)을 번역하여 싣기도 했습니다.

1972년 주권국가 일본으로 시정권이 반환되며 '오끼나와 문제' 해결의 물꼬가 트일 것이라고 기대하고 있었습니다. 시정권 반환 후 군용지 접수, 독가스 무기의 반입을 포함한 기지 운용, 인권, 경제, 문화 등에 있어서 미군통치 시대와 비교하여 커다란 개선을 보였습니다. 그러나 미일안보조약과 미일지위협정이 집중적으로 오끼나와에 적용된 결과, 기지 운용이나 미군 병사·군속·가족이 얽힌 사건사고는 반환 전과 마찬가지로 치외법권을 가지며 개선 가능성은 그다지 밝지 않습니다. 일본정부가 독립적인 민주주의국가로서 기능하지 않고 헌법을 위반하며 오끼나와에 안보조약과 지위협정을 밀어붙이는 한, 오끼나와는 미국과 일본의 '군사식민지'인 채로 남을 것입니다. 미국은 '동맹국'인 일본의 국민에게 환영받지 못하는 기지를, 푸에르토리코에서 철수한 것처럼 기지를 환영하는 미국 본토나 자국령으로 옮겨야 한다고 생각합니다.

정체성에 대한 질문에 답하자면, 저는 미국 언론의 토오꾜오지국(『AP통신』『뉴욕타임스』『뉴스위크』)과 주일캐나다대사관에서 일했고, 토오꾜오의 대학에서 캐나다의 정치·외교·역사를 연구·강의했으며, 몇번이나 미국과 캐나다를 방문하여 두 나라에 많은 친구를 가진 사람으로서 '민족적 정체성'에 그다지 집착하지 않습니다. 그러나 태어나고 자란 고향과 동포를 사랑하고, 미국과 일본의 군사식민지 취급에는 분노를 느낍니다.

일본 본토의 민주주의 공동화(空洞化)와 지역 주민의 님비(NIMBY)주의의 확대를 강하게 느낍니다. 일본정부는 기지에 관한 오끼나와의 목소리를 계속 무시하고 있고, 본토의 도도부현과 그 주민들은 미일동맹을 지지하는 한편 미군기지 부담에는 반대하고 있습니다. 부수, 시청률, 광고 수입을 중시하는 중앙의 대중매체도, 오끼나와 출신 의원이 적은 국회도 오끼나와의 목소리를 받아들이지 않습니다. 총인구의 1%에도 미치지 않는 작은 섬이라는 이유로 주민의 의향을 무시하고 위험과 부담을 계속해서 전가한다면, 그것은 민주주의를 부정하는 님비주의일 뿐입니다. 정부는 오끼나와 주민(국민)의 안녕과 생명을 지켜야 한다는 헌법적 의무도 다하고 있지 않습니다.

미국에 대해서는 민주주의를 국시로 삼으면서도 오끼나와를 예외 취급하는 이중잣대, '국제평화 추구'라는 국가의 이념과 모순된 군사 중시(미국 방위를 위한 해외에서의 기지 전개와 전쟁 지속)에 강한 모순을 느낍니다. 미국이 진정으로 평등이나 민주주의, 인도주의를 믿고 있다면 럼즈펠드 전 국방장관이 "미국은 환영하지 않는 곳에는 기지를 두지 않을 것"이라고 말한 것처럼, 오끼나와 주민이 반복해서 주둔에 반대해온 기지와 부대를 철수해야겠지요. 미국은 오끼나와와 비교가 되지 않을 정도로 광대하며, 경제적 이유에서 기지 정리·축소(BRAC, Base Realignment and Closure)에 반대하는 지역도 많습니다. 오끼나와에서 철수한 기지가 이들 지역으로 이전한다면, 해외군사비의 경감으로 이어질 뿐만 아니라 미국의 안전보장에도 도움이 되겠지요. 종전 70년이 지났고, 대부분의 일본 지자체와 주민이 미군기지의 주둔을 환영하고 있지 않다는 국민 정서도 고려하여, 미국은 미일안보나 기지를 이대로(오끼나와 이외의 도도부현에 있는 기지를 포함) 유지하는 정책도 재고해야만 합니다. 그렇게 하지 않으면, 미일관계 자체가 붕괴해버릴 가능성이 있습니다. 미국 국민이라면 미국의 헌법이나 법률이 적용되지 않는 치외법권적인 지위협정이나, 개발국 원조 같은 배려예산으로 유지되는 자국 내에서의 외국군 주둔을 절대로 인정하지 않겠죠.

미국은 주민들이 수용소에 있는 와중에 주민의 양해 없이 건설하고, 현재는 민가·학교·병원 등에 둘러싸인 (클리어존Air Installation Compatible Use Zone 무시, 추락·충돌의 위험, 소음, 유산 접근 금지, 교통 방해, 도시개발 방해 등을 초래하는) 후뗀마기지, 역시 주민 소개(疏開) 중에 무단으로 건설된 카데나정의 8할을 점거한 (추락·

충돌 위험, 탄약고, 소음, 교통 방해, 도시개발 방해, 자연환경 오염, 전파장애 등을 초래하는) 카데나기지를 철거해야만 합니다. 지역 주민의 뿌리 깊은 반대를 누르고 미일이 합의한 (연안어업 손해, 근린 주민 위험과 소음, 연해에 서식하는 멸종위기의 희귀 포유류 듀공에 대한 영향, 그외 자연환경 오염을 발생시키는) 후뗀마기지의 헤노꼬 이전도 중지해야만 합니다.

오끼나와전은 일본이 황국(일본 본토)을 지키기 위한 '사석'으로 오끼나와에 기지·부대를 배치하여 사용했기 때문에 일어났습니다. 이대로 미군의 최전선기지가 되고 자위대도 주둔하는 상황이 계속된다면 오끼나와는 다시 비참한 상황을 맞이하게 될 것이 걱정입니다. 이러한 체험이나 느낌은 언론인으로서의 제 사고나 활동에 영향을 미치고 있습니다. 물론, 일찍이 일본이 한반도나 중국대륙, 동남아시아 등에서 행한 살해나 태평양전쟁, 한국전쟁, 베트남전쟁에서부터 현재 세계 각지의 분쟁이나 피해도 마음이 아픕니다.

'상징'이 되었다고는 해도 일본의 천황은 전쟁 전이나 전쟁 당시와 마찬가지로 국민의 지지를 모으는 데나 정치에 이용되기 쉬워서 극히 위험한 존재라고 생각합니다. 특히 천황의 '국사(國事) 행위'를 확정한 제6조와 제7조는 '유사시'에 천황에게 대권을 부여해 정치 개입을 인정할 가능성을 내포하고 있습니다. 전후 70여년이 지난 지금 많은 일본국민 혹은 오끼나와 현민이 그러한 점을 생각이나 하고 있는지 우려됩니다. 마찬가지로, 미군이나 자위대 기지에 반대하는 사람이라도 그 문제를 헌법 전문이나 제9조와 결부시켜 생각하지 않습니다. 우리는 헌법, 안보, 지위협정과 냉전 종결

이후 미국의 전쟁에 대해 다시 배울 필요가 있습니다.

일본정부는 미일안보(나 지위협정)을 헌법 위에 위치시키면서 스스로 최고 법규인 헌법을 파괴하고 있습니다. 국회도 최고재판소도 마찬가지입니다. 언론은 국가의 헌법 위반을 용인하고, 많은 본토 국민도 이를 묵인하고 있습니다. 일본, 일본인이 헌법을 지키고 미일안보에서도 해방된다면, 일본은 이웃나라를 포함한 여러 국가에게 존경받고 우호적이며 안정되고 민주적인 나라가 될 것이고, 오끼나와의 기지문제도 해소될 것이라고 생각합니다. 자위권이나 집단안전보장은 국제법에서 인정받고 있으며, 일본이 현재 보유한 세계 유수의 군사력을 증대할 것 없이 전수방위 원칙을 견지해 이웃의 여러 나라와 안전보장협력체제를 구축해간다면 헌법을 개정할 필요는 없을 것입니다.

일본 헌법은 전문도, 제2장(전쟁 포기)도, 제3장(국민의 권리 및 의무)도 평화주의, 국제 협조, 국민주권을 보증하는 매우 훌륭한 내용을 담고 있습니다. 헌법 제99조는 "천황 또는 섭정 및 국무대신, 국회의원, 재판관 외의 공무원은 이 헌법을 존중하고 옹호할 의무를 진다"라고 정하고 있으며, 이들이 조문대로 헌법을 엄수한다면, 오끼나와 문제는 말끔히 해결될 것입니다.

제게 오끼나와 정신을 체현하고 있는 사람은 오오따 마사히데입니다. 그는 연구자·정치가로서 류우뀨우/오끼나와의 역사적 흐름뿐만 아니라, 오끼나와전쟁사, 제2차 세계대전 후의 미국의 오끼나와 지배, 일본의 대오끼나와 정책에 해박하며, 오끼나와전 체험자로서 오끼나와 현실상황의 전환을 계속해서 호소해왔습니다.

오오따 마사히데

1925년 쿠메지마 출생. 전 오끼나와 현지사·정치가·역사가.

"차별을 행하는 측은 가해자라는 자의식을 가지고 있지 않다.
본토 사람들이 스스로의 평화와 안전을 위해 오끼나와 사람들을
희생시키고, 반성하지 않는다면, 그 인간적 감성을 의심하지 않
을 수 없다."

패전 후, 가장 먼저 한 것
은 은사나 학우들의 유골을
거두는 것이었습니다. 전후
에 미군은 살아남은 현지 주
민들을 1년간 오끼나와 16개
지역에 설치한 수용소에 넣
은 뒤, 각 수용소 간의 통교
를 금지했습니다. 반미 성향
으로 보이는 언동을 하면 곧

12-7. 오오따 마사히데

바로 식량배급을 정지했습니다. 오끼나와민정부의 수뇌들이나 전
후에 만들어진 오끼나와 문교학교, 오끼나와 외국어학교의 교사들
은 민정부 직원들과 학생들이 반미적 언동에 치우쳐 식량배급을
정지당할까 두려워했고, 그 때문에 저희들이 유골을 거두는 것에

반대했습니다. 저희는 밤을 새워 오끼나와민정부나 학교 수뇌와 교섭했습니다. 이것이 전후 오끼나와 최초의 학생운동이 되었습니다. 그 결과, 몇명의 학생대표만 미군 헌병의 지프차를 타고 감시인과 함께 유골을 거두었습니다. 작은 텐트 하나에 유골이 가득 모였지만 그것을 유족에게 전달하는 것은 대단히 어려운 일이었습니다. 유족들이 어디에 있는지 전혀 알 수가 없었기 때문입니다.

뒤이어 상경하여 대학 3학년 때, 오끼나와전에서 살아남은 학우들과 개개인의 전쟁 체험기를 『오끼나와 건아대(沖繩健兒隊)』(日本出版協同 1953)라는 제목의 책으로 편집했고 쇼오찌꾸(松竹)영화사에서 영화화되었습니다. 그후에 오끼나와전의 실상을 전하는 운동을 시작했습니다. 동시에 토오꾜오의 저명한 조각가에게 부탁하여 '제자애·평화·우정'을 상징하는 3인의 입상인 「평화의 상」을 만들어 마부니에서 학도병들이 싸웠던 전쟁터에 건립하여 전몰한 교사와 학생들의 영혼을 위로하였습니다.

1956년에 미국 유학에서 돌아왔는데, 오끼나와에서 발행되고 있던 영자신문(The Morning Star, The Stars and Stripes)들이 너무나 일방적으로 미국에 치우친 보도를 하고 있어서 주오끼나와 미군 장병이나 미국 대학 교수들에게 오해를 주고 있었기 때문에, 현지 신문 『오끼나와타임스』의 사설이나 기지 관련 뉴스 등을 영문으로 번역하여 『위클리오끼나와타임스』라는 신문을 발행하여 영문 독자에게 올바른 정보를 제공하기 위해 노력했습니다. 신문은 5년 정도 발행한 후, 편집을 담당하고 있던 제가 상경했기 때문에 폐간되었습니다.

그후 류우뀨우대학에 근무하게 되면서 미국의 국립공문서관을 매년 방문하여 오끼나와전의 사진이나 필름을 사서 모았습니다. 오끼나와전과 미군의 대오끼나와 점령 관련 사진과 필름을 구입하기 위해 시민들에게 필름 1피트를 살 100엔 정도씩을 모금받아 '1피트 운동'을 일으켰습니다. 결국 20년 정도 미국에 계속해서 다니면서 방대한 자료를 구입하고, 현립공문서관에 기증해서 오늘날에도 현민들이 시청하고 있습니다.

그후, '1피트 운동'은 'NPO 법인 오끼나와전 기록 필름 1피트 운동 모임'으로 발전하여, 전쟁을 모르는 세대에게 오끼나와전의 실상을 정확하게 전하고 계승하게 함으로써, 오끼나와를 세계평화의 중심지로 만들기 위한 운동을 계속하고 있습니다. 수집한 필름을 기초로 영화작품을 제작·상영하고, 평화 심포지엄 등을 주최하기도 합니다.

오끼나와의 역사에 대해 배우는 과정에서는 거의 필연적으로 정체성 문제를 고민하지 않을 수 없습니다. 오끼나와 사람들은 몇번이나 정체성의 위기에 처해왔기 때문입니다. 즉, 1609년 사쯔마번의 류우뀨우 침략 후, 사쯔마번은 류우뀨우왕조가 중국과의 조공무역으로 얻고 있던 경제적 이익을 수탈하기 위해 실질적으로는 류우뀨우왕부를 지배하면서, 중국과의 관계를 종전대로 유지시켰습니다. 중국 측에 드러나지 않도록 하기 위해, 오끼나와 사람들이 일본어를 말하거나, 일본풍의 복장을 하는 것을 엄금했습니다. 한편으로, 류우뀨우왕조 대표가 사은사(謝恩使)로 에도로 상경할 때는 일부러 중국풍의 복장을 입게 하고 중국 악기를 연주시키는 등

지배를 과시했습니다. 그 때문에 오끼나와인은 어쩔 수 없이 "중국인도 아니지만 일본인도 아닌" 어중간한 정체성을 유지당했던 것입니다. 즉 '정체성을 상실'했던 것입니다.

그뿐만 아니라 그동안 오끼나와문화는 일본문화에 비하여 훨씬 뒤처져 있으며 가치도 낮기 때문에 전부 말살하여 선진적 일본문화에 흡수·일체화하는 것이 바람직하다고 가정되어왔습니다. 이를 통해 처음으로 오끼나와인은 1등급 일본인으로 내셔널 아이덴티티(국민적 동일화)를 얻을 수 있다고 강요당했던 것입니다. 그런데 본토의 다른 부현(府縣)보다 8년 늦게, 1879년에 실시된 폐번치현(廢藩置縣) 이후에는 메이지정부에 의해 일그러진 황민화 교육이 강제로 졸속 실시되게 되었습니다.

덧붙여 미국 스탠퍼드대학 역사교수인 조지 H. 커(George H. Kerr)는 일본 본토의 폐번치현과 오끼나와의 폐번치현은 근본적으로 다른 것이라고 주장합니다. 본토의 폐번치현은 동일한 민족·언어·문화를 기초로 근대적 국민국가를 형성하기 위해 실시되었지만 오끼나와에서는 일본의 남문을 확고히 하기 위해, 오로지 군사적·정치적 의도로 이루어졌다는 것입니다.

오끼나와 사람들을 동포로 일본에 받아들이려고 했던 것이 아니라 쿠마모또의 일본군 제6사단 분견대를 오끼나와에 상주하도록 하기 위해 단순히 토지를 원했던 것입니다. 이 점은 '오끼나와학의 아버지'라고 불리는 이하 후유우(伊波普猷)를 비롯한 저명한 오끼나와 출신 학자들이 이구동성으로 반복하여 말하고 있는 것입니다. 다시 말하면, 오끼나와는 어떤 의미에서도 일본의 일부로 가정되지 않았고, 문자 그대로 정치적·경제적 식민지에 지나지 않았다는 것입니다.

이와 같이 오끼나와의 사람들에게는 국가적 정체성 획득만이 지상명제로 여겨졌습니다. 그를 위해서는 오끼나와인으로서의 문화적 정체성은 고사하고 '인간으로서의 정체성(존재 증명)'도 모두 희생해야 했습니다.

그 댓가는 너무나 컸습니다. 그 때문에 저는 오끼나와 사람들이 단지 일본인으로서의 국민 정체성을 얻는 것을 넘어 스스로의 문화적 정체성을 가지면서 오히려 '인간으로서의 정체성'을 획득할 필요가 있다고 강조하게 되었습니다.

즉, 인간다운 삶을 지향하는, 인류의 보편적인 가치를 기초로 '구조적 차별'을 배제한 인간적인 삶이라고 부르기에 어울리는 생활환경을 추구·정비하고 싶다고 생각하게 되었습니다.

오끼나와 사람들은 미국인이나 일본 본토의 사람들과 완전히 같은 '인간'입니다. 그럼에도 불구하고 오끼나와 사람들은 수도 없이 본토나 미군의 목적을 달성하기 위한 정치적 저당물로 도구, 즉 수단 취급을 받아왔습니다.

예를 들면, 메이지의 '류우뀨우 처분' 즈음에, 군사적으로 일본의 남문을 확고히 하기 위해 현지의 반대를 무릅쓰고 400명의 일본군 분견대와 160명 정도의 경관이 배치되었을 뿐 아니라, 제2차 세계대전 말기의 오끼나와전에서도 일본 본토의 방파제가 되어 인구의 3분의 1에 가까운 귀중한 인명이 희생되었습니다. 또한 더할 나위 없이 소중한, 수많은 문화유산이 모조리 소실되어버렸습니

다. 게다가 일본의 패전에 앞서, 아시아 침략의 발판이 되었다는 이
유로 일본으로부터 분리되어 27년간의 장기에 걸친 미군의 지배
를 받게 되었던 것입니다. 오히려, 오끼나와는 1951년의 대일강화
조약 체결에 즈음해 일본의 독립과 교환하는 방식으로 미군기지로
제공되었습니다. 그것도 요시다 시게루 총리가 '버뮤다 방식'(99년
의 조차)으로 기지 사용을 인정했습니다.

그 결과, 현재는 오끼나와 전역의 약 11%의 토지가 기지화되어 있
을 뿐만 아니라, 항구(수역) 29곳과 오끼나와 공역의 40%를 미군이
관리하고 있는 것입니다. 이렇게 오끼나와 사람들은 패전 후 70여
년이 지난 현재도 자신의 소유물인 토지도, 하늘도, 바다도 자유롭
게 사용할 수 없으며, 주권국가의 일부로는 전혀 간주되고 있지 않
는 것 같습니다.

미국의 케이트연구소 상임연구원 더그 밴드의 말을 빌리자면,
"오끼나와는 미국의 군사적 식민지"입니다. 그 결과, 오끼나와 사
람들은 군사기지에서 파생되는 공해에 의해 일상적으로 생명의 위
험에 노출되어 있을 뿐만 아니라, 물심양면으로 피해를 받고 있는
것입니다.

특히 현재 문제되는 후뗀마기지 헤노꼬 이전이 보여주는 심각
한 문제는 정확히 노르웨이의 저명한 평화학자 요한 갈퉁(Johan
Galtung) 교수가 말하는 '구조적 차별'(structural discrimination)인 것
입니다. 차별을 행하는 쪽은 차별하고 있다는 의식을 조금도 가지
고 있지 않을뿐더러 본토의 다른 부현은 기지 유지가 국익에 도움
이 된다면서도 절대로 그 부담을 나누려고 하지 않습니다.

더욱이 중의원과 참의원을 합쳐 722명의 국회의원 중에서 오끼나와 대표는 여덟명밖에 없습니다. 따라서 압도적 다수를 차지하는 본토의 다른 부현 출신의 국회의원들은 진심으로 오끼나와 문제를 자기 문제로 생각하고 해결을 도모하기는커녕 무심하게 강 건너 불구경하듯이 합니다. 따라서 얄궂게도 다수결을 원리로 하는 민주주의의 이름으로 오끼나와는 계속해서 차별을 당하는 구조가 만들어져버린 것입니다. 그리고 그것이 후뗀마기지 문제의 해결을 지연시키는 가장 큰 요인입니다.

본토 사람들이 스스로의 평화와 안전을 위해 지속적으로 오끼나와의 사람들을 희생시키고 반성하지 않는다면 인간적 감성을 의심하지 않을 수 없습니다.

1945년 3월 26일, 오끼나와전이 시작되던 때, 저는 오끼나와사범학교 본과 1학년을 마치고 4월부터 2학년으로 진급할 예정이었습니다. 그러나 같은 해 3월 31일, 오끼나와 수비사령부의 코마바(駒場繇) 소령(제2야전축성대 대장)의 명령으로 오끼나와사범학교의 직원, 학생은 병자를 제외하고는 한사람도 남기지 않고 전원이 수비군사령부에 동원되었습니다. 그러고는 각자 총 하나와 소총탄 120발, 수류탄 두개로 무장하고 그날 바로 철혈근황사범대(오끼나와사범학교 학생들로 구성된 철혈근황대)를 결성하고 참전하게 되었습니다.

저는 철혈근황사범대 중 정보선전을 임무로 하는 치하야(千早, 22인)대에 배치되었습니다. 2인 1조로, 수비군사령부 정보부에서 토오꾜오의 대본영이 발표하는 전황 소식을 받아 그것을 오끼나와 본도 각지의 지하참호에 몸을 숨기고 있는 군인이나 민간인에게 선전하면서 돌아다녔습니다. 즉 참호에 갇힌 채로 바깥 상황을 전혀 알지 못하는 사람들의 전의를 높이기 위해 만들어졌던 것입니다.

그러나 전황은 날이 갈수록 악화되었고, 5월 하순이 되자 슈리성 지하의 수비군사령부도 위기에 직면하여 오끼나와 본도 남부의 캰(喜屋武)반도로 철수했습니다. 패전에 패전을 거듭한 끝에, 6월 18일에는 모든 남녀학도대는 해산되고 군의 명령에서 해방되어 자유롭게 행동할 수 있게 되었습니다. 그런데 저희 치하야대원들은 그후에도 우시지마 사령관의 직접 명령으로 적진을 뚫고 본도 북부의 쿠니가미지구에 모여 게릴라전을 하게 되었습니다. 대원들은 두세 명씩 팀을 짜서, 쿠니가미 방면을 향해 적진을 파고들어 모이게 되었습니다. 저는 한 학년 위인 나까다군, 같은 학년인 야마다군과 함께 적중을 돌파하려 했습니다. 그런데 정보부였던 마부니의 지하 참호에서 나온 지 얼마 되지 않아 지근탄(至近彈)을 뒤집어쓰고 뿔뿔이 헤어져버렸습니다. 오른쪽 다리에 부상을 입어 걸을 수 없게 되었고 울퉁불퉁한 바위 위를 기어서 나갈 수밖에 없었습니다.

어쩔 수 없이 적진 돌파를 당분간 뒤로 미루고, 마부니 부락을 마주 보고 있는 수비사령부대 참호 근처 언덕 중간 정도의 자연참호에 오른쪽 다리를 껴안고 앉은뱅이걸음으로 들어갔습니다. 안에는 몇명의 일본군 패잔병이 몸을 숨기고 있었습니다. 그중 지휘관으로 보이는 중위가 제 쪽을 힐끔힐끔 보며, 집요하게 뭐 하는 놈이냐며 신분을 물었습니다. 제가 철혈근황대 학생이라고 반복해도 납득하지 않고, "지금쯤 학생이 군사령부 참호 근처를 어슬렁거릴 이유가 없다. 너는 스파이일 것이다."라며 제 가슴팍에 권총을 들이

밀었습니다. 꿈에도 생각지 않았던 스파이 취급에, 저도 모르게 다리의 아픔도 잊어버리고 일어서서 항의를 했습니다.

다행히 수비사령부 정보참모인 야꾸마루 카네마사(藥丸兼教) 소령의 서명이 들어간 통행증을 가지고 있었기 때문에 그것을 주머니에서 꺼내 제시했습니다. 치하야대원이 어떤 군진지라도 자유롭게 출입하도록 보장하고 편의를 도모하도록 각 전투부대의 지휘관에게 요청하는 것이었습니다. 그것으로 겨우 상황을 모면할 수 있었습니다. 그 이후에도 이 불쾌한 체험이 계속 마음에 걸려서 일본군에 대한 불신이 일거에 높아졌고, 오끼나와전 자체에 대한 의문도 생겨 해명 작업에 몰두하게 되었습니다.

별도로 너무나도 많은 은사와 학우들을 잃은 것도 '성전'이라 불렸던 전쟁의 해명에 몰두하게 된 커다란 계기가 되었습니다. 스무살도 안 된 학우들이 인생의 꽃을 피워보지도 못하고, 살벌한 전장에서 꽃봉오리째로 무참하게 스러져버렸다고 생각하면, 도저히 견딜 수 없고 참을 수가 없었기 때문입니다. 1945년 6월 22일에 우시지마 사령관과 참모장들을 비롯한 오끼나와 수비군 수뇌부가 자결하고 수비군의 조직적인 저항이 멈춘 뒤에도, 저는 10월 23일까지 포로가 되지 않고 마부니와 구시까미(具志頭)의 해안 가까이에 몸을 숨기고 있었습니다. 그동안에 구 일본군 패잔병의 수많은 비인도적 악행을 매일같이 목격하고 완전히 인간불신에 빠졌습니다. 살아남기 위해 가차없이 비전투원을 피난참호에서 쫓아내거나 식량을 강탈하는 사람이 끊이지 않았을 뿐만 아니라, 약간의 물과 식량을 둘러싸고도 아주 쉽게 같은 편을 죽이는 모습은 도저히 말로 표현할 수 없는 것이었기 때문입니다. 그런 모습을 목격할 때마다 무엇이 이런 언어도단을 낳은 것일까, 틀림없이 무언가가 잘못된 것이라고, 만약 살아남을 수만 있다면 이렇게 역겹고 오욕 가득한 전쟁에 다다른 과정을 꼭 밝히고 싶다고 생각하게 되었던 것입니다.

전후에 저는 오끼나와 본도의 이시까와시에 살고 있었습니다. 거기에는 오끼나와민정부가 있었고, 문교부에는 '히메유리 학도대'의 인솔자로서 유명한 나까소네 세이젠(仲宗根政善) 선생이 근무하고 있었습니다. 선생은 전장에서 살아남은 오끼나와 학생들을 위하여 오끼나와의 독자적인 교과서를 만들기 위해 여러 글을 쓰고 계셨습니다. 한때 선생님 밑에서 교과서용 글을 등사판으로 인쇄하는 일 등을 도와드렸습니다. 그러던 어느날, 선생님이 본토에서 밀항선으로 들여왔다며 일본 헌법 복사본을 가지고 와서 읽어보도록 권하셨습니다. 처음으로 접한 신헌법. 저는 그 내용에서 군대를 가지지 않고 두번 다시 전쟁을 하지 않는다고 규정하고 있는 것을 보고 가슴이 격하게 복받쳤던 것을 기억하고 있습니다. 전장에서 살아남긴 했지만, 장래에 대한 희망도 살아 있는 기쁨도 느끼지 못하고 몸도 마음도 몹시 지친 상태였습니다. 게다가 완전히 인간불신에 빠져 있었던 만큼, 신헌법의 한 단어 한 단어가 가슴 깊숙한 곳까지 사무쳤던 것입니다.

특히 헌법 전문의 기본 이념과 제9조의 전쟁 포기 규정은 정말로 저의 반전평화에 대한 절실한 희구를 대변한 것이나 마찬가지였습니다. 신헌법과의 생각지도 못한 만남은 저에게 새롭게 살아갈 희망과 기쁨을 주었습니다. 신헌법은 그후 제 인생의 지침이 되었습니다.

이런 감정을 당시 많은 오끼나와 사람들이 느꼈을 것이라고 생각합니다. 구사일생으로 살아남았다고는 해도 이번에는 다른 민족 군대의 지배하에 놓였고, 게다가 일본 헌법의 적용도 받지 않고 군사기지와 공생하라는 것은 겨우 전쟁에서 살아남은 오끼나와 사람들에게 너무나도 가혹한 사태였습니다. 그후에 일어난 오끼나와 주민의 일본 복귀운동의 슬로건이 '평화헌법 아래로 돌아가자'라고 명문화되었던 것도 정말로 자연스러운 움직임이었던 것입니다.

좋아하는 책이나 가까이 하는 책들이 많아서, 딱 한권을 들 수가 없지만, 운동의 방법에 대해서는 많은 영향을 받은 분이 있습니다. 이전에 이와나미출판사의 잡지 『세까이(世界)』의 주선으로 이딸리아의 노동운동가 다닐로 돌찌(Danilo Dolci)와 대담을 한 일이 있습니다(『世界』 1971년 5월호). 그는 시찔리아 섬 노동조합의 지도자로, 비폭력저항의 투사였습니다. 동지가 마피아에 살해당하자 그의 가족을 떠맡아 부양하는 등 탁월한 노동운동 공적이 인정되어 레닌상을 수상한 인물입니다. 대담 후 잡담을 나누는 가운데, 제가 그에게 오끼나와 문제의 해결은 미일 양 정부의 벽이 지나치게 두꺼워 쉽지 않다는 것을 생각하면서 "만약 당신이 오끼나와의 지도자라면, 기지문제를 비롯한 오끼나와가 떠안고 있는 해결 곤란한 문제에 어떻게 대처하겠습니까"라고 물어보았습니다. 그러자 그는 잠시 생각한 뒤에, 이렇게 답했습니다. 어느 나라든 정부 권력의 벽은 두껍고, 간단하게 돌파할 수 있을 만큼 어설픈 것이 아니다. 따라서 그것을 정면에서 무너뜨리는 것은 무리다. 벽은 그대로 두고, 벽 건너편에 친구나 우리를 이해하는 사람들을 많이 만드는 것이 효과적이다. 그렇게 되면 벽은 존재하지 않는 것과 마찬가지가 된다는, 마치 베를린장벽이 붕괴할 것을 예언하는 듯한 발언이었습니다.

"벽 너머에 친구를 만든다"라는 그의 말에, 저는 번쩍 깨달았습니다. 구조적 차별에 정면으로 마주 서는 것도 필요하지만, 그의 조언대로 미일 양 정부의 벽 건너편에 한사람이라도 더 친구를 늘리면 더 빨리 문제를 해결할 수 있게 될 것이라고. 저는 그 이후로 그 방법으로 계속 노력하고 있습니다.

오끼나와 언어학, 역사학 등의 대선배 4인, 즉 이하 후유우, 히가 슌쪼오(比嘉春潮), 나까하라 젠쭈우(仲原善忠), 히가시온나 칸준(東恩納寬惇) 등에게서 학문을 배운 은혜는 표현하기 어려울 정도로 큽니다. 이하 선생은 일본의 패전 후 1947년에 돌아가시기 전까지 『오끼나와 역사 이야기(沖繩歷史物語)』를 썼습니다. 그 책에서 오끼나와의 가혹한 역사적 발자취에 대한 이하 선생의 학문, 연구에서의 고심을 생생히 읽어낼 수 있습니다.

한편, 이하 선생의 말년을 보살핀 히가 선생의 경우 90세를 넘기고도 오끼나와인으로서의 정체성을 고집하면서 정체성 확립에 진력했습니다. 동시에 '오끼나와'라는 좁은 자기만의 세계에 틀어박힌 것이 아니라, 국제어 에스페란토 연구를 통하여 세계의 연구자들과 폭넓게 교류했습니다. 그의 영향으로 저는 오끼나와 사람들이 필사적으로 노력하는 일본인으로서의 국민 정체성의 획득이나 오끼나와인으로서의 문화적 정체성을 유지하는 것만으로는 충분하지 않다고 생각하고 있습니다. 오히려 '인간으로서의 정체성'의 확립이야말로 더 중요한 과제라고 생각합니다.

한편 나까하라 선생은 '오끼나와 만요슈(萬葉集)'라고도 불리는 『오모로사우시(おもろさうし)』[9]의 연구자로 유명한 분입니다. 구 일본군이 미군 포로 세명을 살해한 사건과 관련한 '이시가끼지마 사건' 재판에서 오끼나와의 전통적인 평화사상을 주장해 사형이 선고되었던 오끼나와 출신 병사 일곱명의 생명을 구한 것으로 잘 알려져 있습니다.

이하 선생과 나까하라 선생의 류우뀨우사에 대한 학문적 발상이나 성과에는 대립하는 면이 있습니다. 특히 1609년의 '사쯔마번의 류우뀨우 침략'에 대한 평가는 그 좋은 예입니다.

한편, 히가시온나 선생도 문헌학자로 유명한데, 타이의 아유따야 왕조의 역사에 정통하신 분으로, 수십편의 훌륭한 논문을 발표했습니다. 선생은 자신의 학문을 '훈고학(訓詁學)'이라고 말합니다.

탁월한 선배들의 학문은 대개 훈고학이라고 해도 좋을 것인데, 『오모로사우시』의 연구가 예증한 것처럼, 오래된 미지의 문헌이나 희귀본, 자료 등을 해석하는 것이 중심이 되고 있습니다. 더구나 이 선배들은 전부 토오꾜오에 거주하고 있었고, 오끼나와 현지에 살지 않았습니다. 그 때문인지 모르겠지만, 대중운동이나 토지투쟁, 기지 반대운동 등에 대해서는 거의 언급하지 않았던 것이 특색입니다. 그것을 제 나름대로 '로제타스톤(Rosetta Stone)적 학문'이라 부르고 있습니다.

저보다 더 젊은 오끼나와 연구자들의 학문은 편견·차별 등 기본적 인간의 권리나 사상 등에 초점을 맞추고 있는 것으로 생각됩니다. 오끼나와 현지에 있으면서 자신도 각종 운동에 참가하고 있기 때문입니다. 그것을 '마그나카르타(Magna Carta)적 학문'이라고 멋대로 이름 붙이고 있습니다. 선배들 가운데, 특정 인물에게만 영향을 받은 것은 아닙니다.

우라시마 에쯔꼬
1948년 카고시마현 출생. 나고의 시민운동가·저술가.

"다음 세대에게 '평화와 자연(환경)'을 손에서 손으로 넘겨주는 것이 지금을 사는 사람의 책무다. 오끼나와가 자기결정권을 되찾는 것 외에 진정한 해결은 없다. 천황조항은 일본 헌법의 커다란 모순이다. 오끼나와에 대한 차별과 천황제는 관계가 없지 않다."

1990년 5월경, 개인적인 사정으로 7개월 된 아들과 함께 오끼나와로 이주했습니다. 처음에 살았던 곳은 오끼나와시의 기지 근처였습니다. 오끼나와에 오기 전에 살았던 아마미오오시마(奄美大島)와 많이 닮은 얀바루의 자연과 풍토에 끌려서 산을 자주 걷게 되었습니다.

12-8. 우라시마 에쯔꼬

다. 미군기지의 보상으로 들어온 관대한 정부보조금을 사용한 공공사업이 파괴하고 있는 자연환경이 얼마나 아름답고 풍부한지 느끼게 되었죠. "오끼나와의 기지문제와 환경문제는 같은 동전의 양면"이라는 강한 인상을 주었고, 젊었을 때부터 가지고 있던 '평화와 환경'이라는 두가지 문제의식이 밀접한 관계로 제 안에 더 깊게 뿌리를 내리게 되었습니다.

마찬가지로, 얀바루의 자연파괴에 마음 아파하면서 '오끼나와의 일본 복귀 20년은 오로지 자연파괴의 20년이었다'라는 문제의식을 공유하는 동료들과 1992년 5월, '얀바루의 산을 지키는 연락회'를 결성했습니다. 그때부터 4년간, 모임의 사무국을 맡아서 파괴에 조금이라도 제동을 걸고 싶다는 마음으로 투쟁했습니다. 이 모임은 유감스럽게도 여러가지 사정에 의해 해산하지 않을 수 없게 되었습니다만, 이것을 계기로 저는 소원이던 얀바루 이사를 결심했습니다.

이사하기 전 잠시 동안, 저는 우연한 계기로 후뗀마기지에 인접한 사끼마(佐喜眞)미술관에서 일을 하게 되었습니다. 마침 그 무렵, 후뗀마기지를 반환하고 헤노꼬 연안으로 이전한다는 풍문이 돌았고, 저는 처음으로 헤노꼬를 방문할 기회를 얻었습니다.

에메랄드빛으로 투명하게 빛나는 이노오(イノー, 산호초의 내해)를 끼고, 미군의 캠프 슈워브와 마주한 헤노꼬 지척에 있는 무인도 히라시마(平島)에 발을 들여놓았을 때의 감동을 잊을 수가 없습니다. 새하얀 모래사장은 바다의 산호와 파도와 바람이 오랜 세월을 거쳐 만들어져 밟는 것이 황송할 정도였습니다. 불순물이 전혀 없는 하얀 모래를 손으로 만지면서 "이것을 지키고 싶습니다"라고 열정

적으로 호소한 헤노꼬 주민. 그 손에서 하얗게 반짝이며 떨어진 모래가 저의 가슴 깊이 스며들었습니다. 동시에 이 아름다운 섬이 오끼나와전 때 특공대기지로서 사용되었다는 주민의 이야기를 가슴속에 깊이 새겨넣었습니다.

1997년 12월, 나고시민은 주민투표를 실시하여 권력과 금력을 사용한 모든 방해·압력·회유를 물리치고 승리했습니다. '기지 반대'라는 주민의지를 세계에 보여준 것입니다. 저는 후뗀마기지가 있는 기노완시의 여성들과 함께 주민투표를 응원하기 위해 나고시를 매일같이 방문했고, 나고시 동해안(후따미 이북 10구)의 여성들과 짝을 이루어 후뗀마기지의 위험성을 알리고 반대에 투표하자고 호소했습니다.

주민투표에서는 이겼지만, 당시 시장이 주민의지를 저버리고 기지를 받아들일 것을 표명한 뒤에 사임했습니다. 재선거에서 전 시장의 계승자가 당선된 뒤인 1998년 4월, 저는 그동안 맺은 인간관계를 통하여 소원이던 얀바루(후따미 이북 지구)로 이사하고, 현지 주민단체인 '헬기기지 필요없다! 후따미 이북 10구의 모임'의 회원이 되었습니다. 당시에는 주민투표의 여파가 남아 있어서 기지수용파였던 신임 시장도 신중한 자세를 보이고 있었기 때문에, 저는 얀바루의 자연 속에서 여유롭게 생활하면서 오랜 꿈이었던 소설을 쓰고 싶다는 등의 여유로운 생각을 하고 있었던 것입니다.

그러나 현실은 그렇게 만만하지 않았습니다. 국가권력이 총력을 다해 돈도 권력도 없는 시골의 노인들을 핍박했고, 그에 저항하기 위한 필사의 노력으로 시간을 보내는 날들이 계속되었습니다. 연

좌농성, 서명, 집회, 미찌주네에(道ジュネー, 다양한 문화행사를 곁들인 데모행진) 등 상투적인 운동수단은 물론, 주민의 소리를 듣지 않는 시장에게 매일 '러브레터' 공세를 하고, 오끼나와 전통 기도인 우간(신들에게 공양 지내고 향불 사르기) 등 창의적인 방식들을 도입했고, 끝내는 카누나 해상 보링 설치대에서 오끼나와방위국 직원이나 작업원들과의 열렬한 공방에 이르기까지 온갖 방법으로 운동을 전개했습니다.

얀바루 이주 후에는 수입을 위해서라기보다는 삶의 자세로 작가를 본업으로 삼았지만, 기지 건설에 반대하는 주민운동을 보면서 필사적으로 쓰고 표현하지 않을 수 없었습니다. 저는 제3자 입장에서 취재하고 글을 쓰는 것에 서툽니다. 제 글은 당사자로서 나의 몸을 통해 체험한 것, 일상의 생활과 악전고투의 보고서이기도 합니다. 정치적인 언동이 필요한 경우에도 '나'를 주어로 하지 않고는 말하고 쓸 수가 없습니다.

제게 글을 쓰는 것은 불합리한 권력의 횡포로 유린당한 자연과 그속에서 살아가고 있는 사람들의 소리 없는 소리를 형태로 만들고, 그 아름다움이나 훌륭함, 슬픔과 고통의 주름까지도 전하는 작업입니다. 동시에 제 자신이 직면한 여러가지 곤란이나 고뇌를 글로 작성함으로써 그것들을 넘어서는 것이라고 말할 수도 있겠습니다.

이 15년 동안에, '이제 한계다' '운동을 그만두고 싶다'라고 생각했던 적이 몇번이었는지 모릅니다. 그러나 그때마다 도저히 포기할 수 없었던 것은 태곳적부터 삶의 기반이었던, 더할 나위 없이 소중한 자연, 이제부터 살아갈 미래세대의 기반인 자연을 우리세대에서 파괴해버린다면 후세에게 면목이 없기 때문입니다. 우리 운동의 목표는 자식, 손자들, 다음 세대에게 '평화와 자연(환경)'을 넘겨주는 것이며, 어렵더라도 노력하는 것이 지금을 살아가는 사람의 책임이라고 생각합니다.

문제를 이렇게 오랫동안 질질 끌게 되리라고는 당초에는 상상도 하지 못했습니다. 나고시도 오끼나와현도 기지를 용인하는 입장의 수장이 연이어 당선되면서 한때는 거의 절망했지만, 체념하지 않고 투쟁을 지속했기에 지금 상당히 유리해졌다고 생각합니다. 나고시에서는 기지반대를 명확하게 내세우는 시장이 처음으로 탄생했고, 이제까지 기지를 용인해왔던 오끼나와현의 지사도 여론에 떠밀리듯 '현외 이전'으로 입장을 바꾸었습니다. 오끼나와 전역이 '헤노꼬 이전 No!'에 동의하고 있고, 이제까지 이렇게 확실하게 이구동성이 된 적은 없습니다.

극히 불합리하지만, 오끼나와는 자신의 운명을 스스로 결정할 수 없는 상황에 놓여 있습니다. 자신의 운명이 손이 닿지 않는 곳에서 멋대로 결정되는 상황에 대한 분함과 답답함을 그동안 불쾌할 정도로 체험해왔습니다. 오끼나와가 자기결정권을 가지고 있었다면 이 문제는 이미 해결되었을 것입니다. 하지만 실제로 결정권을 가지고 있는 것은 미국과 일본의 정부로, 그들이 헤노꼬 이전을 단념하지 않는 한 이 문제가 해결되지 않는다는 것이 가장 큰 문제입니다. 이 상황이 계속되는 한, 예를 들어 미일 양 정부가 그들 멋대로 헤노꼬 이전을 단념한다 해도, 또다시 같은 문제가 발생하는 것을 피할 수 없겠지요.

미일 정치와 외교에 농락당해왔던 지금까지의 역사와 단절하고 자기결정권을 되찾는 것 외에 진정한 해결책은 없다고 생각합니다.

저는 제 자신을 '재(在)오끼나와 일본인'이라고 (조금은 아픔을 느끼면서 굳이) 정의하고 있습니다. 오끼나와를 사랑하고 지역 사람들과 기쁨과 괴로움, 슬픔을 함께하면서 오끼나와인으로 동화되었지만 제 자신이 오끼나와를 침략하고 차별해왔던 사람들의 후예라는 것을 잊어서는 안 된다고 생각하기 때문입니다. 같은 잘못을 되풀이하지 않기 위한 것이기도 합니다,

저는 현재 '후따미 이북 10구의 모임'의 공동대표를 맡고 있습니다. 외지인으로서 '재오끼나와 일본인'인 제가 지역 주민운동의 대표가 되어도 좋은 것인지 큰 갈등이 있었습니다. 외지인이 함부로 설치고, 눈에 띄는 행동을 하는 것이 혹시나 지역민을 움직이지 못하게 하는 것은 아닐까 고민했습니다. 그러나 지역에 뿌리를 내리면 내릴수록 마음은 있어도 행동에 나서지 않는 사람들이 그 마음을 위탁하고 싶어한다는 것을 알고, 저에게는 저의 역할이 있다고 생각하게 되었습니다. 무엇보다도 누구를 위해서가 아니라 제 자신이 이곳의 주민으로서 기지가 만들어지는 것은 절대로 싫다고 생각하고 있다는 것을 확인했기 때문입니다.

오끼나와전에 대해 말하자면, 저는 나고시 역사편집조사원으로서 많은 사람들과 오끼나와전의 경험을 인터뷰했고, 그외에도 전쟁경험을 직접 들을 기회가 많았습니다. 전쟁은 절대로 있어서는 안 된다는 강한 마음이 제가 반기지운동을 계속하는 이유 중 하나입니다.

저는 스스로가 약한 사람이라는 것을 잘 알고 있습니다. 전쟁이라는 비상사태에서는 '사람이 사람이 아니게 된다'라고 말합니다. 대부분의 사람들이 그렇게 증언하고 있습니다. 그런 상황 속에 놓이면 저도 무엇을 하게 될지 모른다는 공포심이 있습니다. 그렇기 때문에 필요한 것은 강한 인간이 되는 것이 아니라 전쟁이라는 비상사태를 만들지 않는 것이라고 생각합니다.

일본 헌법에 대해서는 정부에서 정한 형식적인 헌법이라는 표현도 있지만, 저는 그렇게 생각하지 않습니다. 제2차 세계대전이 끝난 뒤에 패전국은 물론 승전국도 잃어버린 것이 너무나 컸고, 두번 다시 전쟁이 일어나지 않기를 바라는 기원이 세계에 가득 차 있었다고 생각합니다. 그 시대 세계의 원념이 (물론 일본국민의 기원이나 마음도) 집결된 것이 일본 헌법이라고 저는 생각합니다. 그러나 헌법이 내건 이상은 그후에 점차 잊히고 변질되어 다시 전쟁의 시대로 되돌아가고 있습니다.

오끼나와는 일본 헌법(평화헌법) 아래로 복귀하고 싶다고 바라왔음에도 불구하고, '일본 복귀' 40년이 지난 지금도 오끼나와에 일본 헌법은 적용되지 않고 있습니다. 그러나 잘 보면, 전국적으로 "미일안보가 헌법 위에 있다"라고 이야기할 수 있습니다. 일본 헌법을 오끼나와에 적용함으로써 일본 전국의 무법(無法) 상태를 구할 수 있다고 생각합니다.

천황조항은 일본 헌법의 커다란 모순입니다. 이것이야말로 미일의 정치적 의도에 따라 억지로 삽입된 이물(異物)로서 헌법에서 천황조항을 삭제하고 천황제는 폐지해야 한다고 생각합니다.

오끼나와인은 천황에게 별로 친숙함을 느끼지 못하고 관심도 희박한 것 같습니다. 하지만 오끼나와에 대한 차별과 천황제는 관계되어 있다고 생각합니다. 오끼나와전에서도 천황이라는 이름하에 많은 오끼나와인들이 죽음을 강요당했습니다. 천황제 또는 천황제적인 것은 온갖 차별의 근원이기도 하다고 생각합니다.

책에 대해서 말하자면, 오끼나와의 참고문헌은 일일이 열거할 수 없을 정도로 많이 있습니다. 저의 지주가 되고 있는 것을 예를 든다면, 오끼나와와 직접 관계는 없지만 레이철 L. 카슨(Rachel L. Carson)과 이시무레 미찌꼬(石牟禮道子)의 저작입니다.

마찬가지로 역사적 인물이나 '위인'으로 이름을 남긴 사람들에게 배우는 것이 많지만, 제가 가장 끌리는 것은 항간에서 유유히 흐르는 삶의 지혜들입니다. 세상의 지도자라고 불리는 사람들보다 극히 평범한 생활인들의 이야기 속에서 깨달음을 얻거나 커다란 발견을 하는 경우가 많습니다.

최근에 읽은 오끼나와전 체험집에서, (지도자들로부터) "천황을 위해 죽어라"라는 교육을 주입당하고 있었음에도 불구하고, 지역 주민들은 "어쨌든 살아남자"라고 서로 확인하고 있었다는 것에 감동했습니다.

13
RESISTANT ISLANDS

오끼나와의 미래

이 장에는 '전망'이라는 이름이 붙어 있지만, 필자가 바라보는 오끼나와의 미래를 제시하려는 것은 아니다. 하지만 이 책을 마무리하면서, 지금까지의 기술을 되돌아보고 오스프레이 배치로 더욱 가열되고 있는 오끼나와의 투쟁과 이후 오끼나와-일본 관계를 이해하는 데 중요한 사실과 관점을 정리해볼 필요가 있다.

오끼나와, 저항하는 섬

밟히고 걷어차여도

2009년 8월 말, 일본의 유권자들이 50년에 걸친 자민당 지배를 끝내기로 결정했다. 민주당으로 정권이 교체되며 일본에 희망의 빛이 비치는 것 같았다. 하또야마 유끼오는 정치인이 주도하고 관료가 뒤따르는 정치, 미국과의 대등한 관계 및 중국을 포함한 이웃 국가와의 더 긴밀한 관계의 구축, 후뗀마기지는 "최소한 현외"로 이전하겠다고 약속하면서 집권했다. 그러나 민주당이 비판 대상이었던 자민당의 대미종속주의와 신자유주의로 회귀하고 선거 전에 내걸었던 공약을 하나씩 파기함에 따라 희망은 사라져버렸다. 뒤를 이은 칸 나오또는 하또야마의 항복선언이기도 한 2010년 5월의 미일합의를 답습하는 것이 옳다고 믿었다. 2011년 3월에 동일본대지진이 일어나면서 이 합의를 수행해야 한다는 중압감에서 벗어날 수 있었다. 2011년 9월에는 민주당의 세번째 총리대신인 노다 요시히꼬가 취임했다. 하지만 신정권이 관료에 휘둘리면서 행정개혁도 물거품이 되었고, 노다는 미국과의 관계를 최우선으로 끌어안게 되었다.[1]

노다는 일본의 역대 총리대신들이 떠맡아온 임무를 자신의 핵심적인 임무로 꼽았다. 그것은 바로 동맹을 '심화'하고 더욱 '성숙'시키는 일이었다. 이전 정권과 마찬가지로 그것은 군사기지와 전쟁 및 환태평양동반자협정과 같은 신자유주의 의제를 포함한 미국의 정책에 일본이 더욱 명확하게 협력한다는 것을 의미했다. 헌법의 제한을 벗어던지고 정복자와 피정복자 혹은 점령자와 피점령자의 관계에 뿌리내리고 있는, 21세기 '속국'의 역할을 받아들인다는 것을 의미했다.

노다 정권은 부임하자마자 오끼나와의 민의를 무시·억압하고,

무슨 일이 있어도 미일합의를 실행에 옮길 것이라는 의지를 표명했다. 새 내각의 외무대신이 된 겐바 코오이찌로오는 취임 인터뷰에서 오끼나와의 '부담 경감'을 위해 미일합의를 존중할 것이라고 했으며, 그를 위해서는 "밟히고 걷어차여도 성심성의를 다해, 오끼나와의 여러분들과 마주해나갈 수밖에 없다"라고 말했다. 오끼나와 사람들은 귀를 의심할 수밖에 없었다. '밟히고 걷어차여'온 것이 도대체 누구란 말인가? 민주적 절차를 다해서 현내 신기지 건설에 반대해온 현민의 민의를 무시하고, 오스프레이를 배치하여 현민들을 더욱 위험에 처하게 하고 있는 가해자가 피해자인 양 행동하는 '주객전도 발언'이었다.[2]

2011년 9월 21일, 유엔총회 참석을 위해 뉴욕을 방문한 노다 총리는 오바마 대통령과 정상회담을 가졌다. 이 자리에서 노다는 동일본대지진 때 미국의 지원을 통해 미일 '동맹'은 '흔들림 없게' 되었다고 평가했다. 또 미군 재편에 대해서는 미일합의에 따르겠다고 했으며 "오끼나와 사람들의 이해를 얻기 위해 전력을 다하겠다"라고 밝혔다.[3]

그러나 워싱턴의 다른 한편에서 겐바나 노다의 의도대로는 되지 않을 것이라는 목소리가 나오고 있었다. 나까이마 히로까즈 오끼나와 현지사는 2011년 9월 19일, 조지워싱턴대학의 청중을 상대로 후뗸마기지의 고정화는 "수용 가능한 선택지가 아니며" "후뗸마기지 이전 계획은 재검토가 필요하다"라고 주장했던 것이다. 나까이마는 "오끼나와의 현실을 무시한 헤노꼬 이전 강행은 현 전체의 격렬한 반대운동으로 이어졌고, 미일안전보장체제에 악영향을 미칠 수밖에 없으며, 오끼나와 현민과 미군의 관계를 결정적으로 악화시킬 우려도 부정할 수 없다"라고 주장하여, 오끼나와와 미일의 대립을 명확히 했다.[4] 나까이마는 워싱턴에서 가진 기자회견에서도, 헤노꼬에 신기지를 만든다는 것은 1950년대에 미군이 시도했던 '총검과 불도저', 즉 폭력을 행사하지 않으면 불가능할 것이라고 경고했다.[5] 달리 말하면, 오끼나와의 최고위층이 현내의 압도적인 헤노꼬기지 건설 반대여론을 등에 업고, 기지 건설을 강행하려 한다면 전차라도 파견하지 않는 한 불가능할 것이라고 말했던 것이다. 그리고 2012년 10월 그것은 현실이 되었다. 2012년 9월 말, 오스프레이 배치 강행에 반대하는 시민들은 후뗀마기지의 출입구 네곳을 봉쇄했다. 경찰과 기동대가 출동하여 시민들을 강제로 현장에서 일시적으로 구금했고, 부상자도 발생했다.[6] 오나가 타께시 나하시장은 오스프레이 배치를 "하늘의 총검과 불도저"라고 비판했다.[7]

"밟히고 걷어차여도"라는 것은 오랜 차별과 인권침해, 자치 박탈, 기지피해에 더해 지금은 오스프레이 배치로 더 큰 위협에 노출된 오끼나와가 해야 할 대사일 것이다. 오끼나와는 결코 짓밟힌 채로 있지 않을 것이다. 언론인 유이 아끼꼬(由井晶子)가 최근 오끼나와의 '지치지 않는' 저항의 역사를 "개미가 코끼리에 도전한다"라고 표현한 것처럼 말이다.[8]

부정되는 민주주의[9]

오끼나와의 저항운동은 이미 코이즈미 준이찌로오 총리 시대(2001~6)에 헤노꼬기지 건설을 중지시켰고, 2010년에는 또 한명의 총리대신, 하또야마를 사임시켰다. 그후에도 칸, 노다 총리에게 일관되게 반대의지를 내세워왔다. 미일 정부는 '후뗀마 대체시설'에 관해 1996년의 SACO 합의에서 이미 건설의지를 표명했고, 미군 재편 계획에서는 양 정부의 외교·국방장관들이 모여, 즉 '2+2'회의를 통해 2005년, 2006년, 2010년, 2011년에 걸쳐 공동발표로 거듭 건설의지를 천명해왔다.

일본의 역대 정권은 손을 이어 내용을 살짝 바꿔가면서 실현 불가능한 헤노꼬안을 판에 박은 듯이 내오고 있을 뿐이다. 2012년 4월 27일에는 '2+2'회의에서 재편 계획 재검토에 관한 중간보고가 발표되었다.[10] 중간보고에서는 미의회에서 헤노꼬 이전은 곤란하다고 지적한 칼 레빈 의원 등의 의견을 고려하여 헤노꼬 신기지를 '지금까지의' 대안들 중에서는 유일하게 유효한 해결책으로 한다는 타협적 문구가 삽입되었다.[11] 그러나 타나까 나오끼(田中直紀) 방위대신은 여전히 헤노꼬 이외에는 "아무것도 염두에 두지 않고 있다"라고 말했다.[12] 그리고 2012년 가을의 오스프레이 배치 강행 이후, 연말에는 환경영향평가 평가서의 수정을 마치고, 10개월 후에는 오끼나와 현지사의 매립 허가를 얻어내려 하고 있다.[13]

오끼나와 현민들은 선거·주민투표·연좌농성과 저지와 같은 직접행동, 지자체의 결의, 당파를 초월한 현민대회, 소송, 여론조사, 지도자들의 성명 발표, 토오꾜오나 워싱턴에 직소, 국제기관에 호소하는[14] 등 온갖 방도로 헤노꼬에 대체시설 건설을 허용하지 않는다는 민의를 보여왔다. 류우뀨우대학의 아베 코스즈는 "인구 160명도 안 되는 [타까에] 지역이 외교·안전보장 문제에 정면으로 맞서게 된" 이상한 상황에서 일어난 시민불복종은 "보이지 않는 폭력을 가시화"하고 헌법 제12조[15])에서도 인정되고 있는 자유와 권리를 "국민의 부단한 노력으로 유지"하는 행위라고 주장한다.[16]) 오끼나와의 이러한 견고하며 꺾이지 않는 비폭력적 저항이 약해질 조짐은 전혀 보이지 않고 있다.

그럼에도 불구하고 미일 양 정부는 오끼나와 현민을 불편한 방해자로만 취급하고 '당근과 채찍' 정책을 통해 억누를 대상으로밖에 보지 않고 있다. '민주주의'나 '자유세계'를 표방하는 미국과 일본이 오끼나와의 민주주의를 파괴하는 것을 어떻게 정당화할 수 있을까. 만일 현재의 오끼나와 저항과 같은 저항이 미국과 일본이 마음에 들어하지 않는 외국(중국, 북한, 이란, 시리아 등)에서 일어났다면 양국 정부와 언론은 "시민들의 용감하며 영웅적인 민주화운동"이라며 극찬했을 것이다. 그러나 투쟁이 자신들이 식민지화하고 억압해온 장소에서 자신들을 향해 벌어지고 있기 때문에 치켜세우지 못하는 것이다.

오끼나와의 목소리가 미일 정부의 벽을 넘어서 세계 곳곳에 닿는 일은 지금까지는 매우 제한적이었다. 그러나 오오따 마사히데가 말한 것처럼 "벽 건너편에 친구를 만드는" 오끼나와의 네트워크는 착실히 확산되고 있다. 워싱턴을 거점으로 오끼나와를 지원하는 시민단체, '오끼나와를 위한 네트워크'는 『워싱턴포스트』에 오끼나와 기지부담의 부당성을 알리는 전면광고를 2010년 4월 25일의 현민대회에 맞춰서 내도록 협력했다. 『뉴욕타임스』는 2012년 9월 14일의 사설을 통해 오스프레이 배치에 대한 오끼나와 현민의 분노를 거론하면서 "미군기지의 무거운 부담을 강요당해온 대부분의 오끼나와 주민들에게 오스프레이 배치는 상처에 소금을 뿌리는 것과 같은 일"이라고 지적하고, 자신의 정부에 의한 배치 강행을 규탄했다.[17] 세계가 오끼나와의 역사와 현실을 인식하기 시작한 것이다.

계속되는 억압과 차별 앞에 결속하는 오끼나와

미일관계의 내부구조를 폭로한 수많은 '밀약', '위키리크스'의 공문서 전문, 하또야마의 고백 등을 통해 일본정부의 오끼나와 차별이나 민주주의제도의 실태, 그리고 주일미군을 유지하기 위해서라면 어떤 댓가도 아끼지 않는 일본정부의 태도를 엿볼 수 있다. 이러한 폭로는 토오꾜오나 워싱턴에는 찰과상 정도밖에 되지 않았을지 모르지만 일본과 오끼나와라는, 한 국가와 하나의 지방 사이의 활단층에 커다란 충격을 주었음에 틀림없다. 오끼나와 '반환' 이후 40년이 지나서도, 본도의 약 20%가 미군에게 점령당해 있는 오끼나와는 일본의 다른 어떤 지역보다도 핍박을 받고 있다.

오끼나와는 오랜 역사 속에서 반복해서 부당함을 강요받아왔다. 1945년 미군의 점령 및 뒤이은 미군의 군사지배로 '전쟁국가'로 기능했던 경험, 1952년에는 대일강화조약 제3조에 의해 헌법 제9조를 가진 '평화국가' 일본으로부터 강제적으로 분리되었으며, 이어서 1960년의 안보조약 개정으로 그 분리가 재확인되었고, 1972년의 '반환' 때는 일본국 헌법하에서 주권재민, 기본적 인권, 평화주의의 원칙이 적용되어야 했음에도 불구하고 실제로는 (밀약을 포함한) 안보조약이 헌법보다 우위에 선 상태가 계속되어온 것이다.

그리고 오끼나와 현지사 선거 직전인 2012년 중반에는 마치 오스프레이 배치 강행과 시기를 맞춘 것처럼 이웃나라와의 국경 문제가 재발했다. 그러나 아무리 위협감을 증대시켜 군비확대를 용인하는 분위기를 만들어내려고 해도, 오끼나와의 민의는 움직이지 않는다. '군대는 주민을 지키지 않는다'라는 오끼나와전의 경험은 현민의 혈맥 속에 세대를 넘어 계승되고 있다. 일본을 지킨다는 미일 '동맹'이 실제로는 강요된 희생 위에서만 성립해온 것이라고 한다면, 더이상 희생양이 되지는 않겠다는 결심으로 오끼나와가 결속하고 있는 한 신기지 건설은 불가능하다.

2012년 7월, 나까이마 지사는 끊임없이 사고를 일으키는 오스프레이의 배치를 강행하려는 모리모또 사또시 방위대신에게, 만약 사고가 난다면 "(오끼나와 현내의) 모든 미군기지를 즉시 폐쇄할 수밖에 없게 된다"라고 경고했다.[18] 보수파인 나까이마 지사의 발언에서도 알 수 있는 것처럼 오끼나와 차별에 대한 분노는 현 전체가 공유하고 있는 것이다. 나하시의 오나가 시장은 자민당 현련(오끼나와의 자민당 지부)의 간사장을 역임한 인물이지만 2010년 4월 25일의 '미군 후뗀마비행장의 국외·현외 이전을 요구하는 현민대회'에서는 "지금 여기에서 현민의 마음이 하나가 되었다"라고 선언했다. 오나가가 언급한 것처럼, 오끼나와 현민들의 의식과 자세에 일종의 '화학적 변화'가 일어났다고 보는 견해도 있다.[19] 오스프레이 배치에는 오끼나와 현의회와 41개 시정촌 모두가 반대결의를 내놓은 상태다.

오끼나와현 전체 봉기라고 할 만한 사태를 일본의 정부와 시민들은 어떻게 받아들일 것인가. '오끼나와 문제'를 해결할 생각이라면, 먼저 '문제'는 오끼나와에 있는 것이 아니라 계속해서 기지를 밀어붙여온 일본과 미국 쪽에 있다는 것을 인식해야 할 것이다. 그리고 헤노꼬기지 건설 계획을 철회함으로써 오끼나와의 과중한 기지부담을 해소하는 첫걸음을 내딛는 것이다. 오끼나와 억압과 대미종속에 기반해온 일본 전후정치의 구조를 근본적으로 재검토하고, 주권 침해를 허용하는 미일안보조약과 미일지위협정의 개정이나 폐기, 평화조약으로의 전환을 포함한 미일관계의 재구축, 이웃국가들과의 자주적인 우호관계를 재형성하는 일에 나서야 할 것이다.

미일관계 재검토

집착하는 일본과 변화하는 미국

움직일 줄 모르던 두개의 벽 가운데 하나인 미국으로부터 지금까지와는 다른 관점이 차례로 보이고 있다. 앞에서 언급한 것처럼 미국의 대일정책에 영향력을 발휘해온 조지프 나이는 1995년의 '나이 이니셔티브' '동아시아안전보장전략'에서 냉전 후 미국의 세계전략의 일환으로 일본과 한국에 10만명의 병력을 유지한다는 구상을 내놨고, 미군과 자위대의 통합을 위한 '재편'과 그를 위한 새로운 기지 건설을 강하게 주장해왔다. 그러나 나이는 2011년

11월 21일에는 『뉴욕타임스』에서 "현재 계획하고 있는 해병대의 오끼나와 현내 이전이 오끼나와 현민에게 받아들여질 가능성은 적다"라고 언급했다.[20] 후뗸마의 현내 이전을 추진한 SACO의 중심인물이었던 나이에게서 이런 발언이 나온 것은 오끼나와의 민의에 대한 항복선언이었다고 할 수 있다.

컬럼비아대학의 정치학자인 제럴드 커티스도 미일관계를 지지해온 학계의 중진이다. 커티스는 2011년 초에 열린 '신(新)시모다(下田)회의'에서, 하또야마의 '현외' 약속이 당시까지 억눌려왔던 오끼나와의 민의를 분출시켰다는 점에서 "판도라의 상자를 열었다"라며 부정적인 반응을 보였다.[21] 하또야마가 제창한 미일의 '대등'한 관계가 목적이라면, 미군을 감축하거나 미국에게 'No'라고 말하는 것에 의해서가 아니라, 일본국 헌법의 개헌을 통해 일본의 군사적 역할을 증대함으로써 대등한 관계를 달성하자는 식의 연설이었다. 하지만 헤노꼬 이전에 관해서는 "주민들이 이 정도로 반대하는 가운데 미일합의에 따라 기지 이전을 억지로 결행하는 것은 무모하다"라고 말했다.[22]

또한 짐 웨브·존 매케인·레빈·제임스 존스 등 미국의회와 군대의 지도자들은 2010년 말부터 미국의 외교정책을 재검토하자고 촉구하고 있다. 웨브·매케인·레빈은 2011년 5월 11일 헤노꼬기지 건설 계획에 대해 "비현실적이며 실행 불가능하고 비용이 많이 든다"라고 지적했다. 그러한 지적에 칸 정권은 당혹스러웠을 것이다. 민주당정권에서 헤노꼬 이전 추진파의 핵심인물이었던 마에하라 세이지는 득달같이 워싱턴으로 달려가 헤노꼬안이 이행될 것이라

약속했다.[23)]

그러나 그런 움직임은 미국 내의 전문가들에게 웨브·매케인·레빈 등의 의견이 확산되고 있어 덧없는 저항이 되고 말 것이다. 『류우뀨우신보』의 워싱턴 특파원 요나미네 미찌요가 미국의 학자와 전문가들을 인터뷰했을 때, "헤노꼬 이전은 무리" "주오끼나와 해병대의 역할은 희박"하다는 등의 목소리가 "압도적으로 많이" 나왔다. 그리고 2011년이 되어서는 이러한 목소리가 점점 더 커졌다고 한다. 매사추세츠공과대학의 교수인 리처드 J. 새뮤얼스(Richard J. Samuels)는 "헤노꼬 이전이 실행 가능하다고는 생각하지 않는다. 민주적인 절차에 따라 선출된 지사의 지지를 얻는 것이 필수적이기 때문이다. 미국정부의 사고방식은 비현실적이다. 미일관계를 전문으로 하는 나의 미국인 친구들은 누구도 5월의 합의가 실행되리라고 생각하지 않는다"라고 단언했다.[24)]

그러나 미국의 이익을 위해 여전히 오끼나와의 입장을 도외시하려는 견해도 있다. 미국 보수파의 싱크탱크인 헤리티지재단(The Heritage Foundation)의 브루스 클링너(Bruce Klingner)는 만약 노다정권이 합의대로 이전을 진행하지 않으면 미의회에서 괌 이전 예산이 삭감될 것이고, 괌 이전 계획이 없어지게 되면 오끼나와에서 반미 데모가 일어나게 될 것이라며,[25)] "노다는 오끼나와에 일본의 안전보장과 아시아의 평화와 안정이 현지의 사정보다 우선한다는 점을 강조해야 한다. 일본정부는 오끼나와 진흥비는 후뗀마 이전을 전제로 하며, 오끼나와의 불복종은 교부금 삭감으로 이어진다는 점을 오끼나와에 명확히 전달해야 한다"라고 지적하고 있다.[26)]

일본의 중앙정치가나 관료들도 마찬가지로 생각하고 있지만 직접적으로는 좀처럼 말하지 못한 노골적인 협박이다.

참고로 이 헤리티지재단은 2012년 4월, 이시하라 신따로오가 워싱턴에서 "센까꾸제도의 재구입 선언" 발언을 했던 심포지엄의 주최자였고, 국교정상화 40주년을 기념해야 할 해에 중일관계를 최대의 위기에 빠뜨리는 계기를 연출한 단체다. 일본의 지도자나 언론은 워싱턴의 이러한 호전적인 세력을 "미국의 목소리"로 받아들이거나 보도할 것이 아니라 일본시민의 곁에 머물러야 할 것이다.

'속국'의 문제

일본의 추종과 미국의 오만과 멸시에 기초한 이 불평등하며 상호 의존적인 두 나라의 관계가 지금까지 충분히 음미되어왔다고는 할 수 없을 것이다. 전쟁과 점령 후부터 현재까지 미국에게 일본은 마치 자신의 일부와 같은 존재였다. 미국의 세계 및 지역전략 속에서 주일미군의 유지는 필수적인 조건이었으며 매년 일본정부로부터 짜내는 미군 주둔을 위한 막대한 보조금은 아주 편리한 자금줄이었다.

반대로 일본은 왜 스스로 굴욕적인 종속을 자처하고 있는지 이해하기 힘든 사람도 있을 것이다. 먼저, 16세기 이후부터 양성되고 내재화된 이른바 '백인'으로 불리는 구미의 민족에 대한 경외와 열등감이나 정반대로 혐오감, 그리고 다른 한편으로는 '탈아입구'라는 개념으로 상징되는 아시아의 다른 민족에 대한 우월감이나, 일본이 아시아민족들을 이끈다는 '지도 민족' 의식의 형성 등, 복잡한 인종주의가 전쟁 때부터 현재까지 맡아온 역할을 빼고는 이 관계를 이야기할 수 없을 것이다. 이 문제에 대해 더 깊이 탐구하는 것은 이 책의 취지가 아니지만,[27] 예컨대 히로히또 천황이 신헌법 시행(1947.5.3) 직후에 "앵글로색슨을 대표하는 미국"에게 일본의 안전보장을 맡긴다고 매카서에게 말한 것은 이러한 비뚤어진 인종주의의 단적인 예라고 할 수 있을 것이다.[28]

실제로 히로히또는 위와 같은 발언을 통해 전후의 미일-속국관계에 영향을 미치기도 했다. 신헌법에서 천황주권을 부인당하고 한 명의 국민에 지나지 않게 된 그가 전쟁과 무력 사용 포기를 내건 신헌법 시행 사흘 후에, 일본의 안전보장(즉 군비)을 전쟁국가 미국에게 맡긴다는 발언을 했다는 것은 신헌법 시행 후에 일어난 최초의 위헌 행위였다고 할 수 있지 않을까. 물론 그의 위헌적 영향력에는 그것을 용인하고 이용한 미국이 크나큰 역할을 했다고 할 수 있다.

칸세이가꾸인(關西學院)대학의 토요시따 나라히꼬가 자신의 저서 『안보조약의 성립(安保條約の成立)』에서 보여준 바와 같이, 히로히또는 그후에도 미국의 반공파들과 직접적인 통로를 만들어 강화조약과 안보조약 등 중요한 정책의 체결에 영향을 미쳤다. 그것은 언론인 존 G. 로버트(John G. Robert)와 그린 데이비스(Green Davis)가 『군대 없는 점령』(軍隊なき占領, An Occupation without Troops)에서 명확하게 밝힌 것처럼 전후 미국의 거대기업을 배후로 한 정치가 존 F. 덜레스(John F. Dulles) 등의 반공세력이 '대일 아메리카협의회'(ACJ)를 조직하고 이를 중핵으로 하는 '재팬 로비'를 벌였던 점, 그리고 이것이 매카서의 민주화·비군사화 정책을 능가하는 영향력

을 발휘하여 '역코스'를 폈던 것과 깊이 연관되어 있다. 이 '재팬 로비'가 히로히또나, 전범형무소에서 석방된 키시 노부스께 등의 보수 (자본주의, 군국주의, 천황에 대한 지지를 공유하는) 정치가나 관료 등과 공동으로 재벌의 부활, 재군비정책이라는 '역코스'의 지휘를 맡았고, 전후 일본의 정치경제제도와 미일관계를 지탱해왔던 것이다.[29] 그리고 이러한 공모관계에 의해 형성된 속국관계가 현재까지 정치·경제·관료 세계, 언론, 학계를 지배해온 것이다. 이들 세력이 한몸처럼 움직여 '미국의 압력'을 연출하고 정책이나 여론에 영향력을 행사해온 모습은 이미 6장에서 살펴보았다. 1장에서 류우뀨우/오끼나와가 '극장국가'화되었다고 서술했지만, 국민주권과 민주주의를 가장하면서 20세기 중반부터 미일 양측이 공모하여 지배해온 일본이야말로 현재의 '극장국가'가 아닐까.

미일관계가 이 부패한 속국관계에서 벗어나 평등하며 상호 존중에 기반한 관계로 전환되지 않는 한, 일본국민에 의한 주권은 실현될 수 없으며 동아시아나 아시아 전체의 협력관계 구축에서도 일본이 제 역할을 맡을 수는 없을 것이다. 그리고 말할 필요도 없겠지만 이 속국관계의 가장 큰 피해자는 바로 오끼나와다. 일본은 미국을 추종하면 할수록, 오끼나와를 식민지적 속령으로 취급함으로써〔종속관계의 굴욕과 불평등을〕 벌충해왔다. 하지만 이미 살펴본 것처럼 오끼나와는 더이상의 억압은 허용하지 않겠다며 단결하고 있고, 미국-일본-오끼나와의 다층적인 지배구조는 통용되지 않고 있다. 오끼나와는 미일 양국이 과거의 잘못을 바로잡고, 신뢰와 존중으로 오끼나와를 대할 것을 요구하고 있다. 그렇게 함으로써, 처음으로 미일관계도 건강하며 지속 가능한 것이 될 것이며, 일본도 이웃나라들과의 신뢰관계를 쌓을 수 있을 것이다.

또한 최근에 문제가 되고 있는 이웃한 세 나라와의 '영토 문제'에도 미일의 '속국관계'가 깊이 관여되어 있다는 점을 잊어서는 안 될 것이다. '고유의 영토'라는 근거 없는 논조에 현혹되지 말고, 이들 문제의 배경에서 미국이 맡아온 역할을 인식하는 것이 중요하다. 캐나다 워털루대학의 하라 키미에는 전후에 일본의 영토 처리에서 발생한 '미해결 문제'들은 냉전의 지리적 전초였다고 설명한다. 북방영토 문제의 상대국인 소련은 전체가 공산주의였다. 독도/타께시마 문제의 상대국인 한반도의 절반은 공산주의다. 센까꾸/댜오위제도 문제의 상대방인 중국대륙의 일부는 모두 공산주의다. 냉전 초기 미국의 아시아전략에서 일본을 서방에서 확보하는 것이 최우선 과제였고, 이 미제(未濟)들은 모두 "일본을 둘러싼 쐐기처럼 늘어서 있다".[30] 그리고 미국과 소련의 냉전이 끝난 뒤에는 새롭게 만들어진 미국과 중국의 냉전으로 어어져 있는 것이다.

센까꾸/댜오위제도의 경우 미국은 오끼나와 반환 시에 '시정권을 반환'한다면서 영토소유 문제를 애매하게 처리해 굳이 중일간에 분쟁의 씨앗을 남겼다.[31] 일본을 미국의 장기짝으로 삼아 이웃나라들과 우호적으로 지낼 수 없게 함으로써 극동에서 미국의 영향력을 유지하고, 다른 한편으로 지역의 긴장을 구실로 군사기지를 유지하고 군비를 확충하는 것이 가능해지는 것이다. 무엇보다 "중일간의 영토 문제, 특히 오끼나와 주변의 섬들을 둘러싼 영토 문제가 있다면, 미군의 오끼나와 주둔이 일본에 더욱 수용 가능한

것이 될 것"이라는 생각이 있었다.[32]

중국과 일본은 모두 2010년이나 2012년의 중일간의 분쟁이 미국의 예상대로 되어왔다는 점을 냉철하게 파악하고, 평화적인 문제 해결에 함께 나서야 할 것이다.

'후뗀마 문제'를 넘어서

'후뗀마 이전 문제'의 재인식

오끼나와에서 현재 저항의 초점은 헤노꼬 신기지나 타까에 헬리패드 건설 반대, 오스프레이 배치 반대라는 긴급한 과제에 집중되어 있다. 그것이 당연한 일이기는 하지만 후뗀마기지가 현내로 이전되지 않고 반환되더라도 오끼나와의 일본 내 미군기지 부담 비율은 74%에서 72%로 낮아질 뿐이다. 우선 이론적으로 진정한 평등 부담이 되려면 오끼나와의 면적 비율인 0.6%까지 감축해야 한다는 점을 감안해야 한다. 후뗀마기지를 현내로 이전하지 않고 반환하는 것이 평등의 첫걸음이며 또한 오끼나와에서 일본국 헌법, 특히 제9조(전쟁 포기), 제11조부터 제40조(기본적 인권), 제92조부터 제95조(지방자치)의 실현을 위한 첫걸음이라는 문맥 속에서 파악할 필요가 있다. 그리고 오끼나와가 중국·대만·동남아시아에 가깝다는 지리적 특성을, 미군의 과도한 주둔으로 역내 긴장을 만들어내는 지역이 아니라 새로운 지역협력의 틀을 만들어낼 수 있는 기회로 파악하는 것이 중요하다.

그리고 이 싸움은 세계적인 군사기지제국인 미국의 전략적 계획에 대해 의문을 던지는 것이기도 하다. 존스홉킨스대학의 정치학자인 켄트 E. 콜더(Kent E. Calder)가 말한 바와 같이, 원래 외국의 군사기지를 주권국가 내에 두는 것 자체가 논쟁을 야기하는 일이다.[33] 미국의 군사기지를 계속해서 확장하는 것이나 각지에서 무인공격기를 운용하는 전략은 미국을 점점 더 분쟁의 수렁에 빠뜨리고 자멸의 길을 걷는 일이기도 하다.[34] 오끼나와의 미군기지는 평화를 요구하는 섬들에 상처를 입히는 것은 물론, 미제국에 의한 타국 주권의 침해와 시민에 대한 폭력의 거점이 되어왔다. 오끼나와의 투쟁은 오끼나와만이 아니라 다른 나라의 시민을 지키기 위한 것이기도 하다.

나아가, 이 투쟁은 일본이라는 국가 속에서 변경에 놓여 차별을 받아온 지역이 중앙에 도전한다는 시각에서도 파악할 필요가 있다. 2011년 3월의 동일본대지진 이후에는 토오호꾸지방, 특히 후꾸시마의 토오꾜오전력 후꾸시마 제1원자력발전소 주변 지역이 여기에 가세했다. 오끼나와는 후꾸시마의 피난자들을 다수 받아들였고, 쿠메지마에는 원자력발전소 사고 피해를 입은 어린이들의 보양소가 만들어졌다. 토오꾜오대학의 타까하시 테쯔야(高橋哲哉)는 경제성장이나 안전보장이라는 명목하에 국책 수행을 위해서 오끼나와나 후꾸시마 등의 취약한 소수파에게 희생을 강요하는 구조, '희생의 씨스템'의 부당성을 주장하고 있다.[35] 오끼나와국제대학의 니시오까 노부유끼(西岡信之)도 중앙정부가 차별하고 방치해온 '기민(棄民)' 정책을 비판한다.[36] 니시오까가 지적하는 '정·관·재·

노·학·정(정계·관청·재계·노동조합·학계·거대언론)'이라는 권력기구[37]가 유착해 유지하는 씨스템에 대항하여, 조직에 속하지 않은 시민들이 새로운 미디어를 횡적으로 잇거나 인터넷을 활용하고 직접 거리에서 사회의 대안적 방향을 제시하려는 움직임은 늘어나고 있다. 이들 가운데는 오끼나와의 투쟁으로부터 교훈을 찾고 오끼나와의 문제를 자신의 문제로 파악하는 사람들도 나오고 있다.[38]

새로운 오끼나와를 향한 움직임

과거 400년 동안, 서로 경쟁하는 지역 제국들, 국민국가들, 그리고 냉전의 양 진영에 끼어서 류우뀨우/오끼나와의 자치가 허용되는 경우는 거의 없었고, 독립은 말할 것도 없었다. 그러나 냉전 후 20여년이 지난 지금, 지역의 경제적 통합도 진행되고 있고 냉전 후의 새로운 안전보장과 국제협력의 틀을 모색하는 가운데, 오끼나와는 새로운 과제와 기회를 대면하고 있다. 미군 재편 계획과의 싸움은 오끼나와 사람들이 자신의 정체성이나 지역에서의 역할을 성찰하고 새롭게 창출하는 과정이 되고 있을지도 모른다.

오끼나와의 정치학자인 시마부꾸로 준은 전후 일본이 안고 있는 근본적인 문제는 일본의 주권 자체가 실체가 없는 허상에 불과하다는 점이라고 한다. 일본의 '전후 국체'에는 평화, 인권, 자치라는 이념을 내건 일본국 헌법보다 미일안보조약이 실질적으로 상위를 차지하고 있으며 일본은 체제의 모순에 대해 오끼나와로 기지를 몰아넣는 방식으로 대처해왔다. 오끼나와의 '일본 복귀' 이후의 운동은 "미군의 특권이 위에, 헌법이 아래에" 위치하는 현실의 구조

를 뒤집고 인권, 자치권, 정치적 주체성의 회복을 지향했다.[39]

특히, 오끼나와 차별에 대한 분노가 커짐에 따라, 어떤 형태로든지 류우뀨우/오끼나와의 독립에 대한 지지가 모이고 있다.[40] 일본이 오끼나와를 2급 시민처럼 차별함에 따라, 류우뀨우왕국으로 독립해 있던 과거를 조명하려는 움직임도 늘어나고 있고 일본이라는 틀 안에 있는 것보다 자치권을 높이거나 독립국가로의 미래상을 그리는 오끼나와인도 있다(12장의 킨조오 미노루 인터뷰 참조).

오끼나와에서 독립을 요구하는 목소리가 크다고는 할 수 없을지 모르지만, 2010년 6월 23일 '류우뀨우 자치공화국연방'의 이름하에 마쯔시마 야스까쯔(松島泰勝), 이시가끼 킨세이(石垣金星) 등이 류우뀨우를 일본에 의한 차별에서 해방시키고 '전쟁의 섬'을 '평화의 섬'으로 바꾸기 위해 '독립선언'을 발표했다. '연방'은 일본국에 대해, 1879년의 '류우뀨우 처분'에 대한 사죄와 배상, 또한 "일본의 밀약이 드러남에 따라 법적 근거가 흔들리고 있는" 오끼나와 반환협정의 파기를 요구했다.[41] 마쯔시마 등은 일본의 정치경제나 문화체제로의 동화를 전제로 하지 않고, 류우뀨우인이 류우뀨우인답게 류우뀨우에서 평화롭고 행복하게 사는 '독립'론을 체계적으로 확립해오고 있다.[42]

'현외 이전 = 평등 부담'이라는 호소

오끼나와와 본토와의 관계를 재교섭하려는 움직임은 지금 새로운 전개를 보이고 있다. 오끼나와 사람들은 오끼나와로부터 미군기지를 축소해달라는 요구뿐만 아니라, 본토에 평등하게 부담해달라는 요구를 하고 있다. 오끼나와의 여성 그룹 '카마도오오과아들의 모임'의 회원이자 저술가인 치넨 우시는 일본이 안전보장 문제에서 오끼나와에 지나치게 의존하고 있다고 지적한다. 안보(체제)를 긍정한다면 일본 스스로가 기지부담을 져야 하며, 후뗀마기지도 본토로 이전해야 한다고 주장한다.[43] 이러한 주장은 최근까지 금기시되어온 경향이 있다. 자신들의 고통을 본토에 떠넘기고 싶지 않다는 생각도 있었기 때문이다. 하지만 아무리 호소해도 정부의 차별정책이나 본토의 무관심이 변하지 않자 그 금기가 깨진 것이다.

사회학자인 노무라 코오야는 일본인이 민주주의하에서 미군기지를 받아들이겠다는 결정을 했기 때문에 평등하게 기지부담을 졌어야 하는데도 실제로는 오끼나와에 과중한 부담을 떠넘기고 있다고 말한다. 그것은 차별의식, 식민지주의의 표현이라고 규탄한다.[44] 이러한 주장은 안보(체제)를 용인하는 것이 아니며, 실제로는 그 반대다. 본토 사람들이 안보(체제)를 용인할 수 있는 것은 오끼나와에만 그 부담을 강요함으로써 기지, 군대와 함께 사는 고통을 모른 채 살아가기 때문이다. 따라서 그러한 고통을 정말로 알게 되거나 알려고 한다면 본토 사람들도 기지 철폐에 본격적으로 나설 것이라는 기대를 가지고 말하고 있는 것이다.

오끼나와에 오랫동안 살고 있는 미국 출신의 정치학자인 C. 더글러스 러미스(C. Douglas Lummis)도 본토 사람들이 헌법 제9조와 안보조약을 동시에 지지하는 모순을 지적하고, 기지문제를 '오끼나와 문제'로 분리함으로써 자신들과는 관계없는 것으로 만들고 있다고 비판한다. 치넨과 마찬가지로, 일본국민의 다수파가 안보조약을 지지하고 미군기지를 유지하는 것을 선택한다면, 기지를 평등하게 부담해야 한다고 주장하는 것이다. 지금 당장 주일미군 전면 철수를 주장하는 것은 비현실적이며, 그것은 오히려 오끼나와의 현재의 기지부담을 반영구화하는 것을 지지하는 것이나 마찬가지라는 것이다.[45]

오끼나와의 운동은 평화운동임과 동시에, 일본의 불평등 대우에 대한 반대이자 반식민지주의에 기반한 항의다. '현외 이전'의 핵심은 여기에 있다.

오끼나와의 나까이마 현지사도 후뗀마기지를 "토오꾜오로 말하자면 히비야(日比谷)공원 같은 장소"[46]라고 말하며, '현외 이전'을 요구하고 있다. 본토의 사람들이 상상력을 발휘하여 오끼나와에 대한 구조적 차별을 인식하도록 유도하는 말이다. 오끼나와에 희생을 강요함으로써만 평화헌법의 혜택을 받을 수 있다는 점에 눈을 감고 있는 본토에 도전장을 직접 들이민 것이다.

귀속의 상대성과 운동의 보편성

이상과 같은 논의를 감안하면서 대국의 논리와 이해관계에 농락당해온 오끼나와의 저항운동에 관한 중국사회과학원의 연구원 쑨꺼(孫歌)의 고찰은 시사하는 바가 깊다.

미일동맹에 저항할 수 있는 '국가기구'를 가지지 못한 상황에서, 오끼나와인은 "합법적 투쟁의 제도 공간"을 이용하여 부단히 미국의 군비확장과 일본의 공모를 견제하면서, "구체적인 투쟁" 속에서 탁상공론이 아닌 이념, '진정한 정치력'을 키워왔다.[47] 쑨 꺼의 논지에서 보면, 외부의 인간에게는 오끼나와가 일본과 미국으로부터 독립, 역사에 있어서 류우뀨우로의 회귀, 혹은 독립·자치를 최종목표로 운동하고 있는 것처럼 보이지만, 오끼나와 투쟁의 목표는 더 높은 곳에 있다.

(…) 오끼나와와 같은 사회에서는 귀속이라는, 주권과 정체성에 관련한 문제는 상대적인 것일 수밖에 없다. 오끼나와의 사상가는 무조건적 일본 복귀나 절대적으로 여겨지는 오끼나와 독립 모두에 역시 경계감을 가지고 있다. (…) 단순한 피해자로 보여지는 것도, '변경'이란 위치를 중심으로 바꾸는 것도 거부할 때 그들은 우리를 위해서 인류 미래의 이념을 생산하고 있는 것이다.[48]

쑨 꺼는 어떤 오끼나와 활동가와의 대화 도중에, 오끼나와 투쟁의 목표는 미군을 오끼나와에서 철수시키는 것뿐만 아니라 다른 태평양 지역으로 이동하는 것이 아니며, "진정한 의미에서 전쟁의 잠재적인 위협을 소멸시키는 것"이라는 말을 듣고, "뭐라고 해야 좋을 정치적 책임감인가!"라고 경탄했다.[49] "오끼나와인의 투쟁은 자신의 피해를 해결하는 수단에 그치지 않고 오히려 그것을 통해 원리를 만들어내는 것이다"라고. 쑨 꺼가 지적하는 "오끼나와인의 반전평화의 국제적 시야, 패권에 반대하는 평등·공생의 이념, 오끼나와의 사상가가 정체성의 문제에 관해 일깨워 보이는 판단력"[50]

은 오끼나와라는 특정한 장소의 역사와 정치적 상황이 낳은 것이라고 하더라도 주변 지역이나 세계에 시사하는 보편성을 가진다.

확실히, 오끼나와에게 '귀속'은 상대적인 것일 수밖에 없었을 것이다. 류우뀨우왕국 시대의 책봉·진공관계를 통한 중국과의 느슨한 주종관계, 사쯔마번의 침공 이후에는 사쯔마번을 통한 일본과 중국의 동시지배, '류우뀨우 처분'에 의한 강제 일본귀속, 그리고 제2차 세계대전 후에 미국에 점령되었다가, '반환' 후에는 일본의 일부면서도 미일의 군사점령을 받아왔던 류우뀨우/오끼나와이니 말이다. '류우뀨우 처분' 이후에는 일본이 미야꼬와 야에야마를 중국에 할양하려 할 때도 있었다. 아시아태평양전쟁이 끝나가던 1945년 6월에는 히로히또 천황이 코노에 후미마로를 특사로 러시아에 보낼 때의 계획에, 일본의 국토에 대해서는 오끼나와, 카라후또(사할린), 오가사와라를 '버려도' 좋다는 평화조건을 준비하고 있었다고 한다.[51] 이러한 역사적 배경을 안고 있는 오끼나와에게, 영토 문제에서 '고유의 영토'론 등은 편리주의적 발상에서 나온 공허한 것으로밖에 비쳐지지 않을 것이다.

이웃나라들과 자유롭게 교역하던 류우뀨우에게 국경이나 영토라는 개념이 가진 의미는 희박했다. 오끼나와의 역사학자인 아라사끼 모리떼루는 "(…) 중국은 주변 제국에게 조공은 요구했지만 지배나 경제적 수탈을 일삼지는 않았고, 오히려 실리적으로는 혜택을 주어왔다"라고 한다.[52]

'위키리크스'에서 명백하게 드러난, 2006년 4월 26일의 토머스 라이히(Thomas Reich) 주오끼나와 총영사의 전문에 따르면, 류우뀨우/

오끼나와의 대중관계 인식은 미일의 인식과는 상당히 다르며, 오끼나와 사람들은 미국과 일본만큼 중국의 대두를 위협으로 바라보지 않는다. 거기에는 류우뀨우왕국 시대부터의 중국과의 관계도 있지만, 오끼나와는 미국과 일본에게 받은 만큼의 피해를 중국으로부터 받지 않았고, 중국을 위협시하는 것은 은연중 주오끼나와 미군의 정당화로 이어지기 때문에 오끼나와의 언론도 소극적이라는 견해였다.[53] 이 전문은 그런 '미군기지에 관한 현지의 환경'을 일부러 강조하고 있지는 않다. 하지만 그후 어느 때보다도 센까꾸/댜오위 문제가 표면화하고 심각해진 것에 비추어, 오끼나와에서도 '고유의 영토'론을 적잖이 들을 수 있게 된 것을 생각하면, 최근 중국의 위협에 대한 인식(중국위협론)이 오끼나와 미군기지의 유지·강화에 관한 오끼나와 사람들의 심리를 조작하기 위해 이용되어왔을 가능성은 부정할 수 없다. 중국과 일본의 국경 문제에 오끼나와를 말려들게 하는 것은, 쑨 꺼가 말한 오끼나와 운동의 보편성에 기여하고 있는 '상대적인 귀속'에 절대화의 압력이 가해진다는 의미다.

오끼나와──시민이 주도하는 민주주의

우라시마 에쯔꼬는 2012년 9월 9일의 오스프레이 반대집회 후에, 이렇게 적었다.

솔직히 말해서, 우리들은 지금까지 힘을 짜내고 짜내어 싸워왔다. "더이상 어떻게 힘을 내란 말인가"라는 마음이 대다수 현민의 마음일 것이다. 그러나 포기할 수는 없다. 우리가 포기하기를 웃으면서 기다리고 있는 자들의 뜻대로 된다면, 우리의 뒤를 이을 사랑스러운 아이들에게 똑같은 고통을 넘겨주게 될 것이기 때문이다. 아름다운 하늘과 바다, 푸른 섬을 잃게 되기 때문이다.[54]

오끼나와의 장대한 투쟁이 어떤 결과로 이어지더라도, 오끼나와의 역사와 16년 동안의 '후뗀마기지 이전 문제'를 둘러싼 저항의 발걸음에서 일본, 동아시아, 그리고 세계가 배울 점이 있다. 그것은 "인간이 '시민'으로 산다는 것은 도대체 무엇인가"이다. 그것은 자신의 일은 스스로가 민주적으로 결정하고, 기본적 인권이 보장되는 평화로운 삶을 누릴 권리를 적극적으로 행사하며, 군국주의의 참화를 잊지 않고 그 죄를 두번 다시 반복하지 않겠다는 결의를 가지고 싸우는 것이다.

1장_류우뀨우/오끼나와: 처분에서 저항으로

1) 쿠니가미, 미야꼬, 오끼나와, 야에야마 및 요나구니. Christopher Moseley ed., *Atlas of the World's Languages in Danger*, 3rd ed., Paris: UNESCO Publishing 2010, http://www.unesco.org/culture/en/endangeredlanguages/atlas.

옮긴이 주: 유네스코와 『아틀라스』 2009년호는 언어의 생명력 또는 소멸위기의 정도를 '언어의 세대 간 전달' 등 아홉개의 요소에 따라 6단계(안전, 취약, 소멸위기, 심각한 소멸위기, 소멸고비, 소멸)로 구분하고 있다.

2) United Nations Human Rights Committee, "International Covenant on Civil and Political Rights," Geneva: United Nations 2008.

3) 류우뀨우의 저항은 우월한 군사력, 특히 사전작전(forearms)에 의해 압도되었다. Gregory Smits, "Examining the Myth of Ryukyuan Pacifism," *The Asia-Pacific Journal: Japan Focus*, 2008.9.13, http://japanfocus.org/-Gregory-Smits/3409. 초기의 반발과 항복 이후에 저항은 중지되었다. 그러나 류우뀨우의 유명한 귀족이었던 자나 테이도(Jana Teido, 별칭 Jana Uekata Rizan, 1549~1611)는 카고시마에서 즉결 처형되었다. 새로운 사쯔마번의 군주에게 충성서약을 거부했기 때문이었다.

4) 옮긴이 주: '뽀뜸낀(의 마을)'은 제정 러시아의 여제였던 예까쩨리나 2세(Екате рина II Великая, 1729~96)의 정부(情夫)였던 그리고리 뽀뜸낀(Григорий Але ксандрович Потёмкин-Таврический)이 황제의 환심을 사기 위해 두꺼운 종이 에 그려서 보여주었던 가짜 마을을 가리킨다. 제정 러시아가 새로 병합한 '노보로 시야'(Новороссия, 신新러시아)의 지사로 취임한 뽀뜸낀은 1787년 황제가 바지선 을 타고 노보로시야를 순시할 때, 드네쁘르 강(Dnieper River)의 강독에 마을의 풍 경을 그린 두꺼운 종이판을 세워 그 지역이 마치 잘 개발된 것처럼 꾸몄다고 한다. '극장국가'는 인류학자인 클리퍼드 기어츠(Clifford Geertz)에 의해 제시된 개념으 로, 주기적으로 의례화된 공연을 화려하게 연출하여 왕권의 사회적, 우주적 중심성 을 보여주는 것을 정치적 권위의 바탕으로 삼는 국가를 말한다. 기어츠는 인도네시 아 발리섬의 '네가라'(Negara)를 '극장국가'의 대표적인 사례로 들었으며, 극장국 가에서 왕은 제작자(겸 주연), 사제는 연출, 백성들은 조연이나 무대보조원 또는 관 객이 된다고 보았다. 이곳에서 수천, 수만명이 동원되는 장례식이나 기념식 등은 정치적 목적을 위한 수단이 아니라, 그 자체가 국가의 존재이유가 된다. 저자들은 류우뀨우왕국이 뽀뜸낀처럼 인위적으로 세워진 '극장국가'였다고 파악하고 있으 며, 슈리성의 궁전에서뿐만 아니라 중국과 일본을 오가며 거행했던 화려한 의례행 사가 류우뀨우왕국의 본질이었다고 보고 있다.

5) 西里喜行「東アジア史における琉球處分」,『經濟史研究』13호, 2010.2, 74면.

6) James Morrow, "Observations on the Agriculture, Etc, of Lew Chew," *Narrative of the Expedition of an American Squadron to the China Seas and Japan, Performed in the Years 1852, 1853, and 1854, under the Command of Commodore M. C. Perry, United States Navy*, Washington: A.O.P. Nicholson 1856, 15면; D. S. Green, "Report on the Medical Topography and Agriculture of the Island of Great Lew Chew," 같은 책 26, 36면.

7) 이홍장(李鴻章)의 말. 西里喜行「東アジア史における琉球處分」, 99면에서 재인용.

8) 일반적인 의미의 저항은 없었지만, 류우뀨우의 문인관료였다가 류우뀨우 해방운 동에 적극적이었던 린 세이꼬오(林成功, 1842~80)는 1876년에 베이징으로 피신하 였고 그곳에서 1880년에 신질서에 대한 저항과 절망 속에서 자살하였다.

9) Hideaki Uemura, "The Colonial Annexation of Okinawa and the Logic of International Law: the Formation of an Indigenous People," *Japanese Studies* 23, No. 2, 2003.9, 107~24: 122.

10) 西里喜行「東アジア史における琉球處分」, 107~8면.

11) 石井明「中國の琉球沖繩政策——琉球沖繩の歸屬問題を中心に」,『境界研究』No.1, 2010, 73면.

12) 하와이왕국의 마지막 왕이었던 칼라카우아 왕(King Kalākaua)은 1880년 혹은 1881년에 중국을 방문하여, 아시아의 단합을 증진시키고 유럽·아메리카의 압력에 대항하여 아시아의 부흥을 진전시킨다는 맥락에서 류우뀨우/오끼나와에 관한 청일협정을 중재하겠다는 바람을 표명했다(西里喜行「東アジア史における琉球處分」, 120면).

13) 우에끼 에모리는 1880년대 일본 '자유민권운동'의 대표적인 인물이며, 곽숭도는 1870년대 중국의 관리이자 '자강운동'의 대표적인 인물이었다. 두사람은 류우뀨우/오끼나와의 독립을 지지했다.

14) 西里喜行「東アジア史における琉球處分」, 120면.

15) "Proclamation No. 1(The Nimitz Proclamation), 5 April 1945," Gekkan Okinawa Sha, *Laws and Regulations during the U.S. Administration of Okinawa*, 1945 – 1972, Naha: Ikemiya Shokai 1983, 38면.

16) "Navy Military Government Proclamation No. 1-A, 26 November 1945," 같은 책 41~42면.

17) 첫번째 메시지는 신헌법이 발효된 지 사흘 후인 1947년 5월 6일에 언급된 천황의 견해였다. 豊下楢彦『安保條約の成立─吉田外交と天皇外交』, 岩波書店 1996, 144면 및 나루사와 무네오의 토요시따 인터뷰「昭和天皇と安保條約」, 『週刊金曜日』, 2009.5.1, 11~17면. 두번째 메시지가 들어 있는 '천황의 서한'은 궁내성(宮內省)의 통역(御用掛)을 담당하고 있던 테라사끼 히데나리(寺崎英成)에 의해 작성되었지만, 그 생각은 천황으로부터 나온 것이었다. 미국 정치고문이었던 윌리엄 J. 시볼드(William J. Sebald)는 테라사끼로부터 이 내용을 듣고 1947년 9월 20일자 문서「琉球諸島の將來についての天皇の意見」로 정리하였다. 이에 대해서는 進藤榮一「分割された領土」, 『世界』1979년 4월호, 45~50면 참조.

18) 아라사키 모리테루(新崎盛暉)『오키나와 현대사』, 논형 2008, 63~64면.

19) 개번 매코맥『종속국가 일본』, 창비 2008.

20) 더 자세한 논의를 위해서는 Gavan McCormack, "Okinawa and the Structure of Dependence," *Japan and Okinawa: Structure and Subjectivity*, ed. Glenn D. Hook and Richard Siddle, London, New York: RoutledgeCurzon 2003을 참조.

21) 오끼나와대학의 사꾸라이 쿠니또시(櫻井國俊) 교수의 조사에 따르면, 오끼나와 본도에는 38개의 인공해변이 있으며, 자연해안이 점점 감소하고 있는 가운데 인공해변을 조성하기 위한 10개의 계획이 진행 중이라고 한다. 櫻井國俊「COP10 以後の沖繩"モグラ叩き"を超えて」, 『沖繩は, どこえ向かうのか』, 沖繩大學地域研究所 2012, 51면(2010년 12월 19일 오끼나와대학에서 열린 제471회 오끼나와대학 토요교양강좌『ジャパン·フォーカス』 포럼「沖繩は, どこへ向かうのか」보고집).

22)「沖繩の民意/縣内移設「ノー」が鮮明だ首相は重く受け止め英斷を」,『琉球新報』, 2009.11.3.

2장_전쟁, 기억, 그리고 기념

1) George H. Kerr, *Okinawa: The History of an Island People*, Boston, Tokyo: Tuttle 2000, 465면.

2) Miyume Tanji, *Myth, Protest and Struggle in Okinawa*, New York: Routledge 2006, 37면.

3) Masahide Ota, *This Was the Battle of Okinawa*, Naha: Naha Shuppansha 1981, 2면.

4) 沖繩平和祈念資料館 編集『沖繩平和祈念資料館總合案内』, 沖繩高速印刷株式會社 2001, 69면.

5) Masahide Ota, *This Was the Battle of Okinawa*, 96면.

6) 沖繩平和祈念資料館 編集『沖繩平和祈念資料館總合案内』, 90면.

7) 新城俊昭『ジュニア版 琉球·沖繩史—沖繩をよく知るための歷史敎科書』, 編集工房東洋企畵 2008, 209면.

8) 沖繩平和祈念資料館 編集『沖繩平和祈念資料館總合案内』, 31면.

9) 石原昌家『沖繩の旅·アブチラガマ轟の壕—國内が戰場になったとき』, 集英社 2007, 199면.

10) 對馬丸記念館「對馬丸擊沈事件とは」, http://www.tsushimamaru.or.jp/jp/about/about1.html.

11) 大城將保「沖繩戰の眞實をめぐって—皇軍史観と民衆史観の確執」, 石原昌家 他『爭點·沖繩戰の記憶』, 社會評論社 2002, 19면.

12) 石原昌家『沖繩の旅』, 201면. 국립공문서관(國立公文書館)이 소장하고 있는『秘密戰ニ關スル書類』가운데「報道宣傳等ニ關スル縣民指導要綱」(球第1616部隊, 昭和19년 11月18日)의 표지에는 '極秘'라는 압인(押印)이 있다.

13) 吉田裕『アジア·太平洋戰爭』, 岩波書店 2007, 219~20면.

14) 林博史『沖繩戰と民衆』, 大月書店 2001, 356~62면.

15) 케라마제도에서의 강제집단사 사망자는 자마미지마에서 234명, 게루마지마에서 53명, 야까비지마(屋嘉比島)에서 10명 정도, 토까시끼지마에서 329명으로 기록되고 있다. 大田平和總合硏究所『沖繩關連資料—沖繩戰及び基地問題』, 大田平和總合硏究所 2010, 5~6면.

16) 이시하라 마사이에에 따르면, 역사가들은 아직도 오끼나와전에서 일본군의 정확한 숫자를 찾고 있는 중이다. 6만 9천명의 육군과 8천명의 해군이라는 추정치는 沖

繩平和祈念資料館 編集『沖繩平和祈念資料館總合案內』의 81면에 따른 것이며 86,400
명의 육군과 1만명의 해군 추정치는 石原昌家『沖繩の旅』의 202면에 따른 수치다.

17) 아라사키 모리테루『오키나와 현대사』, 19~20면.

18) 일본 방위청의 방위연구소 도서관이 소장한「국토결전교령(國土決戰敎令)」의 제
2장 제14조의 내용이며, 石原昌家『沖繩の旅』의 204면에서 재인용.

19) 우시지마와 초오가 자살한 날짜가 6월 22일인지 아니면 23일인지, 그리고 어떻
게 자살했는지에 대해서는 상반된 견해가 존재한다. 大田昌秀·佐藤優『徹底討論—
沖繩の未來』, 芙蓉書房出版 2010, 34~38면.

20) 이 장의 오끼나와전에 대한 기술은 특별히 명기하지 않는 한 다음의 자료를 참고
한 것이다. 沖繩平和祈念資料館 編集『沖繩平和祈念資料館總合案內』; Masahide Ota,
This Was the Battle of Okinawa; Masahide Ota, *The Battle of Okinawa: The Typhoon of
Steel and Bombs*, Nagoya: Takeda Printing Company 1984; 아라사키 모리테루『오
키나와 현대사』; 新城俊昭『ジュニア版 琉球·沖繩史』; 新崎盛暉 他『観光コースでな
い沖繩—戦跡·基地·産業·自然·先島』第四版, 高文研 2008; 石原昌家『沖繩の旅』.

21) 오오따 미노루의 마지막 전문은 전술한 일본해군 지하사령부에 영어로 번역되어
전시되어 있다.

22) 大田昌秀『死者たちは、いまだ眠れず—「慰靈」の意味を問う』, 新泉社 2006, 30~35면.
옮긴이 주: 오오따 히데오는 군국주의의 영향을 받고 자라면서 방위대학교 진학을
목표로 했지만, 1952년에 부친의 유골을 받았을 때 그 유골에 새겨진 자살 당시의
흔적을 보고는 군인의 길을 포기하고 교사가 되었다고 한다. 원수폭금지쿠레협의
회 사무국장을 역임하는 등 평화운동과 평화교육에 종사했고, 저서에는『아버지는
오끼나와에서 죽었다—오끼나와 해군부대 사령관과 그의 아들이 걸어온 길(父は
沖繩で死んだ—沖繩海軍部隊司令官とその息子の歩いた道)』, 高文研 1989이 있다.

23) 大田平和總合研究所『沖繩關連資料』, 2면.

24) 陸上自衛幹部學校『沖繩作戰講和錄』, 1961; 大田平和總合研究所『沖繩關連資料』, 4
면에서 인용.

25) 초오 이사무 참모장의 이름으로 공포된 1945년 4월 9일, 5월 5일자의 오끼나와
수비군사령부의 전문에서 언급됨. 大田昌秀 編著『総史沖繩戰寫眞記錄』, 岩波書店
1982, 180면.

26) 林博史『沖繩戰と民衆』, 356~62면.

27) 쿠메지마 사건의 기술은 오오따 마사히데의『死者たちは』, 96~108면에 근거하
여 작성되었다. 쿠메지마 사건에 대한 영문 자료로는 다음을 참조. Matthew Allen,
"Wolves at the Back Door – Remembering the Kumejima Massacres," *Islands of
Discontent: Okinawan Responses to Japanese and American Power*, ed. Laura Hein and

Mark Selden, Lanham: Rowman&Littlefield 2003, 39~64면.

28) 謝名元慶福(脚本·監督·製作), 沖繩戰記錄フィルム1フィート運動の會設立25周年記念『軍隊がいた島~慶良間の證言』, 2009.

29) 같은 책.

30) 大田平和總合硏究所『沖繩關連資料』, 5~6면.

31) 謝名元慶福『軍隊がいた島』.

32) 金城重明『「集團自決」を心に刻んで──沖繩キリスト者の絶望からの精神史』, 高文硏 1995, 50면.

33) 謝花直美『證言沖繩「集團自決」──慶良間諸島で何が起きたか』, 岩波書店 2008.

34) 金城重明『「集團自決」』, 53~54면.

35) 킨조오 시게아끼의 형 킨조오 주에이의 회고. 國森康弘『證言沖繩戰の日本兵──六〇年の沈默を超えて』, 岩波書店 2008, 74면.

36) 金城重明『「集團自決」』, 54면.

37) 같은 책 55면.

38) 같은 책 53~69면.

39) 치비찌리가마의 사건에 대한 기술은 다음의 자료를 참고했다. 林博史『沖繩戰 强制された「集團自決」』, 吉川弘文館 2009, 50~55면; 下嶋哲朗『沖繩·チビチリガマの「集團自決」』, 岩波書店 1992; 立命館大學國際平和ミュージアム 監修·石原昌家 編『オキナワ──沖繩戰と米軍基地から平和を考える』, 岩波書店 2006, 42~43면;「戰場となった村」, 石原昌家 擔當, 北中城村史編纂委員會 編『北中城村史』第四卷争·論述編 第三章, 2010, 173~78면.

40) 下嶋哲朗『沖繩·チビチリガマ』, 48면.

41) 같은 책 51면.

42) 下嶋哲朗『チビチリガマの集團自決──「神の國」の果てに』, 凱風社 2000, 250~70면; 金城實·柴野徹夫『彫塑鬼──沖繩のもの言う糞から金蠅』, 憲法9條·メッセージ·プロジェクト 2010.

43) 林博史『沖繩戰强制された「集團自決」』, 192~208면.

44) 같은 책 194~95면.

45) 國森康弘『證言沖繩戰の日本兵』, 119~20면.

46) 謝名元慶福『軍隊がいた島』.

47) 謝花直美「沖繩戰の跡をたどる」, 新崎 他『観光コースでない沖繩』第二章, 97면.

48) 沖繩縣環境生活部平和·男女共同参畫課「平和の礎刻銘者數」, 2012.6.23, http://www3.pref.okinawa.jp/site/view/contview.jsp?cateid=11&id=7623&page=1.

49)「沖繩連行の朝鮮人軍夫2815人名簿を韓國遺族會が發見/本紙入手·厚生省は非公開」,

『琉球新報』, 1999.6.22.

50) 國森康弘『證言沖繩戰の日本兵』, 95~96면.

51) 林博史『沖繩戰が問うもの』, 大月書店 2010, 165~66면.

52) 大田昌秀『死者たちは』, 118면.

53) 林博史『沖繩戰と民衆』, 61~69, 362~64면.

54) 「慰安婦問題解決訴え祈念碑建立4周年の集い」, 『琉球新報』, 2012.9.10.

55) 「「慰安婦」展に1800人 "沈默の歷史"に新證言も」, 『琉球新報』, 2012.6.29.

56) 林博史『沖繩戰が問うもの』, 165~166면.

57) 大田平和綜合硏究所『沖繩關連資料』, 8면.

58) 林博史『沖繩戰が問うもの』, 169~70면.

59) 林博史『沖繩戰と民衆』, 338~39면에 인용된 HQ 10th Army, G2 Report(RG407/Box2948), 1945.3.26~6.30.

60) 같은 책 334~37면.

61) Kensei Yoshida, "Democracy Betrayed: Okinawa under U.S. Occupation," *Studies in East Asia* Vol.23, Bellingham: Center for East Asian Studies, Western Washington University 2001, 12면; 林博史『沖繩戰が問うもの』, 182면.

62) 요시다 켄세이가 저자에게 보낸 이메일에서(2011.6.29).

63) Masahide Ota and Satoko Norimatsu, "'The World Is Beginning to Know Okinawa': Ota Masahide Reflects on His Life from the Battle of Okinawa to the Struggle for Okinawa," *The Asia-Pacific Journal: Japan Focus*, 2010.9.20, http://japanfocus.org/-Norimatsu-Satoko/3415.

64) 大田昌秀『死者たちは』, 137면.

65) 대략 2,200톤의 불발탄이 아직 오끼나와에 남아 있는 것으로 추정되고 있다. 오끼나와현은 해마다 약 30톤을 처리하고 있지만, 이런 추세라면 불발탄을 모두 제거하는 데는 70년이 걸리게 된다. 「不發彈處理策國の責任で補償制度つくれ」, 『琉球新報』, 2011.9.12.

66) Masahide Ota and Satoko Norimatsu, 앞의 책.

67) 大田平和綜合硏究所의『沖繩關連資料』에는 파악 가능한 범위에서 1,202명의 사망이 기록되어 있다.

68) 石原昌家「『沖繩戰體驗』を捏造した『援護法』の仕組み」, 石原昌家 編『ピース·ナウ沖繩戰──無戰世界のための再定位』第二章, 法律文化社 2011, 25~27면.

69) 屋嘉比收『沖繩戰, 米軍占領史を學びなおす──記憶をいかに繼承するか』, 世織書房 2009, 28~31면.

70) 石原昌家「沖繩戰體驗の認識は, なぜ共有されていないか」, 石原昌家 編『ピース·ナ

ウ沖繩戰』第一章; 石原昌家「『沖繩戰體驗』を捏造した『援護法』の仕組み」, 같은 책 제2
장을 참조.

71) 아라시로 요네꼬는 주민들이 스스로 그런 죽음을 선택했다는 정의를 받아들이지
않는 것이 얼마나 중요한 일인지를 강조했음에도 불구하고, '집단자결'이라는 용어
를 사용하고 있는 오끼나와 신문들의 일반적 경향에 대해 비판하고 있다. 安良城米
子「沖繩地元紙社說に見る沖繩戰認識——『沖繩タイムス』・『琉球新報』を通して」, 石原
昌家 編『ピース・ナウ沖繩戰——無戰世界のための再定位』第三章, 40~63면.

72) 林博史『沖繩戰强制された「集團自決」』, 229~32면.

73) 야까비 오사무는 '자결'이라는 개념을 제거하고 1990년대에는 주민들이 스스로
죽음을 택했다고 보는 정부의 서사에 대한 대항서사로서 '강제사'라는 개념을 도
입한 아니야 마사아끼나 이시하라 마사이에와 같은 역사가들의 공헌을 언급하고
있다. 屋嘉比收『沖繩戰, 米軍占領史を學びなおす』, 50~54면.

74) Norma Field, *In the Realm of a Dying Emperor: Japan at the Century's End*, New
York: Vintage Books 1993, 61면.

75) 石原昌家「『援護法』によって捏造された『沖繩戰認識』——『靖國思想』が凝縮した『援
護法用語の集團自決』」, 『沖繩國際大學社會文化硏究』別刷 Vol.10, No.1, 2007.3., 50면.

76) 이에나가 교과서 재판의 상세한 내용이나 일본의 교과서 문제 전반에 대해서
는 다음의 자료를 참조. Yoshiko Nozaki, *War Memory, Nationalism and Education
in Postwar Japan, 1945–2007: The Japanese History Textbook Controversy and Ienaga
Saburo's Court Challenges*, Florence: Routledge 2008; Julian Dierkes, *Postwar History
Education in Japan and the Germanys — Guilty Lessons*, New York: Routledge 2010;
Laura Hein and Mark Selden, eds., *Censoring History — Citizenship and Memory in
Japan, Germany, and the United States*, New York: Sharpe 2000.

77) Yoshiko Nozaki and Mark Selden, "Japanese Textbook Controversies, Nationalism,
and Historical Memory: Intra- and Inter-National Conflicts," *The Asia-Pacific
Journal: Japan Focus*, 2009.6.15, http://japanfocus.org/-Yoshiko-Nozaki/3173.

78) Steve Rabson, "Case Dismissed: Osaka Court Upholds Novelist Oe Kenzaburo
for Writing That the Japanese Military Ordered "Group Suicides" in the Battle of
Okinawa," *The Asia-Pacific Journal: Japan Focus*, 2008.4.8, http://japanfocus.org/-
Steve-Rabson/2716.

79) 石山久男『敎科書檢定——沖繩戰「集團自決」問題から考える』, 岩波書店 2008, 32면.

80) 栗原佳子『狙われた「集團自決」——大江・岩波裁判と住民の證言』, 社會評論社 2009,
60면에 소개되고 있는 시미즈쇼인(淸水書院) 교과서의 사례.

81) 일본군 '위안부'에 대한 기술은 2002년부터 사용된 중학교 교과서에서 대폭 후

퇴했다. 2006년에는 '위안부'라는 용어가 완전히 사라졌다. 石山久男『敎科書檢定』, 27면. 그리고 다음을 참고하시오. VAWW-NET ジャパン「敎科書に『慰安婦』についての記述を!」, http://www1.jca.apc.org/vaww-net-japan/history/textbook.html.

82) 石山久男『敎科書檢定』, 43면.

83) Satoshi Kamata, "Shattering Jewels: 110,000 Okinawans Protest Japanese State Censorship of Compulsory Group Suicides," *The Asia-Pacific Journal: Japan Focus* 2008.1.3, http://www.japanfocus.org/-Kamata-Satoshi/2625.

84) 石山久男『敎科書檢定』, 57면.

85) 沖縄タイムス社 編『挑まれる沖縄戰――「集團自殺」·敎科書檢定問題報道特集』, 沖縄タイムス社 2008, 245면.

86) 앞에서 언급한 시미즈쇼인 교과서의 사례를 보면, 당초의 정정 신청된 기술은 "수류탄을 배포받거나 옥쇄를 강요당하는 등, 일본군의 강제에 의해 집단자결로 내몰린 사람들도 있었다"라는 것이었지만, 승인된 정정 신청은 "군·관·민 일체의 전시체제 속에서, 포로가 되는 것은 치욕이라거나 미군의 포로가 되어 비참함을 당하기보다는 자결하라고 교육이나 선전을 받아온 사람들 가운데는, 일본군의 관여하에 배포된 수류탄 등을 이용하여 집단자결로 내몰린 사람들도 있었다"라는 것이었다. 石山久男『敎科書檢定』, 34면.

87) 「保守系敎科書:議論呼ぶ來年度から4年間の中學社會科敎科書を各地で採擇」, 『毎日新聞』, 2011.9.19.

88) 옮긴이 주: 일본 헌법 제26조는 "모든 국민은 법률이 정하는 바에 따라, 자신이 보호하는 자녀에게 보통교육을 받게 할 의무를 진다. 의무교육은 무상으로 한다."라고 규정하고 있다.

89) 前田佐和子「搖れる八重山の敎科書選び」, *Peace Philosophy Centre*, 2011.9.16, http://peacephilosophy.blogspot.com/2011/09/blog-post_16.html; 前田佐和子「八重山敎科書問題の深層」, *Peace Philosophy Centre*, 2012.5.31, http://peacephilosophy.blogspot.ca/2012/05/part-ii.html.

90) 渡名喜守太「背景にあるもの八重山敎科書問題上」, 『琉球新報』, 2011.9.1.

91) 같은 글.

92) 이시하라 마사이에의 인터뷰, 「英靈か犬死か――沖縄から問う靖國裁判」, 琉球朝日放送 2010.

93) 그후 2005년 9월에 후꾸오까에 이어 오오사까 고등재판소에서 위헌 판단을 포함한 판결이 나왔다. 야스꾸니 재판에 관한 상세한 내용은 田中伸尚『ドキュメント靖國訴訟――戰死者の記憶は誰のものか』, 岩波書店 2007을 참조.

94) 琉球朝日放送「Weekend ステーションQ」, 2004.9.3, 2005.1.28; 「原告側が全面敗訴

沖繩靖國訴訟」, 『琉球新報』, 2005.1.28.

95) 石原昌家 「『援護法』によって捏造された『沖繩戰認識』」, 34~44면.

96) 石原昌家 「『沖繩戰體驗』を捏造した『援護法』の仕組み」, 30~31면.

97) 「英靈か犬死か──沖繩から問う靖國裁判」, 琉球朝日放送 2010.

98) Nobumasa Tanaka, "Desecration of the Dead: Bereaved Okinawan Families Sue Yasukuni to End Relatives' Enshrinement," *The Asia-Pacific Journal: Japan Focus*, 2008.5.7, http://www.japanfocus.org/-Nobumasa-Tanaka/2744(이 논문은 원래 『週刊金曜日』, 2008년 4월 4일자에 실렸던 것을 스티브 랩슨Steve Rabson이 번역한 것이다).

99) 金城實 『沖繩から靖國を問う』, 宇多出版企畫 2006, 40면.

100) 「英靈か犬死か──沖繩から問う靖國裁判」, 琉球朝日放送 2010.

101) Kazuyo Yamane, ed., *Museums for Peace Worldwide*, Kyoto: Organizing Committee of the Sixth International Conference of Museums for Peace 2008, 10~15면.

102) 大田昌秀 『死者たちは』, 15~17면.

103) 沖繩平和祈念資料館 編集 『沖繩平和祈念資料館總合案內』, 98~99면.

104) 「오끼나와현립 평화기념자료관(沖繩縣立平和祈念資料館)」과 「히메유리 평화기념자료관(ひめゆり平和祈念資料館)」.

105) 大田昌秀 『沖繩の「慰靈の塔」──沖繩戰の教訓と慰靈』, 那覇出版社 2007, 12~15면.

106) 시민 주도로 수집된 3만 5천명의 유골을 수납하고 있었지만, 현재는 대부분의 유골이 국립오끼나와전몰자묘원(國立沖繩戰没者墓苑)으로 이장된 상태다. 大田昌秀 『死者たちは』, 156면.

107) 大田昌秀 『沖繩の「慰靈の塔」』, 230~39면.

108) 「英靈か犬死か──沖繩から問う靖國裁判」, 琉球朝日放送 2010.

109) 大田昌秀 『死者たちは』, 14~15면.

110) 大城將保 「沖繩戰の眞實をめぐって」, 39~40면.

111) 大田昌秀 『沖繩の「慰靈の塔」』, 34면.

112) 梅田正己 「本書『観光コースでない沖繩』の"履歴"について」, 新崎盛暉 他 『観光コースでない沖繩』, 315~16면.

113) 大田昌秀 『死者たちは』, 169면.

114) 大城將保 「沖繩戰の眞實をめぐって」, 34~35면. 오끼나와의 위령탑과 관광가이드에 대한 영문 자료로는 Gerald Figal, "Waging Peace on Okinawa," *Islands of Discontent: Okinawan Responses to Japanese and American Power*, ed. Laura Hein and Mark Selden, Lanham: Rowman&Littlefield 2003, 65~98면.

115) 大城將保「沖繩戰の眞實をめぐって」, 49~56면.

116) 大田昌秀『死者たちは』, 203면.

117) 松永勝利「新沖繩縣平和祈念資料館問題と報道」, 石原昌家 他『爭點·沖繩戰の記憶』第四章, 141~42면.

118) 松永勝利「新沖繩縣平和祈念資料館問題と報道」, 142~44면.

119) 같은 글 131~209면. 자료관 전시 개찬 사건의 상세한 내용을 기록하고 있는 영어 논문으로는 다음을 참조. Julia Yonetani, "Contested Memories— Struggles over War and Peace in Contemporary Okinawa," *Japan and Okinawa: Structure and Subjectivity*, ed. Glen Hook and Richard Siddle London, New York: RoutledgeCurzon 2003, 188~207면.

120) 保坂廣志「沖繩縣八重山平和祈念館──『戰爭マラリア』資料館の問題點とその課題」, 石原昌家 他『爭點·沖繩戰の記憶』第五章, 235~54면.

121) '자료관 전시 개찬 사건'의 기술은 松永勝利「新沖繩縣平和祈念資料館問題と報道」와 大田昌秀『死者たちは』의 202~4면 내용에 기초하고 있다.

122) 石原昌家「沖繩戰そのものを捏造」, 『琉球新報』, 2012.3.17.

123) 오끼나와인 149,246명(15년전쟁 전체의 전몰자도 포함), 일본인 77,349명, 미국인 14,009명, 조선인 447명, 영국인 82명, 중국(대만인) 34명.

124) 石原昌家「沖繩縣平和祈念資料館と『平和の礎』の意味するもの」, 石原昌家 他『爭點·沖繩戰』, 321면.

125) 같은 글 321면; 大田昌秀『死者たちは』, 189면.

126) 같은 글 319면.

127) 이 연설의 발췌는 2000년 7월 21일의 빌 클린턴의「平和の礎におけるクリントン米大統領の演說」을 오끼나와현지사공실기지대책과(沖繩縣知事公室基地對策課)에서 자료로 제시한 것에서(http://www3.pref.okinawa.jp/site/view/contview.jsp?cateid=14&id=673&page=1) 가져와 일부를 수정한 것이다. 영어 원문은 Bill Clinton, "Remarks by the President to the People of Okinawa(July 21, 2000)," Okinawa Prefecture Military Affairs Division, http://www3.pref.okinawa.jp/site/view/contview.jsp?cateid=14&id=681&page=1.

128) 大田昌秀『死者たちは』, 192~96면.

129) 大城將保「沖繩戰の眞實をめぐって」, 46면.

130) 知念ウシ『ウシがゆく──植民地主義を探檢し'私を探す旅』, 沖繩タイムス社 2010, 171~73면.

1) Gavan McCormack, *Client State: Japan in the American Embrace*, New York: Verso 2007. 한국어판은 개번 매코맥 『종속국가 일본』, 창비 2008.

2) Minister of Defense Kitazawa, Minister for Foreign Affairs Okada, Secretary of State Clinton, Secretary of Defense Gates, "Joint Statement of the U.S.-Japan Security Consultative Committee Marking the 50th Anniversary of the Signing of the U.S.-Japan Treaty of Mutual Cooperation and Security," Ministry of Foreign Affairs, 2010.1.19, http://www.mofa.go.jp/region/n-america/us/security/joint1001.html(18개월 후, 마쯔모또 타께아끼가 오까다의 뒤를 이어 외무대신이 되었고, 2+2회의에서 동일한 원칙이 확인되었다. 337면을 참조.

3) Dwight D. Eisenhower, "Memorandum for the Record," *Foreign Relations of the United States, 1958–60*, 18, 1958.4.9, 16면.

4) Ambassador MacArthur to Department of State, "Cable No 4393," *Foreign Relations of the United States* 18, 1960.6.24, 380면.

5) Saito Mitsumasa, "American Base Town in Northern Japan: US and Japanese Air Forces at Misawa Target North Korea," *The Asia-Pacific Journal: Japan Focus*, 2010.1.4, http://japanfocus.org/-Saito-Mitsumasa/3421.

6) 옮긴이 주: 미일안보조약에 따라 일본영토 내에 주둔하는 주일미군으로 인해 다양한 국내 법률의 제정이 불가피했는데, 그 가운데 하나가 '일본국과 미합중국 사이의 안전보장조약 제3조에 근거한 행정협정의 실시에 따른 형사특별법'이다. 미군기지 안으로 침입했다가 체포된 시민들에 대해 적용된 법률이 바로 이 '형사특별법'으로서, 제2조에는 "정당한 이유 없이 합중국 군대가 사용하는 시설 또는 구역에 들어가는 것을 금한 장소에 들어가거나 요구를 받고도 그 장소에서 퇴거하지 않는 자는 1년 이하의 징역 또는 2천엔 이하의 벌금 또는 과태료에 처한다"라고 규정하고 있다. 그런데 이 '형사특별법'의 조항은 국내의 공공기관에 침입한 자에 대한 처벌을 규정하는 경범죄법의 처벌 수준보다 엄하게 규정되어 있었다. 다떼 아끼오 판사는 '형사특별법'의 처벌 규정이 경범죄법의 규정보다 엄해야 할 이유가 없으며, 더 나아가 '형사특별법'의 상위 규정인 미일안보조약(의 주일미군 주둔 규정)이 위헌이기 때문에 '형사특별법' 제2조의 규정은 적절한 수속에 따른 형벌의 부과라고 볼 수 없다고 판시했다. 자세한 내용은 아라사끼 모리테루 『오끼나와 현대사』, 42~45면 및 옮긴이의 각주 참조.

7) 小田中聰樹 「砂川事件上告審とアメリカの影—司法權獨立への汚損行動」, 『世界』 2008년 8월호, 113~21면. 또한 다음을 보라. "Judicial Independence Infringed,"

Japan Times, 2008.5.3.

8) 砂川事件第一審判決, 1959.3.30, http://www.cc.kyoto-su.ac.jp/~suga/hanrei/96-1. html. 砂川事件差戻後控訴審判決文, 1962.2.15, http://cc.kyoto-su.ac.jp/~suga/ hanrei/96-5.html.

9)「砂川事件の"米工作"を一轉開示駐日大使と外相會談錄」,『東京新聞』, 2010.4.3.

10) 아라사키 모리테루『오키나와 현대사』, 45면.

11) 옮긴이 주: 1960년에 개정된 미일안보조약은 제5조에서 미일의 공동방위지역을 "일본의 시정하에 있는 영역"으로 규정했고, 제6조에서는 주일미군이 "일본의 평화와 안전"을 위해서뿐만 아니라, "극동에서의 국제평화 및 안전유지에 기여하기 위해" 일본기지를 사용할 수 있다고 규정했다. 하지만 미군이 일본의 기지를 마음대로 사용해서는 곤란하기 때문에, 제한을 둘 필요가 있었다. 이에 따라 미일 양 정부는 '제6조 실시에 관한 교환공문'을 교환하였고, "미합중국 군대의 일본 배치에 있어서 중요한 변경, 동 군대의 장비에서의 중요한 변경 및 일본에서 행해지는 전투작전행동(조약 제5조의 규정에 기초하여 행해진 것은 제외)을 위한 기지로서 일본국 내의 시설 및 구역의 사용은 일본정부와 사전협의의 주제로 한다"라고 규정하여 '사전협의'제도를 마련했다. 여기에서 "장비의 변경이란 핵탄두 및 중장거리 미사일의 반입 그리고 그것의 기지 건설을 의미하는 것이며, 전투작전행동이란 주일기지에서 직접 전투행동을 수행하기 위해 출동하는 경우를 의미하는 것이다." 아라사키 모리테루『오키나와 현대사』, 46~48면의 본문과 옮긴이 주를 참조.

12)「共産黨が明らかにした日米核密約歷代外務次官の證言で裏付け根據なく否定の政府」,『しんぶん赤旗』, 2009.6.22.

13)「ラロック證言」,『琉球新報』, 2003.3.1.

14) Richard Halloran, "Sign of Secret U.S.-Japan Pact Found," *The New York Times*, 1987.4.7; 그리고 이전의 네명의 외무사무차관의 검증 작업에 대해서는 2009년의 각종 언론보도를 참조. 위의「共産黨が明らかにした日米核密約」및「日米核密約の眞相」,『しんぶん赤旗』, 2009.7.7 및 다음을 보라. 本田優「檢證これが密約だ―非核三原則と米國依存の狹間で(特集「對等な日米關係」とは何か-核密約と日米安保)」,『世界』2009년 11월호, 164~75면.

15) Hans M. Kristensen「日本の核の秘密」,『世界』2009년 12월호, 180면.

16) US Institute of Peace, "Congressional Commission on the Strategic Posture of the United States Issues Final Report," 2009.5, http://www.usip.org/print/newsroom/news/congressional-commission-the-strategic-posture-the-united-states-issues-final-report.

17) 7월 30일로 기록된 이 보고서는 분명하게 일본의 압력을 언급하고 있다. 또한「日

本の意向で戰術核溫存も戰略指針策定で米高官」,『共同通信』, 2009.7.30에 의하면 일
본은 '전략태세위원회'에 대해 "미국이 토마호크 등의 전술행의 일방적인 삭감·
폐기를 진행해서는 안 된다고 주장, 전술한 핵전력의 견지를 요구했다"라고 한다.
또 다음을 보라. 成澤宗男「米軍の核配備と日本(日米「密約」と自民黨)」,『週刊金曜日』,
2010.3.26.

18) Melanie Kirkpatrick, "Why We Don't Want a Nuclear-Free World," *The Wall
Street Journal*, 2009.7.13.

19) 「オバマ氏の廣島訪問は尙早籔中外務次官, 米大使の傳達」,『共同通信』, 2011.9.26.

20) 「次官經驗者の證言要旨」,『共同通信』, 2009.5.31.

21) 「『國家のうそ』に終止符を默秘に合理性はない」,『共同通信』, 2009.6.27;「不破·中曾
根對談で浮かび上がった日米核密約の眞相」,『しんぶん赤旗』, 2009.7.7.

22) 「政府關係者證言99年米公開の『核密約』文書日本再機密化を要請」,『朝日新聞』,
2009.8.26.

23) 「いわゆる『密約』問題に關する有識者委員會報告書」, 2010.3.9, http://www.mofa.
go.jp/mofaj/gaiko/mitsuyaku/pdfs/hokoku_yushiki.pdf.

24) "Record of Discussion, January 6, 1960," US National Archives, quoted in Akahata
editorial, "Lay Bare All Secrets Related to Japan-US Security Treaty," *Japan Press
Weekly*, 2009.7.5.

25) 「いわゆる『密約』問題に關する有識者委員會報告書」. 또한 다음의 기사를 참고하시
오. 東鄕和彦·佐藤優「緊急對談東鄕和彦/佐藤優外務官僚に騙される岡田外相」,『週刊
金曜日』, 2010.3.26, 14~17면.

26) 키시 총리, 후지야마 아이이찌로오(藤山愛一郎) 외무대신, 매카서 주일미대사의
1958년 10월 4일의 회의록.「『米兵裁判權を放棄』日米の秘密合意明らかに」,『讀賣新
聞』, 2010.4.10. 미일합동위원회에서 일본 측이 "일본에 매우 중요하다고 생각되는
사건 이외에는 재판권을 행사할 의사가 없다"라는 견해를 보였던 1953년의 문서
는 2008년에 국제문제 연구자인 니이하라 쇼우지(新原昭治)에 의해 미국 국립공문
서관에서 발견됐다. 오까다위원회는 이 문서를 공개하지 않았지만, 몇주 후에 공개
되었다. 이 문제의 권위자인 오오사까대학의 사까모또 카즈야(坂元一哉) 교수는 이
협정이 50년 이상 유지되고 있다고 주장하고 있다.

27) 新原昭治「安保條約下の『密約』米國の戰略には必ず核がついてくる」,『週刊金曜日』,
2009.6.19, 20~21면.

28) 「いわゆる『密約』問題に關する有識者委員會報告書」, 79면; Shinichi Kitaoka, "The
Secret Japan-US Security Pacts: Background and Disclosure," *Asia Pacific Review* 17,
No. 2, 2010.

29) 若泉敬『他策ナカリシヲ信ゼムト浴ス』, 文藝春秋 1994, 446~48, 480면; 我部政明 『沖縄返還とは何だったのか日米戰後交涉史の中で』, NHKブックス 2000, 156~58면 도 참조. 영문판은 Kei Wakaizumi, *The Best Course Available: A Personal Account of the Secret US-Japan Okinawa Reversion Negotiations*, Honolulu: University of Hawaii Press 2002. 특히 제10장 "Writing the Script in Collaboration with Henry Kissinger" 와 밀약의 문안에 대해서는 236면의 "Agreed Minute"를 보라.

30) 「核密約文書佐藤元首相邸に日米首腦『合意議事錄』存在, 初の確認」, 『讀賣新聞』, 2009.12.22.

31) 「焦點探錄衆院外務委・參考人質疑19日」, 『朝日新聞』, 2010.3.20; 「密約文書, どこへ 消えた東鄕氏『破棄と聞いた』參考人質疑」, 『朝日新聞』, 2010.3.20.

32) 「外務省の機密文書, トイレ紙に變身01年の情報公開直前に急增, 驅け込み廢棄か」, 『朝日新聞』, 2009.7.11.

33) 「『日中戰假定「核報復を』= 佐藤首相, 米に表明/65年訪米時中國の核實驗直後」, 『朝 日新聞』, 2008.12.22.

34) 미국 국립공문서관에서 공개된 라이샤워와 육군 고관들과의 오끼나와에 관한 극 비회합의 기록(1965.7.16), (Record Number 79651) Memorandum of Conversation, "U.S Policy in the Ryukyu Islands," 1965.7.16, reproduced at U.S. National Archives, http://japanfocus.org/data/USJapan_record_no._79651.pdf. 또 다음의 문서도 참조. Steve Rabson, "'Secret' 1965 Memo Reveals Plans to Keep US Bases and Nuclear Weapons in Okinawa after Reversion," *The Asia-Pacific Journal: Japan Focus*, 2009.12.21, http://japanfocus.org/-Steve-Rabson/3294. 다만, 이 글에서는 라이샤 워와 육군 고관들의 극비회합 장소를 토오꾜오로 기술하고 있지만, 위의 극비문서 속에는 워싱턴으로 기술되어 있다.

35) Memorandum of Conversation, "U.S Policy in the Ryuku Islands," 3면.

36) 같은 글 5면.

37) 같은 곳.

38) 같은 글 6면.

39) 같은 글 6~7면.

40) 같은 글 7면.

41) 앞에서 언급된 1969년 11월 21일의 사또오-닉슨 회담에 관한 Kei Wakaizumi, "Agreed Minute"의 내용을 참조.

42) 「(外交文書公開)「グアム移轉可能」67, ライシャワー氏明言」, 『琉球新報』, 2011.2.19. 2011년에 기밀 해제되었지만 제목이 붙지 않은 또다른 자료에 따르면, 오끼나와 본 도에서 더 작은 섬인 이리오모떼로 미군기지를 이전할 경우에는 그 비용을 20억 달

러로 추산하고 있다.

43) "Kichi wa sonzoku zentei ni," *Asahi Shimbun*, 2011.2.19.

44) 「基地の存續, 前提に日本側, 『抑止力』を期待沖繩返還交涉, 外交文書公開」, 『朝日新聞』, 2011.2.19.

45) 「〈外交文書公開〉米, 6.5億ドル要求沖繩返還, 算出根據なし佐藤首相容認密約の背景に」 및 「〈外交文書公開〉「ランプ・サム」文書(拔粹)」, 『琉球新報』, 2011.2.19.

46) "US Demanded Japan Pay $650 Million in Okinawa Reversion Costs," *Mainichi Daily News*, 2011.2.18.

47) 「〈外交文書公開〉米, 6.5億ドル要求沖繩返還, 算出根據なし佐藤首相容認密約の背景に」 및 「〈外交文書公開〉「ランプ・サム」文書(拔粹)」, 『琉球新報』, 2011.2.19.

48) 我部政明 『沖繩返還とは何だったのか日米戰後交涉史の中で』, NHKブックス 2000, 190~206면.

49) "Ex-negotiator: Cost to Remove U.S. Nukes from Okinawa Exaggerated to Dupe Public," *Asahi Shimbun*, 2009.11.13; 「核撤去費『どんぶり勘定』沖繩返還時の元外務省局長が證言」, 『朝日新聞』, 2009.11.13.

50) 「沖繩密約文書『不存在』外務・財務省」, 『琉球新報』, 2008.10.4; 東京地方裁判所 「文書不開示決定處分取消等請求事件」 判決文, 2010.4.9, http://ryukyushimpo.jp/uploads/img4bc6e4cc96632.pdf.

51) 「開示訴訟結審密約外交の不作爲を斷て」, 『琉球新報』, 2011.5.19.

52) 東京地方裁判所 「文書不開示決定處分取消等請求事件」 判決文.

53) 「西山事件「手際よく處理」米が日本の對應評價」, 『東京新聞』, 2011.2.18.

54) 「沖繩返還密約繰り返された隱蔽工作」, 『琉球新報』, 2007.5.16.

55) 東京地方裁判所 「文書不開示決定處分取消等請求事件」 判決文. 다음의 기사들도 참조. 「沖繩密約判決『國家のうそ』重罪が鮮明だ問われる歷代關與者の責任」, 『琉球新報』, 2010.4.10; "State Told to Come Clean on Okinawa," *Asahi Shimbun*, 2010.4.10; Masami Ito, "Court: Disclose Okinawa Papers," *Japan Times*, 2010.4.10

56) David McNeil, "Implausible Denial: Japanese Court Rules on Secret US-Japan Pact over the Return of Okinawa," *The Asia-Pacific Journal: Japan Focus*, 2011.10.10, http://japanfocus.org/-David-McNeill/3613.

57) 토오고오 카즈히꼬는 1998~99년 외무성 조약국 국장으로 재직할 때 자신의 역할에 대해 일본 중의원 외무위원회에서 증언했다. 「密約文書破棄國民と歷史への背任だ」, 『東京新聞』, 2010.3.21; 東鄉・佐藤 『外務官僚』도 참조.

58) 「開示訴訟結審密約外交の不作爲を斷て」, 『琉球新報』, 2011.5.19.

59) "Appeals Trial on Public Disclosure of Okinawa Reversion Papers Concludes,"

Japan Times, 2011.5.19.

60) 「沖縄密約訴訟: 『大勝利だが大敗北』原告側, 一定の評價も」, 『每日新聞』, 2011.9.29; "High Court Overturns Ruling on Disclosure of Okinawan Reversion Papers," *Mainichi Shimbun*, 2011.9.29.

61) 「說得力ない『密約』控訴審判決」, 『日本經濟新聞』, 2011.9.30.

62) 「沖縄返還, 最大密約は施設工事費 講演で西山太吉氏」, 『共同通信』, 2010.2.27.

63) "Peace Prize Winner Sato Called Nonnuclear Policy 'Nonsense,'" *Japan Times*, 2000.6.11.

64) Alex Martin, "1953 Records on Handling U.S. Forces Released," *Japan Times*, 2011.8.27; 「裁判權放棄, 日本にも文書『密約』裏付け」, 『沖縄タイムス』, 2011.8.27. 본장의 주 26번도 참조.

65) 孫崎享『戰後史の正體 1945-2012』, 創元社 2012, 279~80면은 요시다-이께다 라인의 '대미추종노선'을 계승한 오오히라가 처음으로 '일미동맹'이라는 단어를 공식적인 장에서 사용했다는 점을 중시하고 있다.

66) 野村彰男「『日米同盟』うたい込み余話燒け石に水だった『米側見解』」, 2006.7, http://www.jnpc.or.jp/communication/essay/e00022356; 江田五月「自由民主クラブ·民主連合」, http://www.eda-jp.com/books/usdp/3-8.html; "Joint Communique of Japanese Prime Minister Zenko Suzuki and U.S. President Reagan," Washington 1982.5.8, http://www.ioc.u-tokyo.ac.jp/~worldjpn/documents/tests/JPUS/19810508.D1E.html; 「鈴木善幸総理大臣とロナルド·レーガン米大統領との共同声明」, 外交青書26号, 1981.5.8, 465~68면.

67) "Japan-U.S. Joint Declaration on Security-Alliance for the 21st Century-," 1996.4.17, http://www.mofa.go.jp/region/n-america/us/security/security.html; 「日米安全保障共同宣言—21世紀に向けての同盟(假譯)」, 1996.4.17, http://www.mofa.go.jp/mofaj/area/usa/hosho/sengen.html. 전해에 발표된 조지프 나이의 '동아시아·태평양에서의 미국의 전략'이라는 제목의 미국방성의 정책보고서(이른바 '나이 보고서')에서는 일본을 포함한 역내 각국과의 '동맹'을 강조하고 있다. 미국의 대일정책에서 나이의 영향력을 감안하면, 1996년의 미일 공동성명에 '미일동맹'이라는 표현이 처음으로 사용된 것과 관련하여 '나이 보고서'의 영향이 있었다는 것을 상상하기 어렵지 않다. Department of Defense Office of International Security Affairs, United States Strategy for the East Asia-Pacific Region, 1995.2, http://www.dtic.mil/cgi-bin/GetTrDoc?Location=U2&doc=GetTRDoc.pdf&AD=ADA298441.

68) 개번 매코맥『종속국가 일본』참조.

69) 防衛問題懇談會『日本の安全保障と防衛力のあり方——21世紀へ向けての展望』, 大藏省印刷局 1994. 히구찌 히로따로오 위원장의 이름을 따라 '히구찌 보고서(樋口レポート)'라고 불리며, 1994년 8월에 후임인 무라야마 총리에게 제출되었다.

70) United States Department of Defense, Office of International Security Affairs, United States Security Strategy in the East Asia-Pacific Region, Washington D.C. 1995.

71) 孫崎享『日米同盟の正體——迷走する安全保障』, 講談社 2009, 107~110면.

72) 예컨대, 武富薫「アメリカが警戒する小澤ドクトリン『本當の狙い』」, 『SAPIO』 2009.9.9에서 타오까 슌지(田岡俊次)는 "일본에 무대를 두고 있는 것은 '배려예산'으로 기지의 유지비가 나오기 때문이다. 또한 함선의 대규모 수리는 괌이나 하와이에서는 불가능하다. 일본의 조선능력에 의존하고 있다"라고 주장한다.

73)「オスプレイ抑止力構造差別維持する詭辯だ」,『琉球新報』, 2012.10.3.

74) 屋良朝博『砂上の同盟——米軍再編が明かすウソ』, 沖繩タイムス社 2009, 82~91면. "지리적 우위성은 거짓말(地理的優位性のウソ)"에 대해서는 18~26면을 참조.

75) 岸信介 他「日本國とアメリカ合衆國との間の相互協力及び安全保障條約」, 1960.1.19, http://www.mofa.go.jp/mofaj/area/usa/hosho/jyoyaku.html. 영문판은 Japan and United States, "Treaty of Mutual Cooperation and Security between Japan and the United States of America," Ministry of Foreign Affairs, 1960.11.19, http://www.mofa.go.jp/region/n-america/us/q&a/ref/1.html.

76) 柳澤協二「"普天間"の核心海兵隊の抑止力を檢證せよ」,『朝日新聞』, 2010.1.28.

77) Manabu Sato, "Forced to 'Choose' Its Own Subjugation: Okinawa's Place in U.S. Global Military Realignment," The Asia-Pacific Journal: Japan Focus, 2006.8.2, http://japanfocus.org/-Sato-Manabu/2202.

78) Ichiro Furutachi and Satoko Norimatsu, "US Marine Training on Okinawa and Its Global Mission: A Birds-Eye View of Bases from the Air," The Asia-Pacific Journal: Japan Focus, 2010.5.2, http://japanfocus.org/-Furutachi-Ichiro/3363. 또한 テレビ朝日「報道ステーション」, 2010.5.20.

79) 大田昌秀『こんな沖繩に誰がした』, 同時代社 2010, 146~69면.

80) US Pacific Command, "Guam Integrated Military Development Plan," 2006.7.11.

81) US Department of the Navy, "Guam and CNMI Military Relocation——Environmental Impact Statement," 2009.11.

82) US Department of Defense, Quadrennial Defense Review Report, 2010.2.

83) Clynt Ridgell, "US EPA calls DEIS 'Environmentally Unsatisfactory,'" Pacific News Center, 2010.2.25.

84) Yoichi Iha and Satoko Norimatsu, "Why Build a New Base on Okinawa When the Marines Are Relocating to Guam? Okinawa Mayor Challenges Japan and the US," *The Asia-Pacific Journal: Japan Focus*, 2010.1.18, http://japanfocus.org/-Norimatsu-Satoko/3287; 吉田健正『沖繩の海兵隊はグアムへ行く』, 高文研 2010; Kensei Yoshida, "Okinawa and Guam: In the Shadow of U.S. and Japanese 'Global Defense Posture,'" *The Asia-Pacific Journal: Japan Focus*, 2010.6.28, http://www.japanfocus.org/-Yoshida-Kensei/3378.

85) 伊波洋一「普天間移設と邊野古新基地は關係ない」,『週刊金曜日』, 2010.1.15.

86) 퇴역한 오끼나와 해병대 사령관 윌리스 그레그슨 미국방차관보(아시아·태평양 안전보장문제 담당)가 일본국제문제연구소(Japan Institute for International Affairs)에서 행한 연설. "U.S. Awaiting Futenma Decision, to Seek Joint Solution: Official," *Kyodo*, 2010.2.1.

87) Lt. General Keith Stalder(Commander of US Marines in Asia), "US Commander Reveals True Purpose of Troops in Okinawa Is to Remove North Korea's Nukes," *Mainichi Shimbun*, 2010.4.1;「ニュースクリップ 米海兵隊:なぜ沖繩に──米軍高官の『本音』『北朝鮮核が狙い』」,『每日新聞』, 2010.4.1.

88) クリントン國務長官 他「〈假譯〉日米安全保障協議委員會共同發表より深化し, 擴大する日米同盟に向けて: 50年間のパートナシップの基盤の上に」, 2011.6.21, http://www.mofa.go.jp/mofaj/area/usa/hosho/pdfs/joint1106_01.pdf. 영문판은 Secretary of State Hillary Clinton et al., "Joint Statement of the Security Consultative Committee, Toward a Deeper and Broader U.S.-Japan Alliance: Building on 50 Years of Partnership," 2011.6.21.

89)「『抑止力』は方便 政治音痴の素人首相 政治不信と混迷を增幅」,『琉球新報』, 2011.2.14.

90)「オスプレイ抑止力 構造差別維持する詭辯だ」,『琉球新報』, 2012.10.3.

91) 개번 매코맥『종속국가 일본』의 한국어, 일본어, 중국어 개정판에서는 종속국가를 다음과 같이 정의하고 있다. "베스트팔렌조약이 선언한 주권과 독립을 누리는 국가이며 따라서 식민지나 괴뢰국가는 아니지만, 자신에 대한 '다른 국가'의 이해관계에 특혜를 주라는 요구를 내부화한 국가."

92) 西谷修「"自發的隸從"を超えよ──自立的政治への一步」,『世界』2010년 2월호, 136면.

93) *Asahi Shimbun*, 2003.2.19.

94) "Kyuma: U.S. Invasion of Iraq a Mistake," *Japan Times*, 2007.1.25.

95) "Kyuma Calls for Futenma Review: 'Don't Be So Bossy,' Defense Minister Tells US over Base Relocation," *Yomiuri Shimbun*, 2007.1.29.

96)「麻生外相の米政權批判」,『朝日新聞』, 2007.2.5.

97) 같은 글. "전직 미국정부의 한 관리는" "영국이나 호주와 같은 충실한 동맹국들이라면 결코 그런 공개적인 비판은 하지 않았을 것"이라고 언급했다.

98) 民主黨「民主黨政權公約 Manifesto(マニフェスト)」, 2005.8.30, http://archive.dpj. or.jp/policy/manifesto/images/Manifesto_2005.pdf.

99) 成澤宗男「普天間移設をめぐる攻防が焦點に 新政權の外交政策が問われる沖繩基地問題」,『週刊金曜日』, 2009.9.25, 13~15면에서 인용.

100)「(時時刻刻)民主黨『小澤色』外交で發信」,『朝日新聞』, 2009.2.25; 前田哲男『「從屬」から「自立」へ——日米安保を變える』, 高文研 2009, 17~25면도 참조.

101) Clare Short, formerly International Development Secretary, "Clare Short: Blair Misled Us and Took UK into an Illegal War," *The Guardian*, 2010.2.2.

102) 오오따 마사히데 인터뷰「普天間問題のボタンのかけ違いはここから始まった」,『ビデオニュース・ドットコム』, 2010.3.11 방송, http://www.videonews.com/on-demand/461470/001385.php; 大田昌秀·佐藤優「對談 沖繩は未來をどう生きるか」,『世界』2010년 8월호.

103) 寺島實郎「腦力のレッスン」特別篇「常識に還る意思と構想——日米同盟の再構築に向けて」,『世界』2010년 2월호, 118~125면. 테라시마는 굴종적인 일본의 지식인들을 '노안(奴顔)'이라고 부른다. 문자 그대로 '노예의 얼굴'을 뜻하는 이 말은 테라시마가 20세기 초 중국의 이야기를 비판적으로 풍자한 루 쉰의 글에서 착상한 것이다. 이 글의 영문판은 다음의 글을 보라. Jitsuro Terashima, "The Will and Imagination to Return to Common Sense: Toward a Restructuring of the US-Japan Alliance," *The Asia-Pacific Journal: Japan Focus*, 2010.3.15, http://japanfocus.org/-Jitsuro-Terashima/3321.

104) 前田哲男『「從屬」から「自立」へ』, 90~92면 참조.

105) Richard L. Armitage and Joseph S. Nye, *The U.S.-Japan Alliance: Getting Asia Right through 2020*, Washington, D.C.: Center for Strategic and International Studies 2007.2, http://csis.org/files/media/csis/pubs/070216_asia2020.pdf.

106) 개번 매코맥『종속국가 일본』4장의 내용을 참조.

107)「思いやり豫算削減反對 普天間移設修正に否定的 米國防長官」,『讀賣新聞』, 2007.11.10. 게이츠의 방문에 관해서는 다음의 자료들을 참조하라. Fumitaka Susami, "Gates Backs Permanent Law to Send SDF," *Japan Times*, 2007.11.11; Kaho Shimizu, "Greater Security Role Is in Japan's Interest: Gates," *Japan Times*, 2007.11.10.

1) 大田昌秀『こんな沖縄に誰がした 普天間移設問題──最善·最短の解決策』, 同時代社 2010, 39면.

2) 같은책 39~40면. 대일강화조약 직전, 오끼나와에서는 유권자 72%의 서명을 모아 요시다 총리에게 제출하여 일본 복귀를 요청했다.

3) 옮긴이 주: 토오꾜오에서 남쪽으로 약 650킬로미터 떨어져 있는(북위 29도47분) 무인도(암초).

4) 옮긴이 주: 토오꾜오에서 남쪽으로 약 1천 킬로미터 떨어져 있는(북위 27도14분) 화산섬.

5) 옮긴이 주: 토오꾜오에서 남쪽으로 약 1,750킬로미터 떨어져 있는(북위 20도25분) 산호초섬.

6) 옮긴이 주: 토오꾜오에서 남동쪽으로 약 1,850킬로미터 떨어져 있으며, 일본의 최 동단 섬으로 알려져 있다. 마커스 섬(Marcus Island)으로도 불린다.

7) 大田昌秀『こんな沖縄に誰がした』, 102~104면.

8) 石原昌家「サンフランシスコ條約とヤスクニの下の沖縄」, 2012.8.11(豊島公會堂에서 열린 심포지엄『2012 平和の燈を! ヤスクニの闇へ キャンドル行動──60年目に考える サンフランシスコ條約體制とヤスクニの「復權」』에서의 발표문).

9) 石原昌家「持續する非暴力の抵抗」,『琉球新報』, 2012.4.28.

10) 옮긴이 주: 보통 미군 지배 시대에 미군이 직접적인 폭력을 사용하여 토지를 강제 접수한 것을 '총검과 불도저'에 의한 토지의 수탈이라고 표현하는데, 1972년 이후 일본정부는 미군처럼 직접 폭력을 동원하지는 않았지만 법과 제도를 이용하여 미군 과 똑같은 일을 자행했다는 의미에서 '법적인' '총검과 불도저'라고 표현한 것이다.

11)「對日講和發行60年人權蹂躙を繰り返すな許されぬ米軍長期駐留」,『琉球新報』, 2012.4.28.

12) 日本共産黨「沖縄の米軍基地問題を世界に訴えます」, http://www.jcp.or.jp/seisaku/gaiko_anpo/2002117_okinawa_uttae.html.

13) 吉田健正「A Voice from Okinawa(18)~普天間基地の起源──基地ではなく, 周邊の學校や病院を撤去?~」,『メールマガジン オルタナ』, 2011.1.20, http://www.alter-magazine.jp/backno/backno_85.html#08; Yoshio Shimoji, "Futenma: Tip of the Iceberg in Okinawa's Agony," *The Asia-Pacific Journal: Japan Focus*, 2011.10.24; 屋良朝博『砂上の同盟──米軍再編が明かすウソ』, 沖縄タイムス社 2009, 82~85면; 宜野湾市 基地政策部 基地涉外課「普天間飛行場に關する經緯年表」, http://www.alter-magazine.jp/backno/backno_85.html#08.

14) 이에지마투쟁에 대한 더 상세한 설명은 다음의 자료를 참조. Miyume Tanji, *Myth, Protest and Struggle in Okinawa*, Oxon, New York: Routledge 2006, 62~70면; Jon Mitchell, "Beggars' Belief: The Farmers' Resistance Movement on Iejima Island, Okinawa," *The Asia-Pacific Journal: Japan Focus*, 2010.6.7, http://japanfocus.org/-Jon-Mitchell/3370/; Shoko Ahagon and Douglas Lummis, "I Lost My Only Son in the War: Prelude to the Okinawan Anti-Base Movement," *The Asia-Pacific Journal: Japan Focus*, 2010.6.7, http://japanfocus.org/-Ahagon-Shoko/3369/.

15) テレビ朝日「報道ステーション」, 2010.5.20.

16) 日本共産黨,「沖繩の米軍基地問題を世界に訴えます」.

17) テレビ朝日「報道ステーション」, 2010.5.20.

18) Masahide Ota, "Governor Ota at the Supreme Court of Japan," *Okinawa: Cold War Island*, ed. Chalmers Johnson, Cardiff: Japan Policy Research Institute 1999, 208면.

19) 琉球朝日放送「狙われた海——沖繩·大浦灣幻の軍港計畫50年」, 2009.10.4; Ryukyu Asahi Broadcasting and Satoko Norimatsu, "Assault on the Sea: A 50-Year U.S. Plan to Build a Military Port on Oura Bay, Okinawa," *The Asia-Pacific Journal: Japan Focus*, 2010.7.5, http://japanfocus.org/-Ryukyu_Asahi_Broadcasting-/3381.

20) 옮긴이 주: 얀바루꾸이나는 뜸부깃과에 속하는 조류로 한국에서는 흰눈썹뜸부기로 불리고 있다. 노구찌게라는 오끼나와 토종의 딱따구리다.

21) 아라사키 모리테루『오키나와 현대사』, 45면.

22) 沖繩タイムス·琉球新報·共同通信合同企畫「日本はどこへ 錯誤の20年 "普天間交涉" 第5回 海兵隊の源流」, 『47News』, 2011.6.29, http://www.47news.jp/47topics/dokohe/5.html.

23) 오끼나와현 홈페이지 참조, http://www.pref.okinawa.jp/kititaisaku/1sho.pdf. 사진이 첨부된 상세한 기지 안내서로는 須田愼太郎 寫眞, 矢部宏治 文, 前泊博盛 監修『本土の人は知らないが, 沖繩の人はみんな知ってること——沖繩米軍基地観光ガイド』, 書籍情報社 2011을 참조.

24) 아라사키 모리테루『오키나와 현대사』, 36면.

25) United States Congress House Committee on Armed Services, *Report of a Special Subcommittee of the Armed Services Committee, House of Representatives: Following an Inspection Tour, October 14 to November 23, 1955*, CIS US Congressional Committee Prints, H1531, Washington, D.C.: Government Printing Office 1956.

26) Miyume Tanji, *Myth, Protest and Struggle in Okinawa*, 71면.

27) Chalmers Johnson, "The 1995 Rape Incident and the Rekindling of Okinawan Protest against the American Bases," *Okinawa: Cold War Island*, ed. Chalmers

Johnson, Cardiff: Japan Policy Research Institute 1999, 111면.

28) 아라사키 모리테루 『오키나와 현대사』, 44면.

29) 「第2次琉大事件 歷史の影に目を向けたい」, 『琉球新報』, 2007.8.18; 「【外交文書公開】 琉大事件苦澁の處分 安里學長' 大學存續で判斷」, 『琉球新報』, 2011.2.19.

30) Steve Rabson, "'Secret' 1965 Memo"에서 인용.

31) Tim Weiner, *Legacy of Ashes: The History of the CIA*, New York: Doubleday, 2007, 120면.

32) Memorandum of Conversation, "U.S. Policy in the Ryukyu Islands, Memorandum of Conversation," 8면. 다음의 자료에 있는 토론을 참조. Steve Rabson, "'Secret' 1965 Memo"; George R. Packard, *Edwin O. Reischauer and the American Discovery of Japan*, New York: Columbia University Press 2010, 171면.

33) Steve Rabson, "'Secret' 1965 Memo"에서 재인용.

34) Tim Weiner, Legacy of Ashes, 120~21면.

35) 「古文書の記錄USCAR時代7 主席公選と西銘支援 米も關與し資金提供」, 『琉球新報』, 2000.7.16.

36) Masahide Ota and Satoko Norimatsu, "'The World Is Beginning"에 있는 오오따 의 평가를 참조.

37) Miyume Tanji, *Myth, Protest and Struggle in Okinawa*, 101면.

38) Christopher Aldous, "'Mob Rule' or Popular Activism: The Koza Riot of December 1970 and the Okinawan Search for Citizenship," *Japan and Okinawa: Structure and Subjectivity*, ed. Glenn D. Hook and Richard Siddle, New York: Routledge 2003; Wesley Iwao Ueunten, "Rising Up from a Sea of Discontent: The 1970 Koza Uprising in U.S.-Occupied Okinawa," *Militarized Current: Toward a Decolonized Future in Asia and the Pacific*, ed. Setsu Shigematsu and Keith L. Camacho, Minneapolis: University of Minnesota Press, 2010.

39) *Okinawa Taimusu*, 2010.12.17.

40) 그러나 오오따 마사히데 전 지사는 "지금까지도 60~70%의 오끼나와 현민은 화학무기와 핵무기가 오끼나와에 있다고 믿고 있다"라고 적고 있다. Masahide Ota and Satoko Norimatsu, "'The World Is Beginning"; 다음의 글도 참조. Jon Mitchell, "US Military Defoliants on Okinawa: Agent Orange," *The Asia-Pacific Journal: Japan Focus*, 2011.9.12, http://japanfocus.org/-Jon-Mitchell/3601.

41) John Mitchell, "US Military Defoliants on Okinawa." 일본어판으로는 「ジョン・ミッチェルの枯葉剤論文 Japan Focus ID 3601」, 『Project Disagree 合意してないプロジェクト』, http://www.projectdisagree.org/2011/12/japan-focus-id-3601.html.

42) 같은 글 참조.

43) 「『枯れ葉剤 沖繩に520萬リットル』貯藏認める初の米軍文書 ベトナムから72年ま
で」,『沖繩タイムス』, 2012.8.8; John Mitchell, "Agent Orange on Okinawa‐The
Smoking Gun: U.S. army report, photographs show 25,000 barrels on islnad in early
'70s," *The Asia-Pacific Journal: Japan Focus*, 2012.10.1, http://www.japanfocus.org/‐
John‐Mitchell/3838; 미육군의 보고서는 Chemical Materials Agency, United States
Department of the Army, *An Ecological Assessment of Johnston Atoll*, 2003.

44) 平安名純代「元米高官證言『沖繩で枯れ葉剤散布』」,『沖繩タイムス』, 2011.9.6;
John Mitchell, "Agent Orange Revelations Raise Futenma Stakes," *Japan Times*,
2011.10.18.

45) John Mitchell, "US Military Defoliants on Okinawa."

46) John Mitchell, "Agent Orange at Okinawa's Futenma Base in 1980s," *The
Asia-Pacific Journal: Japan Focus*, 2012.6.18, http://www.japanfocus.org/‐john‐
Mitchell/3773.

47) Eisaku Sato and Richard Nixon, "Joint Statement by Japanese Prime Minister
Eisaku Sato and U.S. President Richard Nixon," Washington, D.C., 1969.11.21; 「佐
藤榮作総理大臣とリチャード・M・ニクソン大統領との間の共同声明」, 1969.11.21.

48) Eisaku Sato and Richard Nixon, "Agreed Minute to Joint Communique of United
States President Nixon and Japanese Prime Minister Sato Issued on November 21,
1969," Washington, D.C., 1969.11.19.

49) 아라사키 모리테루『오키나와 현대사』, 58면.

50) 石原昌家「自衛隊に對する意識の變化」, 沖繩地域科學硏究所 編『沖繩の縣民像──
ウチナンチュとは何か』, ひるぎ社 1985, 194~97면.

51) 「1972年(昭和47年)沖繩縣內十大ニュース」,『琉球新報』, 1972.12.9.

52) 옮긴이 주: 이 시기에 오끼나와의 대중운동, 복귀운동 속에는 '류우뀨우 처분'에
대한 재평가가 이루어지고 있었다. 19세기 말에 근대국가 일본 속으로 류우뀨우왕
국을 강제로 병합시킨 것을 첫번째 '류우뀨우 처분'이라고 한다면, 대일강화조약을
체결하면서 오끼나와를 분리시킨 것을 두번째의 '류우뀨우 처분', 그리고 미군기지
를 '본토 수준으로' 축소하겠다는 약속을 저버리고 미일의 합의에 의해 진행되는
복귀를 세번째의 '류우뀨우 처분'으로 이해한 것이었다.

53) 佐藤榮作とリチャード・ニクソン「1969年11月21日發表のニクソン大統領と佐藤首
相の共同声明への合意議事録」; Eisaku Sato and Richard Nixon, "Agreed Minute to
Joint Communique of United States President Nixon and Japanese Prime Minister
Sato Issued on November 21, 1969."

54) 若泉敬『他策ナカリシヲ信ゼムト欲ス』, 文藝春秋 1994; 新装版: 文藝春秋 2009, 577~78면.

55) NHK総合テレビ『密使 若泉敬 返還の代償』, NHKスペシャル, 2010.6.19 방송.

56) 福地曠昭「沖縄の『日本復歸』縣民が怒った『五・一五沖繩處分』」,『週刊金曜日』, 2006.5.12, 32면.

57) 大矢雅弘「本土はいつまで沖繩を『捨て石』にするのか」, WEBRONZA, 2012.5.14, http://astand.asahi.com/magazine/wrnational/2012050900005.html.

58)「日本復歸前年の沖繩」,『沖繩縣公文書館』, http://www.archives.pref.okinawa.jp/publication/2008/04/post-4.html.

59)「琉球諸島及び大東諸島に關する日本國とアメリカ合衆國との間の協定」, 1971.6.17; "Agreement between Japan and the United States of American Concerning the Ryukyu Islands and the Daito Islands," 1971.6.17; 平良龜之助「屆かなかった建議書沖繩不在の『復歸』に, 異を唱えた屋良朝苗」,『週刊金曜日』, 2011.7.15. 타이라는 1969~72년에 류우규우정부의 복귀대책실에서 근무했다.

60) 아라사키 모리테루『오키나와 현대사』, 63면.

61) Kei Wakaizumi, The Best Course Available, 315면.

62)「沖繩施政權返還40周年 いまだ『復歸』なし得ず」,『東京新聞』, 2012.5.15.

63) 福地曠昭「沖繩の『日本復歸』」, 33면.

64) 小熊英二「(私の視點)沖繩の戰後體制 既得權にあぐらかく米軍」,『朝日新聞』, 2010.12.16.

65)「2012年10月1日, 沖繩に新たな『屈辱の日』が加わった.『不退轉の決意』を固める──オスプレイ强行配備に對する抗議文」, Peace Philosophy Centre, 2012.10.13, http://peacephilosophy.blogspot.ca/2012/10/blog-post.html.

66) ハーフセンチュリー宮森「宮森小學校ジェット機墜落事件のあらまし」, 同『6月の空』, なんよう文庫 2010.

67) 옮긴이 주: 미야모리소학교에 미군 제트기가 추락했을 때는 어린이들의 우유 급식 시간이었다. 미군 제트기에 의해 파괴된 교정의 후꾸기나무에서 하얀 수액이 흘러나오는 것과 우유급식의 참상이 겹쳐져, 아무리 닦아도 멈추지 않는 유족의 눈물이라는 의미로 '후꾸기의 물방울'이라는 이름을 지었다고 한다. 후꾸기나무(福木, 학명 Garcinia subelliptica)는 오끼나와에서 종종 가로수로 사용되는 상록수다.

68) 石原昌家「沖繩國際大學構内米軍ヘリ墜落事件」, 石原昌家 他 編『オキナワを平和學する!』序章, 法律文化社 2005, 4~8면.

69) 참고: 沖繩縣議會「嘉手納飛行場における米軍のパラシュート降下訓練中止及び日米地位協定改定に關する意見書」, 2011.6.29, http://www.pref.okinawa.jp/site/gikai/

documents/kadenai.pdf.

70) 「復歸前米犯罪年1000件外務省文書公開」, 『琉球新報』, 2011.12.23과 沖繩縣 「IV演習 · 訓練及び事件 · 事故の狀況」, 『沖繩の米軍及び自衛隊基地(統計資料集)』, 2012.3, http://www.pref.okinawa.jp/site/chijiko/kichitai/toukeisiryousyu2403.html, 109면의 데이터에 근거하여 계산한 수치.

71) 통계수치는 이하의 자료를 참고한 것이다. 沖繩縣 「IV演習 · 訓練及び事件 · 事故の狀況」, 『沖繩の米軍及び自衛隊基地(統計資料集)』, 2012.3, http://www.pref.okinawa.jp/site/chijiko/kichitai/toukeisiryousyu2403.html.

72) 吉田健正 『戰爭はペテンだ──バトラー將軍にみる沖繩と日米地位協定』, 七つ森書館 2005, 101~12면.

73) 같은 책 108~9면.

74) 「日本國とアメリカ合衆國との間の相互協力及び安全保障條約第6條に基づく施設及び區域並びに日本國における合衆國軍隊の地位に關する協定」(日米地位協定), http://www.mofa.go.jp/mofaj/area/usa/sfa/kyoutei/index.html.

75) 孫崎享 『戰後史の正體 1945-2012』, 創元社 2012, 116~19면.

76) 「日本の裁判權行使に考慮 米側, 軍屬 『公務中』 犯罪で 『被害者死亡』 などに限定」, 『しんぶん赤旗』, 2011.11.25.

77) 外務省 「日米地位協定における軍屬に對する裁判權の行使に關する運用についての新たな枠組みの合意」, 2011.11.24, http://www.mofa.go.jp/mofaj/area/usa/sfa/gunzoku_1111.html.

78) 「事故の米軍屬に二審も實刑判決 地位協定見直し初適用」, 『日本經濟新聞』, 2012.9.20.

79) 吉田敏浩 「日米地位協定 運用見直しの大ウソ──事實上行使してきた裁判權を手放した!」, 『サンデー毎日』, 2012.1.1·8 합병호, 143~44면.

80) 같은 글 143면에 인용된 일본공산당의 이노우에 사또시(井上哲士) 참의원 의원의 발언.

81) 吉田敏浩 『密約 日米地位協定と米兵犯罪』, 每日新聞社 2010.

82) 「米軍關係者の起訴13% 性犯罪全て不起訴」, 『琉球新報』, 2012.8.23.

83) 宮城晴美 「沖繩からの報告──米軍基地の現狀と米兵によるレイプ事件」, 『立命館言語文化研究』 23卷2号, 2011.10, 180면.

84) 高里鈴代 『沖繩の女たち──女性の人權と基地 · 軍隊』, 明石書店 1996, 19~21면.

85) 같은 책 25면.

86) 外務省 「日米地位協定 第17條5(c)及び, 刑事裁判手續に係る日米合同委員會合意」, http://www.mofa.go.jp/mofaj/area/usa/sfa/rem_keiji_01.html.

87) 布施祐仁『日米密約——裁かれない米兵犯罪』, 岩波書店 2010, 17면.

88) 「米軍關係者の起訴13%性犯罪全て不起訴」, 『琉球新報』, 2012.8.23.

89) 「〔嘉手納爆音訴訟〕「違法狀態」放置するな」, 『沖繩タイムス』, 2011.10.21.

90) 立命館大學國際平和ミュージアム 監修·石原昌家 編『オキナワ——沖繩戰と米軍基地から平和を考える』, 岩波書店 2006, 107면.

91) 이시하라 마사이에, 저자(노리마쯔 사또꼬)와의 메일 인터뷰, 2012.10.16.

92) WHO의 '환경소음 가이드라인'에 의하면, 실외에서 60데시벨 이상, 실내에서 45데시벨 이상에서도 수면방해가 일어날 수 있다고 한다. 「普天間警報音 70デシベル 特異音で壓迫感」, 『琉球新報』, 2012.5.12.

93) 카데나 폭음금지 소송의 기술은 이하의 기사를 참조했다. 「國內最大 原告2萬超 嘉手納爆音 3次訴訟 2次の4倍」, 『琉球新報』, 2011.1.1; 「原告2萬超 現代の民衆蜂起だ 飛行差し止めに踏み込め」, 『琉球新報』, 2011.1.3; 「嘉手納爆音訴訟 原告2萬2058人 第3次訴訟きょう提訴」, 『琉球新報』, 2011.4.28; 「嘉手納訴訟 國の言い逃れ許されぬ」, 『琉球新報』, 2011.4.28; 「嘉手納爆音訴訟 靜かな空求め提訴 原告2萬2058人」, 『琉球新報』, 2011.4.29; 「騷音 激化の一途 基地の苦情, 過去最多189件」, 『琉球新報』, 2011.6.12.

94) 「原告『靜かな生活返せ』普天間爆音訴訟の第1回口頭辯論」, 『琉球新報』, 2003.2.20; 「普天間爆音訴訟とは(…)」, 『普天間爆音訴訟團』, http://bakuon.xxxxxxxx.jp/menu1. html.

95) 「新たに204人提訴, 請求6億円に/普天間爆音訴訟」, 『琉球新報』, 2003.4.15.

96) 「低周波被害を初認定 普天間爆音控訴審 飛行差し止め棄却 賠償2.5倍 原告上告へ 『世界一危險』と言及」, 『沖繩タイムス』, 2010.7.30.

97) 國上告せず 賠償確定 普天間爆音訴訟 原告10人除く」, 『沖繩タイムス』, 2010.8.13; 「普天間爆音訴訟, 上告を棄却 最高裁」, 『沖繩タイムス』, 2011.10.14.

98) 「普天間爆音訴訟『第2次』提訴 原告住民3129人」, 『琉球新報』, 2012.3.31.

99) 「『固定翼』でも基準値超 オスプレイ低周波音測定」, 『琉球新報』, 2012.10.12.

5장_헤노꼬: 불필요한 기지

1) Carolyn Bowen Francis, "Omen and Military Violence," Okinawa: Cold War Island, ed. Chalmers Johnson, Cardiff: Japan Policy Research Institute 1999, 189면.

2) 아라사키 모리테루『오키나와 현대사』, 193면.

3) 「基地縮小し 協定見直せ 8萬5000人怒りの結集」, 『沖繩タイムス』, 1995.10.22; 「8萬5000人『基地』に怒り」, 『琉球新報』, 1995.10.22.

4) Chalmers Johnson, "The 1995 Rape Incident and Rekindling of Okinawan Protest

against the American Bases," *Okinawa: Cold War Island*, 116면.

5) 『外交靑書1997』, 第2章第1節1(3)「沖繩縣における米軍施設・區域の取り扱い」, http://www.mofa.go.jp/mofaj/gaiko/bluebook/97/1st/chapt2-1-1.html#n3.

6) 池田外務大臣 他「SACO最終報告(假譯)」, 1996.12.2, http://www.mofa.go.jp/mofaj/area/usa/hosho/saco.html; 영문판은 "The SACO Final Report, December 2, 1996," 1996, http://www.mofa.go.jp/region/n-america/us/security/96saco1.html.

7) 옮긴이 주: 1995년 11월에 설치된 SACO에서 미일 양 정부가 협의할 때, 후뗀마 대체시설을 헬리포트(heliport)라고 불렀다. 후뗀마기지에 주둔한 미해병대가 주로 헬리콥터를 사용하는 것은 사실이지만, 보통 헬리포트라고 하면 소규모의 헬리콥터 발착장을 가리키기 때문에 이 용어는 후뗀마 대체시설이 소규모 기지일 것이라는 착각을 낳았다. 반기지운동 진영은 이 용어가 의도적으로 사용되었다고 비판하고 있다. 한편, 타까에에 건설되는 오스프레이 발착장은 헬리패드(helipad)로 불린다. 헬리패드는 헬리포트에 비해 더 작은 규모의 헬리콥터 발착장을 의미하지만 영어에서 두 단어가 명확하게 구분되는 것은 아니다. 미일 양 정부는 후뗀마 대체시설은 (초기에는) '헬리포트'로, 타까에의 오스프레이 발착장은 (지금도) '헬리패드'로 구분하여 부르고 있다.

8) 저자(노리마쯔 사또꼬)의 오오따 마사히데 인터뷰에서; Masahide Ota and Satoko Norimatsu, "'The World Is Beginning to Know Okinawa': Ota Masahide Reflects on His Life from the Battle of Okinawa to the Struggle for Okinawa," *The Asia-Pacific Journal: Japan Focus,* 2010.9.20, http://japanfocus.org/-Norimatsu-Satoko/3415.

9) 大田昌秀 『こんな沖繩に誰がした 普天間移設問題——最善・最短の解決策』, 同時代社 2010, 197~218면; 眞喜志好一「久志湾・邊野古海上への新軍事空港計畵」, 眞喜志好一 他『沖繩はもうだまされない——基地新設＝SACO合意のからくりを撃つ』, 高文硏 2000도 참조.

10) NHK總合テレビ「密使 若泉敬 沖繩返還の代償」, NHKスペシャル, 2010.6.19 방송에는 미국이 일본의 핵 문제에 대한 민감성을 이용하여 반환 후에도 기지 마음대로 사용할 수 있도록 외교술을 구사했다는 당시 미국 측 외교 담당자의 증언이 있다.

11) 琉球朝日放送「狙われた海——沖繩・大浦湾 幻の軍港計畵50年」, 2009.10.4; Ryukyu Asahi Broadcasting and Satoko Norimatsu, "Assault on the Sea: A 50-Year U.S. Plan to Build a Military Port on Oura Bay, Okinawa," *The Asia-Pacific Journal: Japan Focus,* 2010.7.5, http://japanfocus.org/-Ryukyu_Asahi_Broadcasting-/3381.

12) 당시 국토원(國土院) 사무차관이던 시모꼬오베 아쯔시(下河邊淳)의 발언, 佐藤學「オバマ政權のアメリカ——經濟と對外政策の變化」에서 인용; 宮里政玄・新崎盛暉・我部政明他『沖繩「自立」への道を求めて——基地・經濟・自治の視點から』, 高文硏 2009, 90면.

13) 池田他「SACO最終報告(假譯)」.

14) 「海上基地反對が過半數」, 『琉球新報』, 1997.12.22.

15) "DoD Operational Requirement and Concept of Operations for MCAS Futenma Relocation, Okinawa, Japan, Final Draft," 1997.9.29; 『日本國沖繩における普天間海兵隊航空基地の移設のための國防総省の運用條件及び運用構想 最終版』, 1997.9.29. 이 문서에 대해서는 大田昌秀『こんな沖繩』, 221~25면을 참조.

16) 수치는 일본정부가 미국정부에 제공한 것이다. United States Government Accountability Office(GAO), "Overseas Presence, Issues Involved in Reducing the Impact of U.S. Military Presence on Okinawa," 1998.3.2, 6, 37면, http://www.gao.gov/products/NSIAD-98-66.

17) 大田昌秀『こんな沖繩』, 125~26면.

18) 같은 책 223면.

19) Inamine Keiichi, "Okinawa as Pacific Crossroads," Japan Quarterly, 2000.7~9, 14면.

20) 아라사키 모리테루『오키나와 현대사』, 247~48면.

21) 「リーフ上に軍民共用空港を建設決定/普天間代替施設協」, 『琉球新報』, 2002.7.29.

22) 그러나 다른 한편으로 군사적 관점에서 보면 이전 기지를 오끼나와 현내에 둘 필요도 없었던 것이다. 2009년에『류우뀨우신보』가 입수한 1998년 3월의 미일 비공식회의 기록에 의하면, 미국은 오끼나와현 이외의 일본 국내 지역으로 이전을 인정하고 있었다. 지리적 우위성이나 군사적 이유를 내걸고 일본 국내의 다른 장소로의 이전을 주저하는 일본정부에 대해, 진짜 이유는 본토에 이전할 수 없는 정치적 이유일 터이니 미군 측 사정 때문이라고 하지 말라고 견제했던 것이다. 「普天間移設非公式協議 98年3月當時, 米『縣外可能』を傳達」, 『琉球新報』, 2009.11.15.

23) 이하의 기술은 菊野由美子「邊野古の氣持ち」, Peace Philosophy Centre 2010.1.21에 기술된 헤노꼬 연좌농성 텐트촌의 촌장인 토오야마 사까에의 담화에서 가져온 것이다, http://peacephilosophy.blogspot.jp/2010/01/emotions-of-henoko-yumiko-kikuno.html; 영문판은 Yumiko Kikuno and Norimatsu Satoko, "Henoko, Okinawa: Inside the Sit-in," The Asia-Pacific Journal: Japan Focus, 2010.2.22, http://japanfocus.org/-Kikuno-Yumiko/3306.

24) 「首相, 中止を檢討 邊野古沖調 衆院豫算委『阻止の決意理解』」, 『沖繩タイムス』, 2005.5.16.

25) Kanako Takahara, "Japan, U.S. agree on new Futenma site," Japan Times, 2005.10.27; 「防衛庁强氣『實現してこそ』『あと200m』攻防讓らず檢證, 普天間移設·日米對決」, 『朝日新聞』, 2005.10.27.

26) Secretary of State Rice, et al., Security Consultative Committee, U.S.-Japan Alliance: "Transformation and Realignment for the Future," 2005.10.29, http://www.mofa.go.jp/region/n-america/us/security/scc/doc0510.html. ライス國務長官 他「日米同盟:未來のための變革と再編〈假譯〉」, 2005.10.29, http://www.mofa.go.jp/mofaj/area/usa/hosho/henkaku_saihen.html.

27)「地元沖繩, 蚊帳の外 政府, 説明これから 環境·飛行經路に難題『普天間』移設合意」, 『朝日新聞』, 2005.10.27.

28) ライス國務長官 他「再編實施のための日米のロードマップ〈假譯〉」, 2006.5.1, http://www.mofa.go.jp/mofaj/kaidan/g_aso/ubl_06/2plus2_map.html; 영문판은 Secretary of State Rice et al., "United States-Japan Roadmap for Realignment Implementation," 2006.5.1, http://www.mofa.go.jp/region/n-america/us/security/scc/doc0605.html.

29) 大田昌秀『こんな沖繩』, 232면에 인용된, 1998.4.10의「NHKニュース」의 인터뷰.

30) Ota Masahide and Norimatsu Satoko, "The World Is Beginning"

31) Yoichi Kato, "Interview/ Richard Lawless: Japan-U.S. alliance faces 'priority gap'," *Asahi Shimbun*, 2008.5.2.

32) Hirohumi Nakasone and Hillary Rodham Clinton, "Agreement between the Government of Japan and the Government of the United States of America Concerning the Inplementation of the Relacation of Ⅲ Marine Expeditionary Force Personnel and Their Dependents from Okinawa to Guam," Tokyo, 2009.2.17; 中曾根弘文·ヒラリー·ロダム·クリントン『第三海兵機動展開部隊の要員及びその家族の沖繩からグアムへの移轉の實施に關する日本國政府とアメリカ合衆國政府との間の協定(略称:在沖繩海兵隊のグアム移轉に係る協定)』, 2009.2.17, 토오꾜오에서 서명. 영문판과 일본어판은 이곳(http://www.mofa.go.jp/mofaj/gaiko/treaty/shomei_43.html)에서 찾아볼 수 있다.

33) Zumwalt, Cable 08TOKYO03457, Part 1 of 2, "U.S., JAPAN REACH AD REF GUAM," 2008.12.19, WikiLeaks, http://wikileaks.ch/cable/2008/12/08 TOKYO3457;「日米, 米軍グアム移轉で暫定合意〈1〉米公電譯」, 『朝日新聞』, 2011.5.4, http://www.asahi.com/special/wikileaks/TKY201105030560.html. 이 책에서 사용되는 '위키리크스' 자료는 wikileaks.org의 영어 자료에서 가져온 것이지만, 일본어 번역의 경우에『아사히신문』에 게재된 것을 사용할 때는『아사히신문』의 게재일시, URL도 부기할 것이다. 번역문도 원칙적으로『아사히신문』의 번역에서 인용한다. 번역이 잘못되었다고 생각되는 일부 문장의 경우에는 이 책의 저자가 수정하기도 했다.

34) 「民主黨·沖繩ビジョン(2008)」을 참조, http://www.dpj.or.jp/news/files/okinawa(2).pdf.

35) 클린턴 국무장관이 『요미우리신문』과의 단독 인터뷰에서 발언한 내용. "I think that a responsible nation follows the agreements that have been entered into, and the agreement I signed today with Foreign Minister Nakasone is one between our two nations, regardless of who's in power."("책임 있는 국가는 합의에 따를 것이라고 생각한다. 오늘 나와 나까소네 외무대신이 서명한 합의는 국가 간에 체결된 것이므로 누가 정권을 잡고 있는가와는 관계가 없다.") "Clinton praises strong U.S.-Japan Ties," *Yomiuri Shimbun*, 2009.2.18; 이 인터뷰를 보도한 일본어 기사는 「北朝鮮のミサイル發射準備 クリントン米長官『6か國議題に』」,『讀賣新聞』, 2009.2.18.

36) "The Truth behind Japan-US Ties(3) Numbers Inflated in Marine Relacation Pact to Increase Political Impact," *Asahi Shimbun*, 2011.5.4. 또한 다음을 참조. Zumwalt, Cable 08TOKYO03457, Part 1 of 2, op.cit; 「日米, 米軍グアム移轉で暫定合意〈1〉米公電譯」.

37) 「轉換期の安保:『常駐なき普天間』首相『腹案』の見方浮上」,『每日新聞』, 2010.4.8. 영어 번역은 Norimatsu Satoko, "The myth of 18,000 Marines in Okinawa admitted by USMC," *Peace Philosophy Centre*, 2010.4.12, http://peacephilosophy.blogspot.com/2010/04/myth-of-18000-marines-in-okinawa.html.

38) Zumwalt, Cable 08TOKYO03457, Part 1 of 2, op.cit; 「日米, 米軍グアム移轉で暫定合意〈1〉米公電譯」.

39) 같은 글.

40) Zumwalt, Cable 08TOKYO03458, "Part 2 of 2-U.S., Japan Reach AD REF GUAM," 2008.12.19, WikiLeaks, http://wikileaks.ch/cable/2008/12/08TOKYO3458; 「日米, 米軍グアム移轉で暫定合意〈2〉米公電譯」,『朝日新聞』, 2011.5.4, http://www.asahi.com/special/wikileaks/TKY201105030562.html. 여기에서는 일부 『아사히신문』과 다른 해석을 했다.

41) 「ウィキ米公電 日本外交の病理あらわ」,『朝日新聞』, 2011.5.5.

42) 「基地移轉の實態隱す『密約』」,『沖繩タイムス』, 2011.5.5.

43) Gavan McCormack, "The Battle of Okinawa 2009: Obama vs Hatoyama," *The Asia-Pacific Journal: Japan Focus*, 2009.11.16, http://japanfocus.org/-Gavan-McCormack/3250.

44) "Marines' move to Guam to cost more," Japan Times, 2010.7.4.

45) 「首相『政府としてコメントすべきでない』〈米公電分析〉」,『朝日新聞』, 2011.5.4.

46) 孫崎享『戰後史の正體 1945-2012』, 創元社 2012, 88면.

47) 다음의 씨리즈를 보라.「普天間公電を解く」,『琉球新報』, 2011.5.7~11. 또한 오끼나와국제대학의 사또오 마나부와 전 오끼나와 현지사인 오오따 마사히데의 논문들을 참조.

48) 미국방부를 대변하고 있던 커트 캠벨은 군사적인 관점에서 오끼나와 이외의 장소로 후뗀마기지를 이전하는 것은 불가능하다는 일본 측의 요청을 거절하면서, 일본 측이 그렇게 말하는 근거는 정치적인 것일 뿐이며 미국 측은 큐우슈우나 시꼬꾸와 같은 대안적인 장소에 대한 제안에 열려 있다고 말했다. "Minute of Unofficial Discussion Meeting, March 13, 1998";「普天間移設非公式協議, 98年3月當時, 米 '縣外'可能傳達」,『琉球新報』, 2009.11.15.

49) US Department of State, "United States-Japan Joint Statement on Defense Posture," Washington, D.C., 2012.2.8, http://www.state.gov/r/pa/prs/ps/2012/02/183542.htm; 外務省『在日米軍再編に關する日米共同報道發表』, 2012.2.8, http://www.mofa.go.jp/mofaj/area/usa/sfa/jpr_120209.html.

50) "New Okinawa Base Agreement Should Lead to Rethink of Henoko Plan," editorial, *Asahi Shimbun*, 2012.2.7.

51)「〈透視鏡〉米軍再編見直し日米で發表 縣要求實現誇示も 米側の都合優先『地理的優位性』と矛盾」,『琉球新報』, 2012.2.9.

52) 이 발언은 다음의 글에서 인용한 것이다. Sabrina Salas Matanane, "Congress Reviewing DoD Plans," *Kuam News*, 2012.2.8.

53) US Department of State, "United States-Japan Joint Statement on Defense Posture," Washington, D.C., 2012.2.8, http://www.state.gov/r/pa/prs/ps/2012/02/183542.htm.

54)「豪移駐, 海兵隊中核か 米海軍トップ示唆」,『沖繩タイムス』, 2012.2.7.

55) 外務省『在日米軍再編に關する日米共同報道發表』, 2012.2.8.

56) Martin Fackler, "US and Japan are in Talks to Expedite Exit of 8,000 Marines on Okinawa," *The New York Times*, 2012.2.9.

57)「政府, 米海兵隊岩國移轉案を拒否 外相・防衛相が明言」,『中國新聞』, 2012.2.14.

58) 知念ウシ「紙面批評──新報を讀んで」,『琉球新報』, 2012.3.10.

59)「移設工事『先取り』膨大な無駄遣いはやめよ」,『琉球新報』, 2012.3.12.

60) 宮城康博「『野嵩ゲットー』を彈劾しオスプレイに留保なき拒否を」,『なごなく雑記』, 2012.10.4, http://miyagi.no-blog.jp/nago/2012/10/post_256f.html.

61)「邊野古移設 防衛相 振興策と一體で推進」,『琉球新報』, 2012.9.30.

62)「オスプレイ飛來 恐怖と差別强いる暴擧 / 日米は民主主義を壞すな」,『琉球新報』, 2012.10.2.

63)「オスプレイ 縣民投票を實施しよう 世界に訴えたい民意尊重」,『琉球新報』, 2012.10.8.

64)「〔米軍再編見直し〕島ぐるみの意思表示を」,『沖繩タイムス』, 2012.2.9.

6장_하또야마의 난(亂)

1) 前田哲男『「從属」から「自立」へ──日米安保を變える』, 高文研 2009, 15~18면.

2)「テロ特措法：小澤·民主代表, 米の延長要請拒否 大使と會談『國連の承認ない』」,『毎日新聞』, 2007.8.9;「テロ特措法 延長する根據を示せるのか」,『毎日新聞』, 2007.8.9.

3) カート·キャンベルとマイケル·グリーン「テロ特措法 日本は長期的影響を考えよ」,『朝日新聞』, 2007.8.27; Kurt Campbell and Michael Green, "Ozawa's Bravado May Damage Japan for Years," *Asahi Shimbun*, 2007.8.29.

4) 鳩山由紀夫「私の政治哲學」,『Voice』 2009년 9월호; 영어판으로는 Yukio Hatoyama, "My Political Philosophy," *Financial Times*, http://www.ft.com/cms/s/0/99704548-8800-11de-82e4-00144feabdc0.html.

5) Yukio Hatoyama, "Policy Speech by Prime Minister Yukio Hatoyama at the 174th Session of the Diet," 2010.1.29.

6) Yoichi Kato, "U.S. Warm to Proposal to Reaffirm Security Pact," *Asahi Shimbun*, 20097.23.

7) 다음의 기사에서 인용. Mure Dickie and Daniel Dombey, "Prospect of Power Softens DPJ's Stance," *Financial Times*, 2009.7.21.

8)「普天間移設『再交渉しない』米報道官『民主政權』牽制」,『朝日新聞』, 2009.9.1; Hiroshi Ito, "U.S. on Futenma Revisit: Forget It," *Asahi Shimbun*, 2009.9.2.

9)「普天間合意見直さず米高官 民主公約めぐり發言」,『朝日新聞』, 2009.9.3.

10)「『國家間の合意』强調在日米軍再編メア米部長見直しけん制」,『沖繩タイムス』, 2009.9.4.

11) Roos, Cable 09TOKYO2369, "Managing Alliance Issues: A/S Campbell's," 2009.10.15, WikiLeaks, http://wikileaks.ch/cable/2009/1-/09TOKYO2369.html;「國務次官補『米國の忍耐にも限界がある』米公電譯」,『朝日新聞』, 2011.5.9, http://www.asahi.com/special/wikileaks/TKY201105060402.html.

12) John Pomfret and Blaine Harden, "U.S. Presses Japan on Military Package," *Washington Post*, 2009.10.22;「『最もやっかいな國は日本』米高官, 鳩山政權を懸念」,『讀賣新聞』, 2009.10.23.

13)「普天間移設, できねば「日米關係に打擊」米高官が警告」,『朝日新聞』, 2009.10.18.

14) 「普天間米ゼロ回答ゲーツ長官, 代替案や先延ばし『ノー』」, 『朝日新聞』, 2009.10.22.

15) 米國防総省 「日本國北澤俊美防衛大臣とロバート・ゲイツ國防長官の共同記者會見」, 東京, 2009.10.21; Department of Defense, "joint Press Conference with Japanese Defense Minister Toshimi kitazawa and Secretary of Defense Robert Gates," Tokyo, 2009.10.21, http://www.defense.gov/transcripts/transcript.aspx?transcriptid=4501.

16) John Pomfret and Blain Harden, "U.S. Presses Japan on Military Package."

17) 「名護移設 米軍トップ『絶對に必要』」, 『讀賣新聞』, 2009.10.23; 「マレン米統合參謀本部議長の發言要旨」, 『朝日新聞』, 2009.10.22.

18) Michael Green, "Tokyo Smackdown," *Foreign Policy*, 2009.10.23, http://shadow. foreignpolicy.com/posts/2009/10/23/tokyo_smackdown.

19) 「マイケル・グリーンインタービュー安定した新政權を期待 外交安保の機能不全防げ」, 『朝日新聞』, 2009.8.28.

20) Michael Green, "Japan's Confused Revolution," *Washington Quarterly* 33, no.1, 2009, 12면.

21) 미국무부의 이언 켈리, 정례 브리핑에서. U.S. Department of State Ian Kelly in Daily Press Briefing, Washington, D.C., 2009.11.3 http://www.state.gov/r/pa/prs/ dpb/2009/nov/131297.htm.

22) Richard Armitage in the 16th Annual Japan-US Security Seminar, Pacific Forum CSIS, 2010.1.15, Washington, D.C., http://csis.org/event/16th-annual-japan-us-security-seminar. 아미티지 발언 동영상은 다음의 링크에서 볼 수 있다, http://csis. org/multimedia/japan-us-alliance-fifty-where-we-have-been-where-we-are-heading. 그밖의 발언자는 키따오까 신이찌(北岡伸一), 윌리엄 페리, 오까모또 유끼오 등이었다. 기따오까는 오까다 외무대신(당시)이 임명한, 3장에서 서술한, 밀약에 관한 '전문가위원회'의 위원장을 역임했다. 또한 오까모또는 본문에서 서술한 것처럼, 하또야마 정권 말기에 하또야마에게 헤노꼬 이전에 관해 몇번이나 '설명' 을 했다고 한다.

23) Simon Tisdall, "Japan tries to loosen the US leash," *Guardian*, 2009.8.10.

24) 「普天間移設, 米政府に『日本の民意尊重を』と岡田外相」, *AFPBBNews*, 2009.10.22, http://www.afpbb.com/article/politics/2655223/4786260.

25) 「外相の縣民對話 危機煽るだけでは情けない」, 『琉球新報』, 2009.12.7.

26) Hillary Rodham Clinton, "Remarks with Japanese Foreign Minister Katsuya Okada after Their Meeting," Honolulu, 2010.1.12, http://www.state.gov/secretary/ rm/2010/01/135088.htm.

27) Roos, Cable 09TOKYO2377, "A/S Campbell, GOJ Officials

Discuss PM Hatoyama's," 2009.10.15, WikiLeaks, http://wikileaks.ch/cable/2009/10/09TOKYO2377.html;「日本より中國重視と公言したらどうするのか米公電譯」,『朝日新聞』, 2011.5.9, http://www.asahi.com/special/wikileaks/TKY201105060403.html.

28) 2009년 9월 18일, 사이끼 아끼따까 외무성 아시아·대양주국장이 커트 캠벨 아시아·태평양 담당 미국무차관보에게. Roos, Cable 09TOKYO2197, 2009.9.21, WikiLeaks;「外務官僚『日米の對等求める民主政權は愚か』米公電譯」,『朝日新聞』, 2011.5.7, http://www.asahi.com/special/wikileaks/TKY201105060396.html.

29) 히라노 히로후미 관방장관의 외교 문제 고문인 이자와 오사무의 발언. 주오 끼나와 총영사 레이먼드 그린의 기밀전문에서 인용. Green, Cable 09NAHA67, "DPJ Senses USG Flexibility on FRF Renegotiation," 2009.10.5, WikiLeaks, http://wikileaks.org/cable/2009/10/09NAHA67.html;「岡田外相は米が嘉手納統合を受け入れると理解 米公電譯」,『朝日新聞』, 2011.5.13, http://www.asahi.com/special/wikileaks/TKY201105120499.html. 이『아사히신문』의 번역판에서는 기밀전문에 있는 이자와 오사무의 이름이 '정부 고관인 XX'라고 가려져 있다.

30) Roos, Cable 10TOKYO247, "Assistant Secretary Campbell's February 2 Meeting," 2010.2.8, WikiLeaks, http://wikileaks.org/cable/2010/02/10TOKYO247.html.

31) Roos, Cable 09TOKYO2378, "A/S Campbell, GOJ Officials Discuss the History of(Realignment)," 2009.10.15, WikiLeaks, http://wikileaks.ch/cabel/2009/10/09TOKYO2378.html;「中國めぐる有事に備え『滑走路3本必要』米公電譯」,『朝日新聞』, 2011.5.5, http://www.asahi.com/special/wikileaks/TKY201105040061.html.

32) Green, Cable 09NAHA97;「岡田外相は米が嘉手納統合を受け入れると理解米公電譯」.

33) 2009년 12월 9일, Roos, Cable 09TOKYO2815, 2009.12.9, WikiLeaks, http://wikileaks.org/cable/2009/12/09TOKYO2815.html;「普天間『米國が壓力かけ續ければ狀況は惡化』米公電譯」,『朝日新聞』, 2011.5.8, http://www.asahi.com/special/wikileaks/TKY201105060408.html.

34) 같은 글.

35) Roos, Cable 09TOKYO2875, "MOFA 'Alliance Hands' Express Frustration at DPJ," 2009.12.16, WikiLeaks, http://wikileaks.org/cable/2009/12/09TOKYO2875.html.

36) Roos, Cable 09TOKYO2946, "Ambassador's December 21 Lunch Meeting with Vice Foreign Minister Yabunaka," 2009.12.30, WikiLeaks, http://wikileaks.

org/cable/2009/12/09TOKYO2946.html; 「『現行案が頼みの網』鳩山首相が國務長官に 米公電譯」, 『朝日新聞』, 2011.5.8, http://www.asahi.com/special/wikileaks/TKY201105060405.html. 본문의 인용은 『아사히신문』의 번역이 아니라 이 책의 저자들에 의한 번역이다.

37) 게이츠의 방일에 대해서는 다음을 보라. Gavan McComack, "Ampo's Troubled 50th: Hatoyama's Abortive Rebellion, Okinawa's Mounting Resistanc and the US-Japan Relationship(Part2)," *The Asia-Pacific Journal: Japan Focus*, 2010.5.31, http://japanfocus.org/-Gavan-McComack/3366; 캠벨에 대해서는 Roos, Cable 09TOKYO2369, "Managing Alliance Issues: A/S Campbell's," 2009.10.15, WikiLeaks, http://wikileaks.ch/cable/2009/10/09TOKYO2369.html.

38) 「普天間なお迷走 米巻き返しで窮地」, 『琉球新報』, 2009.12.6.

39) 「外相の縣民對話 危機煽るだけでは情けない」, 『琉球新報』, 2009.12.7에서 인용.

40) 이 대화 집회의 상황에 대해서는 오끼나와 출신의 작가인 메도루마 슌의 블로그 『海鳴りの島から』의 7부로 구성된 「岡田外務大臣と『市民との對話集會』全面公開」를 참조. http://blog.goo.ne.jp/awamori777/e/1863c314ee19f70bd5c5c676e8409ad1.

41) Roos, Cable 09TOKYO2815; 「普天間『米國が壓力かけ續ければ狀況は惡化』米公電譯」.

42) Roos, Cable 09TOKYO2822, "Ambassador Roos's Meeting With Minister Maehara," 2009.12.10, WikiLeaks, http://wikileaks.org/cable/2009/12/09TOKYO2822.html; 「普天間現行案受け入れへ『連立解消の用意』米公電譯」, 『朝日新聞』, 2011.5.11, http://www.asahi.com/special/wikileaks/TKY201105040060.html.

43) 「在日米軍再編:普天間移設09年末に邊野古容認, 鳩山氏は否定——公電暴露」, 『每日新聞』, 2011.5.6.

44) Yoichi Kato, "Hatoyama Must Have Strategic Talks with U.S.," *Asahi Shimbun*, 2009.12.29.

45) "Pentagon Prods Japan on Futenma Deadline," *Japan Times*, 2010.1.8.

46) 같은 글.

47) Joseph S. Nye Jr., "An Alliance Larger Than One Issue," *The New York Times*, 2010.1.6; 「普天間移設 米政府の姿勢戒め ナイ氏が米紙寄稿」, 『琉球新報』, 2010.1.9.

48) 심지어 '자유주의적인' 『아사히신문』마저 사설을 통해 하또야마를 질책했다. "워싱턴의 인내에는 한계가 있다. (…) 만약 후뗀마 문제가 균형을 잃고 폭발한다면, 그것은 두 나라에 불행한 일이 될 것이다." "Relocating Futenma Base," *Asahi Shimbun*, 2009.10.23.

49) 「岡田外相發言 暴走する鳩山政權の限界 安保の沖繩依存から脱却を」, 『琉球新報』,

2009.10.25.

50)「ゴルバチョフ氏 本紙に回答 提言・普天間移設」,『琉球新報』, 2009.12.21.

51) Yoichi Kato, "Former U.S. Official: Japan Could Lose Entire Marine Presence if Henoko Plan Scrapped," *Asahi Shimbun*, 2010.3.4, http://www.asahi.com/english/TKY201003040361.html.

52) "Updating the US-Japan Alliance-An Interview with Mike Finnegan, Richard Lawless and Jim Thomas," National Bureau of Asian Research, 2010.4.2, http://www.nbr.org/research/activity.aspx?id=77.

53)「普天間代替, 鹿児島の馬毛島浮上 防衛相が地權者と接触」,『琉球新報』, 2009.12.5. 마게시마에 대해서는 다음을 참조. Gavan McCormack, "Mage - Japan's Island Beyond the Reach of the Law," *The Asia-Pacific Journal: Japan Focus*, 2012.2.20.

54) "US in the Dark on Final Futenma Decision," *Asahi Shimbun*, 2010.2.5;「「5月の狀況見通せぬ」普天間問題で米國務次官補」,『朝日新聞』, 2010.2.3.

55)「普天間移設, 2案提示へ (…) 米側過去に却下」,『讀賣新聞』, 2010.3.18.

56) 目取眞俊「勝連沖案のとんでもなさ」,『海鳴りの島から』, 2010.3.16, http://blog.goo.ne.jp/awamori777/e/74317ee41418daf8ae8b84d09fca10ef.

57) "Is Tokunoshima Really Outside of Okinawa? 徳之島は縣外とは言えない," *Peace Philosophy Centre*, 2010.4.6, http://peacephilosophy.blogspot.ca/2010/04/is-tokunoshima-really-outside-of.html.

58) "US Likely to Nix Futenma Alternatively," *Yomiuri Shimbun*, 2010.4.1.

59)「知事, 政府2案を困難視 普天間移設」,『沖縄タイムス』, 2010.4.3.

60)「縣內2案は『まったくだめ』シュワブ陸上・勝連沖 沖縄知事が表明」,『朝日新聞』, 2010.4.1.

61)「普天間政府案 民意欺くワーストの案だ」,『琉球新報』, 2010.3.27.

62)「豊じょうの海 サンゴ輝く 普天間移設候補地 勝連沖 廣がる群落」,『琉球新報』, 2010.4.2.

63) "'Hantai!' Tokunoshima's Record-Breaking Addition to Ryukuans' Democratic Voices," *Peace Philosophy Centre*, 2010.4.19, http://peacephilosophy.blogspot.com/2010/04/tokunoshimas-record-breaking-addition.html.

64) "hatoyama's Latest Futenma Tack: Move Choppers to Tokunoshima," *Japan Times*, 2010.4.10.

65)「迷走! 普天間移設【24】きちんと責任取れるのか?」,『時事ドットコム』, 2010.4.15, http://www.jiji.com/jc/v2?id=20100420futenma_air_atation_24. 이 기사는 "Can you follow through?"라는 표현을 "확실히 책임질 수 있는가?"로 번역하고 있지만

저자는 이것을 과장된 번역이라고 생각한다. 『마이니찌신문』의 "실현할 수 있는 가?"라는 표현도 타당한 번역이라고 생각된다. 같은 표현이더라도 어조에 따라 번역방식이 달라지게 되는데, 어조를 알 수 없는 한 문자 그대로의 무난한 번역이 좋을 것이다. 또한 미국 요인의 발언을 일부러 공손한 말(丁寧語)이 아니라 명령조로 번역하는 것은 '미국의 압력'을 강조하고 싶은 일본 언론 측의 자의가 개입되었을 가능성이 있다는 점을 지적해둔다. 오바마의 이 발언은 이전의 만남에서 하또야마가 "나를 믿어달라"라고 했던 것에 대한 응답으로 해석되기도 한다.

옮긴이 주: 일본어판에서는 "수행할 수 있겠습니까?(遂行できるのですか?)"로 번역되어 있다. 한국어판에서는 더 일반적인 표현인, "가능하겠습니까?"로 번역했다.

66) 「普天間巡りオバマ氏『實現できるのか』——鳩山首相『そういう發言はない』」, 『朝日新聞』, 2010.4.21.

67) Al Kamen, "Among Leaders at Summit, Hu's Frist," *Washington Post*, 2010.4.14.

68) John Pomfret, "Japan Moves to Settle Dispute with US over Base Relocation," *Washington Post*, 2010.4.24.

69) 「鳩山前首相一問一答 見通しなく『縣外』發言」, 『琉球新報』, 2011.2.13.

70) 「テロ危険, 環境面も課題 (…) 移設案QIP工法」, 『讀賣新聞』, 2010.4.29.

71) 「『公約違反』怒り發火くい打ち案政府手法を市民批判」, 『沖繩タイムス』, 2009.4.29.

72) 「編集長インタビュー——福島みずほ前大臣 鳩山由紀夫・小澤一郎・菅直人を語る」, 『週刊金曜日』, 2010.6.18, 14면.

73) 山口正紀 「〔メディア一撃〕〈ハトをサギにさせた〉大手メディアの『日米同盟不可侵』報道」, 『週刊金曜日』, 2010.6.11.

74) 방위부대신 나가시마 아끼히사의 언급, John Brinsley and Sachiko Sakamaki, "US base to Stay on Okinawa, Japanese Official Says," *Bloomberg*, 2010.3.2에서 인용.

75) "Few Futenma Choices Left for Hatoyama," *Asahi Shimbun*, 2010.4.26.

76) 「普天間移設 首相が沖繩訪問 縣内・德之島案を表明 名護市長は拒否」, 『讀賣新聞』, 2010.5.5.

77) 「首相 邊野古提示 安全な裏切り『住民を振り回した揚げ句に』『頭越し』に怒号」, 『琉球新報』, 2010.5.24.

78) 「邊野古移設, 閣議決定 拒否の福島氏を罷免 鳩山首相謝罪『沖繩傷つけた』普天間」, 『朝日新聞』, 2010.5.29.

79) 「鳩山前首相一問一答 見通しなく『縣外』發言」, 『琉球新報』, 2011.2.13. 이에 대한 분석은 Satoko Norimatsu, "Hatoyama's Confession: The Myth of Deterrence and the Failure to Move a Marine Base Outside Okinawa," *The Asia-Pacific Journal: Japan Focus*, 2011.2.13, http://www.japanfocus.org/-Norimatsu-Satoko/3495.

80) 「"面從腹背"に敗北『縣外』指示 抵抗『押し返せず』」, 『琉球新報』, 2011.2.13.

81) 孫崎享『戰後史の正體 1945-2012』, 創元社 2012, 354~59면.

82) 「抑止力は方便 鳩山前首相發言の波紋 下」, 『琉球新報』, 2011.2.17.

83) 篠原一「トランジション第二幕へ」, 『世界』2010년 11월호, 91면.

84) 松元剛「特別評論 鳩山『方便』發言が問うもの 檢證すべきは抑止力 政局の陰で埋没する核心」, 『琉球新報』, 2011.2.18.

7장_선거와 민주주의

1) 大田昌秀『こんな沖繩に誰がした 普天間移設問題 —— 最善·最短の解決策』, 同時代社 2010, 127~29면; 라이샤워와 육군 고관들의 회의록(Record Number 79651) Memorandum of Conversation, "U.S. Policy in the Ryukyu Islands," 1965.7.16, reproduced at U.S. National Archives, http://japanfocus.org/data/USJapan_record_no._79651.pdf. 8~9면에 선거 개입에 관한 내용이 적혀 있다.

2) 「公文書の記錄USCAR時代 7 主席公選と西銘支援 / 米も關與し資金提供」, 『琉球新報』, 2000.7.16.

3) 같은 글 119~29면 및 다음의 자료를 보라. 眞喜志好一「SACO合意のからくりを暴く」, 眞喜志好一 他『沖繩はもうだまされない 基地新設 = SACO合意のからくりを擊つ』, 高文硏 2000, 52~53면.

4) 大田昌秀『代理署名裁判 沖繩縣知事證言』, ニライ社 1996, 114면. 오오따의 구상에 대한 비판적인 의견으로는 아라사키 모리테루『오키나와 현대사』, 199~201면.

5) 오오따 전 지사는 대리서명 거부의 진정한 이유는 '나이 보고서'였다고 2010.3.11에 방송된 인터뷰 'ビデオニュース·ドットコム'에서 밝혔다.

6) 1971년에 제정되었으며, 정식 명칭은 '오끼나와에 있어서 공용지 등의 잠정사용에 관한 법률'(1971년 법률 제132호). "이 법률에 따르면, 미군지배하에서 공용지(사실상 군용지)로 사용되고 있던 토지는 소유자의 의사가 어떠한가와 상관없이, 복귀 후 5년간은 공용지(군용지)로 사용하는 것이 가능"했다. 아라사키 모리테루『오키나와 현대사』, 75~77면.

7) 1952년에 제정되었으며, 정식 명칭은 '일본국과 아메리카합중국과의 사이의 안전보장조약 제3조에 근거한 행정협정의 실시에 따른 토지 등의 사용 등에 관한 특별조치법'(1952.5.15, 법률 제140호).

8) 아라사키 모리테루『오키나와 현대사』, 43면.

9) 같은 책 114~16면.

10) 같은 책 159면.

11) 같은 책 194~95면, 205~6면.

12) 같은 책 194면. 미군용지 강제사용 문제의 경위에 대해서는 같은 책 32~37, 43, 66~68, 75~77, 92~93, 99~100, 114~17, 148, 161~62, 183~88, 215~20, 237면 참조.

13) Koji Taira, "The Okinawan Charade: The United States, Japan and Okinawa: Conflict and Compromise, 1995 – 96"(working paper), Japan Policy Research Institute, University of San Francisco Center for the Pacific Rim, 1997.1, http://www.jpri.org/publications/workingpapers/wp28.html; 「あす最高裁判決 代理署名訴訟」, 『琉球新報』, 1996.8.27.

14) 최고재판소에서의 오오따의 증언과 판결문에 대해서는 Masahide Ota, "Governor Ota at the Supreme Court of Japan," *Okinawa: Cold War Island*, ed. Chalmers Johnson, Cardiff: Japan Policy Research Institute 1999; 「代理署名訴訟 縣の敗訴確定」, 『琉球新報』, 1996.8.29. 최고재판소에서 행한 오오따의 전체 증언은 大田昌秀 『代理署名裁判』에 게재되어 있다. 판결문은 http://www.courts.go.jp/hanrei/pdf/js_20100319121011226899.pdf.

15) 오오따의 선택 배경에 대해서는 Julia Yonetani, "Making History from Japan's Margins — Ota Masahide and Okinawa"(dissertation), Australian National University 2002.

16) Koji Taira, "Okinawa's Choice: Independence or Subordination," *Okinawa: Cold War Island*, 175면; 「改正特措法が成立, 13施設の繼續使用へ」, 『琉球新報』, 1997.4.18.

17) 아라사키 모리테루 『오키나와 현대사』, 219면.

18) 「普天間基地を全面返還」, 『沖繩タイムス』, 1996.4.13; 「橋本內閣総理大臣及びモンデール駐日米國大使共同記者會見」, 1996.4.12, http://www.kantei.go.jp/jp/jasimotosouri/speech/1996/kisya-0515-1.html; 大田縣政八年を記錄する會 『沖繩平和と自立への闘い — 寫眞と語錄で見る大田知事の二九九〇日』, 大田縣政八年を記錄する會 1999, 115면.

19) 池田外務大臣 他 「SACO最終報告(假譯)」, 1996.12.2, http://www.mofa.go.jp/mofaj/area/usa/hosho/saco.html.

20) 宮城康博 『沖繩ラプソディ — 〈地方自治の本旨〉を求めて』, 御茶の水書房 2008, 15~17면.

21) 「海上基地反對が過半數」, 『琉球新報』, 1997.12.22; Chalmers Johnson, "The Heliport, Nago, and the End of the Ota Era," Okinawa: Cold War Island, ed. Chalmers Johnson, Cardiff: Japan Policy Research Institute 1999, 219~20면.

22) 「市長が海上基地を受け入れを表明」, 『琉球新報』, 1997.12.25; 「比嘉市長が辭表提出」, 『琉球新報』, 1997.12.26.

23) 宮城康博『沖縄ラプソディ』, 18~19면.

24) 저자(노리마쯔 사또꼬)와 우라시마 에쯔꼬의 2012.9.18 이메일 인터뷰에서.

25) 伊田浩之「歪められた沖縄の民意 官房機密費約3億円が沖縄知事選に流れ込んだ證據」,『週刊金曜日』, 2010.10.22, 20면.

26)「『沖縄知事選に官房機密費3億円』初證言」, TBS, News23クロス, 2010.7.21;「『知事選に機密費?』双方, 納得いく説明を」,『沖縄タイムス』, 2010.7.23.

27)「〔知事選に機密費?〕双方, 納得いく説明を」,『沖縄タイムス』, 2010.7.23.

28) 宮本憲一「『沖縄政策』の評價と展望」, 宮本憲一・川瀬光義 編『沖縄論——平和・環境・自治の島へ』第1章, 岩波書店 2010.

29) 島袋純「沖縄の自治の未來」, 같은 책 제10장. 시마다간담회사업과 북부진흥사업의 실태와 그에 대한 비판은 宮城康博『沖縄ラプソディ』, 74~82, 91~94, 188~96면을 참조.

30) 川瀬光義「基地維持財政政策の變貌と歸結」, 宮本憲一・川瀬光義 編『沖縄論』第3章.

31) 저자(노리마쯔 사또꼬)와의 2010.12.20 인터뷰에서.

32) 高良倉吉・大城常夫・眞榮城守定「アジア・パシフィック・アジェンダ・プロジェクト 第4回 APAPフォーラム 沖縄フォーラム『沖縄イニシアティブ』のために——アジア太平洋地域の中で沖縄が果たすべき可能性について」, http://www.jcie.or.jp/japan/gt_apap/99-takara.htm. 이에 대한 비판・검증으로는『오끼나와타임스』가 2000년 6월에 게재한「沖縄イニシアティブを讀む」시리즈에 오끼나와의 지식인들(新妻智之, 比屋根照夫, 宮城康博, 川満信一, 石原昌家, 仲里効)이 기고한 글을 참조할 수 있다.

33) "Prime Minister's Commission on Japan's Goals in the 21st Century," First Sub-Committee, "Japan's Place in the World," 1999.7.28. 타까라의 입장에 대해서는「基地の存在積極評價 日本・アジア結ぶ據點に」,『朝日新聞』, 2000.5.15 및『沖縄タイムス』, 2000.5.24~25의 타까라의 기고문을 참조.

34) 다음의 자료를 보라. Julia Yonetani, "Making History"; Julia Yonetani, "Contested Memories;" 및 Julia Yonetani, "Future 'Assets' but What Price? The Okinawa Initiative Debate," *Islands of Discontent: Okinawan Responses to Japanese and American Power*, ed. Laura Hein and Mark Selden, Lanham: Rowman&Littlefield 2003.

35) 아라사키 모리테루『오키나와 현대사』, 238면.

36)「「沖縄の先生は共産支配」/森自民幹事長が批判」,『琉球新報』, 2000.3.23.

37) Julia Yonetani, "Playing Base Politics in a Global Strategic Theater: Futenma Relocation, the G-8 Summit, and Okinawa," *Critical Asian Studies* 33, no.1, 2001, 84면.

38) 大澤眞幸「普遍的な公共性はいかにして可能か」,『世界』2000년 8월호, 151, 158면.

39) 沖縄から平和を呼びかける4・17集會參加者一同「沖繩民衆平和宣言」, http://www. jca.apc.org/HHK/Appeals/000417.html.

40) 「平和實現求め「人間の鎖」嘉手納基地包圍行動」, 『琉球新報』, 2000.7.21.

41) 川瀬光義「基地維持財政政策の變貌と歸結」, 86~87면.

42) 「普天間飛行場代替, 縣內移設反對68%」, 『沖繩タイムス』, 2009.5.14.

43) 「邊野古基地建設中止を 米國務長官來日での声明 縣內學識者『新政權の對應期待』」, 『沖繩タイムス』, 2009.2.17.

44) 「縣議會, 普天間『國外・縣外移設求める』意見書可決」, 『沖繩タイムス』, 2010.2.24.

45) 「全首長縣內拒否 普天間縣外撤去の潮時」, 『琉球新報』, 2010.3.1; 「縣市長會議縣內反對決議 全會一致 國に直接要請へ」, 『沖繩タイムス』, 2010.4.6.

46) 翁長雄志「【インタビュー】沖繩は『友愛』の外なのか」, 『世界』 2010년 2월호, 152면.

47) 「稻嶺氏やや先行 島袋氏猛追 琉球新報・OTV世論調查」, 『琉球新報』, 2010.1.19.

48) 옮긴이 주: 에이사아는 오끼나와 본도의 백중맞이 축제(盆踊り)인 에이사아봉오도리를 이끄는 젊은이들의 행진대열 및 춤을 뜻하는 말이다. 음력 7월 15일부터 우란분(盂蘭盆)의 마지막 날 동이 틀 때까지 열리는 에이사아봉오도리 때는 축제복을 입은 젊은이들이 북을 반주로 하여 노래를 부르고 춤을 추면서 마을을 돌아다닌다.

49) 浦島悅子『名護の選擇 海にも陸にも基地はいらない』, インパクト出版會 2010, 112~13면.

50) 같은 책 103면.

51) 「〔平野長官發言〕縣民の心もてあそぶな」, 『沖繩タイムス』, 2010.1.28.

52) 「"Unacceptable and Unendurable": Local Okinawa Mayor Says NO to US Marine Base Plan, 稻嶺進名護市長インタビュー:沖繩への過重負擔は『許容の範囲, 受忍の範囲を通り越している』」, http://peacephilosophy.blogspot.ca/2011/10/unacceptable-and-unendurable-local.html; Miyagi Yasuhiro and Inamine Susumu, "'Unacceptable and Unendurable': Local Okinawa Mayor Says NO to US Marine Base Plan," The Asia-Pacific Journal: Japan Focus, 2011.10.17, http://japanfocus.org/-Miyagi-Yasuhiro/3618.

53) 「名護市長『再編交付金なくても大丈夫』良好な財政狀況アピール」, 『琉球新報』, 2011.2.8.

54) 「『國外, 縣外へ』90%普天間移設本紙緊急世論調查昨秋より26ポイント上昇『グアムなど海外』71%」, 『沖繩タイムス』, 2010.4.20.

55) Medoruma Shun, "Nago shigikai senkyo," Uminari no shima kara, 2010.9.6, http://blog.goo.ne.jp/awamori777/e/763baeb3560503c4f1f5f7181352be7a.

56) Gavan McCormack, Manabu Sato, and Etsuko Urashima, "The Nago Mayoral

Election and Okinawa's Search for a Way beyond Bases and Dependence," *The Asia-Pacific Journal: Japan Focus*, 2006.2.16, http://japanfocus.org/-Etsuko-Urashima/1592.

57) 〔續「アメとムチ」の構圖·砂上の邊野古回歸〕(11)「分收金の影響『基地容認』の素地に 行政委に權限集中」,『沖繩タイムス』, 2010.8.1; 〔續「アメとムチ」の構圖·砂上の邊野古回歸〕(12)「『默認』の背景過半世帶が軍用地主分收金の恩惠共有」,『沖繩タイムス』, 2010.8.2.

58) 옮긴이 주: 하아레에대회는 바다에서의 안전과 건강을 기원할 목적으로 매년 열리는 축제이며, 10여명이 한 팀을 이뤄 배를 타고 노를 저어 반환점을 돌아오는 경기를 펼친다.

59) 〔續「アメとムチ」の構圖·砂上の邊野古回歸〕(21)「國策の果實巨額の金日常に浸透かすむ自助の誇り」,『沖繩タイムス』, 2010.8.20.

60)「『陸上案に反對を』名護軍用地主契約拒否訴え」,『沖繩タイムス』, 2010.3.28.

61) 〔續「アメトムチ」の構圖·砂上の邊野古回歸〕(1)「反發封じ條件鬪爭容認決議急いだ 區行政委」,『沖繩タイムス』, 2010.7.16.

62) 〔續「アメとムチ」の構圖·砂上の邊野古回歸〕(16)「嘉手納方式埋め立てて市有地化地元が潤う仕組み」,『沖繩タイムス』, 2010.8.9.

63) 〔續「アメとムチ」の構圖·砂上の邊野古回歸〕(9)「賛否兩派地元分斷の惡夢再び3區の對應に濃淡」,『沖繩タイムス』, 2010.7.30.

64) 知念淸張「名護市長選擧一つになった民意」,『世界』2010년 3월호, 24면.

65) 옮긴이 주: 에도시대에 그리스도교도를 색출하기 위해 밟도록 했던 예수나 마리아상 등을 새긴 널쪽.

66) 目取眞俊「名護市議會選擧」,『海鳴りの島から』, 2010.9.6, http://blog.goo.ne.jp/awamori777/e/763baeb3560503c4f1f5f7181352be7a.

67) 〔一票の舞台裏·2010統一地方選〕(1)「名護市議會 普天間 過半獲得が鍵」,『沖繩タイムス』, 2010.8.26.

68)「"2方面交涉"に批判移設容認派と密會重ねる前原氏」,『琉球新報』, 2010.8.19.

69)「沖繩防衛局長の更迭不可避=名護市の選擧でも『講話』―自公, 防衛相の責任追及」,『時事通信』, 2010.2.1.

70)「名護市議選, 普天間移設反對の市長派が勝利」,『讀賣新聞』, 2010.9.13.

71)「邊野古移設方針變わらない 仙谷官房長官」,『琉球新報』, 2010.9.13.

72)「Nago's Voice Turned Away in Tokyo: "No Sincerity in the Government" 名護市の声を屈辱の門前払い」, Peace Philosophy Centre, 2010.11.8, http://peacephilosophy.blogspot.ca/2010/11/nagos-demand-turned-away-in-tokyo-no.html.

73) 「『全國に自分の考え申し上げる』知事, 4·25縣民大會出席を表明」, 『琉球新報』, 2010.4.23; 「『普天間』は國外·縣外へ4·25縣民大會, 9萬人が參加」, 『琉球新報』, 2010.4.25.

74) 「『普天間』縣内ノ― 9萬人超決意固く」, 『琉球新報』, 2010.4.26.

75) 「普天間移設, 沖繩知事選にらみ政府, あいまい化戰略 結論先送り狙いI字案」, 『朝日新聞』, 2010.8.8.

76) 「邊野古報告書實現不能な空證文日米合意の破綻明らか」, 『琉球新報』, 2010.9.2.

77) 「仲井眞知事縣外移設投票求知事選へ轉換政府配慮も」, 『琉球新報』, 2010.9.29.

78) 「民主, 沖繩知事選自主投票へ」, 『讀賣新聞』, 2010.10.1.

79) 渡邊豪 「『自發的隷從』の呪縛を斷ち切る沖繩――不可逆な地殼變動に目を向けよ」, 『世界』 2010년 12월호, 51면.

80) 「政府, 機密費投入否定せず 次期知事選, 名護市議選で」, 『琉球新報』, 2010.8.21.

81) 「沖繩知事選 伊波氏大健鬪 縣内移設反對 縣民總意搖るがず 運動は續く」, 『しんぶん赤旗』, 2010.11.30.

82) 「仲井眞氏『縣外』貫く知事再選で會見普天間『縣内はない』振興策引き換え應じず」, 『沖繩タイムス』, 2010.11.30.

83) 「縣民の思い踏まえて仕事仲井眞さん「氣力沸々」知事再選, 分刻み奔走」, 『琉球新報』, 2010.11.30.

84) 目取眞俊 「オスプレイ配備反對縣民大會を前に」, 『海鳴りの島から』, 2010.9.7, http://blog.goo.ne.jp/awamori777/e/553abc24d8c3ecf0311097cffeae5e16.

85) 옮긴이 주: 개산요구(槪算要求)는 국가의 예산편성 시기에 각 관청이나 지자체가 8월 말까지 재무대신에게 차기 회계연도의 세출 등의 견적서류를 제출하는 것을 말한다.

86) 「〔縣民大會不參加〕豫算と取引したのか」, 『沖繩タイムス』, 2012.9.8.

87) 「知事欠席歷史の批判に耐え得るか」, 『琉球新報』, 2012.9.8.

88) 前泊博盛 「『基地依存經濟』という神話――米軍基地は沖繩經濟を蝕むパラサイト」, 『世界』 2010년 2월호, 203, 207면; 眞喜屋美樹 「米軍基地の利用開發の檢證」, 宮本憲一·川瀨光義 編 『沖繩論』 제6장도 참조.

89) 「オスプレイ拒否10萬3千人結集強固な意志發信」, 『琉球新報』, 2012.9.10.

90) 「縣議選野黨·中道が過半數, 仲井眞縣政に打撃」, 『琉球新報』, 2012.6.11.

91) "Okinawa Governor Denies a Japan-US Deal on US Military Realignment Package," *Ryukyu Shimpo*, 2011.9.26.

1) 「Voice of Takae──沖繩縣東村高江で起きていること」, 2012.7.13, http://nohelipadtakae.org/takaebreau/VoT2012july.pdf.

2) 沖繩縣, 自然環境の保全に關する方針, 「沿岸域における自然環境の保全に關する指針(沖繩島編)」 瀨嵩, http://www.pref.okinawa.jp/okinawa_kankyo/shizen_hogo/hozen_chiiki/shishin/okinawatou_umi_karte/okinaw a_umi_kartel4.html.

3) 좀더 자세한 내용은 다음을 보라. "Citizens' Network for Biological Diversity in Okinawa, Call for Your Attention and Action Protect Yanbaru Forest and Local Community from Helipad Construction," 2011.2.16, http://okinawabd.ti-da.net/e3264329.html; ジュゴン保護キャンペーンセンター(SDCC)「SDCCとは」, http://www.sdcc.jp/sdcc/sdcc2010.html.

4) 環境省「平成24年8月28日第4次レッドリストの公表について(お知らせ)」, http://www.env.go.jp/press/press.php?serial=15619.

5) 「アオサンゴが絶滅危懼種に國際自然保護連合」, 『共同通信』, 2008.10.2.

6) IUCN Red List Category, http://www.iucn.jp/species/redlist/redlistcategory.html.

7) IUCN Dugong of Red List, "Dugong dugong." http://www.iucnredlist.org/details/6090/0; "Heliopora coerulea," http://www.iucnredlist.org/details/133193/0.

8) 「大浦湾に36新種エビ·カニ類, 縣に保全働き掛けへ」, 『琉球新報』, 2009.11.25.

9) 「邊野古に新種? 海藻4種『埋め立てれば絶滅の恐れ』」, 『朝日新聞』, 2010.7.16.

10) 「沖繩·邊野古の海, 貝の樂園日本自然保護協會, 國連地球生きもの會議で報告へ」, 『朝日新聞』, 2010.9.29. 또한 다음을 참조하라. 日本自然保護協會『邊野古緊急合同調査レポート(速報)──生物多樣性豊かな邊野古の海』, 2010.9.28, http://www.nacsj.or.jp/katsudo/henoko/pdf/20101004henoko_report_ver3.pdf.

11) 「國立公園指定世界自然遺産のステップに」, 『琉球新報』, 2010.10.6.

12) 伊波義安「〔論壇〕伊波義安縣營林道計畵は中止をやんばるの森繼承は責務」, 『沖繩タイムス』, 2009.2.27.

13) 「狙われた海──沖繩·大浦湾 幻の軍港計畵50年」, 『琉球朝日放送』, 2009.10.4.

14) 阿部小涼「繰り返し變わる──沖繩における直接行動の現在進行形」, 『政策科學·國際關係論集』第13号, 琉球大學法文學部 2011.

15) 헤노꼬, 오오우라 만, 얀바루 숲, 아와세 갯벌 등의 풍부한 자연에 대한 기지 건설이나 개발 위협에 대한 상세한 설명은 『小さな島々沖繩の大きな宝──琉球諸島の生物多樣性とその保全』, 沖繩·生物多樣性市民ネットワーク發行 2010을 참조.

16) 櫻井國俊「環境問題から看た沖繩」, 宮本憲一·川瀨光義 編『沖繩論──平和·環境·自

治の島へ』第4章, 岩波書店 2010, 108면.

17) 같은 글 112면.

18) 이하의 환경영향평가의 절차에 대한 기술은 다음의 자료에 근거하고 있다. 環境省『環境アセスメント制度のあらまし(パンフレット)』, 2012.2, 環境影響評價法 (1997.6.13, 법률 제81호), http:// law.e-gov.go.jp/htmldata/H09/H09H0081.html

19) 眞喜志好一「5. 環境アセス法違反の邊野古·高江計畵」, 『No More Bases in Okinawa』, http://www.ryukyu.ne.jp/~maxi/sub5.html.

20) 櫻井國俊「環境問題から看た沖縄」, 121~23면.

21) 예컨대「海自動員可能性を示唆邊野古事前調査で官房長官」, 『琉球新報』, 2007.5.11.

22) 眞喜志好一「5. 環境アセス法違反の邊野古·高江計畵」.

23) 菊野由美子「邊野古の氣持ち」, *Peace Philosophy Centre*, 2010.1.21, http:// peacephilosophy.blogspot.jp/2010/01/emotions-of-henoko-yumiko-kikuno.html.

24) 2009년 12월 25일, 저자인 노리마쯔 사또꼬와 동료인 키꾸노 유미꼬(菊野由美子)가 헤노꼬 텐트촌을 방문하여 토오야마 사까에의 이야기를 듣고 키꾸노가 정리한 기사가「邊野古の氣持ち」이며, 노리마쯔와 키꾸노에 의한 영역본이 *The Asia-Pacific Journal: Japan Focus*에 게재된 것이 "Henoko, Okinawa: Inside the Sit-In," http://www.japanfocus.org/-Kikuno-Yumiko/3306이다. 이 기사는 미국의 *History Network, G-Communication* 등 저명한 인터넷언론에 재게재되었다. 토오야마 사까에는 2010년 12월 5일에 영면했다.

25) 櫻井國俊「環境問題から看た沖縄」, 122~23면.

26) 浦島悦子『名護の選擇』, 46~47면.

27) 같은 책 52면. 우라시마의 의견서 요약은 53~57면을 참조. WWF Japan의 의견서는「普天間飛行場代替施設建設事業に係る環境影響評價準備書に對する意見書」, 2009.5.13, http://www.wwf.or.jp/activities/2009/05/611813.html.

28) 浦島悦子『名護の選擇』, 48~49면.

29) 浦島悦子「沖縄·やんばる·風の便り(10)いくさ世は續く」, 『インパクション』170, 2009.8, 137면.

30) 옮긴이 주: 아리노또우구사는 한국에서는 개미탑으로 불린다. '나가바아리노또우구사(ナガバアリノトウグサ)'는 그 근친종으로 학명은 *Haloragis chinensis*다. 오끼나와 본도, 이제나지마(伊是名島) 등 일부 지역에서만 발견되고 있다.

31) 浦島悦子『名護の選擇』, 62~66면.

32) ヘリ基地反對協議會「邊野古·違法アセス訴訟」, http://www.mco.ne.jp/~herikiti/ justice/html; 浦島悦子『名護の選擇』, 57~62면.

33) 田村ゆかり「邊野古·違法アセス訴訟の内容と進行について」, 『命の海邊野古違法ア

セス訴訟原告團通信』, 2011.12.28.

34)「普天間アセス手續きの妥當性示す訴訟に」,『琉球新報』, 2009.8.20.

35) 田村ゆかり「邊野古・違法アセス訴訟の內容と進行について」, 金高望「邊野古・違法アセス糾彈訴訟」, http://www.mco.ne.jp/~herikiti/img/2009-0807-slide.pdf.

36) 田村ゆかり「邊野古・違法アセス訴訟の內容と進行について」.

37)「邊野古アセス訴訟結審 來年2月20日判決」,『琉球新報』, 2010.7.19.

38)「邊野古アセス訴訟『命守る声の機會奪う』專門家ら證人尋問 オスプレイ"後出し"批判」,『琉球新報』, 2012.2.2.

39) 옮긴이 주: 2013년 2월 20일, 나하 지방재판소는 판결을 통해 위법성 확인 청구에 대해 판단을 내리지 않고 기각했으며, 국민의 의견진술권에 대해서는 개별구체적인 권리가 아니라며 청구를 기각했다(http://ryukyushimpo.jp/news/storyid-203048-storytopic-53.html). 판결문과 판결요지, 시민단체의 항의성명은 이곳(http://www.mco.ne.jp/~herikiti/justice.html)에서 볼 수 있다.

40) Hideki Yoshikawa, "Dugong Swimming in Uncharted Waters: US Judicial Intervention to Protect Okinawa's "Natural Monuments" and Halt Base Construction," *The Asia-Pacific Journal: Japan Focus*, 2009.2.7, http://www.japanfocus.org/-Hideki-YOSHIKAWA/3044. 이 소송의 국제적 의의에 대해서는 河村雅美「〈邊野古アセス〉審査會への意見」,『沖繩・生物多樣性市民ネットのブログ』, 2012.1.18, http://okinawabd.ti-da.net/e3770931.html.

41)「〔ニュース近景遠景〕普天間移設へ影響必至沖繩ジュゴン訴訟判決米國防總省にアセス要求識者「基地使用禁止も」, 連邦地裁『違法』嚴しく批判」,『沖繩タイムス』, 2008.1.26.

42) Hideki Yoshikawa, "Dugong Swimming in Uncharted Waters."

43) 櫻井國俊「櫻井國俊──普天間『代替施設』邊野古アセスメントにおけるジュゴン評價の『致命的欠陷』」, Peace Philosophy Centre, 2011.12.30, http://peacephilosophy. blogspot.ca/2011/12/blog-post_30.html; 영문판은 Gavan McCormack, Kunitoshi Sakurai, and Etsuko Urashima, "Okinawa, New Year 2012: Tokyo's Year End Surprise Attack," *The Asia-Pacific Journal: Japan Focus*, 2012.1.7, http://japanfocus. org/-Urashima-Etsuko/3673.

44) Hideki Yoshikawa, "Dugong Swimming in Uncharted Waters."

45)「アセス審, 再調查要求普天間移設『豫測・評價が不十分』知事に答申縣『十分に尊重』」,『沖繩タイムス』, 2009.10.3;「縣環境審が普天間アセスで答申ジュゴンで再調查求める」,『琉球新報』, 2009.10.2.

46)「アセス知事意見『縣外ベスト』有言實行を」,『琉球新報』, 2009.10.14;「〔知事意見〕ベ

ストを選択するときだ」,『沖繩タイムス』, 2009.10.14.

47) 宮城康博「曳かれ者の小唄」,『なごなぐ雑記』, 2010.6.14, http://miyagi.no-blog.jp/nago/2010/06/post_53a0.html.

48) 「名護に再編交付金なし 09・10年度分16億円 防衛省方針「普天間」移設拒否で」,『沖繩タイムス』, 2010.12.24.

49) 「防衛省, 名護市に異議申し立て普天間移設現況調査拒否で」,『琉球新報』, 2011.1.29.

50) Gavan McCormack, Satoko Norimatsu, and Mark Selden "New Year 2011, Okinawa and the Future of East Asia," *The Asia-Pacific Journal: Japan Focus*, 2011.1.10, http://japanfocus.org/-satoko-Norimatsu/3468.

51) 옮긴이 주: 마쯔시따 정경숙(The Matsushita Institute of Government and Management)은 마쯔시따 전기산업(현재의 파나소닉)의 창업자인 마쯔시따 코노스께에 의해 1979년에 설립된 정치학원으로, 국회의원이나 지방의원 등의 정치인, 재계 임원, 언론인, 대학교수 등 엘리뜨를 배출하고 있다.

52) 「邊野古移設へ, 野田政權じわりアセス評價書, 沖繩縣に年內提出の方針」,『朝日新聞』, 2011.10.18.

53) 〈透視鏡〉評價書年內提出「進展」へ焦る政府來年6月にも埋め立て申請知事は「拒否」示唆」,『琉球新報』, 2011.10.18.

54) 「普天間進展, 窮余の演出沖繩反發で道筋なし米, 議會恐れ成果重視國防長官來日」,『朝日新聞』, 2011.10.26.

55) 이 건에 대해서는 저자인 노리마쯔 사또꼬가 *Peace Philosophy Centre*에 게재한 일련의 논문을 참조. 「野田オバマ會談報道はおかしい」, 2011.9.23, http://peacephilosophy.blogspot.ca/2011/09/blog-post_23.html; 「日米會談オバマ發言とされたものを野田が否定」, 2011.9.24, http://peacephilosophy.blogspot.ca/2011/09/blog-post_24.html; 「野田オバマ會談報道はおかしいその後」, 2011.9.27, http://peacephilosophy.blogspot.ca/2011/09/blog-post_27.html. 노리마쯔는 '미국의 압력'이 언론에서 과장되어온 사례들을 추적해왔다. 다음의 글도 참조하라. 「普天間問題, 日米關係關連『報道への疑問』過去投稿リスト」, *Peace Philosophy Centre*, 2011.9.24, http://peacephilosophy.blogspot.ca/2011/09/peacephilosophy-media-criticisim-by.html.

56) 「稻嶺, 大田氏ら贊同表明縣議會『評價書斷念』意見書」,『琉球新報』, 2012.12.20.

57) 「知事防衛相會談大臣は米國のご用聞きか」,『琉球新報』, 2011.10.18.

58) 연말까지 이어진 시민들의 평가서 반입 저지행동에 대해서는 浦島悅子「邊野古アセス評價書, 防衛局が未明の『奇襲』稻嶺名護市長『あきれてものが言えない』」, *Peace Philosophy Centre*, 2012.1.6, http://peacephilosophy.blogspot.jp/2012/01/blog-post.

html.

59) 櫻井國俊「櫻井國俊──普天間『代替施設』邊野古アセスメントにおけるジュゴン評價の『致命的欠陷』」.

60) 島津康男(環境アセスメント學會 전 회장)의 언급. 「〔普天間アセス〕制度が骨抜きにされた」,『沖繩タイムス』, 2012.1.10.

61) 櫻井國俊「日本の未來を奪う邊野古違法アセス」,『世界』2012년 3월호, 21~23면.

62)「〔解說〕縣民の不信感集約アセス審最大限の主張」,『沖繩タイムス』, 2012.2.1.

63) 仲井眞弘多「普天間飛行場代替施設建設事業に係る環境影響評價書について──飛行場の設置の事業について」, 2012.2.20, http://www.pref.okinawa.lg.jp/site/kankyo/seisaku/hyoka/tetsuzuki/documents/iken-68.pdf; 仲井眞弘多「普天間飛行場代替施設建設事業に係る環境影響評價書に對する意見(公有水面の埋立ての事業)」, 2012.3.27, http://www.pref.okinawa.jp/kaigannbousai/umetate/tijiiken-umetate.pdf.

64)「アセス知事意見 記述內容 高く評價 名護市長『縣民の意見考慮』」,『琉球新報』, 2012.2.21.

65)「〈邊野古アセス〉防衛省·有識者研究會へ意見書を提出しました」,『沖繩·生物多樣性移民ネットのブログ』, 2012.9.20, http://okinawabd.ti-da.net/e4068813.html.

66)「邊野古アセス 防衛省天下り企業獨占總額86億円落札率99%も」,『しんぶん赤旗』, 2012.2.12.

67) 당시의 계획에서는 더 깊은 숲속 일곱곳에 헬리패드를 만들 예정이었지만, 예정지역이 얀바루 숲 가운데서도 '중핵이 되는 성역'이었기 때문에, 현지 주민뿐만 아니라 생물·생태학자를 포함한 시민들이 계획의 재검토를 요구하는 목소리를 높였고, 일시적으로 보류되었다. 그 사이에 방위시설국은 수면 아래서 계획의 재검토를 진행하면서 시민들의 비판에 대처했고, 당초의 예정 지역 가운데 오끼나와현의 '자연환경의 보전에 관한 지침'에서 '자연환경의 엄정한 보전을 기할 구역, 평가등급Ⅰ'로 지정된 구역은 모두 제외하고 '평가등급Ⅱ'로 지정된 구역도 가능한 한 제외하며, 헬리패드의 수도 일곱곳에서 여섯곳으로 줄이는 등의 수정을 가했다. 그 결과, 2006년 2월에 재부상한 계획에서는 예정지가 마을 근처가 되어 타까에 마을을 둘러싸는 형태가 되었다(우라시마 에쯔꼬 정보 제공).

68) 타까에의 상황에 대해서는 다음의 자료를 참조.「ヘリパッドいらない住民の會」,『Voice of Takae──沖繩縣東村高江で起きていること』, 2012.7.13, http://nohelipadtakae.org/takaebreau/VoT2012july.pdf;「沖繩から緊急の呼びかけ──ヤンバルの森と人々の暮らしを守ろう」,『沖繩·生物多樣性市民ネットのブログ』, 2011.2.16, http://okinawabd.ti-da.net/e3263392.html; 阿部小凉「繰り返し變わる」, 61~90면.

69) 『やんばる東村 高江の現状』, http://takae.i-da.net/.

70) 浦島悦子「これでもヤマトンチュウには聞こえないのか?」, 『自然と人間』, 2012년 10
월호.

71) 「ヘリパッドいらない住民の會」, 『前代未聞! 國が座り込み住民を訴える』, http://
nohelipadtakae.org/takaebreau/VoTadd-info2012july.pdf.

72) 浦島悦子『名護の選擇』, 92면.

73) 「ヘリパッドいらない住民の會」, 『前代未聞! 國が座り込み住民を訴える』.

74) 「防衛省住民提訴へ高江假處分, 通行妨害の是非争う」, 『琉球新報』, 2010.1.29.

75) 「住民1人に妨害禁止命令高江ヘリパッド」, 『琉球新報』, 2012.3.15.

76) 「高江SLAPP訴訟不當判決への抗議聲明」, 『Project Disagree 合意してないプロジェ
クト』, 2012.3.16, http://www.projectdisagree.org/2012/03/slapp.html.

77) 冷泉彰彦「オスプレイ配備問題は『腹藝』でいいのか」, 『ニューズウィーク日本版』(ブ
ログ), 2012.7.6, http://www.newsweekjapan.jp/reizei/2012/07/post-454.php.

78) 「朝鮮半島有事に成功 オスプレイ配備」, 『産經新聞』, 2012.7.1.

79) 2010년 4월에 아프가니스탄에서 네명이 사망한 사고까지, 오스프레이의 사고 연
표는 「オスプレイ傳達日本政府追い込まれ姿勢轉換」, 『琉球新報』, 2011.6.7을 참조.

80) 「オスプレイ事故, 5年で58件米軍資料で判明」, 『朝日新聞』, 2012.7.20.

81) "Corps IDs Morocco Osprey crash victims," *Marine Corps News*, 2012.4.13,
http://www.marinecorpstimes.com/news/2012/04/marine-corps0identifies-
morroco-osprey-crash-victims-041312/.

82) "Air Force Osprey crash at Florida base injures five," *CNN*, 2012.6.14, http://
www.cnn.com/2012/06/14/us/florida-osprey-crash/index/html.

83) 「オスプレイ, 米市街地に緊急着陸 機體から煙?」, 『産經新聞』, 2012.9.8.

84) Amanda Wilcox, "Neighbors say Osprey landing anything but 'precautionary',"
Stars and Stripes, 2012.9.8, http://www.stripes.com/news/marine-corps/neighbors-
say-osprey-landing-anything-but-precautionary-1.188633.

85) 「オスプレイ, 普天間配備を傳達 國, 縣へ正式に」, 『琉球新報』, 2011.6.7.

86) Maj. H. Torres, Jr., "MEMORANDUM FOR THE RECORD," 1996.10.23; 琉球
大學學術リポジトリ「東アジア多國間安全保障枠組創出のための研究——米軍プレゼン
スの態様」의 소장 자료「SACO Process, October 1996」, 335~36면; "The stationing
of V-22 Osprey aircraft has not yet been announced by GOJ. USFJ desires a release
of the information sooner"; Robert Y. Jelescheff, "Memo For Record, 26 Nov 96,
SUBJECT: Summary of Meeting: USFJ, MOFA, IDA, and ISO, 26 Nov 96"
1996.11.26; 같은 자료「SACO 〔ママ〕 Process, November 1996」, 433면, http://ir.lib.

u-ryukyu.ac.jp/bitstream/123456789/6967/19/gabe2_09.pdf.

87) (커트 캠벨이 의장을 맡고 있던) 10월 22일의 회의에서, 일본 측은 다음의 세가지 가능성을 제시했다. (1) 오스프레이에 대해 언급하지 않는다, (2) 오스프레이에 대해 언급한다, (3) 현재의 항공기용으로 건설하고, 후에 미국이 오스프레이 배치를 발표할 때 확장을 요청한다. 하지만 미국 측은 구체적인 회답을 회피했다. 같은 자료 「SACO Process, October 1996」, 336면.

88) "The SBF will be designed to support basing or helicopter and MV-22(Osprey) units." Final Report, Special Working Group on Futenma Air Station, Special Action Committee on Okinawa, as of 22 Nov; 0300 hours. 같은 자료 「SACO(ママ) Process, November 1996」, 436면.

89) A fax on "GOJ Input to Relocation of Futenma," 1996.11.27, 같은 자료 445, 449면.

90) "The SBF will absorb most of the helocopter operational function of Futenma Air Station and support basing helicopters currently being deployed at Futenma Air Station, a part of which is planned to be replaced by MV-22(Osprey) tilt-rotor aircraft units around the year 2003. [The SBF will accommodate [sic] this replacement without major change of its specifications.]" in "Report on the return of Futenma Air Station," provided by Mr. Takamizawa of JDA to USFJ/J3. 같은 자료, 445, 447면.

91) "GOJ has decided on the sea-based facility(SBF) option, and believes that Camp Schwab is the best location. USFJ believes this proposed location should be specified in the final report; GOJ in against announcement of exact location." Jelescheff, "Memo For Record." 같은 자료 433면.

92) 眞喜志好一「7. オスプレイ配備を隠す日本政府」, 『No More US Bases in Okinawa』, http://www.ryukyu.ne.jp/~maxi/sub7.html; 「『安全』繰り返す政府住民データ要求 日程終了なお疑問海上基地押し問答も 名護, 屋部で説明會」, 『沖繩タイムス』, 1997.11.19; EXECUTIVE REPORT DOD Functional Analysis and Concept of Operations for MCAS Futenma Relocation, Okinawa, Japan, 1997.9.7.

93) 「『安全』繰り返す政府 住民データ要求 日程終了 なお疑問 海上基地 押し問答も 名護 屋部で説明會」, 『沖繩タイムス』, 1997.11.19.

94) 眞喜志好一「7. オスプレイ配備を隠す日本政府」.

95) 「オスプレイ, 普天間配備を傳達 國, 縣へ正式に」, 『琉球新報』, 2011.6.7.

96) "Okinawa decries reported plans to locate Ospreys at Futenma," *The Stars and Stripes*, 2011.5.31, http://www.stripes.com/news/pacific/okinawa/okinawa-decries-reported-plans-to-locate-ospreys-at-futenma-1.145167.

97)「オスプレイ, 普天間配備を傳達 國, 縣へ正式に」,「〔オスプレイ配備〕ファクス1枚で通知か」,『沖繩タイムス』, 2011.6.8.

98)「國務次官補『米國の忍耐にも限界がある』米公電譯」,『朝日新聞』, 2011.5.9, http://www.asahi.com/special/wikileaks/TKY201105060402.html; Roos, Cabel 09TOKYO2369, "Managing Alliance Issues: A/S Campbell's," 2009.10.15, WikiLeaks, http://wikileaks.ch/cable/2009/10/09TOKYO2369.html.

99) Roos, Cable 09TOKYO2378, "A/S Campbell, GOJ Officials Discuss the History of(Realignment)" 2009.10.15, WikiLeaks, http://wikileaks.ch/cable/2009/10/09TOKYO2378.html;「中國めぐる有事に備え『滑走路3本必要』米公電譯」,『朝日新聞』, 2011.5.5.

100)「邊野古アセス訴訟證人尋問防衛省の高見澤氏, 具體的回答避ける」,『琉球新報』, 2012.3.5;「高見澤氏『隱蔽ない』アセスやり直し訴訟」,『琉球新報』, 2012.3.6.

101)「評價書全文判明オスプレイで惡化顯著, 低周波音や騷音影響」,『琉球新報』, 2012.1.8.

102)「オスプレイ配備:米本土と二重基準」,『沖繩タイムス』, 2011.6.9.

103) 絲數慶子「私たち沖繩縣民は, 日本國民なのですか」,『週刊金曜日』, 2012.10.5, 26~27면.

9장_동맹의 '심화': 칸 어젠다

1) 칸과 오자와의 논쟁에 대해서는 다음을 보라. Kentaro Kawaguchi, Kiichi Kaneko, and Hiroshi Ito, "Futenma Relocation Plan Stuck between a Rock and a Hard Place," *Asahi Shimbun*, 2010.9.2.

2) 다음의 사설에서 인용했다. "Futenma Relocation Plan," *Asahi Shimbun*, 2010.8.4.

3) "Kan and Ozawa Lock Horns on Key Policy Issues," *Asahi Shimbun*, 2010.9.4.

4) "Americans 'Simple-Minded,'" *Japan Times*, 2010.8.26.

5) Center for Strategic&International Studies, "Discussion 2: The Japan-U.S. Alliance at Fifty——Where Have We Been? Where Are We Heading?" Pacific Forum CSIS Conference: The Japan-U.S. Alliance at Fifty(Willard Intercontinental Hotel, Washington, D.C., 2010.1.11).

6)「グアム移轉 費用, 計畵とも無理がある」,『琉球新報』, 2010.8.29.

7) "As a long delay in the transfer could adversely affect the bilateral alliance, the Japanese government has not ruled out the possibility of shouldering the infrastructure-building costs." "US Says It Can't Repay Japan to Build

Infrastructures in Guam," *Associated Press*, 2010.8.27.

8) 「在沖繩米海兵隊 移轉促進へ「普天間」の前進を」, 『讀賣新聞』, 2010.8.4.

9) 「邊野古·普天間代替飛行經路は「楕円」米主張受け入れ」, 『琉球新報』, 2011.6.17.

10) "唯一の實現可能案", 다음의 기사에서 인용. 「米の轉換と惑う政府」, 『沖繩タイムス』, 2010.8.25.

11) US Department of Defense, "Futenma Replacement Facility Bilateral Experts Study Group Report," 2010.8.31, http://www.defense.gov/news/d20100831Futenma.pdf.

12) 다음의 자료에서 인용. Masami Ito, "Futenma Replacement Report Leaves Runway Question Open," *Japan Times*, 2010.9.1.

13) 「日米声明見直し要求 縣議會が全會一致」, 『琉球新報』, 2010.7.9; 영문판은 "Okinawa's Prefectural Assembly Calls for Revision of Japan-U.S. Agreement to Build a New Base in Okinawa," *Peace Philosophy Centre*, 2010.7.9, http://peacephilosophy.blogspot.com/2010/07/okinawas-prefectural-assembly-calls-for.html.

14) 「邊野古に自衛隊常駐普天間代替施設」, 『琉球新報』, 2010.8.26.

15) 「邊野古飛行經路で對立日本, 反發恐れ "隱蔽"」, 『琉球新報』, 2010.8.25.

16) Gavan McCormack, Satoko Norimatsu, and Mark Selden, "Okinawa and the Future of East Asia," *The Asia-Pacific Journal: Japan Focus* 9, no. 2, 2011, http://japanfocus.org/-Satoko-NORIMATSU2/3468.

17) 「防衛省, 名護市に異議申し立て普天間移設現況調査拒否で」, 『琉球新報』, 2011.1.29.

18) 「菅首相 — 仲井眞知事會談やりとり(要旨)」, 『琉球新報』, 2010.12.18.

19) 「縣内は「全部バッド」仲井眞知事, 縣外公約堅持を强調」, 『琉球新報』, 2010.12.18.

20) 「縣外移設へ實行計畵知事, 年度內にも作成」, 『沖繩タイムス』, 2010.12.29.

21) "Cabinet Polls at New Record Low of 15.8%," *Japan Times*, 2011.8.22. 하또야마 정권하에서도 지지율은 비슷하게 하락했는데, 2009년 9월에는 70% 이상의 지지율을 보이다가 2010년 5월에는 20% 부근으로 추락했던 것이다.

10장_동맹의 '심화': 워싱턴 어젠다

1) ジェラルド·カーティス 「日米關係の將來」, 『新·下田會議 — 激動する國際社會と日米戰略的パートナーシップの再構築』, バックグラウンドペーパー, 2011.2.22; Gerald Curtis, "Future Directions in US-Japan Relations," background paper for the "New Shimoda Conference — Revitalizing Japan-US Strategic Partnership for a Changing

World," 2011.2, http://www.jcie.org/researchpdfs/newshimoda/CurtisFinalE.pdf.

2) 外務省「日米首腦會談(槪要)」, 2010.9.23, http://www.mofa.go.jp/mofaj/area/usa/visit/1009_sk.html.

3) 防衛省·自衛隊「平成23年度以降に係る防衛計畵の大綱について」, 2010.12.17, http://www.mod.go.jp/j/approach/agenda/guideline/2011/taikou.pdf.

4)「中國軍增强緊迫の海/防衛大綱に對中戰略活動範圍, 太平洋に周邊諸國との摩擦增加」,『沖繩タイムス』, 2010.12.18. 또 다음을 참조. 前田哲男「民主黨政權は『專守防衛』を葬るのか─「新安保懇」報告書を檢證する」,『世界』 2010년 11월호, 113~20면.

5)「トモダチ作戰 日米同盟深化の重要な一步だ」,『讀賣新聞』, 2011.4.10.

6)「米軍救援活動に密着命がけ『トモダチ作戰』」,『産經新聞』, 2011.3.27.

7) Ryan Zielonka, "Chronology of Operation Tomodachi," National Bureau of Asian Research, http://www.nbr.org/research/activity.aspx?id=121.

8) Robert D. Eldridge(deputy assistant chief of staff at the community policy, planning and liaison office, G-5, of USMC Okinawa), "Quake Relief Effort Highlights a Vital US Military Function," *Japan Times*, 2011.3.31.

9) 같은 글.

10) クリントン國務長官 他「〈假譯〉日米安全保障協議委員會共同發表より深化し, 擴大する日米同盟に向けて:50年間のパートナーシップの基盤の上に」, 2011.6.21; Ministry of Foreign Affairs of Japan, "Japan-U.S. Security Consultative Committee(2+2)," 2011, http://www.mofa.go.jp/region/n-america/us/security/scc/index.html.

11)「日米安保合意同盟修復にはなったが」,『朝日新聞』, 2011.6.23.

12) クリントン國務長官 他「〈假譯〉日米安全保障協議委員會共同發表より深化し, 擴大する日米同盟に向けて:50年間のパートナーシップの基盤の上に」.

13) クリントン國務長官 他「〈假譯〉日米安全保障協議委員會文書在日米軍の再編の進展」, 2011.6.21, http://www.mod.go.jp/j/approach/anpo/201106_2plus2/js2_j.html.

14) クリントン國務長官 他「〈假譯〉日米安全保障協議委員會文書在日米軍の再編の進展」.

15) クリントン國務長官 他「〈假譯〉日米安全保障協議委員會共同發表より深化し, 擴大する日米同盟に向けて:50年間のパートナーシップの基盤の上に」.

16) クリントン國務長官 他「〈假譯〉日米安全保障協議委員會文書在日米軍の再編の進展」,『아사히신문』은 2011년 6월 23일의 사설「日米安保合意同盟修復にはなったが」에서 마게시마안에 대해 "현지의 반발이 강하며, 미군 재편의 새로운 불씨가 되는 것은 피할 수 없다"라고 평가하고 있다.

17)「災害對應で下地島空港利用基地負擔輕減部會で北澤氏が提案」,『琉球新報』,

2011.5.24.

18)「自衛隊配備容認せず下地島空港災害據點で」,『沖縄タイムス』, 2011.8.4.

19)「防衛相の通告むなしい民意無視の愚策」,『琉球新報』, 2011.6.14.

20) Hillary Rodham Clinton, "Remarks With Secretary of Defense Robert Gates; Japanese Foreign Minister Takeaki Matsumoto; and Japanese Defense Minister Toshimi Kitazawa After Their Meeting," U.S. Department of State, 2011.6.21, http://www.state.gov/secretary/rm/2011/06/166644.htm.

21) 防衛省・自衛隊「在日米軍駐留經費負擔の經緯」, http://www.mod.go.jp/j/approach/zaibeigun/us_keihi/keii.html.

22) 防衛省・自衛隊「在日米軍駐留經費負擔の推移」, http://www.mod.go.jp/j/approach/zaibeigun/us_keihi/suii_table_53-60.html.

23) 吉田健正『「軍事植民地」沖縄――日本本土との〈溫度差〉の正體』, 高文研 2007, 69~70면.

24) Department of Defense, "US Stationed Military Personnel and Bilateral Cost Sharing 2001 Dollars in Millions――2001 Exchange Rates," 2003.7, http://www.defense.gov/pubs/allied_contrib2003/chart_II-4.html.

25)「思いやり豫算『安いものだ』米高官が削減に反發」,『しんぶん赤旗』, 2010.3.19.

26)「『思いやり豫算』『增やせ』米が壓力」,『しんぶん赤旗』, 2010.7.29.

27) 防衛省「在日米軍駐留經費負擔の包括的な見直しの結果について」, 2010.12.14, http://www.mofa.go.jp/mofaj/area/usa/hosho/futanminaosi_101214.html.

28) 防衛省・自衛隊「在日米軍駐留經費負擔の推移(グラフ)」, http://www.mod.go.jp/j/approach/zaibeigun/us_keihi/suii_img.html.

29)「米軍『思いやり』鳩山政權自公より突出」,『しんぶん赤旗』, 2010.4.6.

30) 孫崎享『戰後史の正體 1945-2012』, 創元社 2012, 63~65면.

31) 外務省「在日米軍駐留經費負擔特別協定の署名」, 2011.1.21, http://www.mofa.go.jp/mofaj/press/release/23/1/0121_01.html.

32) 外務省「在日米軍駐留經費負擔特別協定の發効」, 2011.4.1, http://www.mofa.go.jp/mofaj/press/release/23/4/0401_02.html.

33) 2010년 12월 3일의 케빈 메어의 대화에 대해서는 다음을 보라.「メア氏講義メモ全文(English)」,『琉球新報』, 2011.3.8, http://ryukyushimpo.jp/news/storyid-174372-storytopic-231.html; "Anger Spreads over Kevin Maher's Derogatory Comments on Okinawans," *Peace Philosophy Centre*, 2011.3.8, http://peacephilosophy.blogspot.com/2011/03/anger-spreads-over-kevin-mahers.html.

34) Roxana Tiron, "US Defense Department Will Spend as Much as $80 million on

Aid to Japan," *Bloomberg News*, 2011.3.29.

35) 「メア日本部長發言錄全文」, 『沖繩タイムス』, 2011.3.8, http://www.okinawatimes. co.jp/article/2011-03-08_15192/.

36) 푸에르토리코인 관련 발언은 아메리카대학의 데이비드 바인에 의해 확인되었다. David Vine, "Smearing Japan," *Foreign Policy in Focus*, 2011.4.20, http://www.fpif. org/articles/smearing_japan.

37) 「〔メア氏舌禍〕信じられない侮辱發言(英文原文)」, 『沖繩タイムス』, 2011.3.7.

38) 「メア氏差別發言解任し米の認識改めよゆがんだ沖繩観を投影」, 『琉球新報』, 2011.3.8.

39) 「「ゆすり發言」更迭のメア元日本部長『事實でない』と猛反論『記者としてルール違反』」, 『産經新聞』, 2011.8.18.

40) 「あのメア元·日本部長, 更迭に不満で依願退職」, 『讀賣新聞』, 2011.4.7.

41) 「メア氏, 民間會社で核燃料問題を擔當」, 『沖繩タイムス』, 2011.5.12.

42) Maher, Cable 07NAHA89, "First USN Civilian Port Call in Okinawa A Sucess," 2007.6.27, WikiLeaks, http://www.wikileaks.ch/cable/2007/06/07NAHA89.html.

43) 「米軍と自治體協力 國會無視した官僚の先走り」, 『琉球新報』, 2011.6.16.

44) クリントン國務長官 他 〈假譯〉日米安全保障協議委員會文書 東日本大震災への對應における協力」, 2011.6.21, http://www.mofa.go.jp/mofaj/area/usa/hosho/pdfs/joint1106_03.pdf.

45) Nathan Hodge, "US Military Finds Lessons in Japan's Crisis," *The Wall Street Journal*, 2011.6.21.

46) Thom Shanker, "17 in U.S. Navy Treated for Contamination," *The New York Times*, 2011.3.14.

47) 「米軍, 福島原發80キロ圏內からの避難命令」, 『ウォール·ストリート·ジャーナル日本版』, 2011.3.17.

48) Nathan Hodge, "US Military Finds Lessons in Japan's Crisis"; 「米專門部隊『シーバーフ』が來日 原發對應で日米試行錯誤」, 『産經新聞』, 2011.4.3.

49) 「米特殊部隊と自衛隊が共同公開訓練──除染作業など」, 『ウォール·ストリート·ジャーナル日本版』, 2011.4.11.

50) 일례로는 「〔檢證·東日本大震災〕(1)原發危機 苛立つ米＝その1(連載)」, 『讀賣新聞』, 2011.4.10. 나가시마 아끼히사는 칸 총리에게 "미국 측에 정말로 좌절감이 쌓여 있다. 미일동맹이 심화되기는커녕 붕괴해버릴 것"이라고 호소했다고 한다.

51) 「海へ放水米, 3日前に內諾」, 『東京新聞』, 2012.4.8.

52) 「SPEEDI豫測と活用の時系列整理──言い譯は許されない」, *Peace Philosophy*

Centre, 2012.7.16, http://peacephilosophy.blogspot.ca/2012/07/blog-post_16.html.

53)「防衛相, 米空母訪問『心から感謝申し上げる』」,『讀賣新聞』, 2011.4.4.

54) Naoto Kan, "Japan's Road to Recovery and Rebirth," *Washington Post*, 2011.4.15; 首相官邸「菅総理によるワシントン・ポスト紙への寄稿(假譯)」, 2011.4.15, http://www.kantei.go.jp/jp/kan/statement/201104/15kikou_WP.html.

55)「米軍の災害支援それでも普天間はいらない」,『琉球新報』, 2011.3.18.

56)「〔震災で普天間PR〕政治利用に見識を疑う」,『沖繩タイムス』, 2011.3.22.

57)「普天間移設縣民大會1年全首長「縣外國外」望む」,『琉球新報』, 2011.4.24.

58) "Adm. Mike Mullen: 'Natioinal Debt is Our Biggest Security Threat," *Huffington Post*, 2010.6.24, http://www.huffingtonpost.com/2010/06/24/adm-mike-mullen-national_n_624096.html.

59) 與那嶺路代「經濟危機が搖るがす在外米軍體制──經濟問題化する軍事費」,『世界』 2011년 2월호; 영문판은 Michiyo Yonamine, "Economic Crisis Shakes US Forces Overseas: The Price of Base Expansion in Okinawa and Guam," *The Asia-Pacific Journal: Japan Focus*, 2011.2.28, http://www.japanfocus.org/-Yonamine-Michiyo/3494.

60) "2 Congressmen call for pollout of US forces from Japan," *Japan Today*, 2011.2.16.

61) The National Commission of Fiscal Responsibility and Reform, " $ 200 BILLON IN ILLUSTRATIVE SAVINGS," as part of Co-Chair's Proposal, 2010.11.10, http://www.fiscalcommission.gov/sites/fiscalcommission.gov/files/documents/Illustrative_List_11.10.2010.pdf.

62) The National Commission of Fiscal Responsibility and Reform, "The Moment of Truth," 2010.12.20, http://www.fiscalcommission.gov/sites/fiscalcommission.gov/files/documents/TheMomentofTruth12_1_2010.pdf.

63)「レビン氏, 普天間移設進展求める」,『沖繩タイムス』, 2011.4.29.

64)「知事,『縣外』訴えレビン軍事委員長と初會談」,『琉球新報』, 2011.4.28.

65)「拝啓・米議會の友へ普天間撤去へ劇的轉換を試される米國民主主義」,『琉球新報』, 2011.4.27; 영문판은 "Open letter to Mr. Carl Levin, Chairman of the Senate Armed Services Committee," editorial, *Ryukyu Shimpo*, 2011.4.27, http://ryukyushimpo.jp/news/storyid-176508-storytopic-11.html.

66) Carl Levin, John McCain, and Jim Webb, "Senators Levin, McCain, Webb Call for Re-examination of Military Basing Plans in East Asia," 2011.5.11, http://webb.senate.gov/newsroom/pressreleases/05-11-2011-01.cfm.

67) Senator Jim Webb, "Observations and Recommendations on US Military Basing

in East Asia, May 2011," http://webb.senate.gov/issuesandlegislation/foreignpolicy/Observations_basing_east_asia.cfm.

68) Carl Levin, John McCain, Jim Webb, "Senators."

69) US Government Accountability Office, "Defense Management──Comprehensive Cost Information and Analysis of Alternatives Needed to Assess Military Posture in Asia," 25.

70) 「前米大統領補佐官が邊野古移設を困難視」,『沖繩タイムス』, 2011.5.8.

71) 「枝野官房長官會見全文(12日午前)」,『朝日新聞』, 2011.5.12, http://www.asahi.com/special/10005/TKY201105120356.html.

72) "U.S. Congress to nix funding for relocating Okinawa Marines to Guam," *Kyodo News*, 2011.12.13; 「グアム移轉費全額削除」,『琉球新報』, 2011.12.14.

73) 佐藤學「外交·安保正せるのは沖繩」,『琉球新報』, 2011.12.14.

74) 이하에 인용된 바니 프랭크 미하원의원의 발언. Barney Frank, "We Could Remove the Marines from Okinawa, Suggests US Congressman Frank," *Ryukyu Shimpo*(English web page), 2011.12.15, http://english.ryukyushimpo.jp/2011/12/15/4216/; 「在沖海兵隊『撤退できる』米民主黨·フランク氏」,『琉球新報』, 2011.12.6.

75) Mike Mochizuki and Michael O'Hanlon, "Rethink US Military Base Plans for Japan," special to *CNN*, 2011.11.4; 「『在沖海兵隊, 米本土に』モチヅキ氏ら寄稿, 後方展開を主張」,『琉球新報』, 2011.11.6.

11장_센까꾸/댜오위: 동중국해의 폭풍

1) "China, Japan sign joint statement on promoting strategic, mutually beneficial ties," *China View*, 2008.5.8, http://news.xinhuanet.com/english/2008-05/08/content_8124331.htm.

2) Sachiko Sakamaki, "China's Hu, Japan's Hatoyama agree to extend thaw in relations," *Bloomberg*, 2009.9.22, http://www.bloomberg.com/apps/news?pid=newsarchive&sid=amN_cwK8u4NU/

3) 옮긴이 주: 이밖에도 오끼노끼타이와(沖の北岩)/베이얀(北岩), 오끼노미나미이와(沖の南岩)/난얀(南岩), 토비세(飛瀬)/페이자오얀(飛礁岩) 등의 암초들이 존재한다.

4) Guo Rongxing, "Territorial disputes and seabed petroleum exploration," *The Brookings Institution, Center for Northeast Asian Policy Studies*, 2010.9, 23면.

5) 옮긴이 주: 1858년 러시아, 미국, 영국, 프랑스는 아편전쟁에서 패한 청나라와 톈

진조약을 체결했는데, 모두가 편무적 최혜국조관을 삽입하고 있었다. 하지만 1871년 체결된 청일수호조규는 청나라와 일본이 상호 대등한 입장에서 영사재판권을 상호 인정하고 최혜국조관을 포함하지 않는 것을 특색으로 하고 있었다.

6) 羽根次郎「尖閣問題に內在する法理的矛盾 ~「固有の領土」論の克服のために」,『世界』2012년 11월호, 112~19, 116~18면.

7) 西里喜行「東アジア史における琉球處分」,『經濟史硏究』13号, 2010.2. 또한 이 책의 1장을 참조.

8) 센까꾸/댜오위에 관한 중국 측의 입장에 대해서는『인민일보』의 일련의 기사를 보라. 특히 「釣魚島及びその周邊海域が中國の一部であることを論じる」,『人民日報』, 2013.5.10, http://j.people.com.cn/94474/8240278.html;「馬關條約と釣魚島問題を論じる(3)」,『人民日報』, 2013.5.10, http://j.people.com.cn/94474/204188/8237309.html;「淸の文献から見る釣魚島の歸屬」,『人民日報』, 2013.5.17, http://j.people.com.cn/94474/8247415.html;「釣魚島は日本に盗み取られた中國の領土」,『人民日報』, 2013.5.24, http://j.people.com.cn/94474/8256439.html.

9) Ivy Lee and Fang Ming, "Deconstructing Japan's claim of sovereignty over the Diaoyu/Senkaku islands," The Asia-Pacific Journal: Japan Focus, 2012.12.31, 7면, http://japanfocus.org/-fang-ming/3877.

10) "Geographical Boundaries of the Ryukyu Islands," US Civil Administration of the Ryukyu Islands, Civil Administration Proclamation No 27, 1953.12.25, (Okinawan Prefectural Archives, Ginowan City). 중국은 1953년의 일방적인 법령은 류우뀨우의 경계를 일방적이며 불법적으로 확장했다고 주장하고 있다. 앞의『인민일보』, 2013.5.10자 기사들을 참조.

11) James C. Hsiung, "Sea Power, Law of the Sea, and a Sino-Japanese East China Sea 'Resource War'," in James C. Hsiung, ed, China and Japan at Odds: Deciphering the Perpetual Conflict, Palgrave Macmillan 2007, 133~54, 특히 135면을 참조.

12) Kimie Hara, "The post-war Japanese peace treaties and China's ocean frontier problems," American Journal of Chinese Studies Vol. 11, No. 1, 2004.4, 1~24, 특히 23면; Kimie Hara, Cold War Frontiers in the Asia-Pacific: Divided Territories in the San Francisco System, Abingdon: Taylor and Francis 2006. 특히 7장, "The Ryukyus: Okinawa and the Senkaku/Diaoyu disputes"를 보라.

13) 豊下楢彦『「尖閣問題」とは何か』, 岩波書店 2012, 52면.

14) 豊下楢彦「あえて火種殘す米戰略」,『沖繩タイムス』, 2012.8.12.

15) 개번 매코맥『종속국가 일본』.

16) "The Japan-China Summit meeting between Prime Minister Kakuei Tanaka

and Premier Zhou Enlai on September 27, 1972" in Ivy Lee and Fang Ming, "Deconstructing Japan's claim," 36면. 또한 토요시따 나라히꼬의 논의를 보라. 豊下楢彦『「尖閣問題」とは何か』48~50면.

17) Ivy Lee and Fang Ming, 같은 글. 또한 다음을 보라. 田畑光永, 「「領有權問題」をめぐる歷史的事實——平和的解決のための絲口はどこにあるか」, 『世界』 2012년 12월호, 104~13면.

18) Ivy Lee and Fang Ming, 같은 글 11면.

19) Nozomu Hayashi, "Former LDP elder: Kakuei Tanaka said Senkaku shelved in 1972," *Asahi shimbun*, 2013.5.6.

20) Ministry of Foreign Affairs, "The Senkaku Islands," 2013.3, http://www.mofa.go.jp/region/asia-paci/senkaku/pdfs/senkaku_en.pdf.

21) 田畑光永, 「「領有權問題」をめぐる歷史的事實——平和的解決のための絲口はどこにあるか」, 『世界』 2012년 12월호, 107~8면.

22) Susumu Yabuki, "Interview: China-watcher Yabuki says Senkakus are a diplomatic mistake by Japan," *Asahi shimbun*, 2012.12.12. 야부끼는 다음의 인터뷰에서 강도 높은 비난을 이어갔다. Susumu Yabuki, interviewed by Mark Selden, "China-Japan territorial conflicts and the US-Japan-China relations in historical and contemporary perspective," *The Asia-Pacific Journal: Japan Focu*s, 2013.3.4, 3면.

23) 「機密文書, 溶かして固めてトイレットペーパーに 外務省」, 『朝日新聞』, 2009.7.11.

24) "Joint Press availability," Department of State, 2010.10.27, http://www.state.gov/secretary/rm/2010/10/150110.htm.

25) Ben Dolven, Shirley A. Kan, Mark E. Manyin, *Maritime Territorial Disputes in East Asia: Issues for Congress, Congressional Research Service*, 2013.1.23, 16면, http://www.fas.org/sgp/crs/row/R42930.pdf.

26) "China condemns Senkaku amendment to US-Japan security treaty," *Japan Times*, 2012.12.4.

27) Ivy Lee and Fang Ming, "Deconstructing Japan's claim," 2면.

28) 토요시따 나라히꼬의 논의에 대해서는 「日米問題としての領土問題「尖閣購入」問題の陷穽」, 『世界』 2012년 8월호, 41~49면. 이 글은 그의 책 『「尖閣問題」とは何か』에도 수록되어 있다.

29) 和田春樹『領土問題をどう解決するか——對立から對話へ』, 平凡社 2012, 23~33면.

30) 이러한 주장에 대한 명쾌한 해석으로는 孫崎享『日本の國境問題尖閣·竹島·北方領土』, ちくま新書 2011, 50~55면.

31) Shintaro Ishihara, "The US-Japan alliance and the debate over Japan's role in

Asia," lecture to Heritage Foundation, Washington D.C, 2012.4.16, http://www.heritage.org/events/2012/04/shintaro-ishihara.

32) 豊下楢彦「日米問題としての領土問題 「尖閣購入」問題の陥穽」, 42면.

33) Jun Hongo, "Tokyo's intentions for Senkaku islets," *Japan Times*, 2012.4.19.

34) Ishihara, lecture to Foreign Correspondents' Club of Japan, Tokyo, 2012.5.29; Hiroshi Matsubara, "Tokyo Governor calls out his enemies at FCCJ," *Asahi shimbun*, 2012.5.29.

35) 전자는 『마이니찌신문』의 사설, "Senkaku purchase must be settled calmly in Japan," editorial in *Mainichi shimbun*, 11 July, 그리고 후자는 『재팬타임스』의 사설, "Stop infighting over the Senkakus," editorial in *Japan Times*, 18 July.

36) Ivy Lee and Fang Ming, "Deconstructing Japan's claim," 4~5면; 「일본, 센까꾸 제도 세개 섬 국유화」, *Kyodo News*, September 11, 2012, http://www.47news.jp/korean/politics/2012/09/049543.html.

37) 2012년 10월 15일 윌리엄 번스(William Burns) 미국무차관보와의 면담에서. 田畑光永「「領有權問題」をめぐる歴史的事實」, 113면에서 재인용.

38) 安倍晋三「新しい國へ」, 『文藝春秋』 2013년 1월호, 130면.

39) Kyodo, "From Beijing, Hatoyama tells Tokyo to admit row," *Japan Times*, 2012.1.18.

40) AFP-Jiji, "China hype: Hatoyama war regrets," *Japan Times*, 2013.1.19.

41) 田畑光永「「領有權問題」をめぐる歴史的事實」, 113면.

42) "Viewpoint: National strength still to be raised to solve Diaoyu Islands issue," *China Military Online*, 2013.5.17, http://english.peopledaily.com.cn/90786/8247941.

43) 다음을 보라. Gavan McCormack, "Abe Days are Here Again - Japan in the World," *The Asia-Pacific Journal: Japan Focus*, 2012.12.24, http://japanfocus.org/-Gavan-McCormack/3873

44) 아베 정권하에서 일본 문제(Japan Question)에 대한 미국 언론의 반응에 대해서는 Emma Chanlett-Avery, Mark E. Manyin, William H. Cooper, Ian E. Rinehart, *Japan-U.S. Relations: Issues for Congress, Congressional Research Service*, 2013.5.1, www.crs.gov/7-5700 및 「首相 歴史認識 米が懸念「東アジア混乱」「米國益害する」」, 『東京新聞』, 2013.5.9, http://www.tokyo-np.co.jp/s/article/2013050990072042.html.

45) "Remarks With Japanese Foreign Minister Fumio Kishida After Their Meeting," Hillary Rodham Clinton, Secretary of State, Washington, D.C., 2013.1.18, http://www.state.gov/secretary/rm/2013/01/203050.htm. 이 회담에 대한 노리마쯔 사또꼬의 분석은 다음을 보라. 「クリントン岸田會見報道: マスメディアの煽りにだまさ

れないように」, *Peace Philosophy Centre*, 2013.1.20, http://peacephilosophy.blogspot. ca/2013/01/blog-post_20.html.

46) "Joint Statement by the United States and Japan," Washington, 2013.2.22, http:// www.mofa.go.jp/mofaj/kaidan/s_abe2/vti_1302/pdfs/1302_us_02.pdf.

47) "Eddie Mabo vs Queensland," 1988년과 1992년 호주 최고재판소 판결.

48) Ivy Lee and Fang Ming, "Deconstructing Japan's claim," 7면.

49) 다음을 참조하라. Peter Nolan, "Imperial Archipelagos: China, Western Colonialism and the Law of the Sea," *New Left Review, 80, March-April 2013*, 77~95 면. 특히 일본과 관련한 문제에 대해서는 Gavan McCormack "Troubled seas: Japan's Pacific and East China Sea Domains (and claims,)" *The Asia-Pacific Journal: Japan Focus*, 2012.9.3, httpttp://japanfocus.org/-Gavan-McCormack/3821.

50) Peter Nolan, "Imperial Archipelagos."

51) Gavan McCormack, "Troubled seas."

52) 「日本は世界4位の海洋大國山田吉彦著海底は「宝の隠し場所」」, 『日本經濟新聞』, 2010.11.17;

53) "Deep-sea mud proves rich in rare earths, but remote deposits hard to extract," *Yomiuri Shimbun*, 2013.3.22; 「大規模海底鉱床「資源立縣」も夢ではない」, 『琉球新聞』, 2013.4.2, http://ryukyushimpo.jp/news/storyid-204736-storytopic-11.html.

54) 山田吉彦『日本は世界4位の海洋大國』, 講談社 2010.

55) Guo Rongxing, "Territorial disputes and seabed petroleum exploration," 9, 25~26면.

56) 井上清『「尖閣」列島──釣魚諸島の史的解明』, 現代評論社 1972, 123면.

57) "China and Japan: Could Asia really go to war over these?" *The Economist*, 2012.9.22.

58) 張寧「「釣魚島」の背後の中國の思想的分岐」, 『現代思想』 2012년 12월호, 106면.

59) 미의회조사국(The Congressional Research Service)의 논의에 대해서는 Ben Dolven, Shirley A. Kan, Mark E. Manyin, *Maritime Territorial Disputes in East Asia: Issues for Congress*, 16면 참조.

60) Togo Kazuhiko, "Japan's territorial problem: the Northern Territories, Takeshima, and the Senkaku islands," The National Bureau of Asian Research, Commentary, 2012.5.8.

61) 和田春樹『領土問題をどう解決するか』, 19면.

62) Deputy Chief of General Staff of the PLA, speaking at Shangri La Conference, Singapore, 2013.6.2; 「尖閣棚上げ對話のシグナル見逃すな」, 『琉球新聞』, 2013.6.4.

63) 다음의 기사에서 인용.「尖閣, 平和解決探る沖大で識者討論「生活圏」考え方提起」,
『琉球新聞』, 2013.1.13.

64)「沖縄からの緊急アピール: 尖閣諸島(釣魚島及其附属島嶼(釣魚台列嶼)を共存·共
生の生活圏にするために」; "An Urgent Appeal from Okinawa to turn the disputed
islands and surrounding waters into a shared livelihood space," *Peace Philosophy
Centre*, 2013.1.10, http://peacephilosophy.blogspot.ca/2013/02/an-urgent-appeal-
from-Okinawa-to-turn.html.

12장_역사를 움직이는 사람들

1) 옮긴이 주: '무누까짜아'는 오끼나와어로, '작가'나 '저술가'를 뜻한다.

2) 킨조오 미노루는 1957년에 일본 본토로 갈 수 있는 여권을 취득한다. 쿄오또외국
어대학을 나온 뒤 영어 교사가 되었으며, 중고등학교 교사를 맡았다. 35년간 본토
에서 산 뒤에, 조각에 전념하기 위해 1994년에 오끼나와로 돌아왔다. 저서『알고
있습니까? 오끼나와 일문일답(知っていますか? 沖縄一問一答 第2版)』(解放出版社
2003)을 통해 본토에서 체험한 다양한 오끼나와 차별에 대해 말하고 있다.

3) 옮긴이 주: 주로 열대지방에 분포하는 뽕나뭇과의 나무로 학명은 *Ficus microcarpa*
이다. 일본의 큐우슈우 이남 지역에 많이 분포하며, 오끼나와에서도 어느 곳에서나
볼 수 있다.

4) 오오사까에서 오끼나와인 인구는 타이쇼오구에 집중되어 있었다. 19세기 후반부
터 20세기 전반에 걸쳐, 항만정비의 토목공사 인부로, 제재소 종업원으로 많은 오
끼나와 사람들이 일하게 되었기 때문이다(킨조오 미노루, 앞의 책 48~53면).

5) 옮긴이 주: 류우뀨우고는 행정적으로는 오끼나와현뿐만 아니라 카고시마현 남부
의 아마미제도를 포함하는 영역을 가리키며, 역사적으로는 사쯔마번에 의해 침략
당하기 이전의 류우뀨우왕국의 판도를 가리킨다. 주로 류우뀨우의 독자적인 역사
와 문화를 강조하는 맥락에서 사용되며, 아마미제도에서 오끼나와제도를 거쳐 미
야코와 야에야마제도까지 활(狐) 모양으로 늘어서 있는 '류우뀨우문화권'의 영역
을 가리키는 말이다.

6) 옮긴이 주: 히야미까찌부시(ヒヤミカチ節)는 가장 널리 불리는 오끼나와 민요 가
운데 하나이며 산신(三線)과 북을 반주로 한다. '히야'는 '영차'처럼 힘을 넣는 구
령과 같은 말이며, '히야미까찌'는 "영차! 하고 일어나라" "눈을 떠라"라는 의미에
서 분발을 재촉하는 말이다.

7) 킨조오 미노루의「未來への遺産——琉球共和國獨立への文化論的思案」,『つぶて』つ
ぶて書房 2009, 62면에 노하라의 저서『沖縄傳統空手「手」(TIY)の變容』, 球陽出版

2007가 소개되어 있다. 이 책에서 노하라는 '공수의 류우뀨우 처분'에 대해 서술하고 있다. 1870년대 류우뀨우왕국이 해체되고 오끼나와가 일본으로 병합된 것이 '제1차 류우뀨우 처분', 제2차 세계대전 후에 미군에 의한 식민지 지배가 '제2차 류우뀨우 처분', 일본 복귀 이후가 '제3차 류우뀨우 처분'이라고 한다. 공수의 기원은 오끼나와에 있으며, 오끼나와에는 공수도의 2대 조직, '전오끼나와공수연맹'과 '전오끼나와공수·고무도연맹'이 있었는데, 일본 본토의 공수조직인 '전일본공수도연맹'이 자기 단체에 가맹하지 않으면 국민체육대회에 참가할 수 없다며 압력을 걸어온 것을, 노하라는 '공수의 류우뀨우 처분'이라고 부른다.

8) 오오사까 근처 효고에 있는 코오시엔 스타디움에서는 매년 봄과 여름에 고교야구 토너먼트 경기가 열린다. 2010년 코오난고교는 오끼나와현의 고등학교로는 처음으로 코오시엔 전국야구대회의 봄, 여름 토너먼트 연패를 달성했다.

9) 옮긴이 주: 『오모로사우시(혹은 오모로소우시)』는 류우뀨우왕국의 제4대 쇼오세이(尙淸) 왕 시대인 1531년부터 쇼오호오(尙豊) 왕 시대인 1623년에 걸쳐 슈리왕부에 의해 편집된 가요집이다. '오모로(おもろ)'의 어원은 '우무이(思い)'로 기원은 제사(祭祀)의 축사(祝詞)였다고 알려져 있다. '소우시(そうし)'는 한자로는 '草紙(원고지)'를 의미한다. 전22권으로 되어 있다.

13장_오끼나와의 미래

1) TPP, 소비세, 후뗀마기지 이전 문제, 원자력발전에 관한 노다 정권의 정책은 국회 운영에 있어서 협력관계에 있던 자민당의 것과 거의 다른 점이 없었다. 渡邊治「構造改革へと回歸する保守內閣」,『週刊金曜日』, 2011.9.30.

2) 「玄葉外相發言踏みつけているのは誰か」,『琉球新報』, 2011.9.7.

3) 外務省「日米首腦會談(槪要)」, 2011.9.22, http://www.mofa.go.jp/mofaj/area/usa/visit/1109_sk.html.

4) 「Okinawa Governor Nakaima: an Irreparable Rift in Okinawa/Japan/US Relations Would Result From Forceful Construction of Henoko Base 仲井眞沖繩知事――邊野古基地の强行は沖繩·日米關係に修復不能の龜裂を殘す」, *Peace Philosophy Centre*, 2011.9.22, http://peacephilosophy.blogspot.kr/2011/09/okinawa-governor-nakaima-irreparable.html.

5) "Unrealistic Promise on Futenma," *Japan Times*, 2011.9.23.

6) 「ゲート前市民『隔離』專門家疑問視『法的根據ない』」,『琉球新報』, 2012.10.3.

7) 「〔オスプレイ配備〕比屋根照夫氏に聞く(上)」,『琉球新報』, 2012.10.9.

8) 由井晶子『沖繩――アリは象に挑む』, 七つ森書館 2011.

9) 오끼나와전에서부터 20세기 말에 후뗀마기지 반환·이전 문제가 발발하기까지 미일 양국에 의한 오끼나와 군사지배의 실태에 관한 영문 자료로는 오끼나와 출신의 언론인인 요시다 켄세이의 『裏切られた民主主義:米占領下の沖繩』(ウェスタン・ワシントン大學 2001)가 있다. Kensei Yoshida, "Democracy Betrayed: Okinawa under U.S. Occupation," *Studies in East Asia* Vol.23, Bellingham: Center for East Asian Studies, Western Washington University 2001.

10) Joint Statement of the Security Consultative Committee, 2012.4.27, http://www.mofa.go.jp/region/n-america/us/security/scc/pdfs/joint_120427_en.pdf. 「日米安全保障協議委員會 共同發表2012年4月27日」, http://www.mofa.go.jp/mofaj/area/usa/hosho/pdfs/joint_120427_jp.pdf.

11) 「新移設先, 含み殘す表現 在日米軍再編·中間報告發表」, 『朝日新聞』, 2012.4.27. 레빈 등은 대신에 카데나 통합안을 제안하고 있지만, 이미 소음 문제가 심각한 카데나기지의 문제를 악화시킬 뿐이라고 오끼나와에서는 반발의 목소리가 높다.

12) 防衛省·自衛隊「大臣會見槪要」, 2012.4.27, http://www.mod.go.jp/j/press/kisha/2012/04/27.html.

13) 「邊野古移設 防衛相, 振興策と一體で推進」, 『琉球新報』, 2012.9.30.
　　옮긴이 주: 나까이마 지사는 2013년 12월 25일에 아베 총리로부터 기지 부담 경감책에 대한 설명을 듣고 '훌륭한 내용'이라고 평가했으며, 27일에는 헤노꼬 연안부에 대한 매립 계획을 승인하는 기자회견을 진행했다.

14) 예컨대, 2012년 2월에 세 NGO가 국제인권차별철폐위원회에 헤노꼬기지와 타까에 헬리패드 건설의 차별과 인권 측면에서의 검정을 요청했다. 「國連:日本政府のCERDへの回答に對する3NGOからのコメント」, 『沖繩·生物多樣性市民ネットのブログ』, 2012.8.31, http://okinawabd.ti-da.net/e4045324.html.

15) 옮긴이 주: 일본의 헌법 제12조의 규정은 다음과 같다. "이 헌법이 국민에게 보장하는 자유 및 권리는 국민의 부단한 노력에 의하여, 이를 보유하지 않으면 안 된다. 또한 국민은 이것을 남용해서는 안 되며, 항상 공공의 복지를 위해서 이것을 이용할 책임을 진다."

16) 阿部小涼「繰り返し變わる──沖繩における直接行動の現在進行形」, 『政策科學·國際關係論集』第13号, 琉球大學法文學部 2011, 71, 75~77면.

17) "Ospreys in Okinawa," *The New York Times*, 2012.9.14.

18) 「仲井眞知事『全基地即時閉鎖』に言及」, 『沖繩タイムス』, 2012.7.2.

19) 山田文比古, 「沖繩『問題』の深淵──むき出しになった差別性」, 『世界』 2012년 6월호, 98면.

20) Joseph S. Nye, "A Pivot That Is Long Overdue," *The New York Times*, 2011.11.21.

21) Gerald Curtis, 「日米關係の將來」, 『新·下田會議──激動する國際社會と日米戰略的パートナーシップの再構築』, Background Paper, 2011.2.22, 2면, http://www.jcie.org/japan/pdf/gt/newshimoda/curtis.pdf.

22) Gerald Curtis, 「日米關係の將來」.

23) 平安名純代 「前原氏, 米議員に現行案の履行を約束」, 『沖繩タイムス』, 2011.7.13.

24) 與那嶺路代 「經濟危機が搖るがす在外米軍體制──經濟問題化する軍事費」, 『世界』 2011년 2월호. 인터뷰를 한 다른 전문가는 전 국방부차관보 대리인 모턴 하퍼린(Morton Halperin), MIT 교수인 배리 포젠(Barry Posen), 전 육군대령으로 보스톤대 교수인 앤드류바세비치(Andrew Bacevich) 등이 있다.

25) Bruce Klingner, 「野田首相への期待と懷疑」, 『毎日新聞』, 2011.10.8.

26) Bruce Klingner and Derek Scissors, "The US Needs a Real Partner in the New Japanese Prime Minister," Web memo no. 3347, Heritage Foundation, Washington D.C., August 30, 2011, http://www.heritage.org/research/reports/2011/08/the-us-needs-a-real-partner-in-the-new-japanese-prime-minister.

27) 전쟁에서 인종주의가 맡았던 역할에 대해서는 John W. Dower, 『容赦なき戰爭──太平洋戰爭における人種差別』, 猿谷要 監修, 齋藤元一 譯, 平凡社 2001을 참조.

28) 豊下楢彦 『安保條約の成立──吉田外交と天皇外交』, 岩波書店 1996, 156면.

29) ジョン·G·ロバーツ·グレン·デイビス 『軍隊なき占領──戰後日本を操った謎の男』, 森山尚美 譯, 講談社 2003.

30) 原貴美惠 『サンフランシスコ平和條約の盲點──アジア太平洋地域の冷戰と「戰後未解決の諸問題」』, 渓水社 2005, 290면.

31) 같은 책 276면.

32) Kimie Hara, "The Post-War Japanese Peace Treaties and China's Ocean Frontier Problem," *American Journal of Chinese Studies* 11, no.1, 2004.4, 23면.

33) Kent E Calder, *Embattled Garrisons: Comparative Base Politics and American Globalism*, Princeton: Princeton University Press 2008.

34) David Vine, "Tomgram: David Vine, U.S. Empire of Bases Grows," TomDispatch, 2012.7.15; デイヴィッド·ヴァイン 「米軍事基地帝國の今:水草のように歯止めなく世界中に増殖している小規模軍事基地『リリー·パッド』(デイヴィッド·ヴァイン'アメリカン大學)」, *Peace Philosophy Centre*, 2012.7.25, http://peacephilosophy.blogspot.ca/2012/07/david-vine-lily-pad-strategy-from.html.

35) 高橋哲哉 『犧牲のシステム──福島·沖繩』, 集英社 2012.

36) 西岡信之 「補章2原子力「核」のない無戰世界を──3.11福島原發事故を問う」, 石原昌家編 『ピース·ナウ沖繩戰──無戰世界のための再定位』, 法律文化社 2011, 177~78면.

37) 西岡信之「補章2原子力『核』のない無戰世界を」, 179~85면.

38) Satoko Oka Norimatsu, "Fukushima and Okinawa——The 'Abandoned People,' and Civic Empowerment," *The Asia-Pacific Journal: Japan Focus* 9, no. 47, 2011, http://japanfocus.org/-Satoko-NORIMATSU/3651.

39) 島袋純「日米安保の變容と沖繩の自治」, 『沖繩は, どこへ向かうのか』, 沖繩大學地域研究所, 2012.6.23, 121~41면(2010년 12월 19일 오끼나와대학에서 열린 제471회 오끼나와대학토요교양강좌 『ジャパン・フォーカス』フォーラム「沖繩は, どこへ向かうのか」보고집).

40) 島袋純「自治州となり絆を再生する」, 『朝日新聞』, 2010.8.24.

41) 「琉球自治共和國連邦」의 독립선언에 대해서는 이하의 자료를 참조. 松嶋泰勝「『琉球』獨立で『平和な島』に」, 『週刊金曜日』, 2010.7.23; 『NPO法人ゆいまーる琉球の自治』, http://ryukyujichi.blog123.fc2.com.

42) 松島泰勝『琉球獨立への道——植民地主義に抗う琉球ナショナリズム』, 法律文化社 2012.

43) 知念ウシ「日本こそ沖繩から自立して」, 『朝日新聞』, 2010.8.24.

44) 野村浩也『無意識の植民地主義——日本人の米軍基地と沖繩人』, お茶の水書房 2005, 25~41면.

45) C・ダグラス・ラミス『要石——沖繩と憲法9條』, 晶文社 2010, 169~212면.

46) 2011년 12월 16일, 참의원 오끼나와 및 북방 문제에 관한 특별위원회에서 행한 나까이마 지사의 참고인 발언에서 나온 말이다.

47) 孫歌「沖繩に内在する東アジア戰後史」, 『アジアの中で沖繩現代史を問い直す』, 沖繩大學地域研究所, 2010.11.30, 60~61면.

48) 같은 책 63~64면.

49) 같은 책 54면.

50) 같은 책 64면.

51) 豊下楢彦「『尖閣購入問題』の陷穽」, 『世界』 2012년 8월호, 44~45면.

52) 新崎盛暉「尖閣諸島(釣魚諸島)問題と沖繩の立場」(「環球時報第一稿」로서, 2010년 12월 19일 오끼나와대학 재팬포커스포럼 『沖繩は, どこへ向かうのか』에서 배포됨).

53) Reich, Cable 06NAHA103, "Okinawa Exceptionalism: The China Threat or Lack Thereof," 2006.4.26, WikiLeaks, http://wikileaks.org/cable/2006/04/06NAHA103.

54) 浦島悅子「これでもヤマトンチュウには聞こえないのか?」, 『自然と人間』 2012년 10월호.

도판출처

0-3. 『류우뀨우신보』

2-1. 미국 국립공문서관(US National Archives)

2-2. 사끼마미술관

2-3. 미국 국립공문서관

5-1. 오끼나와현 공문서관

5-2. 오끼나와국제평화연구소

5-3. 토요자또 토모자끼(豊里友行)

5-4. Security Consultive Committee, "Interim Report," 2005, http://www.mofa.go.jp/
mofaj/area/usa/hosho/pdfs/gainenzu.pdf.

5-5. Security of State Rice et al., "United States-Japan Roadmap for Realignment
Implementation," 2006.5.1, http://www.mofa.go.jp/region/n-america/us/
security/scc/doc0605.html.

6-1. 『류우뀨우신보』

6-2. 『워싱턴포스트』

6-3. 『류우뀨우신보』

8-1. 히가시온나 타꾸마

8-2. 헬리포트 건설 반대 회의

8-3. 노리마쯔 사또꼬

9-1. 헬리포트 건설 반대 회의

11-2. 『쿄오도오통신』

12-4. 『오끼나와타임스』

12-5. 노리마쯔 사또꼬

12-6. 노리마쯔 사또꼬

12-7. 노리마쯔 사또꼬

12-8. 토요자또 토모유끼

사항 찾아보기

지은이

개번 매코맥 Gavan McCormack
호주국립대학 태평양·아시아사학과 명예교수. 호주 호놀룰루대학을 졸업하고 런던대학에서 역사학 박사학위를 받았다. 일본과 동아시아의 정치·사회문제를 역사적 지평에서 고찰하는 연구로 정평이 나 있다. *The Asia-Pacific Journal: Japan Focus*의 책임편집자로 있으며, 『종속국가 일본』『범죄국가, 북한 그리고 미국』『일본, 허울뿐인 풍요』 등 동아시아 근현대사에 관한 다수의 책과 논문을 저술하고 있다.

노리마쯔 사또꼬 乘松聰子
케이오오기주꾸대학(慶應義塾大學) 문학부를 졸업하고 브리티시컬럼비아대학에서 경영학 석사학위를 받았다. 2007년에 평화철학센터(Peace Philosophy Centre)를 설립하고 대표를 맡고 있다. 평화철학센터는 공정하고 지속 가능한 세계를 만들기 위해 노력하는 시민들의 평화교육단체이며, 오끼나와 군사점령, 제2차 세계대전의 역사와 기억, 핵무기와 핵발전소의 폐지 같은 문제들에 관한 정보와 논문을 제공하고 있다.

옮긴이

정영신 鄭煐璶
서울대학교 사회학과에서 「동아시아 안보분업구조와 반기지운동에 관한 연구」로 박사학위를 받았으며, 현재 제주대학교 사회학과 강사로 있다. 평화학과 생태학을 공부하면서 평화운동과 환경운동을 비롯한 동아시아 사회운동을 연구하고 있다. 『기지의 섬, 오키나와』(공저)「동아시아 분단체제와 안보분업구조의 형성」「오키나와 복귀운동의 역사적 동학」 등을 썼으며, 『오키나와 현대사』를 공역했다.

저항하는 섬, 오끼나와
미국과 일본에 맞선 70년간의 기록

초판 1쇄 발행/2014년 7월 25일

지은이/개번 매코맥·노리마쯔 사또꼬
옮긴이/정영신
펴낸이/강일우
책임편집/최지수
펴낸곳/(주)창비
등록/1986년 8월 5일 제85호
주소/413-120 경기도 파주시 회동길 184
전화/031-955-3333
팩시밀리/영업 031-955-3399 편집 031-955-3400
홈페이지/www.changbi.com
전자우편/human@changbi.com

한국어판 ⓒ (주)창비 2014
ISBN 978-89-364-8589-4 03300